BL진화론
보이즈 러브가 사회를 움직인다
미조구치 아키코

Theorizing BL As a Transformative Genre:
Boys' Love Moves the World Forward
Akiko Mizoguchi

BL SHINKARON By Akiko Mizoguchi

Copyright © 2015 by Akiko Mizoguchi
First published in Japan in 2015 by Ohta Publishing CO.
Korean translation rights arranged with Ohta Publishing CO.
through Shinwon Agency Co.
Korean translation rights © 2018 by Bluepic, Inc.

이 책의 한국어판 저작권은 신원 에이전시를 통한 저작권사와의 독점 계약으로 (주)블루픽이 소유합니다.
저작권법에 의하여 한국 내에서 보호받는 저작물이므로 무단전재와 무단복제를 금합니다.

BL진화론

보이즈 러브가 사회를 움직인다

목차

프롤로그

BL진화론- 보이즈 러브가 사회를 바꾼다? —— 011

제1장 「BL진화론」에서 보는 BL의 개괄적인 역사 —— 019

BL이란 무엇인가 / BL 상업 출판과 BL 동인지의 관계 / 이 책이 분석 대상을 상업 BL 작품에 한정한 이유 / 상업 BL의 규모 / BL 사관 / 〈제1기〉 1961~1978년 창성기-모리 마리와 '미소년 만화'의 시대 / 왜 모리 마리를 BL의 시조로 보는가 / [1] BL 정형의 대부분을 이미 채용하고 있다 / [2] 자신이 망상하는 남자 간의 연애를 그리고 싶다는 충동으로 쓴 작품이라는 점 / 근친상간 동성애 판타지? / '미소년 만화' / 〈제2기〉 1978~1990년 JUNE기-전문상업잡지『JUNE』와 동인지 확대의 시기 / 등용문으로서 투고잡지『JUNE』/ 쿠리모토 카오루 / 'JUNE적 테이스트' / 해외 게이 문학과 게이 영화의 수용거점으로서 『JUNE』/ 동인지 시장의 확대 / 『JUNE』와 동인지의 영역 분리 / 〈제3기〉 1990년~현재 BL기 / 상업 BL 출판의 규모 추이 / 〈제3기〉를 2부로 나누어 생각한다 / 용어 정리 / 야오이/보이즈 러브, BL, 탐미, JUNE, 후조시

칼럼 BL '심화형'의 여러 모습
칼럼 1 —— BL 특유의 연애 표현에 대한 규명 [1]
　　　'두근거림'- 만화 『순정 로맨티카』—— 050

제2장 호모포빅한 호모와 사랑으로 인한 강간?
―1990년대 BL텍스트의 정형 —— 055

BL의 정형 / 정형 표현의 기능 / 호모포빅한 호모가 연출하는 기적 / '궁극적 커플 신화' / 극단적으로 난교적인 '진짜 게이' 캐릭터 / 주인공이 자각적 게이 캐릭터여도 왠지 BL 정형에 맞춰져 있는 사례 / '디폴트로서 논케 상태'라는 발명 / 로맨스물과 버디물의 양립 / '공'x'수'―이성애의 모방? / '공' '수'의 젠더 역할 / 여성성과 남성성을 체현하는 '수' 캐릭터 / 자기 결정권 판타지 / 젠더 규범에 일단 따르고 그것을 살피는 게 재검토로 연결된다 / 애널 섹스 / 다중 동일화(감정이입) / BL의 강간 / 사랑으로 인한 강간? / 매력의 증명으로서 강간 / 여성에 부과된 더블 스탠다드의 고발로서 강간 표현 / '궁극적 커플 신화 안의 주민'화=가부장제 억압에서 도주

칼럼 2 —— BL 특유의 연애 표현에 대한 규명 [2]
'궁극적 BL커플'이 펼치는 강렬한 애정 표현 — 만화 『봄을 안고 있었다』 —— 088

제3장 게이의 시선?
―환상 같은 '야오이 논쟁'을 중심으로 —— 093

BL을 읽는 것은 누구인가? / BL이 게이의 시선을 신경 쓰는 이유 / 광의의 BL은 언제부터 게이의 시선을 신경 썼는가 / '게이는 BL을 비난한다'는 '사실'을 광범위하게 발신한 '야오이 논쟁' / '야오이 논쟁'의 원문을 참조할 필요성 / 시대 배경 1 '게이 붐' / 시대 배경 2 '레즈비언과 게이' 공통의 문화 / 시대 배경 3 '행동하는 게이와 레즈비언의 모임'과 '후추 청년의 집 사건' / 무료 페미니즘 잡지에 게이 남성 사토가 참가하고 있던 '개인적인' 배경 ― 아카에서의 제명 / '도피처로서의 야오이'? / '야오이 절에서 밖으로 나오는 방법' / '타인'으로서의 '현실 게이'의 발견 / '야오이 논쟁'과 'BL진화론'의 관계 / 단순히 행복한 게이/BL 캐릭터를 그리면 되는 것이 아니다 / '리얼 게이에게 흥미 없음'이란? / '표상의 약탈'? / BL 애호가를 세계의 주체로서 간주한다는 것

칼럼 3 —— BL의 특기 ― '사랑'의 정의 재검토
'연애'와 '다른 다양한 관계성'의 경계를 살핀다 —— 130

제4장 BL진화형 —— 135

BL은 어떻게 진화했는가 / BL 은퇴가 아니라 파스티슈 / [a]-1 남성 주인공들의 대등한 이해자로서 여성 캐릭터 / [a]-2 BL이기 때문에 그려진 페미니스트 메시지 / [a]-3 소녀에 대한 부드러운 시선 / [a]-4 남녀의 젠더 역할과 인간의 섹슈얼리티 전반을 뒤흔들고, 다양한 가능성을 연상시키는 최고의 위치에 여성 캐릭터를 모시는 세계 / [b]-1 우정과 연애의 차이, 우정과 적대심에서 연애로 이행하는 과정을 마이너리티로서의 갈등도 포함하여 설득력 있게 그려낸다 / [b]-2 커밍아웃과 가족 및 주변과의 갈등, 모색, 수용 등의 현실적인 묘사 / 구체적인 커밍아웃 장면 / 호모포비아와의 갈등 / [1] 단죄되지만 최종적으로는 극복하여 행복해지는 사례 / [2] 대응하는 예 / [b]-3 BL 정형으로 시작한 이야기가 장편 중간에서 변한 사례 / [b]-4 게이 교사와 육아하는 게이를 주위가 응원하는 세계 / [b]-5 다양한 게이 캐릭터들이 이성애 규범과 호모포비아와 갈등하면서도 주위의 이성애자를 배려하는 주체로서의 자긍심을 지니고 살아간다

칼럼 4 —— 서브장르의 다양성
    특히 '직업물' 라인업의 충실성 —— 204

제5장 BL을 읽다/살아간다
—여성들이 '교합하는' 포럼으로서 BL —— 209

진화의 배경 / BL 애호가의 커뮤니티 의식 / 단행본의 미니 코멘트 / '후기' / 기호/지향 / 성적 기호/지향의 세부 사항을 상호적으로 표명하는 동지—게이 남성과의 유사점 / 레즈비언과 게이의 우정보다도 근본적으로 성적인 BL 애호가 사이의 관계성 / 버추얼 섹스 / 성적 어휘가 불필요한 성적 교합 / '그녀의 페니스' / 자연화된 '그=나 자신(이라는 여성)' 의식 / 그녀의 팔루스 / '버추얼 레즈비언' / BL의 프로에 요구되는 '난교 체질' / 라이프 스타일 판타지 / '버추얼 레즈비언'은 육체가 아니라 두뇌로 사랑을 교환한다

결론 —— 249

대담 미조구치 아키코 x 부르본느
'기분 좋은 일'로 사회를 바꾼다 —— 253

보론 1 이론 편 『BL진화론』의 이론적 문맥 —— 262
보론 2 응용 편 『BL진화론』과 영화의 남성 동성애 —— 278

감사의 말 ―― 349

책 본주 ―― 356

인용·참고 문헌 BL ―― 378

BL 이외 ―― 384

옮긴이의 말 ―― 395

이 저서는 2008년 정부(교육과학기술부)의 재원으로 한국연구재단의 지원을 받아 수행된 연구입니다.
(NRF-2008-362-B00006)

프롤로그

BL진화론 — 보이즈 러브가 사회를 바꾼다?

보이즈 러브(Boys' Love, ボーイズ・ラブ)는 남성 간의 연애를 중심으로 엮어나가는 이야기로 작가와 독자 대부분이 이성애 여성이다. 만화와 소설, 드라마 CD, 애니메이션, 게임, 실사영화 등으로 구성된 엔터테인먼트 장르 중 하나로 동인지 즉매회 이벤트나 인터넷상의 작품 발표와 감상 교환을 포함하여 폭넓은 세대의 여성들이 끊임없이 남성 간의 '애정 행각'을 감상하고 즐기고 있다. 최근 '후조시腐女子'라는 단어의 보급, 애니메이션화와 실사영화화된 작품의 증가, BL과 다른 장르에서 동시에 활동하며 평가받는 작가의 증가 등과 함께 다양한 요인으로 인해 BL이라는 장르의 존재는 유례없이 넓게 인지되고 있다.

BL을 즐기는 법, 바꿔 말해 BL에 의해 발생하는 쾌락은 BL을 좋아하는 여성의 숫자만큼 다양하다고 말해도 좋을 것이다. 하지만 감히 그 쾌락의 한 측면을 정리한다면 다음과 같이 말할 수 있다…. 여성의 다양한 욕망이 투영된 남성 캐릭터들이 '기적적인 사랑'에 빠지는 작품군으로, 여성이 가부장제 사회 속에서 부과된 여성의 역할로부터 해방되어 남성 캐릭터에 가상으로 자신을 기탁함으로써 자유자재로 사랑과 섹스를 즐길 수 있는 것이 BL이라고 할 수 있다. 즉 캐릭터가 독자와는 다른 성별이기 때문에 가능한 현실 도피가 약속된 장르이다.

그 BL이 최근 변하고 있다.

BL의 그런 변화가 사회를 조금씩 바꾸고 있을지도 모른다고 하면 여러분은 놀라시겠는가? 최근의 BL이 현실의 일본 사회에 존재하는 호모포비아homophobia(동성애 혐오)와 이성애 규범(이성애만을 정상이라 권장하고 그 이외를 억압하는 세계관), 그리고 미소지니misogyny(여성 혐오)를 극복하기 위한 힌트를 제공하는 작품을 배출하고 있다면 어떨까? 여성 혐오를 극복한 작품이, 여성이 중심적으로 활약하는 이성애 이야기가 아니란 사실을 모순적이라 느낄 것인가?

이 책은 그런 BL의 변화를, BL이라는 '여성을 위한 남성 간의 이야기 장르'의 '진화'라고 간주하고 있다. 나아가 그 BL의 '진화'가 실제 사회의 '진화'를 선취하여 성의 다양성을 실현하고 젠더 격차를 해소하는 방향으로 향하는 힌트를 제공한다고도 생각하고 있다. 『BL진화론』이라는 타이틀에 담겨진 '진화'라는 용어에는 이 두 가지 의미가 있다.

BL이 어떻게 진화해서 어떻게 사회를 바꿀 힌트를 제공하고 있는가, 이제부터 본론에서 구체적으로 고찰하겠지만 먼저 저자인 나의 입장을 명확히 하고 싶다. 그것은 왜 내가 이 책을 써야 한다는 생각에 도달했는지와도 연결되기 때문이다.

BL의 작가나 독자 중에는 이성애 여성이 많지만 저자인 나는 레즈비언lesbian이다. 자세히 말하자면 생물학적 여성으로서 성적 자기 인식이 여성이라는 점은 확실하며 성적 지향이 동성인 여성을 향하고 있다. 그리고 BL 애호가이고 BL 연구자이기도 하다는 입장이다.

현실의 연애와 섹스에 있어 여성이 아닌 상대에게 욕망을 느끼지 않는 레즈비언(여성 동성애자)인 내가 왜 남자 간의 연애를 그린 이야기군인 BL을 즐길 수 있을까? 남녀 연애물이나 여성 간의 긴밀한 우정, 때로는 성애도 포함하여 그리는 소위 '백합물' 만화보다 BL에 이끌리는 것은 왜일까?

한마디로 말하자면, 내 자신이 소녀만화 중에서도 미소년 간의 긴밀한 우정과 연애를 그린 '미소년 만화'와 '소년애물'로 불리는 작품군에 실시간으로 감정이입하면서 사춘기를 보냈기 때문에 사회에 만연하는 호모포비아에 영향받거나 그것을 두려워하지 않고 자신이 레즈비언이라는 사실을 받아들이고 레즈비언이 될 수 있었다고 느끼고 있기 때문이다.

필자가 자신을 레즈비언이라고 확실히 자각한 것은 대학생 때였지만 당시는 지금보다도 동성애자에 대한 편견이 훨씬 심했다. 그럼에도 불구하고 편견과 '만약 차별받으면…'이란 공포를 이겨내고 자신의 성적 지향을 받아들일 수 있었던 것은 역시 사춘기에 BL(의 선조)을 많이 읽었기 때문이다. 그중에서도 강하게 영향을 받은 것이 『포의 일족ポーの一族』(하기오 모토萩尾望都, 1974~76)과 『마리와 신고 摩利と新吾』(키하라 토시에木原敏江, 1979~84)이다. 특히 『마리와 신고』에서는 '마리가 신고에게 느꼈던 동성애 감정과 내가 누군가에게 느꼈던 동성애 감정은, 동성애 감정이라는 점에서 같은 것이니 세상이 뭐라고 해도 나쁜 것일 리가 없어'라는 논리로 레즈비언인 자신을 받아들일 수 있었다(사회적으로 커밍아웃하는 데는 약 10년이 더 필요했지만).

당연한 이야기지만 레즈비언인 나의 성적 지향을 그대로 투영

한다면 백합작품이 된다. 만약 『벚꽃 정원桜の園』 『러버스 키스ラバーズ・キス』(요시다 아키미吉田秋生, 1985~86&1995~1996), 나아가 현실적인 성인 레즈비언의 존재에 접속하고 있는 『러브 마이 라이프LOVE MY LIFE』(야마지 에비네やまじえびね, 2001)와 여고생에서 대학생까지의 성장을 차분히 그려낸 『푸른 꽃青い花』(시무라 타카코志村貴子, 2005~2013), 또는 에로틱&유머러스한 소설 『선배와 나先輩と私』(모리 나츠코森奈津子, 2008) 같은 백합작품을 사춘기에 만났다면 나는 BL 애호가가 되지 않고 오로지 백합만화와 백합소설을 좋아하는 레즈비언이 되었을까?

인생을 되돌아가 다시 시작할 수는 없기 때문에 이 질문에는 대답할 수 없지만 그럴 가능성은 크다. 하지만 지금의 내가 BL(의 선조) 덕분에 레즈비언이 되었다고 느끼고 있고, BL 애호가이자 연구자라는 사실은 변하지 않는다. 그러므로 우선 BL이다. 나에게는 BL 쪽이 뿌리이기 때문이다.

이 책은 그러한 입장으로—애호가와 연구자가 섞인 입장으로 BL에 관여하고 있던 중, BL이 눈앞에서 변하며 그 변화가 현실 사회를 리드하고 있다는 사실에 내 자신이 놀랐던 것이 집필하게 된 가장 큰 동기이다. 물론 만화와 소설이라는 표현물 장르이기 때문에 일제히 어떤 종류에서 다른 종류로 진화하는 것은 아니다. 다양한 작가의 다양한 작품 여기저기에서 호모포비아와 이성애 규범과 여성 혐오를 극복하기 위한 힌트가 되어주는 표현을 볼 수 있다는 의미다. 예를 들어 요시나가 후미よしながふみ의 90년대 BL 작품 중 몇 작품처럼, 그런 작품을 발견하기 시작했던 당시에는 그것들을 예외라고 인식하고 있었다. 그러나 2000년대에 들어서며 그러한

작품이 점점 늘어났다. 더욱이 장기 연재되고 있던 인기 시리즈 중에, 처음에는 분명히 세간 일반의 동성애 혐오를 반영한 세계관이었으나 도중부터 현실의 일본 사회보다 훨씬 동성애자에 대한 인권 옹호 의식이 높은 세계관으로 변모하는 이야기가 출현했다. BL이 '진화형'의 작품을 지속적으로 산출하는 장르로 변한 것이라고 인식을 새롭게 하지 않을 수 없었다. 즉 BL 전체가 '진화'하고 있다 —말하자면 BL이라는 유기체가 그 세포 여기저기에서 미지의 진화(변이?)를 하고 있으며, 그것들을 다양성으로서 허용하고 내포하면서 유기체 전체가 꾸준히 진화하고 있는 이미지다. 그리고 한때 젊은 시절의 내가 BL(의 선조) 덕분에 레즈비언이라는 사실을 받아들일 수 있었던 것처럼, 이미 몇몇 사람들은 자신도 모르는 사이에 '진화형' BL에 의해 호모포비아와 이성애 규범, 여성 혐오를 극복하거나 극복하고 있을 것이다. 나아가 사회 전체가 그렇게 되길 바란다—그렇게 진화하길 바란다. 그런 바람을 담아 『BL진화론』이라 이름 붙였다.

두말할 필요도 없이 내 입장은 오늘날의 BL 애호가 중에서 소수파에 속할 것이다. 더구나 십여 년 이상 BL과 여성의 섹슈얼리티에 대해서 계속 생각하고 있기 때문에 '이런 것까지 생각하는 사람이 있다니'라고 놀라는 분도 있을지 모른다. 하지만 BL을 읽으면서 문득 '나는 여성인데 왜 남자 간의 러브가 이렇게 좋을까?'라고 생각해본 적이 없었을까? 물론 본서는 어디까지나 '나에게는 BL이 이렇게 보인다'라고 적어 내려간 것이지만 그 과정에서 BL을 읽는 우리들 욕망의 회로가 어떻게 되어 있는가에 대해서도 고찰하고 있으므로 그러한 의문에도 다면적으로 답하고 있다.

BL의 쾌락은 중층적이고 풍요로우며 윤택하다. 그리고 그렇기 때문에 오락 장르이면서도 사회를 리드하는 '진화형' 작품도 생산할 수 있다. BL 애호가 한 사람 한 사람의, 말하자면 취미 활동이 예외 없이 진화를 지탱하고 있는 것이다.

이 책에서는 BL 상업 출판 작품만을 취급하고 있다. 일반적으로 BL이라고 하면 '2차 창작' '애니메이션 패러디'라고 불리는 동인지를 가장 먼저 떠올리는 사람도 많을 것이다. 이 책도 물론 동인지의 중요성은 인식하고 있다. 그럼에도 불구하고 이 책에서 상업 출판만을 다루는 이유는, 소비자(독자)의 대부분이 여성이고 그녀들의 구매 활동이 수백 명의 여성 작가와 편집자들의 경제적 자립을 지탱하고 있다는 BL장르의 특성을 중요시하기 때문이다. 동인 활동의 경제적인 측면을 경시할 의도는 없다. 다만 BL 작가와 BL 편집자라는 직업인으로서 사회라는 광장에 참가하고 있다는 점을 이 책은 페미니스트적 문제의식에서 중요시하고 있는 것이다.

학문적인 훈련을 받은 연구자의 책으로서는 열정에 넘치는 부분도 많은 책이라고 생각하지만 이러한 입장에서 집필한 것이므로 필자와 함께 BL의 진화를 둘러싼 작은 여행에 함께 해주신다면 기쁘겠다.

주의사항

• 작품의 사례는 2015년 4월까지 발표된 BL 상업작품에서 골랐다.

• 만화와 소설의 단행본에 대해서는 출판사와 판형을 바꾸면서 몇 번에 걸쳐 출판되고 있는 작품도 많다. 이 책에서는 원칙적으로 처음 단행본화가 된 연도를 쓴다. 그러나 연재지 등 첫 출판 연도가 중요한 작품에 대해서는 함께 기록한다. 영화 작품은 최초 공개일의 연도를 기록한다.

• 픽션 작품(만화, 소설)은 판에 의해 구성이 달라지기 때문에 인용 부분에 쪽번호를 표시하지 않았다. 이론서와 에세이에 대해서는 쪽번호를 표시했다.

• 상업 출판된 BL 단행본을 전부 읽는 것은 불가능하므로, 본서에서 다루고 있는 작품의 사례는 극히 한정적인 것이다. 개인적인 취향으로 편중되지 않도록 그때그때의 인기 작품은 읽도록 유의하였다.

제1장

「BL진화론」에서 보는 BL의 개괄적인 역사

BL이란 무엇인가

BL은 '보이즈 러브Boys' Love'의 영어 표기에서 머리글자를 딴 용어다. 남성 간의 연애―'보이즈'의 '러브'―를 중심으로 한 여성을 위한 이야기군을 가리킨다. 현재 일본에서 BL은 상업 출판과 동인지가 혼재하는 광대한 분야이다. 또 만화와 일러스트 포함 소설뿐만 아니라 드라마 CD, BL 설정의 게임, 수는 적지만 애니메이션, 실사영화 등도 포함된다.

BL 상업 출판과 BL 동인지의 관계

이 책에서 분석의 대상으로 삼는 것은 BL 상업 출판 작품뿐이지만 상업 BL과 BL 동인지와의 관계는 깊다.

동인지란 상업적인 출판물이 아니라 개인 또는 몇 명의 그룹이 자신들끼리 집필, 편집한 개인출판물 전반을 가리키며 다양한 종류가 있다. 그중 하나가 BL 동인지, 즉 남성 간의 연애를 축으로 그린 동인지로 BL에서는 동인지와 상업 출판의 관계가 특히 깊다.

BL 동인지는 오리지널의 이야기를 그리는 것과 기존의 BL이 아닌 만화와 애니메이션 등의 남성 캐릭터들이 동성애 관계에 있다고 가정한 이야기를 창작하는 '애니메이션 패러디' 또는 '2차 창작'이 있으며, 아마추어 작가뿐만 아니라 프로인 BL 작가, 즉 BL 상업 출판 작가의 대다수가 오리지널과 함께 '2차 창작' BL 동인 활동에 손대고 있다. 또 BL에서는 동인 작가가 출판사에 스카우트되어 프로가 되는 루트가 주류였다(잡지상의 스쿨과 신인상도 있지만 이를 통해 데뷔하는 작가 수가 적다). 또한 BL 프로 작가가 동인 작품으로서 발표한 작품이 후일 코믹스(상업 출판된 만화 단행본)에 수록되는 경우도 적지 않다. 보다 희귀한 경우지만 코믹스로는 입수가 불가능해진 작품을 작가가 동인지로서 복간시키는 경우가 있는 등, 하나의 작품이 동인과 상업의 경계선을 넘나드는 일도 있다.[주1] 나아가 인기 높은 '장르'(2차 창작의 원작)의 동인 작품을 재록한 상업 앤솔로지 책도 존재한다. BL 프로 작가가 오리지널 작품의 동인지 활동을 하는 경우 상업지에 연재되기 어려운 내용의 작품을 동인지로 발표하는 등, 동인지가 BL 상업 출판의 실험장으로서 기능하는 경우도 있다.[주2] 이렇게 상업 출판과 동인지의 경계선은 유연하고 양자의 관계는 깊다. 필자도 여름과 겨울에 열리는 최대의 동인지 즉매회인 코믹마켓(코미케)에는 최근 십여 년간 매번 참가하고 있다. BL의 커뮤니티 의식을 논하는 이 책의 제5장에서 코미케 회장에서의 경험을 기반으로 한 논의가 있거나, 또 동인지에 게재된 프로 작가의 메시지를 인용하는 경우가 있는 것은 이 때문이다.

이 책이 분석 대상을 상업 BL 작품에 한정한 이유

그렇지만 본서가 분석 대상으로 하고 있는 것은 상업 출판의 BL 만화와 소설(픽션)뿐이다. 그 주된 이유는 두 가지가 있다.

[1] BL 작가와 편집자라는 직업인으로서 수백 명의 여성들이 BL로 생계를 유지하고 있다는 사실을 페미니스트적 문제의식에서 중요시하고 있다.

프로인 BL 작가는 99퍼센트 이상이 여성이며, 편집자는 90퍼센트 이상이 여성이다.[3] 독자(소비자)도 99퍼센트 이상이 여성일 것이다. 여성 팬이 많은 대중문화의 장르는 많지만 BL처럼 작가의 대다수가 여성인 장르는 드물다. BL에서는 여성 소비자의 구매 행동이 여성 직업인들의 경제적 자립을 지탱하고 있다. 물론 경제적인 측면만 말하자면 BL 동인 활동으로 생계를 유지하고 있는 사람도 존재할 수 있을 것이다. 그렇지만 본서는 여성의 사회 진출이 지체되고 있는 일본 사회에서 BL책이 상업 출판물로서 사회현상적인 메가히트를 기록하는 소년만화, 문학상을 수상한 소설 등과 같은 매장에서 판매된다 점, 즉 상업 BL을 통해 작가와 편집자가 사회인으로서 경제활동을 행하고 있다는 점도 중요시하고 있다.[4]

[2] 앞으로 서술하게 되겠지만, 이 책은 광의廣義의 BL 역사를 1961년 출판된 소설을 기점으로 삼아 소설과 만화의 흐름을 축으로 다루고 있다. 그렇기 때문에 드라마 CD와 애니메이션 등의 미디어 전개는 분석의 대상으로 삼지 않고, 상업 BL 만화와 일러스트 포함 소설을 대상으로 하고 있다.

상업 BL의 규모

최근 BL의 사회적 인지도 및 화제성은 높다. 하지만 다른 엔터테인먼트 출판 장르와 비교하면 BL 상업 출판의 규모는 그리 크지 않다. 아마 BL 최대의 히트작일『순정 로맨티카純情ロマンチカ』(나카무라 슌기쿠中村春菊, 2003~)는 애니메이션화가 결정된 2008년 시점에 누계부수가 약 300만 부지만 이것은 특수한 사례다. 다른 장르에 비해 단권 작품이 많기 때문에 누계부수가 적어서 100만 부를 넘는 작품이 많지 않다. BL 만화의 단행본(코믹스)과 소설(신서판 및 문고판)을 합산한 발행부수는 2013년까지 매달 약 100점을 넘었다.^{주5} 다품종 소량생산의 장르라고 할 수 있다. 잡지와 관련해서는 2013년 말 발매된 가이드북『이 BL이 대단해!このBLがやばい! 2014년도 판』에 만화와 소설을 합한 BL잡지 및 정기간행 앤솔로지로서 36개 잡지가 수록되어 있다. [NEXT 편집부(2013) : 130-135]

BL 사관

본서는 BL의 역사를 다음의 세 시기로 나누어 생각하고 있다. 그리고 제1기와 제2기를 '광의의 BL'로 규정하고 제3기 상업 출판물을 'BL'로 분석하였다.

<제1기> 1961~1978년 창성기 ─ 모리 마리와 '미소년 만화'의 시대
<제2기> 1978~1990년 JUNE기 ─ 전문 상업잡지『JUNE』와 동인지 확대의 시대
<제3기> 1990년~현재 BL기

[제1부] 1990년대
[제2부] 2000년대 이후

<제1기> 1961~1978년 창성기
─ 모리 마리와 '미소년 만화'의 시대

본서는 번역가이자 잡지 『JUNE』에서 「JUNE 문학 가이드」를 담당한 쿠리하라 치요栗原知代가 1993년에 발표한 「개론1 탐미소설이란 무엇인가」의 「탐미소설의 역사」를 참고로, 메이지 시대의 문호 모리 오가이森鷗外의 딸인 모리 마리森茉莉(1903~1987)가 1961년 58세 당시 발표한 단편소설 『연인들의 숲恋人たちの森』을 광의적인 BL사史의 시조로 간주하고 있다[쿠리하라(1993) : 325-335]. 또한 약 10년 후에 출현한 소녀만화 장르 안의 '미소년 만화', 나아가 소설가 쿠리모토 카오루栗本薫의 등장까지를 포함하여 BL 창성기로 보고 있다.

왜 모리 마리를 BL의 시조로 보는가

만화를 중심으로 한 BL사는 '미소년 만화'에서 시작하는 것이 많기 때문에 여기서는 모리 마리를 광의적인 BL사의 시조로 간주한 이유를 상세하게 설명하고 싶다. 『연인들의 숲』은 프랑스 귀족인 부친과 일본 외교관의 딸을 모친으로 둔 자산가로, 도쿄대학에서 교편을 잡고 있는 작가인 30대 후반의 '미청년' 기도우義童와 사립대 불문과를 1년 만에 중퇴하고 과자 공장에서 일하는 미모의 젊은이 파우로神谷敬里(본명: 카미야 케이리)의 비극적 연애가 탐미적으로 그려진 작품이다. 발표 매체 『신쵸新潮』지는 물론 여성을 위한 잡지가 아니다. 하지만 『연인들의 숲』을 광의의 BL 시조라고 말할 수 있는 이유는 두 가지가 있다.

[1] BL 정형의 대부분을 이미 채용하고 있다

『BL진화론』의 BL 사관

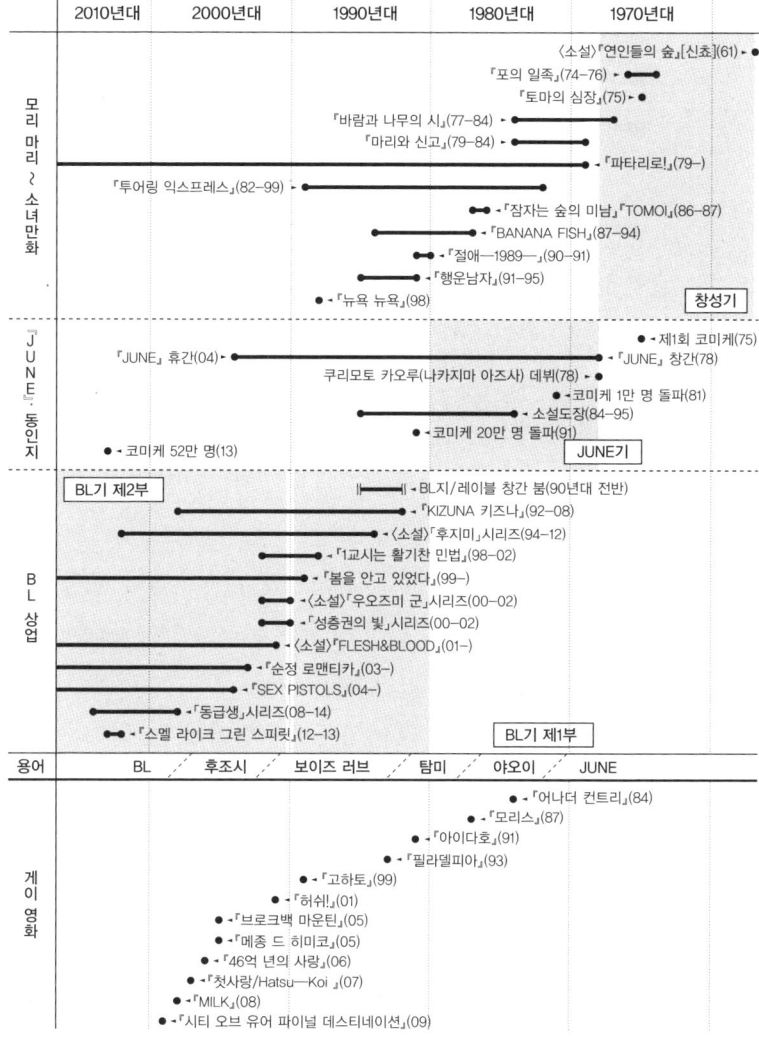

[a] BL의 선조('미소년 만화'와 'JUNE')로 계승된 정형
●주인공(양쪽, 또는 한쪽)이 유럽의 귀족계급
●한쪽의 죽음에 의한 비극적 결말
[b] 오늘의 BL에도 계승되어 있는 정형
●미남×미남
●공攻×수受 캐릭터 설정 (외모가 보다 남성적인 캐릭터가 공[세메 せめ]—생활과 섹스에서 남성 역할로서 리드하는 쪽—이고 외모가 보다 여성적인 캐릭터가 수[우케うけ]이다)
●수 캐릭터의 남성성과 여성성의 갈등 (파우로는 민첩하게 자동차 운전에 능숙한 젊은이인 동시에 고급 게이샤 같은 고상한 얼굴을 지닌 인물이라는 묘사)
●공이 부자라는 설정 (최근 BL에서는 일반적인 직업의 공 캐릭터도 있지만 재계 야쿠자의 젊은 우두머리나 아랍의 왕이라는 극단적인 부자 설정도 많다)
●미모뿐만 아니라 원래 재능도 있지만, 욕망에 휩쓸리기 쉬운 수 캐릭터의 설정 (이 정형은 수가 성애의 쾌락에 휩쓸리기 쉽다는 변명으로서 오늘날도 일정 수의 작품에서 볼 수 있다)
●남성 주인공이 둘 다 여성에게도 인기 있는 '원래는 이성애 남성' 설정으로, 또한 여성과의 연애가 아니라 남성 주인공 간의 연애야말로 진짜라는 믿음이 작품의 근본에 있다는 점

[a]의 '유럽 귀족'과 '비극적 결말'은 1990년대 이후의 BL 상업지 중심 시대에는 계승되지 않았지만, [b]를 보면 여성이 읽기 위한

남성 간의 연애를 중심으로 한 이야기의 기본 설정이 『연인들의 숲』에서 거의 제시되어 있다는 사실을 알 수 있다.

[2] 자신이 망상하는 남자 간의 연애를 그리고 싶다는 충동으로 쓴 작품이라는 점

『연인들의 숲』을 발표하고 3년 후인 1964년, 마이니치 신문每日新聞에 게재된 「'성'을 쓰려고는 생각하지 않는다性を書こうとは思わない」라는 제목의 에세이에서 조금 길지만 모리 마리의 말을 인용해보자. (이하, 인용 중의 「/」는 원문의 줄바꿈을 가리킨다.)

(…) 나는 남색을 쓰려거나, (…) 생각해서 소설을 쓴 적은 없다. / 어느 날 나는 장 클로드 브리알리Jean-Claude Brialy와 알랭 들롱Alain Delon이 침대 위에서 서로 기대고 있는 사진을 보고 멋진 남자와 소년의 연애를 쓰게 되었는데, 최근에 친해진 하기와라 요코萩原葉子 씨에게 그 사진을 처음으로 보여주었다. 역시 그 불가사의한 세계를 보고 놀라서 소설을 쓴 것은 결코 나에게만 일어났던 불가사의도, 내 정신이 이상해져서도 아니었다. 과연, 그녀는 일일이 나에게 동감을 표했다. / "대단해요, 대단해요, 정말이네." / "이 허리를 굽힌 곳, 이란 느낌이죠?"/ "이 허리가 대단해요"/ 라는 식이었다. / 내가 옛날 어릴 적 소녀일 때부터 꿈에서 보았던 파울로와 프란체스카 등의 우아하고 요염한 자태가 공상 이상의 정서가 되어 죄의 냄새를 두르고 그곳에서 호흡하고 있었다 / (…) 프랑스의 원숙한 영화 시대를 배후에 망령같이 등지고 있는 두 배

우는 하늘조차 두려워하지 않는 오만한 태도로 대중에 보여주는 사진 위에 자신들 사이의 연애 정서를 드러내고 있었던 것이다. 브리알리가 걸친 천에서 손을 내밀며 무엇인가를 말하고 있는 뜨거운 표정과 들롱의 냉정한 성정이 분명히 드러난, 옅은 보라색의 화염을 내뿜고 있는 두 개의 눈과 어떤 여자보다도 요염한 자태는 완전히 나를 황홀하게 만들어, 나는 그 사진을 소재로 삼아 4편의 소설을 썼다. 장과 알랭은 다양한 자태, 몸짓, 표정, 다양한 연애의 즐거움을 나에게 보여준다. 나는 꿈의 화원에 들어가 있었다.(…) / 내가 연애소설을 쓰기 전의 소설을 읽은 사람은 사진을 소재로 삼은 4편의 소설을 쓸 때, 내가 아마추어로 무엇인가에 홀려 썼다는 사실을 알 수 있을 것이다.

[모리(1964)]

  모리 마리는 당시 '남색소설을 쓰려고 생각한 것은 아니었다'라는 점을 여러 편의 에세이에서 언급하고 있는데 그중에서도 인용문에 등장하는 동기의 묘사가 특히 생생하다. 브리알리와 들롱이 실제로 연애 관계라고 모리 마리가 생각하지 않는다는 점은 문맥에서도 명백하다. 모리는 자신에게 보였던 두 사람의 '연애 정서' '다양한 연애의 즐거움'이 자신의 망상이라는 사실을 이해한 다음, 그것에 이끌린 채 펜을 움직였다고 고백하고 있다. 『연인들의 숲』의 무대는 일본으로 주인공 두 사람의 설정도 브리알리와 들롱 그대로가 아니고 변형되어 있지만, 기도우와 파우로의 묘사에는 브리알리와 들롱이 모리 마리의 두뇌 안에서 보여준 '자태, 몸짓, 표정'이 반영되어 있는 것이다. 오늘날의 '애니메이션 패러디' '2차 창작' 작가가 원작 캐릭터의 특징을 답습하면서도 세계관을 바꿔서 결과적으로 오리지널 작품을 쓰는 것과 같다. 더군다나 친구 여성과 그 비전이 공유된 사실을 기뻐하면서 말하는 모습은 이 책 제5장에 서술하고 있는 BL의 커뮤니티 의식에도 연속되어 있다. 참고로 모리 마리가 소녀시대에 꿈꾸었던 우아하고 요염한 이상적인 커플인 파울로와 프란체스카는 남녀 커플이지만, 그것이 남성 간의 커플로 바뀌어져 있다는 사실에서 BL 충동의 원점을 찾아낼 수 있다. '미남 캐릭터는 자신의 대리인'이라고 모리 마리는 쓰지 않았지만 '황홀' '꿈의 화원에 들어가'라는 표현이 드러내는 그녀의 깊은 쾌락에서는 꿈의 화원에서 남성 커플을 밖에서 바라보며 그들에게 동일화하고 있는 것을 알 수 있다.

근친상간 동성애 판타지?

『연인들의 숲』에서 기도우가 여자 애인에게 살해된 후 파우로가 다음 남성 패트론(후원자)으로 갈아타는 것이 암시된 엔딩은 주인공 두 사람이 서로에게 운명 지워진, 연애의 유일한 상대라고 하는 최근 BL 작품과는 다르다. 파우로는 기도우라는 연인과 세계에서 하나뿐인 진정한 연애를 경험하지만(기도우와 나뿐이야. 진실로 사랑하는 것은…) 그의 사후, 그 사랑을 위해 죽을 필요는 없는 것이다. 이는 작가가 파우로에게 무엇이든 갖게 해주고 싶었기 때문이자, 파우로가 모리 마리의 가장 직접적인 대리인이기 때문이라고 해석할 수 있지만 미국인 일본 문학 연구자 키스 빈센트Keith Vincent의 더욱 흥미로운 해석도 소개해 보겠다.

「일본의 엘렉트라와 그녀의 퀴어한 계승자A Japanese Electra and Her Queer Progeny」라는 제목의 영어 논문에서 빈센트는 이렇게 서술하고 있다. '모리 마리는『연인들의 숲』에서 기도우가 그녀 아버지 역할을 연기하고 파우로가 마리를 연기하는 근친상간 동성애 판타지에 탐닉하고 있다 해도 아마 지나친 말은 아닐 것이다'[Vincent(2007) : 69]. 모리 마리가 남편과 파리에 체제하고 있던 동안 오가이가 죽었다는 사실은 잘 알려져 있다. 마리가 자신의 손이 닿지 않는 장소에서 이미 죽어버린 부친을 자신의 동성 연인으로서 다시 장사 지내는 판타지에 투영하고 있다고 한다면, 같이 비극적인 죽음을 맞는 파울로와 프란체스카가 아니라 기도우가 죽은 후에도 파우로가 강인하게 살아간다는 결말이라는 점과 앞뒤가 맞는다. 이 해석에서도 남성 동성애 관계에 기탁하고 있다는 의미에서 BL의 시조라는 역사관에 변화는 없다.

'미소년 만화'

1970년대에 들어 소녀만화 붐이 도래하면서 '24년조'로 불리는 1949년(쇼와昭和 24년) 전후생 여성 만화가들이 미소년 캐릭터들 사이의 사랑—긴밀한 우정과 연애와 성애—을 다루는 작품군을 발표했다. '소년애물' '미소년 만화' 등으로 불리지만 하기오 모토萩尾望都의『토마의 심장トーマの心臓』(1975), 타케미야 케이코竹宮惠子의『바람과 나무의 시風と木の詩』(1974~1984)가 대표작으로 거론될 때가 많다. 특히 '보이즈'의 '러브'와 '섹스'를 중심으로 그리는 오늘날의 BL 선조로 당시로서 과격한 성 묘사가 화제가 된『바람과 나무의 시』를 들 수 있다. 또 프롤로그에서도 서술하였지만 필자 개인적으로 소꿉친구 미소년 두 사람 중 한쪽(신고)에 대한 다른 한쪽(마리)의 연정이 자세히 묘사되어 있고, 두 사람이 연인으로서는 맺어지지 않지만 친구로서 일생을 보내고 동시에 절명할 때까지를 그린 키하라 토시에木原敏江의『마리와 신고摩利と新吾』(1979~1984)에 특히 강한 영향을 받았다.

또한 하기오 모토의『포의 일족ポーの一族』(1974~76)에서 14세의 소년 흡혈귀(작품에서는 판파네라)들은 성욕을 가지기 이전의 탈성화된 존재로서 상정되어 있기 때문에 '미소년 만화'로 분류하지 않는 비평가도 있지만, 이 책에서는 광의의 BL에서 중요한 초기 작품으로 간주하고 있다. 그 이유는 '보이즈'의 '러브'라고 해도 소위 연애와 성애뿐만 아니라 우정, 보호욕, 부모의 자식에 대한 무상의 사랑,

장미의 '에너지'를 교환하는 에드가(좌측)와 알랭(우측) / 하기오 모토
『포의 일족 ③』(쇼카쿠칸 문고小学館文庫, 1998)

보호자에 대한 절대적인 의존, 유일무이한 경쟁 상대를 필요로 하는 라이벌 의식과 집착, 선조가 맺은 수호신과의 계약에 묶여 있는 공의존共依存 관계… 라는 심정과 관계성의 어디에서 어디까지가 사랑인가라는 질문 자체가 BL이 가장 자신 있게 내세울 수 있는 것이기 때문이다. 소년 흡혈귀 두 사람은 소위 연인 관계는 아니지만, 세상에서 아마 두 사람뿐일 소년 흡혈귀로 백 년 이상의 시간을 함께 보내는 유일한 동지이기도 하다. 한마디로 표현하자면 '사랑'으로밖에 부를 수 없는 그들의 절대적인 관계 묘사는 그런 의미에서 BL의 선조이다.

에드가가 가장 사랑하는 여동생 메리벨을 위해 '새로운 피'의 제공자로서 알랭에게 접근하고, 한편 알랭은 메리벨을 아련한 사랑의 대상으로 삼으며 그 메리벨이 소멸한 후에는 에드가가 알랭을 흡혈귀로 만들어 함께 시간을 보낸다는 줄거리는 남자 두 사람(에드가와 알랭)이 한 여성(메리벨)을 둘러싸고 구축하는 호모소셜homosocial 관계로도 읽힌다.주6 하지만 에드가와 알랭의 만남은 메리벨이 없는 장면에서 에드가를 피하기 위해 낙마한 알랭에게 에드가가 첫눈에 반했다고 해석할 수 있는 묘사이고, 또 메리벨의 소멸 이후 온실에서 장미의 '에너지'를 교환하는 장면 등에 에드가와 알랭 사이의 에로티시즘이 묘사되어 있다[Mizoguchi(2003) : 53]. 즉 메리벨을 축으로 하는 호모소셜 관계와 에드가와 알랭이 직접 서로를 바라보고 생각하고 접촉하는—점막접촉이 아니라고는 해도—호모섹슈얼homosexual 관계와의 양쪽 차원에서 기능하는 이야기라고 할 수 있다.

이외에도 청년 캐릭터를 주인공으로 삼아 코미컬하고 장대한

판타지와 하드보일드한 세계를 그리는 아오이케 야스코青池保子의 『이브의 아들들イブの息子たち』(1976~1979)과 『에로이카로부터 사랑을 담아エロイカより愛を込めて』(1978~), 일본의 아스카飛鳥시대를 무대로 남성 동성애자인 주인공의 초능력과 궁정의 권모술책 등이 묘사되는 『해돋는 나라의 천자日出処の天子』(야마기시 료코山岸凉子, 1980~1984)도 광의의 BL 역사에서 중요한 작품이다('미소년 만화'에 포함되는지 아닌지는 의견이 갈리는 지점이라고 생각되지만).

<제2기> 1978~1990년
JUNE기 ― 전문상업잡지『JUNE』와 동인지 확대의 시기

등용문으로서 투고잡지『JUNE』

1978년 이후에도 『파타리로パタリロ!』(마야 미네오魔夜峰央, 1979~), 『투어링 익스프레스ツーリング・エクスプレス』(카와소 마스미河惣益巳, 1982~99), 『캘리포니아 이야기カリフォルニア物語』『바나나 피쉬BANANA FISH』(요시다 아키미吉田秋生, 1979~82, 1987~94), 『잠자는 숲의 미남眠れる森の美男』『TOMOI』(아키사토 와쿠니秋里和国, 1986~87), 『절애絶愛―1989―』(오자키 미나미尾崎南, 1990~91), 『행운남자幸運男子』(타카구치 사토스미高口里美, 1991~95) 등 소녀만화 안에서 남성 간의 연애를 그린 작품이 탄생했다. 그것들도 물론 지금까지 광대한 BL이라는 분야를 구성하고 있지만 이 책의 BL 사관에서는 커다란 흐름의 변화에 주목하여 전문상업잡지『JUNE』가 창간되는 동시에 동인지계에 있어 BL물이 히트한 1980년대를 제2기라는 시대 구분으로 삼는다.

1980년대, 『JUNE』는 남성 간의 연애를 축으로 한 이야기(만화와 소설)를 전문으로 게재하는 거의 유일한 상업지였다.[주7] 제1기의 대표적인 만화가인 타케미야 케이코는 창간호부터 표지 일러스트와 만화 작품으로 참가하고 1982년부터는 투고 만화를 지상에서 채점, 지도하는 <타케미야 케이코의 그림 그리기 교실竹宮惠子のお描き教室>을 전개하여 수많은 프로 만화가를 배출했다. 또 소설에서는 작가 쿠리모토 카오루가 나카지마 아즈사中島梓라는 필명으로 1984년부터 '소설도장小説道場'을 전개했다(쿠리모토 카오루/나카지마 아즈사에 대해서는 다음 페이지에서 서술한다). 즉 『JUNE』지는 프로 BL 만화가와 소설가를 배출하는 무대로서도 중요한 기능을 했다. 이 기능은 제3기에 들어서 『JUNE』 이외의 BL 상업지가 복수 발간된 후에도 당분간 계속되었다.[주8]

쿠리모토 카오루

본서 BL사 제1기(창성기) 최후의 해에 해당하는 1978년에 데뷔한 소설가 쿠리모토 카오루(1953~2009)는 오늘날 일반적으로는 『구인 사가グイン・サーガ』 시리즈의 저자로 알려져 있지만, 소설가뿐만 아니라 나카지마 아즈사라는 이름의 평론가로서도 'JUNE기'의 극히 중요한 인물이다.

우선 소설가로서 『우리들의 시대ぼくらの時代』(1978)로 제2회 에도가와 란포江戸川乱歩상을 수상하여 데뷔한 후 『한밤중의 천사真夜中の天使』(1979), 『날개 있는 것翼あるもの』(1981)과 더불어 남자 간의 연애를 다룬 작품(광의의 BL 소설)을 차례차례 발표하여 '미소년 만화' 팬들에게

소설도 존재할 수 있다는 사실에 대해 강한 인상을 남겼다.

나아가 나카지마 아즈사라는 이름으로 창간 당시부터 중요 멤버로 일하고 있던 잡지 『JUNE』에서 '소설도장'을 연재했다. 투고 작품에 대해서 코멘트를 하고 우수작은 지면에 게재하는 등의 형태로 1984년 1월호부터 1995년 2월호까지 장기간에 걸쳐 후진을 지도하여 수많은 BL 소설가를 배출했다.(도장 종료 후에도 '은거 노인'이라는 이름으로 나카지마가 부정기적인 코멘트를 하는 경우도 있었지만, 나카지마가 도장 주인을 역임한 최종회인 제71회에는 '총 순위'로 5단부터 5급까지 제자 1명, 특별대우생 2명을 포함하여 100명 이상의 이름이 기재되어 있다)[나카지마(1997) : 145-146].

평론가로서는 키하라 토시에, 아오이케 야스코, 타케미야 케이코 등 만화가와의 대담을 수록한 평론 『미소년학입문 美少年学入門』(1984)을 통해 여성을 위한 미소년물을 여성들 자신이 말하는 선구자가 되었고, 계속되는 『커뮤니케이션 부전증후군 コミュニケーション不全症候群』(1991), 『타나토스의 아이들―과잉적응의 생태학 タナトスの子供たち―過剰適応の生態学』(1998)에서도 BL(당시 용어로는 'JUNE'와 '야오이')과 BL 애호가가 현대사회의 중요한 평론대상이라는 점을 세간에 표명했다.

쿠리모토가 BL 이외의 분야에서 폭넓은 장르의 인기 소설가로, 또 TV 퀴즈 프로그램의 고정 출연을 맡는 등 매스미디어에 빈번하게 등장하고 있던 일반적인 의미의 '유명인'이었던 점까지 더해져 1980~90년대는 '광의의 BL(JUNE, 야오이)=쿠리모토 카오루/나카지마 아즈사'처럼 보였을지도 모른다.

나카지마의 BL론은 반복이 많은 자기 이야기 에세이 같은 스타일에, 자신이 BL의 정당한 대표자라는 어필이 과도한 측면도 있지만 나카지마의 '평론'에 의해 BL이 비평의 대상이 된다는 점이 널리 일반(대중)에게 알려졌다는 것이 가지는 의미는 굉장히 크다. 또 '소설도장'의 코멘트에 넘치는 '제자'에 대한 애정의 깊이와 관용은 지금 다시 읽어도 감동적이다.

'JUNE적 테이스트'

오늘날의 BL에도 'JUNE적 작품'이란 평을 듣는 작품이 종종 등장하지만 이럴 때의 'JUNE적 테이스트'가 무엇인가에 대해선 쿠리하라 치요에 의해 제창된, '버려진 고독한 아이가 사랑에 의해 치유되어가는 감각'이라는 정의가 기준이 된다[쿠리하라(1993) : 330]. 즉 남성 캐릭터 간의 연애가 주인공의 마음의 상처를 치유하고 그가 살아가는 것을 가능하게 해준다는 의미에서 일반적인 연애 이야기보다도 강한 의미를 가진다는 뉘앙스다.[주9] 밝은 러브 코미디 등이 아닌, 비극적인 전개와 무거운 갈등이 상정되어 있는 것 같다.

해외 게이 문학과 게이 영화의 수용거점으로서 『JUNE』

『JUNE』는 또 번역가 쿠리하라 치요와 카키누마 에이코柿沼瑛子에 의해 영미 게이 문학의 최첨단 정보가 소개되는 매체이기도 했다. 게다가 1980년대에 영화「어나더 컨트리Another Country」(마렉 카니브스카Marek Kanievska 감독, 1984),「모리스Maurice」(제임스 아이보리James Ivory 감독, 1987)가 여성 관객을 다수 동원하여 히트하면서 일어난 소위 '영국 미청년붐'을 『JUNE』지는 적극적으로 부추겼다. 일본에서 게이&레즈비언 영화 비평의 제1인자인 이시하라 이쿠코石原郁子(1953~2002)

는 '소설도장'에서 데뷔한 소설가이기도 했다.^{주10}

『JUNE』애독자, 그리고 제1기 '미청년 만화' 애독자의 다수가 예를 들면 「모리스」에 등장하는 모리스, 클레이브, 알렉 등 미청년들과 그 무대인 옥스퍼드의 기숙사제 남학교(퍼블릭스쿨)와 영국 상류계급의 저택 등 그녀들의 현실과는 관계가 없는 세계관을 열렬히 지지했다.^{주11} 어떻게 이러한 일이 일어날 수 있었을까?

'미소년 만화'의 작가들이 1972년에 유럽 여행을 한 사실은 일찍부터 유명했고, 또『바람과 나무의 시』의 온실 묘사는 옛날 프랑스 영화에서 가져온 것이 틀림없다고 열렬한 애호가들이 말하고 있다. 즉 젊은 일본인 여성인 '미소년 만화'의 작가들이 '현실'의 유럽을 취재하고, 또 오랜 실사영화에서 배운 것을 반영하여 그려낸 만화 속 세계관이 독자 여성들에게 수용되어 그녀들의 실생활과는 인연이 없는 퍼블릭스쿨 등을 무대로 펼쳐지는 실사영화를 열렬히

말을 타고 옛 학교 건물로 향하는 질베르(좌)와 세르쥬(우) / 타케미야 케이코, 『바람과 나무의 시』⑭ (쇼카쿠칸小学館, 1981)

수용하는 밑바탕을 만들었다고 할 수 있다. 그렇기 때문에 많은 일본인 여성은, 예를 들면 모리스와 클레이브가 말을 달리는 장면이 『바람과 나무의 시』에서 세르쥬와 질베르가 말을 타고 옛 학교 건물로 향하는 장면과 연결된다고 느낀 것이다(모리스들은 세르쥬들보다 몇 년 연상의, 소년이라기보다는 청년인 연령이지만).

동인지 시장의 확대

『JUNE』가 독자적인 세계를 확립한 이 시기는 동인지의 세계가 극적으로 확대된 시기이기도 했다. BL 동인지계 추이에 대해서는 니시무라 마리西村マリ의 2001년 책 『애니메이션 패러디와 야오이ァニパロとヤオイ』 등을 참조해 주시고, 여기서는 간단하게 서술해두겠다[니시무라(2001)]. 1975년 처음으로 개최된 동인지 즉매회 이벤트인 코믹마켓의 참가자 수는 600명이었지만, 1981년에는 1만 명, 1984년 3만 명, 1987년 6만 명, 1989년 10만 명, 1991년 20만 명이라는 페이스로 매년 증가했다(2013년 12월 코믹마켓 참가자는 3일간에 52만 명). 참가자 전원이 BL 동인지 관계자는 아니지만 전체 규모의 확대와 비슷하게 BL 창작자와 구독자, 특히 애니메이션 패러디 BL의 관계자도 증가했기 때문에 인기 있는 BL '아마추어' 만화가와 소설가는 1천 부 규모로 자신의 작품을 파는 것이 가능해졌다.

『JUNE』와 동인지의 영역 분리

이들 작품의 다수는 『JUNE』에 투고를 하지 않았다. 그 이유로,

인기를 누리는 소년만화와 애니메이션 캐릭터를 소재로 한 '애니메이션 패러디' 2차 창작' 작품을 동인지로 발표하던 사람들 대부분은 『JUNE』지까지는 생각이 미치지 않았을 것이다. 당시 활발한 BL 동인 작가가 매월, 혹은 주 단위로 즉매회 이벤트에 신간을 가지고 참가했다는 사례도 있을 정도였다. 예를 들어 1980년대에 여성향 '애니메이션 패러디' BL 동인지의 판매 부수 기록을 세웠다고 간주되는, '원래 애니메이션과는 관계없는 드라마틱한 설정'을 끼워 넣어 그리는 명수로 평가받은 BL 소설가 마츠오카 나츠키松岡なつき는 1992년에 프로로 데뷔해 현재도 제1선에서 활약하고 있지만 『JUNE』에 소설을 발표한 적이 없다.[주12] 즉 1990년대 이후 현재까지 이르는 좁은 의미의 BL은 '24년조'에서 '미소년 만화'의 계보와 애니메이션 패러디 동인지의 계보가 합류한 것이라고 할 수 있는데 1990년대 당시 양쪽은 별개였다고 생각된다(또 『JUNE』지는 상업지이긴 했지만 투고 작품에 대한 사례비가 적었기 때문에 오리지널 BL 작가를 지망하는 사람에게는 투고 행위의 경제적 동기 부여가 약했을 가능성이 있다는 사실도 적어둔다).[주13]

<제3기> 1990년~현재 BL기

1990년대 이후는 BL의 일반화와 상업화의 시대이다. 「완전 BL 코믹 가이드」라는 부제를 지닌 『역시 보이즈 러브가 좋아やっぱりボーイズラブが好き』에 따르면 1990년의 『GUST』『이마쥬イマージュ』『b-boy』를 시작으로 1992년부터 1995년에 걸쳐 매년 2개, 5개, 4개, 9개의 BL지가 창간되었다고 한다[야마모토 후미코山本文子 외(2005) : 16&17]. 1991년이라면 소위 버블경제가 꺼진 해이기도 하다. 그 이후 많은 상업 출판사가 BL 시장에 참가한 이유 중 하나로, 거의 선전을 하지 않아도 일정하게 팔리는 '아마추어' 작가가 이미 다수 있다는 사실을 들 수 있다. 상업 BL 초기에는 동인 작가와 『JUNE』 작가만이 아니라 레디코미(レディコミ, 레이디스 코믹의 줄임말) 작가 등도 기용되었다는 사실[주14]과 BL 상업지에 스카우트되었으나 빡빡한 마감이 있는 일에 적성이 맞지 않아 동인 활동으로 돌아간 작가도 꽤 있었던 등[주15] 한때 상당히 혼란 상태였다고 하는데, 'BL'의 원점이 되는 '보이즈 러브'라는 호칭이 정착한 1990년대 중반에는 오늘날 BL 상업 출판의 상황과 비슷한 모습이 되었다.

상업 BL 출판의 규모 추이

1990년대 전반부터 중반에는 잡지 창간, 레이블 개시가 연이어져 장르가 확대 경향이었지만 그 후는 잡지의 휴간과 창간, 레이블의 개시와 종료 등의 교대가 어느 정도 있으면서도 BL 상업 출판 전체의 잡지 수와 레이블 수의 규모는 보합세였다. BL 상업 출판의 규모 추이에 대해서는 2003년에도 고찰했지만 그 당시에도 신규 참가자의 철수와 모 출판사 구조조정 소문 등 '경기가 안 좋다는 이야기'가 존재했다[미조구치(2003)]. 최근에는 잡지와 정기 앤솔로지의 수가 약간 증가하고 이 장 서두에서 서술한 것처럼 단행본의 신간 출판 수가 매달 100권은 넘은 상태다(1998년에는 매달 약 30권, 2003년에는 약 90권이었다).

이것만 보면 최근 10년간 BL 상업 출판의 규모는 보합세처럼 보이지만 근래 단행본의 초판 부수가 상당히 줄어들었다는 이야기를 여러 BL 작가에게서 들었다. 출판사 등 직접적인 관계자가 아닌 사람이 실제 판매 부수를 알기란 어렵지만, 핵심적인 BL 애호가층을 넘어서 폭넓은 독자를 획득하는 데 성공한 극히 일부 작품(작가)를 제외하면 전체적으로는 다품종 소량생산화가 진행되고 있다는 사실은 틀림없을 것이다.[주16] 최근 BL의 다종다양한 서브장르에 대해서는 각 장 사이에 배치한 칼럼에서 고찰하고 있지만, 그렇게 다양한 작품군을 포괄하는 유연한 BL의 토양을 이 책의 입장에서는 높게 평가하고 있다. 다만 소량생산화가 지나치게 진행되면 지금 BL 작가로 생계를 간신히 유지하는 정도의 부수를 판매하는 프로 작가는 폐업을 피하지 못할 가능성이 있다. 당연한 말이지만 상업 BL의 다양성을 유지하기 위해서는 한 작품마다 어느 정도의 매출 규모가 필요한데, 이 책의 입장에서 최근 그것이 위험해지고 있다는 점에 대해 우려를 표한다.

〈제3기〉를 2부로 나누어 생각한다

2015년 현재도 BL 동인지는 왕성하게 발표되고 있으나 이 책에서는 광의의 BL 사관으로서 새로운 흐름에 착안하여 1990년을 제3기(BL기)로 삼는다. 이 제3기는 아래처럼 시기를 나누면 정리하기 쉽다.

[제1부] 1990년대
[제2부] 2000년대 이후

최근 BL의 변화가 2000년에 집중해서 일어났다는 의미는 아니지만 대략 '2000년대 이후'에 논의되는 일이 많기 때문에 이렇게 구분했다. 제3기(BL기) 제2부의 주된 사건과 특징으로는 이런 내용을 들 수 있다.

[a] 1980년대를 중심으로 한 「제2기」를 유일한 BL 상업지로서 견인한 『JUNE』지의 휴간.[주17]

[b] BL 글로벌화의 진전.(2004년부터 미국에서도 BL 번역 출판이 본격화)[주18]

[c] 미디어믹스 전개—제1부에서도 드라마 CD와 OVA화는 있었지만 제2부가 되면서 TV 방영 애니메이션화와 BL 원작 또는 BL 테이스트의 실사영화가 등장. 애니메이션의 예로서는 칼럼에 소개한『순정 로맨티카』(나카무라 슌키쿠 원작, 2008), 실사영화의 초기 예로서『타쿠미 군 시리즈 그리고 봄바람에 속삭이며タクミくんシリーズ そして春風にささやいて』(고토 시노부ごとうしのぶ 원작, 요코야마 카즈히로横山 洋 감독, 2007) 최근의 사례로서『부디 내게 닿지 않기를どうしても触れたくない』(요네다 코우ヨネダコウ 원작, 아마노 치히로天野千尋 감독, 2014) 등.

[d] 다른 장르에 진출하는 BL 출신 작가 및 BL과 비非BL장르를 양립시키는 작가의 증가—전자의 예로는 니시 케이코西炯子, 요시나가 후미, 후자의 초기 예로서는 나카무라 아스미코中村明日美子, BL과 비非BL에서 펜네임을 나누어 쓰는 basso/오노 나츠메オノ·ナツメ를 들지만, 2015년 현재는 야마시타 토모코ヤマシタトモコ와 쿠모타 하루코雲田はるこ 등도 포함하여 장르를 넘나드는 작가가 드물지 않게 되었다.

[e] 과거 작품의 문고판과 애장판에서 복각판의 증가—예를 들

면 요시나가 후미의 만화 『1교시는 활기찬 민법1限目はやる気の民法』은 단행본 제1권이 1998년에 나왔다. 그러나 2008년의 신장판과 2012년의 문고판으로 처음 접한 독자에게는 2000년대 작품으로 간주되고 있을지 모른다. 소설의 예를 들면, 1995년에 시리즈 첫 작품이 잡지 『JUNE』에 게재되고 2000년에 최초의 문고화가 이루어진 에다 유우리榎田尤利의 「우오즈미 군 시리즈魚住君シリーズ」는 2009년에 복각판이 출판되었고, 나아가 2014년에는 문고화도 되었다.

  2000년경까지 BL 단행본은 발매 몇 개월 전에 잡지에 게재되거나, 새로 쓴 신작이었기 때문에 BL 애호가는 실시간으로 작가의 창작 활동을 쫓아가는 감각을 가지고 있는 것이 당연했다. 하지만 2000년대 이후, 특히 새로운 BL 애호가 중에는 복각판을 '신간'으로 생각하는 사람도 드물지 않다. 오래된 애호가 중에서도 신규 애호가와 직접적인 커뮤니케이션을 한다든지, 신간이 대상인 베스트셀러 랭킹에 등장하는 복각판을 보면서 최근 '실시간 감각'이 옅어지는 사람이 필자를 포함하여 늘어나고 있는 것 같다. 1970년대의 '미소년 만화'의 인기작이 오늘날까지 몇 번이나 판을 바꾸어 계속 읽히고 있는 것을 생각하면, BL에서도 비슷한 사이클이 시작되었다고는 해도 오래된 책으로서가 아니라 신간(복각판)으로 계속 읽혀지고 있으니 작가의 수입이라는 측면에서도 기쁜 일이다. 하지만 어디까지나 결과적으로 그렇다는 것이고, '좋아하는 작가의 작품은 최초로 발행되었을 때 바로 신간으로 구입하여 응원한다(그렇지 않으면 그 작가의 다음 책이 나오기 어려울지도 모른다)' '재미있다고 들은 작품은 바빠서 바로 읽지는 못해도 일단 구입해서 응원한다(그렇지 않으면… 이하 동문)'라는 실시간 구매 동기를 많은 애호가들이 유지하는 것이

BL이라는 장르가 지속하는 데 필요하다는 점은 새삼 말할 필요도 없다.

[f] 매스미디어의 '후조시' 보도에 의해 결과적으로 BL 애호가의 일반적 인지도가 상승. ('후조시'에 대해서는 뒤쪽에서 상세히 서술한다.)

[g] BL장르에 대한 가이드북과 랭킹 도서의 등장—랭킹 도서로는 2007년 말부터 만화 중심이지만 소설도 다루는 『이 BL이 대단해!このBLがやばい!』가 매년 발행되고 있다. 가이드북의 사례로는 『BL소설 완벽 가이드BL小説パーフェクトガイド』(2003), 만화에서는 『역시 보이즈 러브가 좋아やっぱりボーイズラブが好き』(2005)를 든다.[주19]

최근 특히 [c][d][f]에 의해 'BL이라는 장르가 있다는 사실을 아는' 사람이 폭발적으로 늘어났다는 인상이 있다. 2009년부터 대학에서 BL론을 가르치고 있는데 '원래 BL이 좋아서 평론 등도 공부하고 싶다'는 학생뿐만 아니라 'BL을 읽은 적은 없지만 흥미가 있어서 수강했다'는 학생도 있다. 물론 나의 수업 내용은 『BL진화론』의 시점으로 편집되어 있고, 애초부터 1학기 15주 동안 평론과 실제 작품을 읽는다고 해도 책의 수는 극히 한정된다. 하지만 칼럼과 4장에서 상세하게 보듯이 다종다양한 서브장르와 표현 취향이 넘치고 있기 때문에 일단 과거에서 지금까지를 개관할 수 있는 수업이 하나의 입구로서 기능하는 것이리라.[주20]

또 두 개의 포인트가 있다. 최근의 경향 중에 첫째, BL에 대한 인지도가 높아진 결과 비非BL을 BL이라고 우기는 사람—예를 들면 '요시나가 후미의 『어제 뭐 먹었어?きのう何食べた？』라는 BL을 읽었어'라고 말하는 사람을 상당한 비율로 만나게 된다—이 작품의 주인공은 분명히 게이 커플이지만 제목에서도 알 수 있듯이 이야기의 초점은 그들의 연애가 아니라 식생활에 맞춰져 있음에도 불구하고 이런 상황인 것이다. 물론 남성 주인공 간의 연애를 축으로 BL지에서 발표된 작품군이 BL이라는 정의는 절대적인 것은 아니다. 예를 들면 『도마 위의 잉어는 두 번 뛰어오른다俎上の鯉は二度跳ねる』(미즈시로 세토나水城せとな, 2009)처럼 BL지가 아닌 여성향 만화잡지 『JUDY』 증간호에 게재되어 내용적으로도 BL이라기보다는 남녀 관계와 남성 간의 관계의 비교에 도전하고 있는 작품이 랭킹 도서 『이 BL이 대단해!』에서 1위를 차지한 사례도 있다(즉 많은 BL 애호가가 BL로 인정했다는 것이다). 그렇게 어떤 작품이 BL이라 불리고 어떤 작품이 비BL인지는 절대적이지 않지만, 이 책에서는 적어도 작가 본인이 BL과 비BL을 의도적 또는 전략적으로 구분하여 그리고 있다고 생각되는 요시나가 후미의 예에 대해서는 작가의 구분 의도를 존중하고 있다. 즉 이 책에서 『어제 뭐 먹었어?』는 BL이 아니고, 오오쿠에서 벌어지는 남자 간의 성애 묘사가 있다고는 해도『오오쿠大奥』 1권 역시 BL이 아니다. 또한 이들 비BL 작품으로 요시나가를 평가하고 있는 독자들에게는 그녀의 BL 작품, 예를 들어 『솔페쥬ソルフェージュ』『1교시는 활기찬 민법』『제라르와 자크ジェラールとジャック』 등을 읽으라고 권하는 것이 이 책의 입장이다.

둘째로 미디어믹스 작품이 BL에 익숙하지 않은 생산자에 의한 무의식적인 번안 때문에 스토리는 원작 그대로인데도 전체적으로 BL의 핵심을 놓치거나 원작 이야기 전개의 부자연스러움을 강조하면서, 결과적으로 베테랑 애호가에게 BL 표현의 근간을 재인식시키는—BL장르의 정형을 한 단계 높은 차원에서 살펴보는 듯한

일종의 메타 BL체험이 가능해지는—사례가 발생하고 있다. 분석은 다른 기회에 하겠지만, 작품의 사례로서 동명의 소설을 원작으로 한 영화「후지미 2번가 교향악단 시리즈—한랭전선 지휘자富士見二丁目交響楽団シリーズ 寒冷前線コンダクター」(아키츠키 코오秋月こお 원작, 카네다 케이金田敬 감독, 2012)를 들겠다.

용어 정리

본서에서는 여성에 의하고 여성을 위한, 남성 간의 연애를 축으로 한 만화와 소설군을 BL로 부르고 있지만 BL 주변에는 다른 용어도 있다. 이 페이지에서는 그것들을 정리한다.

「야오이 / 보이즈 러브」

'야오이やおい·ヤオイ'란 잘 알려져 있듯이 남성 커플의 섹스 묘사를 중심에 둔 동인지에 대해 '야마나시やまなし, 오치나시おちなし, 이미나시いみなし(줄거리 없음, 절정 없음, 의미 없음)'라고 자조적으로 부른 것에서 유래한 용어다(다만 1978년 당시는 남성 간 작품에 한정하지 않고 사용되기 시작하여 1979년 정도부터 남성 동성애물에 특화했다고 하는 만화가 하츠 아키코波津彬子의 증언도 있다)[하츠(1993) : 136]. 그 말을 장르와 현상 전체를 논할 때의 총칭으로서 1998년 시점에 나카지마 아즈사가 채용했다. 나카지마는 이미 서술한 것처럼 BL 제1기 막바지에 소설가로 데뷔하여 제2기의『JUNE』지에서 쿠리모토 카오루 명의로 소설가로서는 물론, '소설도장'의 지도자로서도 중요한 역할을 담당했던 인물이다. 나카지마는 1995년

에는 장르 전체를 『JUNE』로 칭하고 있는데, 3년 사이에 총칭을 바꾼 셈이다.

내가 최초로 BL론을 썼던 1999년 시점에서 '보이즈 러브'라는 호칭은 이미 사용되고 있긴 했지만 BL 상업 출판, 특히 1990년대에 들어서 창간된 『b-boy』와 『GUST』 등에서 전개된 가볍고 밝은 남자아이들 간의 사랑이야기를 가리키는 용어라는 뉘앙스가 강했다(『역시 보이즈 러브가 좋아』에 의하면 1991년 창간한 『이마쥬イマージュ』가 캐치프레이즈로 「BOYS' LOVE COMIC」을 사용, 그 후 정보지 『파후ぱふ』가 장르의 호칭으로 사용하기 시작하며 정착했다고 한다)[야마모토(2005) : 14]. 또 '남자아이들의 사랑'이라는 내용을 일본식 영어로 만든 '보이즈 러브'보다 광의의 BL을 그리고자 하는 작가 측의 욕망에 초점을 맞춘 용어인 '야오이' 쪽이 총칭에 걸맞다고 판단하여 나도 채용했다.[주21] 다만 '야오이'는 협의로는 야오이 동인지를 가리키므로, 구별하기 위해 상업 출판과 그 전신인 '미소년 만화' 등을 포함한 총칭을 가타카나 표기인 '야오이ヤオイ'로 했다. 2010년에 발표한 논문까지 이 용법을 계속 사용했다.

「**비엘**(BL)」

이번에 2013년부터 2015년에 걸쳐 집필하고 있는 이 책을 『BL진화론』으로 이름 붙이고 'BL'이라는 용어를 채용한 이유는 'BL'이라는 용어가 자연스럽게 사용된다고 느끼게 되었기 때문이다. 당초는 '보이즈 러브'라는 말이 있고 그 생략형이 'BL'이라는 인식이었지만, 최근 2년 정도는 'BL' 자체가 장르 전체를 나타내는 것 같은 느낌이 강하다. 주로 애호가 친구들과 일본어로 대화할 때가 기반이 된 감각이지만, 2009년에 타이베이, 2012년에 서울에 갔을 때 들었던, 광둥어와 한국어 회화 중에서 발음되는 'BL'이라는 음성에 강한 인상을 받았다는 점도 있다. '남자아이들의 사랑'이라는 의미의 일본식 영어인 '보이즈 러브'의 생략형이라기보단 '비엘'이라고 발음되는 'BL'이라는 신조어란 감각이었다.

「탐미」

원래는 타니자키 준이치로谷崎潤一郎와 미시마 유키오三島由紀夫의 소설 스타일을 가리키고 있던 탐미소설에서, 1990년대 전반(지금의 용어로 부르자면) BL 작품을 내고 있는 출판사에 의해 사용되었던 호칭. 현재는 BL 애호가 사이에서 BL과 같은 의미로 사용되는 경우는 없는 듯하지만, 가끔 서점에서 BL 코너를 '탐미'라고 표시하는 곳도 있는 것 같다.

『JUNE』

잡지 『JUNE』 이외에 BL 제3기의 상업 BL 출판 작품 중에 소위 연애라기보다 상처 입은 주인공이 사랑에 의해 치유된다고 하는 'JUNE 테이스트'가 강한 작품을 'JUNE계'라고 부르는 경우가 있다. 나아가 현재에도 코믹마켓의 분류에서는 2차 창작이 아닌 창작 BL을 가리켜서 'JUNE/BL'이라는 단어가 사용되고 있다.[주22]

「후조시腐女子」

'후조시'란 말은 2000년경부터 인터넷에서 사용되기 시작했다고 하지만 내가 처음 들은 것은 BL 제3기 제2부에 해당하는 2004년이었다. 「전차남電車男」이 서적화된 이 시기에, '오타쿠는 남자뿐만 아니고 여자에도 있다' '후조시라고 불리고 있다'라는 소개와 함께 집구석 폐인인 BL 애호가와 매일 퇴근길에 BL 신간을 대량으로 사지 않고는 못 견디는 일종의 의존증이라고 자조적으로 고백하는 애호가 등의 극단적인 사례가 TV를 시작으로 매스컴에 의해 다루어졌기 때문에 이에 대해 분노를 표명한 BL 애호가 친구가 많았다. 하지만 어느새 애호가 자신이 자칭으로 사용하게 되어, 2007년 『유리이카ユリイカ』의 임시 증간인 「후조시 만화 대계腐女子漫画大系」의 원고를 의뢰받았던 시점에서는 내 자신을 '후조시'로서 보고 집필하는 것에 대해 거부감은 없었다. 2008년에는 BL 상업 출판의 대표격인 리브레リブレ출판에서 '후조시'에 흥미가 있는 층을 노린 것이 명백한 『후조시의 품격腐女子の品格』이 출판되기에 이르렀다.

또 최근엔 사회학자 아즈마 소노코東園子가 2010년에 발표한 논문의 각주에서 서술하고 있듯이 BL 애호가에 그치지 않고 넓게 애니메이션과 만화를 좋아하는 오타쿠 여성을 '후조시'라고 부르도록 용법이 확대되고 있다.주23 본서에서는 '후조시'보다도 중립적이고 BL 취향(BL 애호가) 이외의 오타쿠 여성을 포함하지 않는 용어로서 'BL 애호가'를 사용하고 있다. 또한 BL을 좋아하는 여성의 호칭으로 다소 자조를 포함한 '후조시'가 BL 애호가들 자신에 의해 자칭으로서 채용된 배경에는, BL 애호가 여성들이 원래 자신을 어떤 의미에서는 '비정상'이라 인식하고 있다는 점이 있다. 그에 대해서는 제5장에서 자세하게 다루고자 한다.

BL '심화형'의 여러 모습

1 BL 특유의 연애 표현에 대한 규명 [1]

'두근거림胸キュン' — 만화 『순정 로맨티카』

이 책에서는 호모포비아와 이성애 규범, 여성 혐오를 극복하기 위한 힌트를 제시하는 작품을 '진화형 BL'로 부르고 있다. 한편 BL은 최근 BL 고유의 즐거움을 추구하는 동시에 이를 확대하는 변화도 이루고 있다. 그중에서도 광의의 BL사의 선행 장르(미소년 만화, 탐미소설, 1980년대의 『JUNE』지와 애니메이션 패러디 동인지)와 소녀만화 등 현재진행형으로 관련되는 다른 장르와 비교해서도 독특한 매력을 대표하는 작품과 경향 – 말하자면 '심화형 BL' – 의 몇 작품에 대해서 4개의 칼럼에서 전한다.

나카무라 슌기쿠의 작품인 만화 『순정 로맨티카』는 2002년에 연재가 시작되었다. 2003년부터 단행본이 출판되어 2015년 4월 현재 시점에서 최신간인 18권이 출판되었고, 현재도 연재는 계속되고 있다. 2008년에는 애니메이션화되어 2시즌, 총 24화가 방영되었다. 애니메이션 공식 사이트에 따르면 애니화의 시점에 누계 300만 부가 판매된 대히트 작품이다. 애니메이션을 보고 좋아하게 되어 원작을 읽었다는 새로운 팬도 속출하고 있다. 『순정 로맨티카』의 어디가 그렇게 매력적이었을까?

그것은 연애 이야기의 '가슴 뜀'(두근거림의 순간)을 드라마틱하게 반복하여 제공해 준다는 점이다.

'공' 캐릭터 우사미 아키히코는 부호의 아들로 엄청난 베스트셀러의 소설가.

'수' 캐릭터 타카하시 미사키의 독백처럼 '요즘 세상에 소녀만화에도 이런 놈은 없어'라고 할 정도로 슈퍼히어로 설정이다. BL 중에서도 소녀만화 테이스트가 강한 그림체로 '공'과 '수'의 묘사가 명확하게 구분되어 있어 BL 초심자라도 어려움 없이 미사키에 동일화(감정이입)할 수 있을 것이다. 미사키의 형이 우사미와 고교 시절 친구였다는 인연 덕분에 집안일을 한다는 조건으로 미사키가 우사미의 고급 맨션에서 신세를 지고, 대학 수험을 위해 우사미가 가정교사를 맡는다는 부분부터 이야기는 시작된다. 총 49페이지인 제1화에서는 서로 마음을 확인하는 포옹까지 이야기가 진행된다. 제1화의 매력 포인트는 세 가지이다. 첫째, '수' 캐릭터가 성적 쾌락을 얻는 묘사는 있지만 그로 인해 상처 입는 것은 아니라는 사실(처음 만났을 때 강간이 없고 '공'의 손에 의한 애무이며, '수'의 당황함과 쾌락이 홍조된 표정에서 표현되듯이 명백하게 공포의 표정은 아니다). 나아가 6페이지에 걸친 섹스(페팅?) 장면의 최후는 우사미의 '큭, 빠르네'라는 놀림과 극단적으로 데포르메된 코미디 그림체의 미사키 확대컷에 '이 녀석 죽여버리겠어!'라는 독백으로 마무리되고 있다. 페이지를 넘긴 직후 장면에서는 옷매무새를 단정히 한 두 사람이 거

제1화에서 우사미와 미사키 / 나카무라 슌기쿠
『순정 로맨티카』(카도카와쇼텐角川書店, 2003)

실 소파에 서로 마주 앉아 우사미의 '전형적인 도련님' 모습에 대해 코믹하게 대화하고 있다. 이에 의해 섹슈얼한 접촉이 두 사람의 관계성을 변화시킨 것이 아니라 단순히 '수'에게 쾌락을 가져온 '공'에 의한 장난처럼 가벼운 인상을 주고 있다.

둘째, '공' 캐릭터인 우사미가 미사키의 형을 오랫동안 짝사랑하고 있지만 동성이기 때문에 고백하지 않고 친구라는 입장에 머무른다는 괴로움을 안고 있다는 점. 그리고 형이 약혼자를 우사미에게 소개하러 왔을 때, 미사키가 우사미의 슬픔을 배려하여 형에게 분노의 감정이 끓어올랐다고 우사미에게 고백함으로써 우사미가 미사키에게 고백하는 데 이르게 된다.

셋째, 그 시점에 두 사람은 미사키의 대학입시 공부라는 공통의 과제에서 성과를 내며 신뢰 관계를 구축한 버디Buddy 관계라는 점이다. 바꿔 말하자면 『순정 로맨티카』의 '두근거림'은 남자 캐릭터들이 아니라면 그릴 수 없는 것이다. 그리고 '공'의 극단적인 슈퍼히어로로 설정에 덧붙여 너무나 만화적인 코믹 표현을 엮어 넣음으로써 독자는 현실에서 벗어나 쾌감과 두근거림에 집중하며 즐길 수 있다. '수'가 '공'이나 제3자에 의해 강간당한다는, BL 정형 중에서도 일반적인 감각의 독자들에게 가장 거부감을 부여하는 표현에 대해서는 우선 이미 서술한 것처럼 '공'의 강간 대신 손에 의한 애무로 대체했다. 나아가 제3자가 '수'에게 첫눈에 반했다고 하는 마일드한 표현으로 변경했다는 점도 중요하다. BL 쾌락의 다이나믹함을 약화할지도 모르는 선택이지만 그것을 보충하는 연출도 있다. '공' 캐릭터인 우사미는 일반 소설 외에 다른 펜네임(가명)으로 BL 소설도 쓰고 있다는 설정이라 그가 쓴 BL 소설책의 지면이 종종 만화 안에서 보이는데, 이런 장치의 재미는 물론 BL 만화 고유의 것이자 나아가 다른 BL 만화에는 없는 점이다.

더욱이 과감한 큰 컷 사용과 클로즈업이 혼재되어 있어 그저 읽기만 해도 드라마틱한, 진폭이 큰 유사체험을 할 수 있도록 되어 있다. 예를 들면 "육체 관계를 가지면서도 '수'가 여전히 연애 감정을 자각하지 못하고 '좋아한다'는 말을 하지 않는다"는 BL 정형 중 하나인데『순정 로맨티카』에서 '수'인 미사키가 우사미에게 '좋아해'라고 말하는 것은 8권에서 등장한다. 장소는 관람차 안이다. 양면 페이지로 컷은 두 개. 1, 7페이지를 사용한 컷에서 이쪽을 보고 있는 미사키의 머리부터 무릎까지, 그 미사키를 마주 보는 우사미의 후두부(뒤통수), 또 한 컷에서는 눈을 크게 뜬 우사미 얼굴 절반의 클로즈업이다. 모든 독자가 시선을 멈출 임팩트 있는 표현이다.

「순정 로맨티카」 시리즈에는 「순정 에고이스트」「순정 테러리스트」「순정 미스테이크」라는 다른 세 커플 이야기도 전개 중인데, 다른 커플도 표현 기법의 기본은 같다. 17권에서 미사키는 대학 졸업을 앞두고 우사미에게 일방적으로 보호받는 것이 아니라 스스로가 성숙해야 한다는 갈등을 시작하고 있다. 이 남자 커플이기 때문에 생겨나는 갈등이 '두근거림'을 새롭게 창출해 나갈 것은 명백하다.

제2장

호모포빅한 호모와 사랑으로 인한 강간?
─1990년대 BL텍스트의 정형

BL의 정형

"넣어야 진정되겠지?" / 아사이의 빙긋 웃는 얼굴이 눈에 들어왔다. 그 말에 반론하지 못하고 제길… 하고 증오가 끓어오를 때 다리를 안겼다. 허리가 들어 올려지며 젖은 구멍에 아사이의 것이 닿았다 / 뜨거웠다. 나는 무심코 눈을 꼭 감았다 / (…) / 하지만 끝이 들어가버리자 그다음은 생각했던 것보다 훨씬 쉽게 들어왔다. 안에 들어오는 아사이의 감촉이 생생하게 느껴지며 몸이 떨렸다.

소설 『네가 좋은 거야君が好きなのさ』(타니자키 이즈미谷崎泉, 1999)

파괴로의 욕망을 억누르지 못하고 여성과 게이 남성은 다리를 벌린다. (…) 다 큰 남자가 여자가 된다고 하는 자살행위적 엑스터시에 저항하지 못하고 양쪽 발을 높이 든, 한없이 선정적이고 한없이 용서할 수 없는 이미지.

「직장은 무덤인가?直腸は墓場か？」
(Is the Rectum a Grave?, 레오 베르사니Leo Bersani, 1988)

처음 인용문은 BL 소설에서, 다음은 1980년대 북미를 습격한 에이즈 재난의 한가운데에서 발표된 오픈리 게이인 미국인 이론가의 논문에서 인용한 것이다. 이 장을 이들로부터 시작한 것은 이제 1990년대(이하 90년대)의 BL 상업 출판, 즉 이 책에서 정의하는 BL 역사의 제3기 제1부의 대다수 작품이 어느새 채용하게 된 정형을 제시하고 이것들의 기능을 분석하기 때문이다.

　이 책에서는 2000년대가 되어 증가한 호모포비아와 이성애 규범, 미소지니를 극복하는 힌트를 제공해준 BL을 '진화형 BL'이라고 부른다. 이에 호응하여 바꿔 말하자면 이 장에서 분석하는 것은 호모포비아와 이성애 규범, 미소지니가 당연한 전제—극복할 수 있을지도 모른다는 게 아니라—로서, 그것들(한마디로 바꿔 말하자면 가부장제 사회의 억압)에서 BL 애호가 여성들이 도피하여 즐길 수 있도록 발명된 BL의 정형이다. 분석의 대상으로 삼는 작품의 선택에 있어서 모든 작품을 다루지는 않았으며, 연구자와 팬의 입장을 혼합한 유기적 접근approach을 취했다.^{주1} 보이즈 러브, BL이라는 호칭이 정착한 것은 1990년대 중반 이후이므로 출판 당시는 '탐미' 작품이라는 범주로 출판되거나 『JUNE』지에 게재된 것도 대상으로 삼고 있다.

정형 표현의 기능

2000년대 이전의 BL 작품 대다수는 번역가 쿠리하라 치요에 의하면 몇 가지 특유한 정형을 독자가 공유하고 있다고 전제하는, 말하자면 '판타지 포르노'이다[쿠리하라 치요(1998) : 198-199]. 그 전제에 입각하여 BL의 정형이 구체적으로 이야기 안에서 어떻게 표현되고 기능하는가 이 책 나름대로의 분석을 시작하는 데 있어, 90년대 BL 작품 대부분이 채용하고 있는 정형을 설문 형태로 적어보자.

[1] 왜 남성 캐릭터들은 동성 간의 연애에 있어서 자신이 논케ノンケ(이성애자, 헤테로)라고 주장하는 것인가?
[2] 왜 그들은 섹스 외에도 '공' '수'로 나뉘어 고정화한 남녀의 젠더 역할을 연기하는가?
[3] 왜 언제나 애널 섹스를 하는가?

[4] 왜 이렇게 많이 강간이 일어나는가?

호모포빅한 호모가 연출하는 기적

[1]에서 말한 논케란 '동성애 성향이 없는 사람', 이성애자를 가리킨다. 다만 '동성애'와 대비되는 말로의 '이성애'가 아니라 '동성애에는 전혀 관심이 없다(노멀이다)'라는 뉘앙스가 있는 말이기도 하다. 정형 BL은 일견 남성 동성애를 그린 이야기처럼 보이지만 등장인물은 시종일관 자신들은 '노멀normal'이라 주장한다. 즉 '논케'라고 주장하는 것이다. 전형적 시나리오는 이런 식이다. 논케인 남성 A가 B를 사랑하게 된다. A는 '논케인 내가 남자를 사랑할 리 없다'며 처음에는 주저하지만 어느새 자신의 감정이 연애 감정이라는 사실을 인정하게 된다. 한편, B도 논케이므로 A의 고백과 동성

남자가 좋으면 여기서 고르라는 사진 다발을 건네받고 화를 내는 사가노 / 코다카 카즈마 『KIZUNA 키즈나』 (세이지비브로스青磁ビブロス, 1992)

간 성애의 가능성에 거부감과 혐오감을 표명한다. 그러나 어느새 B는 A의 사랑이 진실되고 순결하며 숭고하고 도덕을 초월한 것이라는 사실을 이해하고, A의 사랑에 '응답해서' '받아들일' 결심을 한다. 그들은 이제 서로 깊이 사랑하고 있으며 섹스도 하는 사이가 된다. 그러나 그럼에도 불구하고 둘 다 자신이 '노멀'… 즉, 동성애 성향이 없는 '논케'라고 주장한다.

작품에 따라서는 과거 여성과의 연애 관계를 암시함으로써 남성 캐릭터가 '본래는 논케'라는 사실을 표현하는 것도 있지만 많은 경우 '논케 선언'은 아래의 예처럼 상당히 노골적인 형태를 취한다. 각각 90년대 BL 인기작에서 인용한 것이다.(이하 만화에서 텍스트 인용은 말풍선이 바뀌는 경우 '/'로 표시한다)

> 나는 남색이 아니여, 좋아하게 된 게 어쩌다 남자였을 뿐이여!
> 만화『KIZUNA 키즈나』코다카 카즈마ここだか和麻(1992)

> (…) 그 녀석은 농담이라도 오카마나 게이와 노는 남자가 아니니까 / (…) / 그 녀석, 논케야. 한번은 접근했던 게이 소년, 발로 차여서 죽을 뻔했고
> 소설『돈이 없어お金がないっ』시노자키 히토요篠崎一夜(1999)

> 나는 말이지, 기본적으로 노멀이라고
> 만화『내가 좋아하는 선생님①ぼくの好きな先生①』
> 고쿠라쿠인 사쿠라코極楽院櫻子(1998)

이런 '논케 선언'이 행해질 때마다 정형 BL이란 이성애 규범적

hetero-normative이며 호모포빅(동성애 혐오적)하다고 새삼 깨닫게 된다. 그렇지만 상기 선언의 시점에서 캐릭터들이 이미 남성 간의 성애 관계에 빠져 있다는 점을 생각하면 여기서 혐오(포비아)의 대상은 게이 섹스라는 행위가 아니고 게이 정체성뿐인 것 같다.

게이의 정체성을 보여주는 용어에 대한 강한 저항은 소설『백화요란百花繚乱』』(코바야시 아오이小林蒼, 첫 출판은 1999년, 단행본화는 2002년)에도 표현되어 있다.(이하는 첫 출판 당시의 게재지에서 인용) 연하 남자를 유혹하려다가 놀란 상대방으로부터 "너, 너 오카마였냐!"라는 말을 들은 '수' 캐릭터는 분개하여 이렇게 답한다. "야, 누가 패그fag로 보여? 나는 단지 네코ネコ야. 남자와 자는 게 좋은 남자."**주2**

'남자와 자는 게 좋은 남자'는 '게이'이고 '호모'이며 나아가 모멸적인 뉘앙스가 들어간 '오카마オカマ'로, 그에 가까운 영어 단어가 'FAG'이다. 그리고 '네코'는 '오카마' 중에서도 섹스에 있어 받아들이는 역할을 좋아하는 사람을 가리키는 용어다. 따라서 정확하게는 '그래, 나는 오카마(패그). 남자와 자는 게 좋은 남자. 그러니까 네코'라고 되어야 한다. 아마도 많은 독자가 일본어 대사에 섞여 있는 패그라는 영어 단어에 곤혹스러워하면서 읽었으리라 생각되는데, 그것도 포함해서 이 기묘한 착오에는 '오카마' 정체성에 대한 강한 기피가 드러나 있다.

그렇다면 이렇게까지 게이 정체성을 기피하면서도 왜 남자들이란 설정이 선택되고 있는가? 게이 인권 운동가gay activists인 사토 마사키佐藤雅樹는 이렇게 지적한다. '그들이 연기하는 것은 세상에서는 결코 인정받지 못하는, 그렇기 때문에 오히려 격렬한 〔금단의 사랑〕이다'[사토(1996) : 163-164]. 정형 BL에 있어 남자 간이라는 설정은 로맨스에 스릴을 부여하는 소도구로, 그 기능에 있어서는 「로미오와 줄리엣」의 몬테규가와 캐플릿가의 항쟁이라는 설정과 다르지 않다. 그리고 '금단'임에도 불구하고 사랑한다는 사실은 나카지마 아즈사의 말을 빌리면 "'남자임에도 불구하고—그 정도의 장애를 넘어' '너 자신이 너 자신이므로 사랑하는' 판타지가 있다"[나카지마(1998) : 50].

정형 BL에서는 호모포비아를 전면적으로 수용한 다음, 주인공의 연애를 드라마틱하게 드러내기 위한 소도구로서 동성애를 이용하고 있다. 나아가 남자와 연애 관계에 들어가서도 반복되는 '나는 게이 같은 게 아니야. 너라서 좋은 거야'라는 관용적 표현은, 이번에는 '남자이기 때문에 좋아하는 ('진짜') 게이는 변태abnormal다'라는 의미를 지니게 된다. 즉 정형 BL은 호모포비아를 전제로 할 뿐만 아니라 나아가 그것을 재생산하는 이중의 호모포비아 담론 장치인 것이다.**주3**

'궁극적 커플 신화'

그렇다면 판타지 차원이라고는 해도 '논케(이성애)' 남자들이 마구 섹스한다는 명백한 모순을 왜 독자는 신경 쓰지 않을 수 있을까? 대답은 정형 BL의 근간을 이루는 '영원한 사랑의 신화=궁극적 커플 신화' 환상이다.

BL 작품에는 앞에서 서술한 논케 선언과 비슷하게 '함께 가자. 살아 있는 한'이라는 '영원한 사랑'을 맹세하는 대사가 많다. 주인공들은 몸과 마음 모두 완벽하게 서로에게 빠져서 그 외의 사람은 성별 관계없이 성애의 대상으로 눈에 들어오지 않는다. 그 의미에서는 분명히 게이는 아니다. 더 나아가 논케도 아니다. 그들은 '둘만의 궁극적 커플 신화' 안에 살고 있으며 섹슈얼리티는 신화의 내부에서 자기완결되고 있다. 따라서 여기서 '논케'의 의미는 적극적인 이성애 지향이 아니라, 이성애 규범 사회heteronormative에 있어 '노멀한' 여성 독자(와 작자. 이하 동일)의 판타지 연기자 자격으로서의 '노멀성'으로 설정되어 있다고 읽어야 한다. 그렇기 때문에 주인공의 섹스 라이프와 섹슈얼 아이덴티티의 모순은 모순으로서 인식되지 않는다.

'궁극적 커플 신화'의 외부에는 사람도 섹스도 존재할 수 없으므로 그들에게 '바람피우는 것'은 불가능하다. 과거에 여성과 섹스를 한 적이 있다고 해도 소설 『이 가난한 지상에Ⅱ この貧しき地上にⅡ』(시노다 마유미篠田真由美, 1999)의 '지금과 비교하면 옛날에 여자와 한 섹스 같은 건, 무미한 껌 같은 거였어'라는 표현처럼 신화 내부의 '진정한 섹스'와의 비교 대상으로 말해지는 경우가 많다.

물론 여기에서도 내면화된 호모포비아가 기능하고 있다. 대외적인 성욕이라는 의미에서 게이도 논케도 아닌 신화 속 인물의 주인공들이, 그래도 '게이가 아니다'라고 표명하는 것은 판타지 안에서조차 게이에게 자신을 투영하고 싶지 않다는 독자의 의식을 반영하기 때문이다.

극단적으로 난교적인 '진짜 게이' 캐릭터

정형 BL에 '진짜 게이' 캐릭터가 나오는 경우는 그다지 많지 않지만 드물게 나오는 경우, 지나친 호모포비아로 표현되어 있는 경우가 많다. 다음은 그런 예 중 하나이다. 동성 친구에 대한 감정이 연애인가 아닌가 고민하는 '논케'의 시미즈志水에게 친구이자 게이인 후지치카藤近가 조언을 하는 장면이다.

> '안고 싶다고 생각했지? 여기가 반응해버렸지?' / 갑자기 슥 뻗어온 후지치카의 손이 시미즈의 고간을 잡았다. (…) / '그 녀석이 상대였으면 싶었지? 상대가 누구라도 상관없다는, 절조 없는 게 아니잖아, 네 마음은.'
>
> 소설『맑음 남자의 우울, 비 남자의 열락晴れ男の憂鬱 雨男の悦楽』
> (미나미 후우코水王楓子 첫 출판 1999년, 첫 단행본화 2003년)

후지치카의 조언은 시미즈로 하여금 동성에 대한 감정을 연애감정으로 인정하도록 이끌기 위한, 우정에 넘치는 것이다. 그러나 후지치카 자신은 게이이기 때문에 '남자 상대면 무조건 반사'적인 페니스를 가지고 있지만, 게이가 아닌 시미즈의 페니스가 남성을 상대로 반응하는 것은 시미즈가 상대를 사랑한다는 사실을 증명한다는 논리다. 즉 이 대사에 드러난 게이의 정의는 남자를 성애의 대상으로 고르는 남자라는 점뿐만 아니라, 남자라면 누구든 가리지 않고 항상 발기하는 페니스를 지닌 난교적promiscuous인 남자이다. 이 게이 남성의 이미지는 레오 베르사니가 「직장은 무덤인가?」에서 인용하고 있는 극단적으로 호모포빅한 그것과 많이 닮아 있다. 말하자면 어떤 남성 의료관계자는 게이 남성이 '하룻밤에 20회에서 30회 섹스한다'고 했다. '남자가 항문에서 항문으로 건너다닌다. 하룻밤에 그의 페니스는 감염된 세포를 옮기는 것이다. 뱀처

럼.[Bersani(1988) : 197]'

물론 정형 BL이 현실 세계의 에이즈 재난 당시 게이 남성에 대한 편견을 반영한다고 암시하려는 것은 아니다. 오히려 BL에서는 HIV/에이즈가 거의 등장하지 않는다.^{주4} BL에서 '진짜 게이' 캐릭터가 난교적인 괴물로 그려지는 이유는 역병에 대한 공포가 아니라 '논케' 주인공의 입장을 부각시키기 위해서다. 게이를 난교적인 인간이라고 묘사함으로써 논케 주인공이 남자를 사랑하고 욕망한다는 사태의 불가능성을 강조하는 장치이다. 존재하지 않을 성애는 이미 기적의 차원이고, 따라서 그의 사랑은 궁극적이고 초월적인 것이다. 괴물로 간주되어 버리는 '게이' 친구란 궁극적인 사랑의 시나리오를 강화하기 위한 희생양이다.

따라서 나카지마 아즈사가 지적하는 것처럼 BL에서 남자들의 성애는 '사실 호모와도 동성애와도 무관한 것이다[나카지마(1998) : 22]'. 이미 밝혀진 대로 그들은 전근대의 소도마이트sodomite나 남색가가 아니고, 독자인 논케 여성이 현실에서 존재하지 않는 '기적의 연애'와 '궁극적 커플 신화' 판타지를 기대하는 이야기의 등장인물에 지나지 않는다. …그렇다고는 하나 어떤 미술 작품도 소위 '진공'에 존재하는 것이 아님을 1980년대에 신미술사new art history가 지적했듯이, BL 작품도 '진공'에 존재하는 것은 아니다. 즉 종래의 미술사가 작품이 제작된 당시의 사회문화 상황과 발주자와 관객, 아티스트의 성별, 인종, 계급 등을 고려하지 않고 표상학iconology 연구와 양식사에 의거한 분석만을 행해왔다는 사실이 미술 작품의 정치성을 무시하는 것이라는 점과 유사하게, BL 작품도 그것이 창작, 발표되는 시대의 사회, 문화와 섹슈얼리티들과 무관할 수 없다. 따라서 여성들의 판타지가 투영되어 있을 뿐만 아니라 호모포빅한 담론에 이중으로 가담하고 있다는 사실이 사라지는 것은 아니다.

주인공이 자각적 게이 캐릭터여도 왠지 BL 정형에 맞춰져 있는 사례

BL 중에서도 주인공이 자각적 게이임에도 불구하고 왠지 BL의 '정형 포맷'에 딱 맞아떨어지는 작품이 있다. 예로서 「후지미 2번가 교향악단 시리즈」(아키츠키 코오, 1994~2012)를 들겠다. 클래식 음악 지휘자 토노인 케이桐ノ院圭(호적명은 토우인 케이桐院圭)와 바이올리니스트 모리무라 유우키守村悠季의 연애를 그린 통칭 '후지미'로 불리는 소설 시리즈다. 『JUNE』지의 '소설도장'에서 탄생한 작품인데 90년대 BL 전체를 견인한 작품 중 하나이다. 이야기의 시작 시점에 22세인 케이는 '양 손가락을 넘는' 숫자의 남성과 섹스를 경험한 자각적인 게이로 그려진다. '하룻밤에 20회에서 30회 섹스하는' 게이 이미지와는 떨어져 있다고 해도, 어느 정도는 난교적인 게이라 할 수 있다. 그러나 '후지미'에 있어서는 이것이 BL의 정형 포맷을 일탈하는 기능을 가지지 않는다. 그 이유는 우선 케이라는 캐릭터가 슈퍼히어로로 설정되어 있다는 사실 때문이다. 시리즈 제1권 『한랭전선 지휘자寒冷前線コンダクター-』(1994)를 보자.

현역으로 입학한 예술대학을 '배울 만한 것이 없다'며 중퇴하고 유럽에서 단신 유학한 경력을 가진 '천재 지휘자'… 일본인과는 동떨어진 192센티미터의 장신에 그리스 조각 같은 완벽한 체형, 누구라도 뒤돌아볼 만큼 미남. 뼈대 있는 화족華族 집안에 현재는 은행을 경영하는 부르주아의 아들. 어렸을 때는 유모, 유치원 입학 때부터는 집사의 보살핌을 받으며 성장. 몇 개 국어에 능통… 등, 케이의 캐릭터는 생각할 수 있는 모든 문화적, 경제적 자본의 혜택을 받고 있다.

한편 유우키는 니가타新潟의 농가 출신에다 그다지 눈에 띄지 않는 타입으로, 사립 음대를 졸업했지만 유학은커녕 해외여행 경험도 없고 할 수 있는 언어는 일본어뿐. 순박한 시골 출신이라는 스테레오 타입적인 이미지는 케이와의 차이점을 부각시킨다. 즉 두 사람의 주인공은 명백하게 다른 계급에 속해 있으며, '후지미' 또한 기적의 로맨스다. 다만 '후지미'에서의 기적은 '논케 남자가 남자와 사랑에 빠진다'는 기적이 아니라 계급차를 넘어서는 기적이다.

선배 바이올리니스트(중앙)의 휴게실을 방문하는 케이(왼쪽)와 유우키(오른쪽) / 아키즈키 코우『후지미 2번가 교향악단 시리즈 제3부 퇴단권고退団勧告』일러스트 : 니시 케이코 (카도카와 루비문고角川ルビー文庫, 1999)

케이가 '게이란 사실'은 한편, 슈퍼히어로인 그를 이야기 밖의 캐릭터(와 독자)가 손이 닿는 존재로 만드는 기능을 갖는다. 게이라는 점은 '음악 면에서는 뛰어나지만 인간미는 없는' 천재로만 간주되는 케이의 유일한 결점 ―'다른 사람에게 폭로되면 치명적일 <자신의 진실>'―으로, 그 정도의 '천재'에게도 자기 제어 할 수 없는 '결점'이 있다는 것은 그에게도 역시 '인간으로서의 적나라한 격정' 즉 인간미가 있다는 셈이다. 이 논리 또한 호모포비아를 전제로 하고 있는 것은 말할 필요도 없다.

'디폴트로서 논케 상태'라는 발명

그러나 그렇게까지 호모포비아를 내면화한 독자가 왜 케이라는 게이 캐릭터를 사랑할 수 있는 것인가? 그 대답은 여기에서도 역시 '궁극적 커플 신화'에 있다.

이야기가 시작되면 바로 케이는 이 신화 세계의 주민이 되고, 그의 섹슈얼리티는 신화의 내부에서 완결되어 실질적으로는 게이가 아니게 된다. 시리즈 제11권, 『신데렐라 전쟁シンデレラ・ウォーズ』(1998)에서 토노인가의 후계자인 케이가 가족과 대결하는 장면이 묘사되어 있는데 '당신이 남성을 연인으로 삼게 된 것은 할머님과 나에 대한 반발 때문이지요?'라는 모친의 질문에 케이는 다음과 같이 이야기한다.

> '으음…. 그때는 분명히 여성이라는 존재에 소름 끼칠 것 같은 혐오밖에 없었어요. 하지만 유우키를 사랑한 것은 그런 소거법의 결과가 아닙니다.
>
> 유우키가 동성인 것도 계기이긴 했지만 지금 생각해보면 만약 유우키가 여성이었다고 해도 역시 비슷하게 끌려서 사랑했을 거라고 생각합니다. / …논리가 아니라 이 사람이 견딜 수 없이 좋은 겁니다. 사랑스러운 겁니다. 내 소망은 그저 이 사람과 사랑하고 사랑받으며 살아가고 싶다는, 그것뿐입니다. 어떤 희생을 치르게

되어도, 헤어지고 싶지 않습니다.'

바꿔 말하면 유우키와 만남으로써 케이는 '영원하고 궁극적인 사랑'을 발견하여 그로 인해 '디폴트로서의 논케 상태'가 되었다는 것이다. 게이가 남자와의 연애를 통해 '논케'가 된다고 하는 이 패러독스! 과거에도 앞으로도 여성을 연애 대상으로 삼을 일이 없다고 해도, 만약 유우키가 여성이었다면… 이라는 유우키에 한정된 가정의 이야기뿐이라 해도, 케이는 '궁극적 커플 신화'의 주민이 됨으로써 BL 우주에 있어서는 훌륭한 '논케'의 지위를 얻은 것이다. 즉 '후지미'는 게이인 주인공이, 행동상으로는 게이인 채 '논케'로 전환되는 또 하나의 기적의 이야기이기도 하다.

로맨스물과 버디물의 양립

'후지미'에 대해서 또 하나 중요한 포인트는 연인인 두 사람이 동시에 음악가로서 동지이자 동료buddy라는 점이다. 즉 로맨스물과 버디물의 두 차원을 겸비하고 있다. 나카지마 아즈사의 지적처럼 BL에서는 주인공 두 사람이 연인 겸 동지라는 설정이 많다. 이 점은 미국판 애니메이션 패러디(2차 창작) 동인 활동이라고 할 수 있는 '슬래시slash 팬덤'과 공통된다. 이 '팬덤' 안에서 최고참으로 간주되는 것은 여성 애호가들이 「스타트렉star trek」 시리즈의 커크Kirk 선장과 스팍Spock의 로맨스 소설과 일러스트를 창작하는 'K/S팬덤'이다. 영어권의 학계에 K/S를 소개한 페미니스트 영화 연구자 콘스탄스 펜리Constance Penley에 의하면 K/S팬덤은 적어도 1970년대 초반에서 중반부터 존재하였고, 1990년대 중반이 되면 그 수가 수백 명이라고 한다[Penley(1997) : 99-101]. SF작가인 조애나 러스Joanna Russ가 1985년에 소개한 K/S 인기 작가의 코멘트를 보자.

> 문제는 자신들의 몸을 그다지 좋아할 수 없는 (여성들) 입니다. 그녀들은 자신이 매주 한 번씩 우주를 구한다든지, 종속과 희생의 입장을 취하지 않고도 자신의 섹슈얼리티를 표현하는 것을 상상할 수 없습니다. 그러므로 커크와 스팍이 대리로 실현해 주는 겁니다.
>
> [Russ(1985) : 85]

'후지미'에 끼워 맞춰보면 이 발언이 의미하는 점을 잘 알 수 있다. 만약 유우키가 여성으로, 부자에 천재인 지휘자와 결혼했다면―실제 그들은 자신들의 관계를 '결혼'으로 부르고 있다―이 여성 버전의 유우키가 가족과 친구로부터 '부자에 재능 있는 남성과 결혼했는데 이 이상 뭘 원해?' '바이올린은 취미로 삼으면 되잖아' 라는 발언을 잔뜩 듣고 본인도 납득해서 프로가 되길 포기해버리는 전개를 상상하기 어렵지 않다. 왜냐하면 이야기 시작 지점의 유우키는 음대를 졸업했지만 프로가 될 가능성 등은 거의 없기 때문이다. 그런데도 음악을 고집하는 것은 니가타의 농가 장남인데도 가업을 잇지 않고 누나들에게 맡긴 채 음악가의 길을 선택했기 때문이라는, 애초부터 남성 캐릭터이기에 가능한 이유가 있다. 그리고 천재 지휘자인 케이가 자신의 바이올린 소리에 반했다('나를 반하게 한 바이올리니스트')며 연인으로서 익애할 뿐만 아니라, 음악가로서도 승인하고 격려해 준 일을 계기로 서서히 케이와 호각을 이루는 음악가가 되자고 결심하면서 그것이 결실을 맺는다. …물론 페미니스트적 관점에서 말하자면 여성 캐릭터가 유우키처럼 노력하고 출세해가는 이야기도 바람직하다. 하지만 그러면 여성 주인공이 젠더 규범에 역행해서 싸우는 이야기가 된다. '후지미'에서 남성 캐릭터인 유우키가 바이올리니스트로서 훌륭해지기 위해 피맺힌 노력을 쌓아 음악가로서 성장하여 출세하는 것은 세간의 젠더 규범에 역행하는 일이 아니다.

물론 현실의 남녀 커플 중에는 세간의 젠더 규범과 관계없이 두 사람 사이는 50대 50의 관계라고 하는 예가 적지 않을 것이다. 또한 레즈비언 커플 중에는 여성 두 사람 사이에서 남녀의 역할을 연기하길 좋아하는 사람도 있는 한편, 신체의 성별(섹스)뿐만 아니라 사회·문화적인 성별(젠더)에 있어서도 여자 간의 관계성을 유지하는 것이 필수적이라는 사람들도 있다.[주5] …그러나 어느 쪽이든 그녀들은 가부장의 '딸'이며, 예를 들어 부모를 보살필 필요가 생겼을 때 아들보다도 딸이 담당하는 것이 당연하다고 간주되는 형태 등으로 가부장제도의 개입은 없어지지 않는다. '딸'이 어지간히 사회적 지위가 높은 요직에 앉아 있다면 그렇게 되지 않을 수도 있지만, BL은 그러한 대다수의 남성보다도 출세한 슈퍼우먼을 위한 이야기군이 아니다. …즉 K/S 애호가들이 좋아할 수 없는 '자신들의 몸'이란 가부장제적 사회에 있어 여성의 젠더 역할이 아로새겨진 자신들의 몸으로, 그것은 BL 애호가에 있어서도 동일하다. 거기에서 해방되기 위해서는 남자의 커플링에 자신을 기탁할 수밖에 없다.

'공'x'수' — 이성애의 모방?

다음으로 정형 BL에 있어 젠더 역할과 섹스에 대해서 살펴보자. 초반의 설문으로 돌아가자면 [2]의 '왜 남성 주인공 사이에 남녀의 역할이 고정화되어 있는 데다 심지어 섹스에 있어서 삽입하는 사람·삽입당하는 사람과 호응하고 있는가?'

가장 표면적인 차원에서 말하자면 BL은 이성애 여성의 연애 판타지를 표현하는 것이므로 주인공이 둘 다 남성적인 남성이라고 하는 '동일성'의 커플링 그대로로는 '다른' 성애 판타지의 대리인으로서 적합하지 않기 때문이다. 신체 기관적으로는 남자들(동일성)이지만 외견의 인상과 성(性) 행동에는 남녀의 구분(이질성)이 있다는 것이다. 또한 이성애 규범 사회에 있어 노멀한 섹스란 생식행위, 즉 바기나(질, vagina)에 페니스가 삽입되는 섹스이다. 따라서 BL의 남성 주인공들도 어떤 식이든 삽입을 동반한 섹스를 행할 필요가 있다. 즉 BL 우주에서 '수' 캐릭터의 항문은 여성 독자에게 있어 바기나의 대용품이며, 남녀 모두에게 갖추어진 항문이라는 기관으로 표상되는 것이 아니다. 물론 '수'의 항문을 자신의 항문에 겹쳐 읽는 독자가 전혀 없다 말하고 싶은 것은 아니다. 그러나 '야오이 구멍'이라는 말이 BL 애호가 사이에서 사용되는 바와 같이, BL에 있어서 '수' 캐릭터의 항문이 현실의 인체에서는 불가능할 정도로 쉽게 '공'의 페니스를 받아들이고 있는 사실—버자이너적 기능을 가지고 있는 것—은 많은 BL 애호가들에게 인식되고 있다.

'공' '수'의 젠더 역할

　남성 주인공들의 젠더 역할—'공' '수'의 구분—은 소설과 함께 표지 그림에서 명시된다. '공' 캐릭터는 골격이 강건한 얼굴형, 장신, 근육질, 나아가 많은 경우 흑발에 피부가 검다. 이에 대해 '수' 캐릭터는 선이 가는 미인형으로 키는 중간 정도, 또는 작은 편이며 나아가 대부분 피부도 머리도 색소가 적은 타입이다. '공'이 남성적 외견, '수'가 여성적 외견이라는 것이 규칙이다(양자의 차이는 그림과 같이 작은 것부터 극단적일 정도까지 다양하지만 칼럼 'BL 심화형 1'도 참조하라).[주6]

　직업에 대해서는 현실의 남녀 직종 불균형을 '공'과 '수'에 끼워 맞춘 패턴과 '수'를 '남성적 직업'에 종사하게 하는 패턴 등이 혼재하고 있다. 직종이 불균형한 예로 눈에 띄는 것은 '공'이 샐러리맨, 예능인, 건설작업원 등 바깥에 나가 일하는 직업이고 '수'가 소설

기즈木津('공' 왼쪽)와 이리야入谷('수' 오른쪽) / 이시하라 사토루石原理
『넘칠 것 같은 풀①あふれそうなブール①』(비브로스ビブロス, 1997)

가, 일러스트레이터, 만화가, 번역가 등의 재택 직종. 또는 메이저 리그 선수와 통역, 영상디렉터와 프로덕션의 경리라는, '공'과 '수'가 같은 직장에서 일을 하면서도 '남성적'인 직종과 '여성적'(여성의 진출이 진행되어 있는) 직종에 나뉘어 있는 케이스도 많다. '수'가 '남성적 직종'에 종사하는 예로 압도적으로 많은 것이 '공'과 '수' 양쪽이 같이 '남성적' 직업―축구, 권투, 야구 등의 스포츠 선수, 형사, 정장에 넥타이로 통근하는 샐러리맨, 야쿠자, 호스트 등―에 종사하고 있는 버디물이다. 권투 선수의 '수'에게 작가인 '공'이라는 남녀역전 패턴은 극히 드물다(또, 그런 경우에도 외견상의 '남녀 차'는 확보되어 있다).

앞에서 '후지미'가 클래식 음악가 사이의 버디물이라고 서술했지만 음악업계 안에서도 여성의 진출이 진행되고 있는 연주자(바이올리니스트)에 '수'를 설정하고, 거의 남성이 독점한 지휘자로 '공'을 설정했다는 의미에서는 '같은 직장에서 남녀 차가 있는 직종에 종사한다'는 패턴이라 말할 수 있다.

가사에 관해서는 전통적인 남녀 역할 분담을 답습하는 커플은 오히려 적다. 예를 들면 후지미에서는 '수'의 유우키가 원래 요리를 좋아해서 어린아이를 돌보는 데도 '모성 본능'을 발휘하는 타입으로 그려지고 있는데, 이야기가 진행하면서 '공'인 케이가 에이프런을 하고 설거지를 돕거나 나아가 유우키에게 먹이고 싶어서 요리 연습을 시작하기도 한다. 앞에서 인용한 소설『네가 좋은 거야』에서는 국제적 카메라맨인 '공'이 신진 만화가인 '수'를 위해 일을 그만두고 가사에 열중한다.

여기에서는 사회적으로 인정받은 직업인이면서도, 가사를 좋아하는 '남편'을 원하는 여성 독자의 소망이 드러나 있는 듯 보인다.

물론 이야기에 따라서는 가사의 묘사가 전혀 나오지 않거나 가정부가 있다는 설정도 있다. 또 '수'가 집에서 밥을 만들고 '공'의 귀가를 기다린다는 '전통적' 패턴도 상당수 있지만 어느 쪽이 담당하든 가사는 즐거운 일, 좋아하는 일, 나아가 자기표현의 채널로서 그려질 때가 많다. BL 우주에서는 어쩔 수 없이 가사를 해치우는 '주부'는 존재하지 않는다.^{주7}

여성성과 남성성을 체현하는 '수' 캐릭터

BL에 있어 '수'의 젠더 코드는 미묘tricky하다. 그 이유는 이성애 여성의 대리로서 여성적 코드와 '본래는 논케 남성'으로서 남성적 코드를 동시에 연기해야 되기 때문이다. 그래서 '수'의 '남성적인 여성성'이 확립되는 장면에서는 언제나 어떤 형태의 긴장감이 따라다닌다. 앞에 나온 기묘한 영단어 '패그'가 혼입된 대사가 등장한 소설 『백화요란』에서의 '수' 캐릭터 등장신을 살펴보자.

지금, 눈이 마주쳐 서로 시선을 돌리지 못하게 된 학생 역시 흔히 TV에 나오는 소년들을 모은 예능사무소에 있어도 이상하지 않은 용모로, 딱 보기에도 잘 손질된 어깨까지 오는 갈색 머리가 아름다운 미청년優男이다 / 다만, 선이 가는 신체와 달콤한 마스크에 어울리지 않을 정도로 날카로운 투지가 넘쳐난다. 그는 외모처럼 얌전하지도 연약하지도 않다는 것이리라. / 그런 인간은 분위기로 알 수 있다.

이 사례에선 여성적인 '달콤한 마스크'와 남성적인 '투지'를 대비함으로써 '수'의 '남성적 여성성'이 표현되어 있다. 다음은 소설 『이 가난한 지상에』(시노다 마유미, 1998)의 한 구절이다.

> 어머니에게 물려받은 유키오雪生의 미모는 나비를 부르는 꽃처럼 끊임없이 사람의 눈길을 끌었다. 영국에서 유학 생활을 보내고 온 8년간, 유키오의 생활은 개방적이고 향락적이었다. / 게이 취미는 전혀 없었지만 잘생긴 남자들에게 귀여움받는 것은 스릴 넘치는 유희였고, 여자라면 최초로 침실로 이끌었던 어떤 백작 부인을 시작으로 연상에서 연하까지, 하룻밤의 아방튀르에서 연인이라고 부를 만큼 오래간 상대까지 일일이 기억할 수 없을 정도였다.

여기에서 '수'의 남성성은 투지가 아니라 셀 수 없을 정도의 여성과 성교섭을 가졌다는 '남자다운' 행동에 의해… 말 그대로 생식 능력에서의 수컷성(남성성)으로서 표현되고 있다. '모친에게서 물려받은 미모'란 BL 작품에 있어서는 매우 많이 볼 수 있는 설정이지만, 여성적인 용모를 유전 탓(덕)이라고 하는 것은 합리적 설명인 동시에 외견의 여성성은 내면의 여성성을 반영하고 있지 않다―그 자신은 여성적 성질은 가지고 있지 않은, 당당한 남성이다―라는 메시지로도 읽을 수 있다.

자기 결정권 판타지

즉 '수' 캐릭터는 그 남성성이 증명되는 한, '공' 캐릭터와의 관계에 있어서는 욕망의 대상=여성적 존재가 되어도 괜찮은 것이다. 로맨스에 있어 '여자 역할'을 연기하면서도 본래는 '논케 남성'이라는 포지션을 확보한 '수' 캐릭터는, 그에게 동일화identify하는 여성 독자에게 '여자(=수)가 될 것인가 아닐 것인가를 결정할 권리는 여자 측에 있다'는 판타지를 가능하게 만든다. BL 작품에서 '수'와 '공'이 바뀌는 사례가 거의 없다는 사실을 생각해 보면 논케 여성이 '여성'이기를 그만두기 어려운 현실과 다르지 않게 여겨지지만, '만약' 싫어지면 '수'를 그만두고 '노멀한' 논케 남자로서의 인생으로 돌아가면 된다는 것은 말하자면 자기결정권의 판타지이다.주8

젠더 규범에 일단 따르고 그것을 살피는 게 재검토로 연결된다

『마리와 신고』를 그린 만화가 키하라 토시에가 나카지마 아즈사와의 대담에서 '남자와 여자면 어느 쪽이 반드시 확 꺾인다' '동등한 권력관계란 불가능하다, 그렇기 때문에 그것을 쫓는 소년들의 이야기'라고 말한 것처럼 BL 역사 제1기(창성기)의 미소년 만화는 신장과 체격이 거의 같은 미소년 캐릭터들이 대등한 관계성을 모색하는 갈등이 그려져 있었다[나카지마(1984) : 227]. 그것이 제3기 1부의 90년대 BL에는 미남 캐릭터들이 젠더 규범에 맞춰 남자 역할과 여자 역할을 연기하는, 대등하지 않은 관계성으로 변한 것이다. … '대등'을 희구하길 포기하고 현실 젠더 규범에 굴복한 듯 보인다.

그렇지만 분명히 여기서 덧붙이고 싶은 바는, 일단 기존 젠더 규범의 '남자 역할(공)'과 '여자 역할(수)'을 남성 주인공들에게 연기시켜 BL 애호가들이 그들을 통해 소위 일부러 배정된 '남자 역할'과

'여자 역할'을 이야기 속에서 살아가도록 설정한 것이, 그녀들을 기존의 남녀 젠더 규범에 대해 다시 한번 재검토하게 만드는 문제의식에 도달하도록 이끌었다고 생각한다. 왜냐하면 마리와 신고가 대등한 관계를 모색하고 결국은 직업뿐만 아니라 가부장으로서도 부친들의 대를 잇는다는 이야기에서, 그들에게 봉사하는 히후미와 사사메라는 여성 캐릭터가 스테레오 타입적인 여성성을 체현하고 있는지는 문제시되지 않기 때문이다. 남성 주인공 둘이 '남'과 '여'를 모방하는 정형 BL을 거쳤기 때문에 "'수'가 연기하는 '여성성'에서 이런 부분은 필연적이지 않다"는 시점이 탄생했다. 나아가 '수' 캐릭터를 통해 '여성성'을 여러 차례 그려내는 동안 베테랑 애호가의 머릿속에서 여성성이 상대화되었기 때문에, BL에 여성 캐릭터가 등장했을 때 그녀들이 이른바 '여성성'을 체현할 필연성이 없다

마리(왼쪽 위, 오른쪽 앞), 신고(중앙), 히후미(중앙 좌측)와 미치코(중앙 우측) / 『마리와 신고⑤』(하쿠센샤문고白泉社文庫, 1996)

는 의식에도 도달한 것이리라.

젠더 규범과 미소지니를 극복하는 진화형의 작품 사례에 대해서는 제4장에서, 진화형을 탄생시킨 원동력과 메커니즘에 대해서는 제5장에서 각각 상세하게 고찰하겠지만 '미소년 만화'에 비교해서 정형 BL이 젠더 규범에 대해서 후퇴했다, 그래서 읽지 않겠다는 사람을 몇 명 만난 적이 있기 때문에 후퇴한 채 머무르지 않았다는 사실은 여기에 서술해두겠다.

애널 섹스

BL에서 섹스는 이미 서술한 대로 거의 예외 없이 애널 섹스이다. 중학교와 고등학교를 무대로 한 '학원물'의 단편 등에서는 키스와 상호 자위(BL용어에서 말하는 '카킷코かきっこ')까지만 가는 이야기도 있지만 그 경우에도 '이 두 사람은 가까운 장래에 애널 섹스('혼방本番' 또는 '최후까지'로 표현된다)를 한다'라는 전제는 명확하고, 나아가 그렇게 되었을 때 어느 쪽이 '수'인지 '공'인지는 그들의 용모 묘사에서 독자는 이미 알 수 있다.

BL 섹스에 있어 '삽입'을 둘러싼 '능동'과 '수동'의 문제를 고 시이라剛しいら의 소설 「닥터X복서ドクターXボクサー」 시리즈에서 보겠다. 이 시리즈는 장신의 미남 외과의사이며 게이인 카토加藤가 지방출신이며 어머니는 실종, 아버지는 알코올 중독인 고교를 중퇴한 논케 권투 선수 토오루徹에게 한눈에 반해서 납치 감금한 결과, 평생의 사랑을 맹세하며 서로 사랑하는 관계가 된다는 이야기이다. '수' 캐릭터가 남성성의 대명사 같은 이미지인 권투 선수라는 사실은 정형적이 아니지만 '계급 차를 넘어서' '게이가 남자와의 연애에 의해 디폴트 상황에 있어 논케가 된다'는 점에서는 '후지미'와 공통적인 구조를 가진 이야기다. 『라이벌도 개를 안는다ライバルも犬を抱く』(2000)에 수록된 제8화의 베드신을 인용해보자.

> 카토는 아래에서 깊게 찔러 넣었다. 그러자 토오루가 우웃, 하고 짧게 신음했다. 생각지 못한 위치를 자극받아서 자연스럽게 허리가 휘었다. / "어때? 느꼈지?" / "으, 응" / 토오루는 눈을 감았다. 카토의 얼굴을 보지 않고 있으면 조금은 집중할 수 있다. 카토가 언제나 부여해 주는 리듬을 떠올렸다. 그리고 그대로 움직여 보였다. 그러자 조용히 토오루의 성기도 머리를 들기 시작했다. / (…) / 카토는 드디어 체위를 바꾸었다. 울 것 같은 얼굴을 하고 필사적으로 쾌감에 빠지지 않으려고 하는 모습의 토오루를 카토는 막무가내로 격렬하게 공격했다. 곧 토오루의 사정이 찾아왔다. 카토가 그럴 기분이 든다면 토오루는 속수무책으로 그를 따르게 되는 것이다.

여기는 카토가 토오루에게 처음으로 위로 올라가 능동적으로 섹스하길 요구하다가, 결국은 자신이 리드하게 되는 장면이다. 베르사니의 지적처럼 남녀 간의 섹스에 있어서는 "포르노 영화를 보면 잘 알 수 있듯이, 아래가 되어도 남자가 능동적 역할을 진정으로 방기한 것이 아니라는 점은 페니스를 찔러 넣는 움직임에서 나타나 있다"[Bersani(1988) : 216]. 토오루는 남자이지만 삽입되는 쪽인 '수'(=여자 역할)이기 때문에 위로 올라가도 능동적인 역할은 없다. 물론 이 장면에서 토오루가 수동적 역할과 쾌락에 만족하고 있는 것은 명백하므로 그에게 감정이입/동일화identify하는 독자도 동일하게 만족감을 맛볼 수 있다. 하지만 그 만족감은 논케(헤테로) 여성의 현실에 너무 가까워서 굳이 남자 간의 커플링을 요구하는 이유로서는 부족하게 생각된다.

다중 동일화multi-identification(감정이입)

그러나 물론 여성 독자는 여기에서 '공'에도 동시에 감정이입/동일화하고 있다. 여성학의 문맥에서 BL(나카노의 말로는 야오이)을 '여자의 적극적인 성욕을 긍정한, 유일한 포르노그래피다'라고 논한 나카노 후유미中野冬美는 이렇게 말한다.

> 여자이면서 남자를 안고 싶다(게다가 안기는 여자는 보고 싶지 않으니까 야오이 소녀의 욕망은 안을 뿐인 일방통행이다), 느끼게 하고 싶다, 즉 젠더 규정에 등 돌린 야오이 소녀는 남자가 될 수밖에 없다. 남자가 되어 남자를 안고 싶다. 야오이는 그러한 판타지이다.
>
> [나카노(1994):136]

즉 '야오이 소녀'가 감정이입/동일화하는 대상은 카토란 의미다. 그러나 여성 독자가 '공'에게만 동일화한다는 것은 진실일까? 나카노가 거짓말을 하고 있다 말하고 싶은 것은 아니다. 그녀가 원하는 것은 분명히 남성 간 섹스에 있어 남성 역할의 남성에 대한 동일화/감정이입뿐이다. 실제 '나는 분명히 전생에는 남자였어. 반드

시 게이. 거기다 타치タチ^{역주1}' '정복의 기쁨을 맛보고 싶어'라는 나카노의 입장에 찬동하는 코멘트를 보내는 독자는 많다[『소설JUNE』 (1999) 6월호 : 187]. 내가 말하고 싶은 것은 그녀들이 삽입자(='공')에게만 감정이입한다고 말할 때, 그것은 이미 현실에 있어서 영원히 삽입되는 쪽(=수)이라는 입장을 전제하고 있다는 사실이다. '공'이 '수'를 '여자'로 삼는 행위에 독자가 동일화/감정이입하여 기쁨을 느낀다고 할 때 전제가 되는 것은, 그녀들이 이미 '수'를 내면화한 존재란 점이다. '여자' 역할이 어떠한가를 알기 때문에 더욱더 남자이면서도 '수'='여'가 되는 것이 어떤 일인지 상상할 수 있으며, 그렇기 때문에 남자를 '여자'로 삼는다는 '공'의 기쁨을 이해하는 것이다.

'수'와 '공'에 각각 동일화/감정이입하는 두 가지 모드 외에 또 하나, 이야기 우주의 외부에 선 독자로서의 시점, 즉 '신의 시점'에 대한 동일화/감정이입도 있다. 번역가 카키누마 에이코의 말을 빌자면 독자는 이 포지션에서 '아름다운 남자들이 싸우고, 상처 입히고, 서로 사랑하는 것을 지켜보는' 것이다[카키누마(1999) : 63].

이상 세 가지 모드 중에서 어느 쪽이 가장 강하게 작용하는가는 독자 각각의 판타지와 이야기의 내용에 따라 다르다. BL 초심자는 '여자 역할'인 '수' 캐릭터에 동일화하는 경향이 강하다. 그렇다고는 해도 초심자를 포함해 하나의 포지션에 100퍼센트 동일화/감정이입하는 독자는 거의 없다. 강약은 있겠지만 독자의 머릿속에서는 이 세 개가 항상 동시진행일 것이다. '공' '수' 그리고 '신' 모두가

역주 1   남성 동성애 관계에서 삽입하는 쪽, '탑'

'나'=독자이다.

BL의 강간

이야기의 현재, 과거, 나아가 미수의 케이스까지 포함하면 강간이 등장하지 않는 90년대의 BL 작품은 극히 드물다. 성性 표현이 소프트한 작품까지 강간이 등장하는 것을 보면 이런 점은 포르노그래피의 강간 판타지만으로는 도저히 설명할 수 없다.

BL의 강간에는 크게 나누어 다음 두 가지의 카테고리가 있다.

[1] 주인공 사이의 강간. 알게 된 지 얼마 안 된 시기에 '공'이 '수'를 강간하고 만다.
[2] 제3자에 의한 '수'의 강간. (현재, 또는 과거)

사랑으로 인한 강간?

첫 번째 카테고리의 강간을 분석하기 위해서는 지금 서술한 다중 동일화(감정이입)의 이론이 불가결하다. 이 강간이 그려지는 이야기의 전형적 시나리오는 친구가 되자마자, 또는 멀리서 바라보고 있던 시점에 (후자의 경우는 강간 전에 납치·감금이 있다) '공'이 '수'를 갑자기 강간한다… 그리고 강간한 후, 기적이 일어난다… '수'가 '공'의 사랑에 눈을 떠서 그의 행위를 용서하고, 자신도 '공'에 대한 사랑을 자각해 서로 사랑하게 된다라는 것이다. 이것은 마치 '싫어요 싫어요도 좋아하는 것'이라든지 '범해버리면 내 것'이라는 나쁜 남성 중심의 판타지 그 자체처럼 보인다.

그러나 BL 우주에서 강간이란 열정에서 오는 폭력이 아니라 과도한 애정의 발로라는 독자의—황당무계한—전제가 기능하고 있다. 따라서 '공'의 강간 행위 자체는 '수'와 경우에 따라 주위 친구들에게도 비난은 받지만, 나카지마도 지적하는 바처럼 그 동기가 애정이라고 하는 메시지 자체는 '수'에게 닿는다는 장치이다.[주9] 현실에서는 상상하기 어려운 이 황당무계한 '사랑으로 인한 강간'은 90년대 BL의 정형으로서 사랑받기는 했으나, '수' '공'과 '신의 시점' 전부를 독자가 점하고 있다는 것을 의식적이든 무의식적이든 전제하고 있다. '공' 캐릭터가 '수' 캐릭터를 '과도한 사랑'의 발로로서 강간한다는 구조는, 강약의 차이는 있지만 '공'과 '수' 양쪽이 독자의 대리인이기 때문에 기능하고 있는 것이다.

논문을 쓸 때 일부러 자신의 입장과 반대의 입장을 가져와서 가공의 토론을 연기하는 형태로 논의를 전개하는 수사상의 장치가 있는데, BL 작품의 강간도 이와 닮아 있다. 즉 '궁극적인 사랑'이란 논지를 보다 부각시키기 위해 '나'=BL 애호가 여성이 수사상 '공'과 '수'로 나누어 연기하는 '과도한, 궁극적 사랑'이다. 현실의 강간이 아니라 수사학rhetoric인 것이다.[주10]

매력의 증명으로서 강간

두 번째 카테고리의 강간은 가해자가 '악인'이고 '타인'인 만큼 첫 번째 카테고리보다 문제는 적다고 말할 수 있다. 가해자는 '수'를 어린 시절에 학대한 양부, 연쇄살인범, 불량학생, 스토커 등 다

양한 형태를 취하지만 어떤 경우도 '공'이 '수'의 구출 역을 담당한다는 점은 공통된다. 눈앞에서 강간이 일어난 경우는 '공'이 강간범을 물리치고 연인을 돕는다. 또 BL의 정형이 여러 개 채용되어 있는 소녀만화 작품 『뉴욕 뉴욕ニューヨーク・ニューヨーク』(라가와 마리모羅川真里茂, 1998)의 사례처럼 '수' 캐릭터가 "나… 나는 더러워져 있어… 과거는 지울 수 없어요…"라고 강간의 기억에 고통받고 있는 경우는 "그런 것 때문에 네가 싫어질 리가 없잖아, 좀 더 자신을 가져!"라는 말로 연인을 스티그마stigma로부터 해방시켜 준다.^{주11}

 이 두 번째 카테고리에서 강간은 우선 '수'에게 '여자 역할'의 지위를 부여하는 기능이 있다. 즉 다른 남자도 '수'를 성욕의 대상으로 삼기 때문에 '수'가 '공'과의 관계에서도 '욕망되는 쪽'이 되는 게 보다 당연하다. BL 작품에서는 흔히 만화 『내가 좋아하는 선생

케인('공', 오른쪽)과 멜('수', 왼쪽) / 라가와 마리모
『뉴욕 뉴욕②』(하쿠센샤, 1998)

님』(고쿠라쿠인 사쿠라코, 1998)의 '수' 캐릭터이자 교사인 우쿄右京에 관해 남고생들의 "아, 하지만 우쿄 선생님 정도의 미인이라면 뭐 남자라도 괜찮아, 난." 같이 남성에게도 '수'의 섹스어필에 대한 대사가 튀어나오는데, 거기서 표명되는 욕망을 폭력적인 수단으로 실행하는 것이 강간이다.

여성에 부과된 더블 스탠다드double standard의 고발로서 강간 표현

다음은 완전히 다른 차원의 설명으로, 나카지마의 지적처럼 아직도 여성의 정조에 가치를 두는 사회에 대한 반론 제기로서 읽을 수 있다. 즉 BL의 '수' 캐릭터가 과거에 '논케 남성'으로서 여성과의 성경험이 있고 나아가 남자로부터 강간당한 경험이 있음에도 불구하고 '너는 더럽혀지지 않았어. 네가 좋아'라는 말을 듣는 것은 현실 여성이 처한 입장—성경험이 풍부한 여성을 아직도 '매춘부(걸레)'로 취급하고 강간의 피해자여도 '흠 있는 것'으로 불리는 일이 적지 않다—의 안티테제이다[나카지마(1998) : 47].

나아가 정확하게 서술하자면 '수' 캐릭터는 이성애 규범 사회에 의한 여성에 대한 억압, 또는 이성애 규범 사회에 의한 여성 억압을 근본적으로 고발하고 있다. 이성애 규범 사회에 적응한 승자가 되기 위해서 여성은 '적당히' 남자에게 인기를 얻기 위한 섹스어필을 지니고 '적당히' 이성애 활동을 하지 않으면 안 된다. 그러나 그 '적당함'은 사실 '그 정도로 색기를 뿌리면서 남자를 유혹하고 다니면 강간당해도 항의할 수 없다'고 단죄되는 섹스어필과 종이 한 장

차이일 뿐이다. 또한, 그 경계선을 (가부장적 존재의) 남성이 임의적으로 결정한다는 점은 강간 피해자 여성에게 남성 정치가 등이 '따라간 쪽에도 잘못이 있다' 같은 말을 하는 사례가 없어지지 않는다는 사실에서도 잘 알 수 있다.**주12**

그렇다. 미모와 매력으로 인해 반드시 남자에게 강간당하는 '수' 캐릭터는 여성에 요구되는 이런 모순을 체현해 보이는 존재인 것이다.**주13**

'궁극적 커플 신화 안의 주민'화 = 가부장제 억압에서 도주

그리고 이미 본 것처럼 일단 '공'과 기적의 사랑에 빠져서 '궁극적 커플 신화'의 주민이 된 '수' 캐릭터의 섹슈얼리티는 자동적으로 신화의 내부에서 완결되기 때문에, '수'에 동일화하는 여성 독자는 '수'를 통해서 이성애 규범 사회가 여성들에 대해 '적당한 이성애 여성으로 있어라' 하고 요구하는 억압에서 도주할 수 있다. 사랑을 성취한 BL 커플이 서로에게 빠져들어 다른 사람이 성적 대상으로서 전혀 눈에 들어오지 않게 된다는 표현은 단순히 그 연애의 열렬함을 강조하기 위해서 뿐만 아니라, 그들 두 사람이 문자 그대로 다른 종류의 존재로 다시 태어났다는 표명으로 읽어야 한다. BL에서는 일단 '공'과 '수'의 연애가 성취된 다음에 어떠한 오해로 일시적으로 헤어진 이별 기간 중 각각(또는 한쪽 편)이 다른 사람('라이벌' 캐릭터)과 키스나 섹스를 하려 한다는 묘사가 많다. 그리고 상대가 주인공이 호의를 가지고 있는 매력적인 사람인데도 왜인지 모르게 토하려 하거나 발기하지 않거나, 키스도 섹스도 하지 못해 주인공 자신도 놀라는 전개가 일반적이다. 이는 물론 주인공 커플의 연애가 궁극적임을 강조하는 묘사이지만, 본인도 눈치채지 못한 사이에 생리적 생물학적 차원에서 '신화 내 주민'으로서 다시 태어나고 말았기에—즉 주인공들은 조역들과는 다른 '종'으로 다시 태어났으므로, 눈앞의 상황이 바뀐다고 해도 종을 넘어서 교접하는 것이 불가능하다는 표명이다. '궁극적 커플 신화'에는 열렬한 연애에 대한 동경뿐만 아니라 이성애 규범을 내포하는 가부장제도의 억압에서 도주하고자 하는 여성 애호가들의 욕망이 내포되어 있기 때문에, 도피처의 강고함을 생물학적 레벨로 보증할 필요가 있는 것이다.

90년대 BL의 정형 분석을 통해 BL이 그려내고자 하는 것이 가부장제&이성애 규범 사회의 여성에 대한 억압에서 해방된 상태로 마음껏 러브와 섹스, 삶을 구가하는 캐릭터들이라는 사실이 명백해졌다. 남녀물에서도, 여성 커플물에서도 그리기 어렵기 때문에 남성들이라는 체제가 선택되었다. 그것은 일종의 '발명'이다. 그러나 BL이 이른바 '진공'에 존재하지 않는 이상, BL이라는 공적인 표상에 그려진 호모포비아(동성애 혐오)와 강간이 현실 세계에서의 호모포비아와 강간에 호응한다는 점은 피할 수 없다. BL 캐릭터가 현실의 게이를 그대로 반영하는 게 아니며 BL에 있어 강간이 현실의 강간을 용인, 권장하는 것을 의도하지 않는다는 점은 원래부터 명백하지만, 단지 '판타지 포르노'라고 둘러대지 말고 현실 세계에도 접속한 표상임을 인식한 후 소위 '현실에 책임을 진 표상'으로서 진화해야 하며, 실제로도 진화해왔다—이것이 본서 『BL진화론』의 견해로 이런 진화의 내용은 주로 제4장에서 살펴보고자 한다.

BL '심화형'의 여러 모습

2 BL 특유의 연애 표현에 대한 규명 [2]

'궁극의 BL커플'이 펼치는 강렬한 애정 표현
— 만화 『봄을 안고 있었다春を抱いていた』

닛타 유카新田祐克의 만화 『봄을 안고 있었다』는 1997년에 연재를 시작했고, 1999년부터 발매되어 현재 14권까지 단행본이 나왔다. 2005년과 2007년에는 총 5편짜리 애니메이션화(OVA화)까지 제작된 인기 작품으로 초심자, 베테랑을 가리지 않고 '푹 빠지는' BL 애호가가 많다.

『봄을 안고 있었다』의 매력은 여러 가지이다. 라이벌 AV 남자 배우였던 주인공 두 사람이 단행본 한 권 분량 만에 일반 영화와 TV드라마의 인기 배우가 된다는 다이내믹한 스토리 전개에, 촬영 현장과 재해의 설득력 있는 묘사, 주인공 두 사람의 첫 섹스가 영화의 오디션장에서 감독의 요청에 응해서라는, '만나자마자 강간' 정형을 피하는 동시에 직업적 프로 의식의 대결도 표현하는 탁월한 장치, BL 만화로서는 골격과 근육이 사실적으로 느껴지는 그림체, 183센티미터('공'인 카토香藤)와 192센티미터('수'인 이와키岩城)로 설정되어 있는 두 사람의 섹스를 어디에 어떻게 삽입하고 있는지까지 확실히 알 수 있는 전신상도 빼놓지 않는 몇 페이지에 걸친 묘사 등. 하지만 굳이 최대의 매력이 무엇인지 이야기한다면 연애에서 애정 표현을 어디까지 강렬하게, 어떤 다양성으로 전개할 수 있는가를 추구하여 속속 보여주고 있다는 점일 것이다. 그리고 주인공 두 사람이 인기 배우이기 때문에 그들의 애정 표현 활동은 종종 TV의 토크쇼와 기자회견 등을 통해서 전개되며, 그들이 기본적으로는 논케(이성애자)인 채로 남자끼리 '예능계 최고

카토(오른쪽)과 이와키(왼쪽) / 닛타 유카 『봄을 안고 있었다 ⑭』 (리브레출판, 2009)

의 잉꼬 부부'로서 '가정'을 꾸리고 있는 사실을 세간의 시청자가 목격하고 있다는 세계관이다. 말하자면 '일본 전국 1억 2천만이 인정한 BL커플 신화'의 환상이다.

애정 표현에 대한 에피소드의 예시를 14권에서 들어보자. 집을 지어서 동거를 시작한 날을 '결혼기념일'로 부르고 있는 두 사람인데, 이와키는 우연하게 카토가 매년 그날 선물을 사고 있던 것을 알게 된다. 그러나 자신은 받은 적이 없었다. 기념일에 다른 사람에게 선물을 주고 있었던 것, 자신만을 생각해 주지 않았던 것이 충격인 이와키. 주인공 두 사람 사이의 기념일에 대한 의식 차로(또는 한쪽이 그렇게 오해하는) 한쪽이 상처 입는 에피소드는 다른 작품에서도 흔히 볼 수 있지만, 『봄을 안고 있었다』에서는 표현의 스케일이 크다. 우선 이와키는 너무나 쇼크를 받아서 매니저가 차로 집 앞까지 데려다주지만, 자택 앞에서 비에 젖은 채 우두커니 서 있다. 독자는 그것을 늦은 귀가를 걱정하여 창에서 밖을 보고 있는 카토와 동시에 발견한다. 이와키가 등진 뒷모습으로 비에 젖은 채 서 있는 전신상이 양쪽으로 펼친 페이지 우측의 왼쪽 위에 우선 롱(원경)으로 그려져 있고, 이것은 카토의 위치에서 보이는 모습이라고 해석할 수 있다. 나아가 페이지 중앙의 아래쪽에는 보다 크게 같은 포즈의 이와키가 그려져 있는데 영화 용어로 말하자면 카토의 주관적인 숏으로서, 서 있는 것이 이와키라고 깨달은 카토의 주관적인 흥미의 강도를 드러내고 있다. 왼쪽 페이지에는 놀라움에 눈을 크게 뜬 카토의 얼굴 반을 확대한 컷, 함축적인 표정으로 뒤돌아보는 이와키의 비스듬한 뒤쪽에서 보는 바스트 업(가슴 위쪽 모습). 독자는 다음 칸에서 카토의 "왜 빗속에 서 있는 거야!"라는 말에 공감하게 된다. 그리고 욕실에서 몸을 덥히면서 이와키가 서 있던 이유를 자백한다. 그것을 듣고 욕실을 나간 카토가 돌아오더니 이와키가 고개를 숙이고 몸을 담그고 있는 욕조에 퐁당퐁당 무엇인가를 던진다. 그것은 카토가 매년 '결혼기념일'에 이와키에게는 비밀로 하고 사 모았던 커다란 다이아몬드였다. 카토는 말한다. "언젠가⋯ 부부로서 호적에 올릴 수 있는 날이 온다면 그걸 '형태'로 만들 거야 / 몸에 지니는 물건이든 장식하는 물건이

든 뭐든지 좋아. 그걸 선물하면서 다시 한번 프로포즈 하려고 했어." ……BL은 여성의 꿈을 남성 캐릭터들에게 기탁하고 있기 때문에 애정 표현의 보고이지만, 『봄을 안고 있었다』는 그중에서도 분명히 최전선을 달리고 있다.

제3장

게이의 시선?
―환상 같은 '야오이 논쟁'을 중심으로

BL을 읽는 것은 누구인가?

10분 후, 쓰러지듯이 나타난 나나티가 모두의 재촉에 이야기를 시작했다. (…) / '에이지가 잡지만은 없애면 안 된대. 우리 잡지가 여러 사람들의 마음을 구원하고 있대. 특히 게이들에게는 없어서는 안 되는 거래. 그러니까 잡지만은 계속하지 않으면 안 된다고…' / 솔직히 게이 독자를 의식해서 책을 만든 적은 없었다. 게이들에게 읽히고 있다는 사실은 알고 있었지만 BL은 여성 작가가 그려내는 여성향의 읽을거리이기 때문에 타깃이 아니었다.

쓰루오카鶴岡 부장이 자리에 앉자 하쿠시카白鹿 씨의 강의가 시작되었다. / (…) / '그러니까, 실제 그녀들의 잡지가 몇 사람의 마음을 구원하고 있다는 거야. 게이들이라든지.' / ?…… / 나나티가 당황해서 정정했다. / "아, 그러니까 우리 독자는 99퍼센트 여성이에요. 일단 소녀만화니까. 물론 그 안에는 게이도 있지만 표면에는 나오지 않으니까…." / "아, 그렇군." / 어느 쪽이라도 괜찮지만, 이라는 대신에 하쿠시카 씨는 담배에 불을 붙였다. 왠지 이렇게 오해한 게 에이지 때문인 것처럼 느껴진다. 대단해, 에이지.

이는 고토다 유카後藤田ゆ花의 『사랑으로만 만듭니다愛でしか作ってません』(2007)라는 소설에서 인용한 것이다. YOI(와이 오 아이)컴퍼니라는 BL 출판사의 편집부원들이 모회사 적자의 영향으로 자회사가 도산할 것 같다는 사실을 알게 되어, 자신들이 만들어온 잡지와 레이

블을 살리기 위해 편집부를 그대로 받아줄 회사를 찾아 동분서주하는 모습이 그려져 있다. 주인공은 BL 편집부원인 사토 타마미佐藤珠美, 즉 '마릴린'. 최초의 인용문에서 말하고 있는 '나나티'는 나나세七瀬 편집주임의 닉네임인데, '에이지'는 그녀의 단골인 점쟁이이다. 두 번째는 나나티와 마릴린이 편집부 전원의 '이적'을 상담하러 대형 출판사 K단샤에 가서 K단샤 사원인 '하쿠시카 씨'에게 '쓰루오카 부장'을 소개받는 대목이다.

이 소설에는 '픽션으로 등장하는 인물, 단체는 가공의 것입니다'라는 경고 문구가 붙어 있지만 책의 선전 문구에는 '실제로 일어난 BL업계 최대 출판사의 도산을 계기로 탄생한 장편 청춘소설', 저자 프로필에는 '2006년까지 만화잡지의 편집자'라고 쓰여 있다. 베테랑 BL 애호가라면 누구라도 BL 출판사 비브로스ビブロス의 도산과 편집부 전원의 타사 이적, 리브레출판으로 재출발이라는 2006년 BL업계의 대사건을 떠올릴 것이다. 그리고 고토다는 그 소동 속에 있었던 전직 편집자라고 추측할 수 있다. 즉 이 소설은 일종의 '도큐픽션docufiction'이다. 따라서 앞의 인용 부분에서 고유명사 등은 가공의 것이어도 거기에 표명되는 BL 편집자로서의 인식은 실제의 그것을 반영하고 있다고 생각할 수 있다. 그러나 문자 그대로 읽으면 두 장면에서의 나나티의 언동은 모순처럼 느껴진다.

첫 번째 인용에서 나나티는 점쟁이 에이지가 말했던 "우리들이 만들고 있는 BL잡지는 게이를 구원하고 있고, 게이들에게 없어서는 안 될 것이니까 그만두어서는 안 된다"라는 설에 납득한 것처럼 보인다. 그런데 K단샤 장면에서 나나티는 "BL이 게이를 구원하고 있다"고 말하는 하쿠시카 씨에게 당황하면서, 게이 독자는 1퍼센트 미만인데다 표면에 나오지 않기 때문에 실질적으로 작가들에게는 없는 것과 같다고 정정한다. 즉 며칠 만에 나나티는 정반대의 역할로 바뀌어져 있다.

그러나 원래 베테랑 BL 편집자인 나나티가 BL 독자의 99퍼센트 이상이 여성이라는 점을 모를 리 없다. 그렇다면 왜 에이지의 말을 전부 믿는 듯 말했던 걸까? …최초의 인용문 내에서 에이지의 말을 전하던 나나티는 에이지의 말이 오해에 기반하고 있음을 알고 있으면서도 말한 거라고 해석할 수밖에 없다. 일반적으로 "구원받고 있는 독자를 위해 계속해라"라고 말하는 경우, 그 '독자'란 전체 독자 중에서 다수를 점하는 쪽을 전제로 한다. 즉 점쟁이 에이지는 BL잡지의 주요한 독자가 게이라 오해하고 있고, 그 사실을 나나티도 알고 있다. 그러나 그렇다 해도 실제 게이 독자 수가 적든 관계없이 "우리 BL잡지가 게이 독자의 마음을 구원하고 있다"란 점쟁이 에이지의 선언을 나나티가 중요하게 받아들이고 있기 때문에, 에이지의 말을 마릴린에게 전한 것이다…. 이 해석은 일반적이진 않지만 BL계에서는 성립 가능한 해석인데, 이유는 후에 서술하겠다. 한편, 하쿠시카 씨가 에이지와 같은 발언을 했을 때 나나티가 정정한 것은 편집부 전원의 이적을 받아달라는 K단샤와의 교섭 장면에서, 주된 독자층이 게이 남성이란 오해를 받으면 안 된다는 판단에서였을 것이다.

BL이 게이의 시선을 신경 쓰는 이유

전체 1퍼센트에 미치지 못하는, 표면에 나오지 않는 게이 독자가 이렇게 중요시되는 이유는 무엇일까? 작가인 고토다가 실제로 무엇을 의도했는가는 알 수 없고 알 필요도 없지만 BL이 남성 캐릭터 간의 연애를 축으로 한 이야기라는, 현실 세계에서 게이 남성 커플에 호응하는 형식을 사용하고 있기 때문이라고 해석할 수 있다…. 소비자로서는 극히 소수이지만 표상되는 형식에 호응하는 사람들이기 때문에 중요시되고 있다.

이러한 '게이 남성의 시선을 신경 쓰는' 행동은 BL을 둘러싼 담론 안에서 드물지 않다. 이는 만화연구자 야마다 토모코ヤマダトモコ가 서술하듯이 "이것을 진짜 게이들이 본다면 어떻게 생각할까"라는 걱정의 형태로 표명되는 경우가 많다[야마다(2007) : 83-84]. 걱정의 연장선상에서 실제 게이 남성의 승인에 의존하며, 게이 남성에게서 온 팬레터를 자기 작품이 사실적인 게이를 그리고 있다는 증명으로 간주하는 것 등은 BL 작가(애호가) 스스로 사고를 정지해버릴 위험성을 내포하고 있다. 이 점에 대해서는 다른 지면에서 상세하게 서술하였으니 흥미가 있는 독자는 그쪽을 읽어주시길 바란다. "자신들이 만든 BL이 게이의 마음을 구원하고 있다"는 것은 "게이가 구원으로서 자신들의 BL을 필요로 하고 있다"는 것으로, 게이의 승인을 얻고 싶다는 욕구를 더욱 일보 진전시킨 베리에이션 variation이라고 말할 수 있다.[미조구치(2003) : 35-58]

광의의(넓은 의미의) BL은 언제부터 게이의 시선을 신경 썼는가

야마다는 요시다 아키미吉田秋生의 『캘리포니아 이야기カリフォルニア物語』에 등장한 남성 동성애자 캐릭터인 이브의 죽음을 계기로 실

제 게이에 대해 신경 쓰기 시작했고, 그 이유로는 당시 소녀만화로서는 요시다의 그림(눈이 작고 다리도 그리 길지 않다)과 캐릭터와 사회와의 관계성 등이 '리얼'하게 느껴졌다고 서술하고 있다[야마다(2007) : 83]. 요시다 작품에 등장하는 남성상의 '리얼함'에 대해서는 게이이자 작가인 후시미 노리아키伏見憲明도 1993년에 이렇게 쓰고 있다. "리얼하다고 하는 요시다 아키미 씨의 남성 묘사도, 지금 읽으면 역시 여성 판타지의 산물에 지나지 않는다고 느끼지만 당시는 거기에서 실제 남자를 느끼고 있었다. (…) 그래서 말하자면 욕정의 대상도 여성 판타지로서의 남성상이었고, 지금 보면 불가사의하지만 다리 사이의 발기 등에는 그다지 관심이 없었다(현재는 매우 관심이 있지만)"[후시미(1993) : 230].

후시미는 초등학생 때 『토마의 심장』과 『바람과 나무의 시』를 애독했고, 그 후 자신이 게이로 생활하게 된 1993년 현재에도 탐미적인 게이 영화를 보거나 하면 "게이란 멋지네~ 다시 태어난다면 게이가 되고 싶다"고, 실제 자기 자신이 게이임에도 불구하고 생각하기도 한다고 서술한다[후시미(1993) : 230]. 물론 고등학교에서 성악, 대학에서 법학을 전공하고 게이로서 저술가이며 나중에는 소설가도 된 후시미의 독서 체험이 1963년생 일본 게이의 다수를 대표하는 것은 아니겠지만, 애초부터 당연히 그 누구도 일본의 게이 전체를 대표할 수는 없다. 이 점을 고려하며, 또 하나의 게이에 의한 BL과 관련된 반론에서 시작된 소위 '야오이 논쟁'을 살펴보도록 하자. 논쟁을 촉발한 1992년의 에세이 및 이 논쟁의 존재가 BL 애호가 여성들이 게이의 시선을 신경 쓰는 하나의 중요한 계기가 되었다고 생각하기 때문이다.

'게이는 BL을 비난한다'는 '사실'을 광범위하게 발신한 '야오이 논쟁'

'야오이 논쟁'은 '페미니즘에 관심 있는 여성을 위한 자유로운 발언의 장이었던 미니잡지' 『CHOISIR(쇼와지르)』(프랑스어로 '선택한다'는 의미) 20호(1992년 5월 발행)에 게재된 게이 남성, 사토 마사키佐藤雅樹의 「야오이 같은 건 죽어버리면 좋겠다ヤオイなんて死んでしまえばいい」라는 에세이에 야오이 애호가를 자임하는 여성이 응답하는 형태로 시작하여, 다른 여성론자들도 참가하면서 41호(1995년 7월 발행)까지 계속되었다. 편집부의 용어 정리와 좌담회 등도 포함한 기사 수는 47개이다. 후일, 『별책 CHOISIR 야오이 논쟁 I~IV』로서 4권으로 정리되었다(내가 가지고 있는 것은 이 판이다).**주1** 미니잡지이므로 도서관에는 소장되어 있지 않고, '야오이 논쟁' 전체를 읽은 사람은 아마 수백 명에도 미치지 못할 것이다. 그러나 사토가 1996년 발행된 서적 『퀴어 스터디즈'96クィア・スタディーズ'96』에 기고한 「소녀만화와 호모포비아少女マンガとホモフォビア」에서 '야오이 논쟁'에 자신이 '관여해왔다'고 서술한 것과 만화 평론가 후지모토 유카리藤本由香里가 2000년 발행한 소녀만화가들과의 대담집 『소녀만화혼少女マンガ魂』에서 '야오이 논쟁'에 대해 언급했기 때문에, 게이 남성이 BL(당시 사용된 용어는 야오이)를 비난했다는 것으로 인해 큰 논쟁이 벌어졌다는 '사실'이 널리 알려지게 되었다.

'야오이 논쟁'의 원문을 참조할 필요성

　사토는 「소녀만화와 호모포비아」에서 '여성 차별 표현'의 구분을 따르자면 '야오이 표현물'은 '남성 동성애자의 성을 상품화'하여 '남성 동성애자를 이성애 사회에 종속시키기 위한 스테레오 타입에 끼워 맞추는 표현'으로 훌륭한 '게이 차별 표현'이며, 그 이유로 강제 이성애 사회에서 이성애자보다 약한 입장에 있는 동성애자에게 스테레오 타입을 강요하기 때문이라 서술하고 있다. 이는 '야오이 논쟁'에 있어 사토의 주장에 대한 요약이란 인상을 준다[사토 (1996) : 166]. 이상은 하나의 요약으로서 타당하다. 하지만 이 책은 그 요약에서 빠진 부분에도 크게 자극을 받았다. 그렇기 때문에 '야오이 논쟁'의 논의를 자세히 추적하는 것은 이 책으로는 부족하지만 —'논쟁'이라 해도 앞사람이 제출한 논점에 응답하는 형태로 논의를 진행하는 투고뿐만 아니라, '야오이'에 대해서 말하고 싶은 점을 가져온 투고도 많고, 상당히 복잡하다— 이 책에 있어 특히 중요한 부분에 대해서는 살펴보는 것이 책무라고 생각한다. 특히 논쟁의 발단이 된 사토의 투고 「야오이 같은 건 죽어버리면 좋겠다」는 그 전문을 읽어야 제대로 이해할 수 있기 때문에 사토의 허가를 얻어 전문을 게재한다.

　　야오이 같은 건 죽어버리면 좋겠다. 야오이 따위 정말 싫다. 차별해 주겠다. 이런 녀석들의 인권 같은 것 인정해 주지 않겠다. 죽어줬으면 좋겠다.
　　애초부터 야오이가 뭔지 알지 못했다. 야마나시やまなし, 오치나시おちなし… 라든지 뭔가의 이야기인가 본데, 잘 모르겠다. 기성 캐릭터를 무단 차용해서 스토리성이 없는 재미없는 만화를 그리고 있는 것 같다. 오타쿠와 뭐가 다른가? 야오이와 오타쿠는 외견도 다른 것일까? 실은 오타쿠의 외견도 잘은 모른다. 잘 모르는 주제에 왠지 더러울 것 같은 이미지를 가지고 있다는 게 불가사의하다. 야오이와 오타쿠와 오코게おこげ[역주1]의 차이도 잘은 모르겠다. 잘 모르겠지만 게이 특유(?)의 갈고 닦여진 감성(진짜 게이에게 그런 게 있나?)으로 이 녀석들은 적이다! 라며 본질을 꿰뚫고 만다. 오코게와 야오이는 어떻게 다른 것인가? 재미없는 만화를 그리는가 그리지 않는가의 차이뿐일까? 어쨌든 야오이가 싫다. 왜냐면 이 녀석들, 우리들 게이의 섹스를 그려서 남자들이 섹스하는 만화를 읽으며 즐거워하고 있다고 하지 않는가. 그런 기분 나쁜 녀석들을 좋아하게 될 이유도, 필요도 없다. 무엇보다 불쾌하다!

왜 남자들의 섹스를 상상하며 기뻐하는 것일까. 여자들을 잘 모르겠다. 아저씨가 여성의 누드를 바라보면서 좋아하는 걸 보면 변태 중년! 이라고 소리 지르고 싶어하는 주제에, 음울한 청년이 방에서 여자들이 섹스하는 만화를 그리는 모습을 상상하면 대부분 여성은 오싹해하고 누군가 자기 몸을 핥는 것 같은 불쾌감을 느끼면서 그만둬, 너! 라고 공격하고 싶어하는 주제에, 자신들도 태연

역주1 게이를 쫓아다니고 친밀한 관계를 가지고 싶어하는 여성(특히 헤테로 여성)을 의미한다. 영어의 패그해그(fag hag)에 해당하며, 사전적 의미는 '누룽지'이다. 일본에서 게이를 가리키는 속어 '오카마'가 사전적으로 솥이라는 의미를 가지고 있는데, 가마솥에 달라붙은 누룽지 같은 존재라는 뜻에서 이렇게 부르게 되었다고 한다.

하게 같은 차원까지 추락해버린다. 이런 남자들과 같다는 자각이 있는 걸까? 우리들이 보면 똑같다. 알고 있는 걸까?

이 녀석들, 남자들이 얽히는 걸 바라보면서 뭐가 재미있을까? 아저씨와 남자 놈들이 얽혀있는 여자들에 혀로 입술을 핥으면서 헉헉거리며 흥분하는 것처럼 야오이도 느끼고 있다고는 생각할 수 없다. 남자들은 하고 싶다! 라는, 단지 그것뿐인 어리석게도 단순하고 건전한 욕망(웃음)만이지만 야오이에 있어선 하고 싶은 대상으로서의 남자, 는 아닌 것 같은 느낌이다. 자신이 하고 싶은 것도 아니면서 남자의, 그것도 남자 간의 섹스를 바라보면서 히히거리며 기뻐하고 있는 것이라면 이미 훌륭한 변태다. 도대체 얼마나 기분 나쁜 녀석들인가, 이런 녀석들 죽어버려! - 라고, 바라보이는 대상인 게이는 외쳐도 될 것이다. 왜냐하면 단순한 변태 중년이기 때문이다. 이쪽은 불쾌하니까 불쾌하다! 라 비난해도 될 것이다.

지금까지 게이 측의 이러한 외침은 이 녀석들에게 전해지지 않았다고 생각한다. 이 녀석들은 스스로에게 실은 말도 안 되게 기분 나쁜 존재인지도 모른다고, 혹시 단순한 변태 중년인지도 모른다?!고 자문해보고 치한 같은 얼굴을 타인의 거울에 비추어 보아야 한다. 그리고 나서도 나는 변태 중년이라도 괜찮아요, 라며 정색하고 뻔뻔해질 수 있다면… 음, 졌다! 당신은 훌륭한 변태입니다, 라고 인정해 주겠다. 다만, 적으로서.

야오이가 좋아하는 것은 아름다운 남자뿐이다.

게이도 다양한 게이가 있다. 남자다운 게이, 여자다운 게이, 멋진 게이, 추한 게이, 젊은 게이, 나이 든 게이. 야오이가 좋아하는 것은 감상할 만한 게이뿐이다. 야오이에서 추한 게이는 게이로 인식되지 않을 것이다. 아마도 그저 쓰레기일 것이다. 혹시 기분 나쁜 변태 중년일 뿐일지도 모른다. 야오이에서 애초에 게이는 인간이 아닌 것이다. 그러므로 자신들의 상상력을 북돋아주는 멋진 게이와 그렇지 않은 쓰레기로만 분류될 것이다. 결국 감상용인 존재일 뿐이라면 거기에는 인격과 마음 등은 필요 없고 보이는 것이 전부일 것이다. 아름다운 게이도 나이는 먹는다. 꽃이 시드는 것처럼 외모도 쇠퇴한다. 인간도 아닌 게이는 말라비틀어진 드라이플라워처럼 쓰레기통에 휙 하고 버려지는 것이 운명일까? 이런 녀석들, 용서할 수 없다!

지금 일본에서 게이로서 자신을 받아들이고 살아가는 건 힘든 일이다. 정상이 아니다, 이상하다, 변태다, 라는 사회의 인식에 포위된 채로 자신을 긍정하는 것은 말처럼 쉬운 일이 아니다. 이런 상황 속에서 여자들이 게이 붐이라는 이해할 수 없는 것을 만들어냈다. 게이와 친구가 되는 것이 일종의 스테이터스status가 되고 있는 것 같다. 그렇게 말하면 다소는 허영심 등이 자극되기도 하고, 다소는 오해가 있어도 받아들여진다면, 하고 꼬리를 흔들지도 모른다. 친구, 라든지 멋져, 같은 달콤한 미끼에 낚여서 길들여지기도 할 것이다. 그러나 뭔가 이상하다. 여기에 모인 게이에게는 특징이 있다. 패셔너블하고 멋지거나 피에로처럼 웃겨주든 어찌 되었든 개성적인 게이만 드러나고 있다. 게이가 개성적이라는 말은 거짓말이다! 수수하고 몰개성적인 게이도 얼마든지 있고 아마 그쪽이 더 다수일 것이다.

…표면에 나오지 못하는 게이는 어디로 가면 좋을까. 대다수의, 야오이의 시선과 여자의 감상안에 미치지 못하는 게이는 어떻게

자신을 받아들이면 좋은 것일까.

게이 자신의 문제니까 여자는 관계없다고 말한다면 그것은 그것대로 그럴듯한 이야기이다. 변태 중년은 상대의 사정 같은 걸 고려하지 않는다. 그것을 생각한다면 변태짓을 할 수 없을 것이다. 그렇지 않으면 싫어하는 상대의 표정을 바라보면서 더더욱 흥분할 것인가? 그리고 피해자도 변태 중년의 사정 따위는 생각해줄 필요가 없다. 그 뒤는 그저 서로 죽이면 되는 것이다.

대부분의 게이는 홀로 어둡게 틀어박혀 있든지, 상반신은 버리고 하반신만으로 살아가든지 둘 중의 하나로 그다지 선택의 여지가 없다. 상반신의, 인간적인 교제 부분만으로도 게이로 살아갈 수 있는 인간은 현실에 거의 없다. 그런 상황의 게이에게 또 다른 엉뚱한 가치관이 부여된다면 점점 더 폐쇄된 게이는 고립이 깊어지게 된다. 게이에 대한 세간의 이미지가 혼란스러울수록 그것을 자기 자신의 모습으로 일치시키지 못하고 억압받게 된다. 하반신만으로 살아갈 수 있는 게이는 그래도 아직 강한지도 모른다. 죽을 때까지 남자와 섹스하지 못하는 게이 쪽이 실제로는 훨씬 더 많은 것이다. 그러한 게이에게 야오이와 오코게는 그저 폐만 끼치는 존재로, 그저 죽어주었으면 좋겠는 존재다. 게이의 섹스는 남자들에게는 혐오의 대상이고 여자들은 호기심 어린 시선으로만 본다. 우리들의 섹스를 훔쳐보고 기뻐하는 여자, 거울을 보라고, 훔쳐보는 자신들의 표정을!

…어쨌든 야오이와 오코게는 죽었으면 좋겠다.

야오이는 죽으면 무엇이 될까?

야오이가 죽으면 여자가 되는 것일까? 그렇지 않으면 인간이?
게이와 여자, 게이와 레즈비언은 손을 마주잡을 수 있을까?
서로가 서로를 인정하고, 상호 존중할 수 있을까?
언젠가…?

[사토(1994) : 1-3, (최초게재 1992)]

 이상이 「야오이 같은 건 죽어버리면 좋겠다」의 전문이다. 분석에 들어가기 전에 페미니즘에 관한 자주제작잡지ミニコミ誌(미니코미)**역주2**에 왜 사토라는 게이 남성이 홀로 참가하고 있었는가에 대한 배경으로서 1990년대 전반 당시 일본의 게이를 둘러싼 미디어 상황과 게이 해방gay liberation 운동에 대해 간략하게 설명하고 싶다.

시대 배경 1 '게이 붐'

 1990년대 초, 여성지를 중심으로 게이가 유행했던 소위 '게이 붐'으로 불리우는 미디어 환경이 있었다. 이것은 요즘으로 치자면 잡지 매체에서 2012년 7월 14일호『주간동양경제週刊東洋経済』제2특집에 '알려지지 않은 거대시장 일본의 LGBT(성소수자)'가 편성되거나, TV에서 코미디언 콤비 폭소문제爆笑問題가 정규 멤버로 출연하는 NHK종합「탐험 바쿠몬探検バクモン」이 2013년 6월 5일과 6월 12일 두 차례에 걸쳐「'성'을 둘러싼 대탐험」이라는 타이틀로 레즈비

역주 2   소규모의 독자를 대상으로 자발적으로 만든 잡지

언, 게이, 트랜스젠더, 그리고 이성애자를 포함한 당사자의 발언 등에 의해 성의 다양성을 탐색하는 특집을 방송하거나[주2] 등의 상황과는 상당히 양상이 다르다.

게이 붐 담론의 상세한 분석은 사회학자 이시다 히토시石田仁의 작업 등을 참조하는 것으로 하고[이시다(2007년a) : 47-55] 여기서는 당시 분위기를 잘 전하는 사례를 하나 들겠다. 여성지『CREA(크레아)』 1991년 2월호「게이 르네상스'91ゲイ・ルネッサンス'91」이다. 이하는 표지의 광고 문구이다.

> 게이라고 불리는 사람들은 / 예술에 강하고, 섬세하고, 조금 성격이 나빠. / 그들과 대화하면 / 너무나 기분이 편안해지는 건 왜일까? / 스트레이트(헤테로)인 지루한 남자와는 맛볼 수 없는 / 자유로운 감각 / '여자를 넘어선 남자들'로부터의 / 과격한 메시지는 상당히 심오하다.

지면을 보면 일본인 여성 독자에게는 비일상적인 '뉴욕'과 '아티스틱한 재능' 등이 '게이 붐'에서 취급된 게이적인 것의 중심에 있었다는 사실을 알 수 있다. 20대를 중심으로 한 일본인 게이 100명에게 취향인 탤런트부터 인생 설계와 부모에게 커밍아웃한 내용에 대해 질문한 설문 결과가 게재되어 있는 등, 현실의 일본 사회에서 살아가는 이웃으로서 게이 남성에 대한 배려가 없는 것은 아니니다. 얼굴 사진이 들어간 인터뷰 기사에서는 일본인으로서 유일하게 등장하고 있는 고故 나카무라 나오中村ナオ의 "'보통의 게이'가 다루어지지 않는 일본의 미디어는 편향되어 있다"라는 취지의 발

언도 게재되어 있다. 그러나 나카무라의 발언이 지면에 허용될 수 있었던 것은 그가 뉴욕에서 귀국한 클럽 DJ란 사실을 고려해서 만든 지면 구성이기 때문이다. 이렇게 최근에 실제 소비자로서의 게이와 성의 다양성 전체에 대해서 계몽하는 기사나 프로그램과는 다르게, '게이 붐'에서는 이성애 여성들에게 있어 동경과 휴식의 존재로서 아름답고 재능 있는 게이가 다양한 미디어에 등장하고 있었다. 그리고 『CREA』의 '게이와의 쾌적 생활을 지향하는 여자들'이라는 기사가 만화 『바람과 나무의 시』를 초창기의 예로 들며 「JUNE」(여기서는 광의의 BL의 총칭으로서 용법)에서 미소년 간의 연애에 여성 독자가 감정이입하고 있다는 이야기로 시작해 멋지고 가사도 당연하게 해내는 게이 룸메이트를 가진 여성들의 소개로 전개되고 있는 바처럼, 광의의 BL 애호와 현실에서 잘생긴 게이와 친구가 되고 싶다는 욕망이 연속적인 것으로 간주되는 경향도 있었다.

또, 게이이자 작가인 후시미 노리아키는 당시 '게이 붐으로 불리는 미디어 상황도 93년 말 TV드라마 「동창회同窓会」를 기점으로 피크를 맞이하여 94년 중반을 지난 지금은 이미 종식기에 들어간 것 같습니다'라고 서술하고 있다[후시미(1994) : 1]. '야오이 논쟁'이 시작된 1992년은 말 그대로 '게이 붐'의 정점이었다.**주3**

시대 배경 2 '레즈비언과 게이' 공통의 문화

1990년대 초는 또한, 게이와 레즈비언이 함께 문화적인 활동을 행하기 시작한 시기였다. 신주쿠 니쵸메新宿二丁目는 예전에 아카센지타이赤線地帯라고 불렸던, 이성애 남성을 위한 매매춘이 공인되어 있던 지역인데 1958년에 매춘방지법이 전면 시행된 후 게이바 거리로 바뀐 사실이 잘 알려져 있다.[74] 1980년대에 들어 소수지만 레즈비언 바도 니쵸메에 등장하면서 게이와 레즈비언의 거리가 되었으나 게이는 게이 바로, 레즈비언은 레즈비언(레이디즈) 바에 갔기 때문에 양쪽이 함께 활동하는 일은 거의 없었다.

그러다 1990년대가 되자, 낮에는 게이와 레즈비언이 협동하는 이벤트가 등장했다. 1992년에는 「도쿄 국제 레즈비언 게이 필름&비디오 페스티벌」이 개최되었다. 이 영화제는 이름을 조금씩 바꾸어가면서 2015년 현재에도 계속되고 있다. 1994년에 「도쿄 레즈비언 게이 퍼레이드」도 개최되었다. 주최자와 명칭을 바꾸면서 레즈비언과 게이가 도쿄의 길을 대낮에 행진하는 이벤트는 지속되고 있으며, 2014년에는 4월 27일에 「도쿄 레인보우 프라이드 2014~퍼레이드&페스타」로 개최되었다. 1992년 『게이의 선물ゲイの贈り物』(별책 보물섬別冊宝島)을 필두로 다카라지마샤宝島社의 무크지로 간행된 몇 권에는 대부분 레즈비언의 페이지도 준비되어 있었다.

나아가 인터넷 시대까지 아직 기다려야만 했던 1990년, 일반적으로는 상당히 매니악했던 전화 회선을 이용한 PC통신의 세계에서 게이의 PC통신 「UC—GALOP」의 운용이 개시된 사실도 주목할 필요가 있다. 주재자는 '부르ブル'와 '마코토まこと'(당시 대학생이었던 부르는 나중에 여장 라이터이자 퍼포머인 부르본느가 되었고, 마코토는 당시 부르의 동거 상대로 나중에는 가족 같은 존재로서의 동거인이 되었다는 사실이 부르본느의 에세이와 SNS에서 종종 소개되고 있는 인물이다). 「UC—GALOP」의 이용자 대다수는 게이 남성이었지만 레즈비언과 바이섹슈얼 여성을 위한 '방'도 있었다. 또, 게이 간의 만남에 특화한 '방' 이외에도 '아트(예술)'와 '포엠' 등 학교

의 부활동 같은 묶음의 '방'도 다수 설정되어 있었고, 그곳에서 게이와 레즈비언, 바이섹슈얼 여성들이 함께 활동하며 오프 모임도 활발하게 이루어졌다.[주5]

그러한 분위기 속에 1992년 게이 극단 '플라잉 스테이지'가 깃발을 올린 시점에는 예술을 좋아하는 레즈비언이었던 내가 보러가는 것이 극히 자연스럽게 느껴졌던 기억이 난다.

사토 마사키는 「UC—GALOP」에는 참가하지 않았지만 '플라잉 스테이지' 초기에는 의상 등을 담당하면서 깊이 관여하고 있었다. 내가 언제 사토와 만났는지는 잘 기억나지 않지만 '플라잉 스테이지'의 대표 세키네 신이치関根信一도 동석하고 있던 술자리에서 대화했던 기억은 있다. 어쨌든 게이와 레즈비언 중심의 도쿄 컬쳐 신에서 일어난 일이었다.

시대 배경 3 '행동하는 게이와 레즈비언의 모임アカー(아카)'과 '후추 청년의 집府中青年の家 사건'

1990년대 전반이면 '행동하는 게이와 레즈비언의 모임(통칭 OCCUR, 아카)'이 '후추 청년의 집 사건' 등 눈에 띄는 활동을 전개하고 있던 시기이기도 했다.[주6] '후추 청년의 집 사건'의 개요를 극히 간략히 소개하겠다. 아카가 1990년대 도쿄의 시설인 '후추 청년의 집'(당시)에서 1박 합숙을 했던 때, 숙박하는 단체 대표가 각각의 활동을 소개하는 리더 회의에서 '우리들은 동성애자 단체'라고 정직하게 이야기했다. 그러자 다른 이용 단체가 욕실을 엿보거나 '호모' '오카마'라고 비난했으며, 회의실의 문을 몇 번이나 두들겨대는 등의 피해를 입었다. 아카는 이 일에 대해 항의했으나 역으로 도쿄도 교육위원회는 앞으로 이용을 승인하지 않겠다는 결정을 내렸다. 이에 불만을 품은 아카가 1991년 도쿄도를 도쿄 지방법원에 제소하여 1994년에 승소하였다. 도쿄도 측이 고등법원에 항소했지만 1997년 다시 아카가 승소하면서 판결이 확정되었다.

이 승소는 행정이 동성애자라는 사실을 이유로 합숙시설의 이용을 거절하는 것은 일본에서 정식으로 허용되지 않는다는 사법판단으로, 매우 중요한 의미를 지닌다. 보다 상세한 경위와 그 의의에 대한 분석은 참고 문헌을 보는 것으로 하고, 여기에서는 이 일련의 재판에서 '매번 법정을 만원으로 만든 젊은 동성애자들'의 동성애라는 사실을 감추지 않아도 되는 사회로 바꾸어 가고 싶다는 '뜨거운 의지가 넘쳐흐른다'[주7]라고 변호사가 서술한 그 '동성애자들' 속에, 다음 페이지에서 보겠지만 게이 남성인 사토 마사키와 자주제작잡지 『CHOISIR』의 발행인으로 이성애 여성인 이로카와 나호色川奈穂가 포함되어 있었던 사실을 지적해두겠다.

무료 페미니즘 잡지에 게이 남성 사토가 참가하고 있던 '개인적인' 배경—아카에서의 제명

사토는 '야오이 논쟁'에 기고한 최후의 투고 '타카마츠高松 씨에게 보내는 편지'(1994)에 게이 단체에서 제명됐을 때 『CHOISIR』를 주최했던 이로카와와 친한 친구가 되었다고 쓰고 있다. 그 게이 단체가 바로 아카였다. 사토의 말에 의하면 '후추 청년의 집 사건' 재판에 착수한 아카 간부들은 총회에서 의결권을 가진 회원들에게 재판 자체를 거부당할 가능성에 직면하고 있었다. 그 때문에 회원의 의결권을 제한하고자 했고 그에 반대하는 사토와의 사이에 대립이 일어났다. 모임은 사토에게 스스로 물러나길 요구했지만 사토는 수락하지 않고 스스로 제명 처분을 요구했다고 한다.[주8] 제명 처분 전에 재판투쟁의 선전을 담당하고 있던 사토가 재판 자체에 반대한 것이 아니라 어디까지나 회원의 의결권 제한이라는 조직의 반민주화에 반대했다는 의미였다. 아카 간부들과의 대립 한가운데에서 그 이전에는 얼굴을 아는 정도였던 이로카와와 우정이 깊어졌다. 그리고 제명 후에도 함께 재판을 방청하러 가기도 했다.

그런 이로카와로부터 『CHOISIR』에 투고를 의뢰받아 과거 발행분을 읽어보고 처음으로 '이로카와에게는 이로카와만의 문제가 있다'는 당연한 사실을 깨달아 크게 놀랐다고 사토는 쓰고 있다. 왜냐하면 그때까지는 자신이 사회에 차별받는 동성애자로 편견에 좌우되지 않는 공정한 이해를 요구하는 쪽이었기에, '그런 내 문제에 끈기 있게 함께해 준' 이로카와에게도 이성애 여성으로서 안고 있는 문제가 있다는 사실 등은 생각한 적도 없었다고 한다. 이로카와와의 관계에 있어서 피차별자의 입장에 어리광을 부리고 있던 자신을 발견한 이상, 단순히 '남자 사회에서 탈락자'인 게이로서 동정을 구하는 입장일 경우 이로카와에 대해서 '실례'이고, 그러므로 '게이와 여자 사이의 깊은 골을 메우기' 위해서 「야오이 같은 건 죽어버리면 좋겠다」를 썼다는 것이다. 역으로 말하자면 그럴 정도의 동기가 없는 게이 남성은 사토도 서술했듯이 '게이 붐과 야오이가 귀찮아도 묵살하면 되고' 현실에 몰려들어도 '쫓아내든지, 먹잇감으로 삼든지, 위장 결혼의 상대로서라도 이용하면 될' 뿐인 이야기로, 굳이 전투적인 에세이를 집필하지 않을 것이다[사토(1994) : 18-19]. '야오이 논쟁'에 사토 이외의 게이 남성이 참가하지 않았던 것은 오히려 당연했다고 말할 수 있다.

「야오이 같은 건 죽어버리면 좋겠다」로 돌아가자. 타이틀과 서두를 비롯하여 '너무 싫다' '그 후로는 그저 서로 죽이면 된다' 등, 야오이에 대한 공격적인 필체는 충격적이며 일견 야오이(애호가 여성)를 단죄하는 것이 주제처럼 읽힌다. 그러나 '야오이'와 '오코게', 나아가 '오타쿠'의 차이를 알 수 없다는 서술은 논조가 공격적인 만큼 놀랍다. 카테고리 이름도 명확하지 않은 상대에게 '죽어라'라고 말하는 것은 난폭하게 느껴진다(다만 '오타쿠'라면 남성을 의미했던 이 시대에, 열렬한 야오이 애호가 여성을 '오타쿠'로 부르자는 의도였다면 선견지명이 있었다고 할 수 있다). 남성 간의 섹스 묘사를 '우리들의 섹스를 훔쳐본다'라고 서술하는 것도 '남자 간의 섹스신은 게이인 자신이 보면 자신의 섹스를 훔쳐보는 듯 느껴져 불쾌하다'라는 사실을 도발적으로 강조하는 것이라고 문맥에서 추측할 수 있지만, 역시 표상과 현실의 행동을 동일시하고 있어서 이론적으로는 문제가 있다(후에 「소녀만화와 호모포비아」에서 사토가 쓰고 있는 것처럼 '남자들이 연애하고 섹스하는 표현물은 실제의 게이와 너무 달라 혼동을 낳는다'라는 표현이라면 타당하겠지만)[사토(1996) : 167]. 또 섹스하고 싶은 대상('하고 싶은 대상')을 그리는 것은 좋지만 섹스하고 싶은 대상도 아닌 남자들이 섹스하는 묘사를 보고 즐기는 것은 '변태' '기분 나쁘다' '죽어버려라'라는 논지도 실제의 욕망과 표상을 동일시하고 있어서, 정신분석이론을 가져올 필요도 없이 너무나 단순하다.

…이렇게 엄밀하게 독해하고자 하면 검토가 필요한 부분이 적

지 않지만 여기서는 사토의 기분을 이해해보고 싶다. 사토가 여기에서 '야오이'라고 부르고 있는 것이 소위 야오이 동인지를 창작하는 여성들이라는 사실은, 두 번째 단락의 '기성 캐릭터를 무단으로 차용하여 스토리성이 없는 지루한 만화를 그리고 있는 것 같다'에서 추측할 수 있다. 실제로 게이 남성과 친해지고 싶어 하는 '오코게'가 비교 대상으로 나오는 것은 여성지 등이 마구잡이로 다루고 있던 '게이 붐' 중 근사하고 멋진 게이와 친구가 되는 것이 일종의 사회적 지위status라는 풍조와 관련하여, 실제 게이와는 관계없이 '게이(와 같은 존재)'가 표상되는 데에 대한 항의를 서술하고 있기 때문이라는 점도 읽어낼 수 있다.

그렇다, 사토의 에세이 전문을 읽고 강하게 받은 인상은 사토가 이성애 규범 사회 속에서 표면에 나오지 못하는, 아름답거나 비범하지 않고 평범한—야오이 동인지에서 그려지지 않고 '게이 붐'에서도 다루어지지 않는—게이의 입장에서 발언하고 있다는 점이다. '홀로 어둡게 틀어박혀 있든지 상반신은 버리고 하반신만으로 살아가든지' 혹은 '죽을 때까지 남자와 섹스하지 못하는 게이'일 뿐으로 '상반신의, 인간적인 교제 부분만으로도 게이로 살아갈 수 있는' 사람은 거의 없다는 사토의 비관적 인식은 가슴을 먹먹하게 한다. 그 속에서 사토는 커밍아웃한 게이로서, 즉 상반신과 하반신의 양쪽을 갖춘 존재로서 살아가겠다고 허우적거리고 있었던 것이 아닐까.

'게이 자신의 문제니까 여자는 관계없다고 말한다면 그것은 그것대로 그럴듯한 이야기이다'라고 서술하고 있지만, 그렇다면 왜 굳이 이런 도발적인 에세이를 무료 페미니즘 잡지에 투고한 것일까? 개인적 동기로서는 잡지 발행인인 이로카와의 의뢰에 응한 것임을 이미 보았지만, 보다 큰 목적이 본문의 마지막 부분에 드러나 있다. 사토는 야오이와 오코게가 죽은 만큼 여성 인구가 줄었으면 좋겠다고 생각하는 것이 아니라, 야오이와 오코게가 죽으면 여자 혹은 인간이 될지도 모른다고 암시하고 있다. '게이와 여자, 게이와 레즈비언은 손을 마주잡을 수 있을까 / 서로가 서로를 인정하고 상호 존중할 수 있을까'…, 즉 사토는 야오이 애호가 여성들과 상호 존중하고 손을 잡고 가자고 호소하기 위해 썼다고 생각할 수 있다. 여기서 갑자기 '레즈비언'이 등장하는데 이 에세이에 있어서 '여자'란 '이성애 여성'이라는 전제가 있기 때문에 확실하게 하기 위해서 이성애 규범 사회의 특권계급인 이성애 남성 이외의 카테고리를 나열한 것이리라(또 사토는 '야오이 논쟁'에 대한 최후의 투고에서 '여자가 자신의 차별성에 자각이 없는 채 강제 이성애 위에서 여유를 부린다면 게이는 남성 사회의 특권을 놓지 않으면 될 뿐이다'라고 서술하고 있으며, 게이라고 해도 남녀의 젠더 격차라는 축에서는 이성애 여성보다도 우위에 있다고 인식하고 있다)[사토(1994) : 19].**주9**

'도피처로서의 야오이'?

사토의 호소에 응해 '야오이가 죽기(야오이를 졸업하기) 위한 방법'을 표명한 것은 번역가 쿠리하라 치요였다. 쿠리하라의 논의는 야오이를 여성에 관한 '문제'로 인한 현상으로 보고 '졸업'하기를 지향해야 한다고 논한 것 중에서도 초기의 중요한 의견이기에 여기에서 좀 더 상세하게 보고자 한다. 쿠리하라는 카키누마 에이코와 함께 『탐미소설·게이 문학 북가이드』를 1993년에 편찬한 인물인데,

1993년 12월 '야오이 논쟁'에 기고한 에세이에서는 게이 문학에 빠져 있는 자신이 부끄러워져서 자신의 욕망과 마주한 결과, 그것이 여성성과 성욕을 인정하는 것에서 도피라는 점이 판명되었기 때문에 화염방사기로 그 욕망을 불태우고 지금은 JUNE를 졸업해 여성의 억압을 철폐하기 위해 활동하고 있다고 쓰고 있다.

   쿠리하라는 야오이를 부정하고 있는 것이 아니다. '남편의 폭력을 견디다 못해 도망쳐 온 여자들을 절이 보호했던 것처럼 현대사회에서 상처 입은 소녀들이 무의식적으로 도망간 곳 중 하나'가 야오이이다, 즉 야오이는 일종의 도피처 같은 것이라고 서술한다[쿠리하라(1993b) : 4]. 도피처로 도망치는 것, 도피처에서 상처를 치유하는 것은 전혀 나쁘지 않다. 다만 상처가 치유되고 자신이 상처를 입은 근본적인 원인을 객관적으로 볼 수 있게 되면 이번에는 도피처를 나가서 근본적인 원인을 없애도록 페미니스트로서 활동해야 한다, 자신은 그렇게 했다는 것이 쿠리하라의 주장이다. 그 이유를 이렇게 쓰고 있다.

   어쨌든 나는 부끄러웠던 것이다. 야오이 소녀와 달리 내가 빠진 것은 환상의 산물이 아니고 게이들의 실제 체험이 스며든 문학이다. / (…) / 그렇다, 나는 당사자가 되고 싶었던 것이다. 아무리 비참해도, 추해도, 멋지지 않아도, 한심해도 당사자가 되고 싶었다. 자신을 안전한 장소에 두는 것은 더 이상 싫었던 것이다. / (…) / 당사자가 되는 것. 여자이면서도 남자 간의 이야기에 도피한 자신의 사정을 말하는 것. 연애와 성에 혜택받지 못한 자신의 상황을 감추지 않는 것. 그것을 하고서야 겨우 나는 게이들, 커밍아웃한 게이들과 대등한 입장에 설 수 있다고 생각했다.

[쿠리하라(1993b) : 7]

　쿠리하라는 JUNE를 졸업한 5년 전(1988)부터 여성을 위한 '여성이 봐도 불쾌하지 않은 포르노, 여성이 일방적으로 수동적인 데 머무르지 않고 적극적으로 쾌락을 추구하는 이야기'를 번역하고 있다고 서술하는데, 이것 역시 성욕이 있는 이성애 여성이라는 당사자로서 살아간다는 결심을 통해 일으킨 행동의 하나일 것이다. 말 그대로 유언실행有言實行이다. 또 동시에 『탐미소설·게이 문학 북가이드』를 편찬하고 나아가 '야오이 논쟁'에도 참가하고 있으며, 예전에 깊이 관여했던 BL(야오이, JUNE, 탐미) 커뮤니티에 지속적으로 헌신하는 성실함에서 애정을 느낀다[쿠리하라(1993b) : 6].

　여기에서 쿠리하라의 '도피처'론을 좀 더 이해하기 위해 그녀가 말하는 '야오이 절에서 나오는 방법'을 보도록 하자.

'야오이 절에서 밖으로 나오는 방법'

　①상처가 치유되어 다시 남편에게 돌아가든지, 다른 사람과 결혼하든지 하여 원래 사회로 돌아간다. = 평범하게 연애하거나 결혼해서 주부가 되거나 한다.
　②절에 남아 절 안에서 재배한 야채와 공예품을 바깥 세계에 팔면서 경제적으로 자립한다. = 탐미소설가와 만화가가 된다. 그 외 편집자가 되는 것도 수도원의 수녀가 되는 쪽에 가깝다.
　③절로 도망가야만 하는 사람이 없어지도록 바깥 세계를 개혁

하기 위해 싸우는 인권 운동가activists가 된다. = 이런 사람이 나말고도 있을까?

[쿠리하라(1993b) : 5]

나아가 쿠리하라는 '소녀들'(BL 애호가들)이 "좋아하는 건 절을 근사하게 만드는 사람들이다. 불당의 내벽에 아름다운 장식을 그리는 사람들. 여기에 비해 나는 절에서 밖으로 나왔을 때를 위해 출소 훈련을 하고 있는 OB이므로 경원시되는 것은 당연하다"라고 서술하고 있다[쿠리하라(1993b) : 4]. 쿠리하라의 '도피처로서의 야오이'론에서는 레즈비언 BL 애호가가 상정되어 있지 않다. 이 책은 그 전제에 물론 반론하지만 일단 쿠리하라의 인식을 살펴보고 싶다. 애초부터 쿠리하라는 대부분의 BL 애호가가 그녀 자신처럼 이성과의 '연애와 성에 혜택받지 못한' 독신 여성이라는 인식을 갖고 있으며, '야오이를 표면화'해서 드러내지 않고 '숨기고' 있는 '야오이 애독자인 주부'는 '살아가는 것에 능숙해서 좋겠네, 라고 선망하는' 대상이지만 '뻔뻔스럽다'고도 서술하고 있다[쿠리하라(1993b) : 7-8]. 현실에서 성애에 혜택받지 못한 여성이 BL 표상의 성애에 가탁한다는 이 인식은 오늘날에는 단순하게 느껴지지만, 쿠리하라가 이것을 쓴 1990년대 초는 BL 작가 중에서도 결혼한 사실을 공표한 사람이 (거의) 없었고 자신이 성욕을 가진 여성이라는 사실을 전제로 하고 BL에 대해 이야기하는 작가와 애호가도 보이지 않았던 시대였던 점을 기억하면 무리는 아니라고 할 수 있다[쿠리하라(1993b) : 7].

…어쨌든 BL(야오이)의 남성 캐릭터가 '환상의 산물'이며 쿠리하라가 탐닉하고 있던 것은 게이 소설이라는 차이를 인식했다 해도, 쿠

리하라 자신이 개인적으로 게이 남성과 대면했을 때의 '부끄러움'을 그대로 BL 애호가에게 투영하는 것처럼 읽힌다. 이 또한 '게이의 시선'을 신경 쓰는 태도의 한 가지라고 말할 수 있을 것이다(물론 당시의 『JUNE』지에서는 쿠리하라와 카키누마 에이코가 영어권의 게이 소설과 희곡을 소개하는 기사가 BL 소설과 만화와 함께 게재되고 있었고, 게이 문학과 광의의 BL(JUNE)을 혼동하는 토양이 최근보다도 강했기 때문에 무리도 아니었다고 할 수 있지만).

'타인'으로서의 '현실 게이'의 발견

'야오이 논쟁'은 사토의 「야오이 같은 건 죽어버리면 좋겠다」란 에세이에 야오이 애호가 여성 타카마츠 히사코高松久子가 답변하면서 시작되었는데, 타카마츠의 두 번째 회답 에세이 「'적—친구'론의 저 너머에 2」는 광의의 BL 애호가 여성에게 있어 실제 게이 남성이 BL 표상에 관계가 있는, 실재하는 '타인'으로 '발견'되었다는 점이 활자로 쓰여진 최초의 시기의 것이다. 타카마츠는 이렇게 서술한다.

적어도 지금까지 전혀 알지 못했던 타인이 '네가 하고 있는 짓이 나를 상처 입힌다'고 말했을 때, 그 타인은 나에게 있어 처음으로 얼굴을 가진 존재가 됩니다. 그리고 동시에 내가 지금까지 '좋다'고 생각해왔던 것이 지금까지 알고 있던 '좋다'와는 미묘하게 다른 것이 되어 그것을 다시 보는 작업을 동반하게 됩니다. / 그러한 회답을 통해서만 변할 수 있다는 점. (…) 내가 지금 손에 쥐고 있는 '좋다' 이상의 것을 바라고, 그리고 '서로 바꿀 수 없는 소중한 존재'로서 서로 마주 보자고 생각하는 한, 그 회로는 적어도 나에게 있어서는 필요한 것이 될 것입니다.

[타카마츠(1992) : 9]

　1992년의 시점에 대다수의 BL 애호가에게 실제 게이는 자신들과 접점이 없는, 눈에 보이지 않는 존재였다는 사실은 틀림없을 것이다.^{주10} 단 한 사람 사토라는 게이의 비판이라고 해도 자신들이 그려온 연애에 빠지는 캐릭터들이 남자들이라는 형식을 사용하고 있다는 시점에서 실제 게이 남성에 호응하는 표상이란 점을 타카마츠가 알게 된 것—게이를 '타인'으로서 발견한 것—의 의미는 크다. '타인'으로서 발견했기 때문에 더더욱 나중에 만약 자신이 그 '타인'이었다면 즉, '자신'이었다면… 이란 상상이 가능해지기 때문이다. 이 논쟁에서 타카마츠는 사토의 비판을 받아들이면서도 왜 자신이 야오이를 필요로 하는지, 그만둘 수 없는지에 대한 자기변명에 몰두하고 있다. 하지만 뜻밖에도 여기에서 그녀가 거리낌 없이 쓴 말들이 이 이후 BL의 진화를 예언했다고도 말할 수 있지 않을까?

　왜냐하면 많은 BL 애호가가 '게이의 시선을 신경 쓰게' 된 후, 특히 호모포비아를 당연한 것으로 간주하지 않고 극복할 수 있도록 그 방법을 모색하는 진화형 BL 작품이 창작된 것은 여기서 타카마츠가 언급한 내용이 실행된 덕분이라 할 수 있기 때문이다. BL 애호가가 표현의 주체로 실제 게이를 '타인'으로서 발견하여 '바꿀 수 없는 소중한 존재'로 보고, 자기 자신도 '바꿀 수 없는 소중한 존재'로 간주한 다음, 현실에서 게이에 호응하는 남성 간 커플링의 표현물을 어떻게 그릴 것인가에 대해 '자신'을 대입하여 진지하게 상상하며 몰두한 덕분에 진화형 BL 작품이 창조될 수 있었다는 게 이 책의 주장이다.

'야오이 논쟁'과 'BL진화론'의 관계

'야오이 논쟁'에서 사토가 던진 'BL은 게이 차별이다'라는 문제제기, 쿠리하라의 'BL은 여성성으로부터 도피'라는 지적은 필자의 머릿속에서 계속 강한 인상을 지니고 존재하고 있었다. 프롤로그에서도 서술했던 대로 나는 사춘기에 BL(의 선조인 '미소년 만화')를 읽고 있었던 덕분에 현실 사회의 호모포비아에도 불구하고 자신을 레즈비언이라 인정할 수 있었다고 느끼는 사람이다. 그리고 그런 입장에서 1998년부터 BL을 연구해오면서 눈앞에 펼쳐진 BL의 변화에 놀랐고 그것을 진화라고 간주하는 배경에는 '야오이 논쟁'이 있었다. '야오이 논쟁'에서 사토는 야오이(BL) 애호가가 '죽어서' 여성이 인간이 된다면 그녀들과 게이는 대화할 수 있지 않을까라고 서술했다. 쿠리하라는 BL 애호가가 여성이기 때문에 입었던 상처를 야오이라는 도피처에서 치유한 후에는, 야오이 애호를 그만두고 실제 사회에서 성적 주체인 여성으로서 활동해야 한다고 논했다. 그리고 이 두 물음이 있었기 때문에 나는 특히 2000년대 이후 BL의 변화를 미소지니와 호모포비아와 이성애 규범을 극복하는 힌트를 준 진화형이라고 인식할 수 있었다. 바꿔 말하자면 사토와 쿠리하라가 BL의 문제점과 과제를 이끌어냈기 때문에, 그것들에 BL이 응해서 진화하고 있다는 사실을 관찰할 수 있었던 셈이다. 두 사람이 상정하고 있던 것은 BL을 그만둔 여성들의 활동이었지만, 결과적으로는 BL 애호를 계속하면서도 BL을 진화시키기 위한 키워드를 필자에게 제시해 주었다.

단순히 행복한 게이/BL 캐릭터를 그리면 되는 것이 아니다

BL에 대해 직언을 한 또 한 사람의 게이로는 미국인 일본 문학 연구자 키스 빈센트가 있다. 1996년 『유리이카ユリイカ』 지상에 SF 평론가 코타니 마리小谷真理와의 대담에서 있었던 일이다[빈센트(1996) : 80-82].

당시 빈센트는 유학생으로서 도쿄에 살고 있었으며 아카의 회원으로 같은 단체의 '아이덴티티 연구회'에서 사회학자 카자마 다카시風間孝, 카와구치 카즈야河口和也와 함께 활발하게 활동하고 있었다.^{주11} 아카에서 제명된 사토 마사키가 「야오이 같은 건 죽어버리면 좋겠다」를 발표하고 4년 후에 아카 회원인 빈센트가 BL 비판에 참여한 형태가 된 것은 흥미로운 일이다(BL에 대해서 게이가 혐오감을 공식적으로 표명한 것은 이 두 건뿐이다). 그리고 약 10년 후, 빈센트는 「일본의 엘렉트라와 그녀의 퀴어한 후계자」라 제목을 붙인 영어 논문에서 전반은 모리 마리에 대해, 후반은 '야오이 논쟁'에 대해 논하고 있는데 여기에 등장한 BL(야오이)에 대한 지적은 이 책에서도 중요하므로 여기에 발췌한다.

> (...) 야오이 텍스트의 (...) 가장 심각한 문제는 아마도 남성이기 때문에 얻어지는 많은 특권을 판타지로서 여성 독자의 손이 닿게

하기 위해, 헤테로섹시스트heterosexist(이성애주의적)이자 가부장제 도적인 체제를 궁극적으로 향유하는 존재로서 게이 남성을 그리고 있는 것이다. 생식으로서의 섹슈얼리티의 속박에서 완전히 자유로운 이들 게이 남성들은 특권과 놀이로 가득한 우주에서 사치를 누릴 뿐이다. 만약 거기에 〔여성 독자 중에서〕 성차를 넘은(크로스젠더) 전복적인 자기 동일화가 발생하거나, 또는 혹시 게이로서의 자기 동일화가 발생한다고 해도, 그것은 여성 혐오(미소지니)와 동성애 혐오적(호모포비아) 억압이라는 현실을 완전히 '지워낼' 것을 대가로 삼는다.

[Vincent(2007) : 75]

빈센트는 이성애 여성 독자들이 게이 캐릭터에 감정이입(자기동일화)하는 것은 그녀들이 게이라는 입장에 보다 가까워지는 듯 보이지만, BL에서는 미소지니와 호모포비아가 존재하지 않는 파라다이스에서 남성 캐릭터들이 태평하게 연애를 하고 있을 뿐이므로 그들에게 감정이입하는 여성들은 현실의 미소지니와 호모포비아에 대처하는 시점 등을 가질 수 없다고 비판하고 있다. 이것에 대해서는 이 책도 동감이다. '진화한 BL' 작품이란 현실에 존재하는 미소지니와 호모포비아, 그리고 이성애 규범을 인식한 후 그것들과 교섭하고 극복하는 남성 동성애자 캐릭터들과 주위의 모습이 BL 텍스트라는 표상 안에서 현실보다 더 나은 모습으로 그려지는 것이다. 거기에 BL 판타지는 현실에 링크하고 있다. 그리고 미소지니와 호모포비아 억압을 소거하는 것이 아니라 극복하는 힌트를 제시하는 쪽이 진화형 BL이다.

'리얼 게이에게 흥미 없음'이란?

요 근래 BL 애호가와 게이의 관계를 둘러싸고 연구를 전개하고 있는 남성 연구자 중에 사회학자 이시다 히토시石田仁이 있다. 이시다가 2007년 『유리이카』 임시증간호 「후조시 만화 대계」에 기고한 「게이에 공감하는 여성들ゲイに共感する女性たち」은 1988년부터 7년간의 소위 '게이 붐' 잡지 기사를 분석하고 있는데, 이 장에서 보여준 여성지 『CREA』를 포함하여 '게이 붐' 담론 전체에 흥미가 있는 사람에게 극히 유용한 논문이다.[이시다(2007a)]

다만 이시다의 전제에 대해서는 반론이 있다. 이시다의 논문 앞부분을 조금 길지만 인용한다.

> 1. '리얼 게이에게 흥미 없음'
> '스모'는 남성 간의 경기가 표준이다(라고 한다). '여자' 스모라는 유징화有徵化가 그것을 잘 보여준다. '여기사' '여성 의원' '여성 천황'…도 비슷하다. 인터넷상에서는 어른답지 않은 행동을 하는 사람들을 '추보厨房'라고 부르는데, 이에 대해 현실의 중학생을 '리얼 추보'라고 부르는 것처럼 인터넷상에서는 진짜 중학생 쪽을 표준이 아닌 것으로 유징화한다.
>
> 그러므로 '리얼 게이'라는 용어를 들었을 때는 충격적이었다. 게이들이 '리얼'이라는 유징화의 어구를 두르고 '표준이 아닌 게이'로서 지시되고 있었기 때문이다. 야오이/BL업계에서는 더 이상 '리얼'한 게이는 참조의 연원이 아니라 일부러 형용사를 붙이

는 아류이며, '리얼 게이'는 '우리들 후조시'(남성 간의 연애에 가슴 뛰는 여성들을 말함)의 기호와 모에와는 무관하다는 공통 인식이 있는 것처럼 느껴진다. 소위 '리얼 게이에 흥미 없음'이라는 무관심이 야오이/BL업계를 뒤덮고 있다.

[이시다(2007a) : 47]

분명히 '리얼 게이'에는 흥미 없는 BL 애호가도 존재할 것이다. 그러나 전원이 그렇다면 '진화형 BL' 작품은 태어날 수가 없다. 따라서 실제 게이에 흥미가 없다는 무관심이 BL업계를 뒤덮고 있다는 인식에 이 책에서는 반론을 제기한다. 상세한 것은 제4장을 읽어주기 바라지만, '진화형 BL'은 현실의 호모포비아, 이성애 규범, 미소지니를 인식한 다음 그것들을 극복하는 힌트가 되는 캐릭터 조형과 세계관을 현실보다도 진전된 형태로 제시하는 작품군이다. 원래는 여성 애호가들이 자신들의 현실에서 도피하기 위해 '발명'된 BL의 남성 주인공들이기는 하지만, 그들이 지금 일본 사회에 살고 있다면 어떻게 취급될 것인가, 그 상황을 보다 낫게 하기 위해선 주인공 캐릭터 자신이, 또 주위가 어떻게 행동하면 좋을까, 이야기속의 사회가 어떠한 가치관으로 변해가야 좋은가… 그러한 성실한 상상력을 발휘하여 세계관과 캐릭터에 숨을 불어넣었기 때문에 '진화형' 작품은 호모포비아와 미소지니, 이성애 규범에 대해 현실보다도 앞서가고 있는 것이다. BL 캐릭터가 현실에 호응하는 존재인 게이(리얼 게이)에 흥미가 없다면 '진화형' 작품이 태어날 수가 없다.^{주12}

'표상의 약탈'?

이시다는 '리얼 게이에게 흥미 없음'이 충격이었다고 적고 나서 몇 개월 후 『유리이카』 임시증간호인 「BL스터디즈BLスタディーズ」에서는 「'가만히 놔둬주세요'라는 표명을 둘러싸고—야오이/BL의 자율성과 표상의 약탈'ほっといてください'という表明をめぐって—やおい/BLの自律性と表象の横奪」이라는 제목의 논문을 기고했다. '표상의 약탈'이란 이시다의 설명에 따르면 현실의 게이에 호응하는 남성 간 연애하는 캐릭터를 표상하고 있는데도, 현실 게이는 신경 쓰지 않고 여성들이 자신들에게 편리한 판타지를 '(게이로 보이는) 캐릭터'에게 투영하는 것을 총칭한다. 사토 마사키가 '야오이 같은 건 죽어버리면 좋겠다'고 한 서술과 중첩된다. 사토와 다른 것은 사토가 '실제 게이는 신경 쓰지 않고 제멋대로 게이상을 강요하고 있다'고 하는 반면, 이시다는 '게이로 보이는 캐릭터를 표상하면서(게이를 굳이 소환해 놓으면서)' '그것이 현실의 게이와는 관계없다는 사실을 통해 게이라는 존재를 빼앗아간다'라고 하는 점이다. '빼앗아간다'는 것이 '약탈'인 셈이다.

이시다는 자신의 논문 「'가만히 놔둬주세요'라는 표명을 둘러싸고」에서 새로운 논의가 없다고 서술하면서, 그럼에도 불구하고 집필한 이유 중 하나로 "현재 학문에 있어서 중요한 테마인 '표상의 약탈'이 야오이/BL을 지탱하는 후조시들에게 전해지기 어렵기 때문"이라고 서술하고 있다[이시다(2007b): 114].

포스트콜로니얼post-colonial(후기 식민주의) 이론을 가져와 논하는 이시다의 논문과 도발적이고 감정적인 사토 마사키의 에세이 「야오이 같은 건 죽어버리면 좋겠다」는 일견 차원이 다른 듯 보이나, BL 애호가에 대한 비난 같지만 사실 그녀들과 이 복잡한 문제에 대해서 대화를 하고 싶다는 호소처럼 읽힌다는 점은 공통되어 있다.

또 이 책은 이시다가 아마 '표상의 약탈'로 의미하는 바와 '(BL이라는 표상이, 현실의 그 표상에 대응하는 게이란 존재를 현실 사회에서 장차 더 나은 상황으로 만들기 위한 힌트를 부여하는) 진화형 BL'이란 소위 동전의 양면이라고 인식하고 있다. 여성들에게 현실도피의 쾌락만을 부여하기 위한 BL을 포함해서, BL은 옥석이 섞여 있는 활기찬 엔터테인먼트 장르로 남아왔기 때문에 '진화형 BL'이 태어났고, 더한 진화도 가능해졌다. 게이로 보이는 캐릭터를 표상하면서 현실의 게이와는 관계없다며 게이라는 존재를 약탈하는 BL 작품을 비판하기보다, 게이로 보이는 캐릭터를 표상한 이상 그들의 현실보다 더 나은 상태를 현실적인 상상력으로 창조한 BL 작품을 평가하는 데 주력하는 것이 이 책의 자세이다.

BL 애호가를 세계의 주체로서 간주한다는 것

제2장에서 행한 90년대 정형 BL의 분석은 2000년에 『퀴어 재팬 vol.2 변태하는 샐러리맨クィア・ジャパン 変態するサラリーマン』에 발표한 원고를 가필 수정한 것이다[미조구치(2000)]. 최초에 발표한 짧은 버전은 다행히도 많은 반향을 얻었지만, 그 안에 BL 애호가를 주체로서 간주한다는 전제에 관한 반론도 있었다. 이 책의 근간에 관한 것이기 때문에 여기서 간단하게 다루고 싶다. 그것은 '나는 호모 같은 게 아니야'라는 대사가 남성 캐릭터 두 사람의 연애가 성취된 뒤에

도 반복되는 것은 호모포비아(동성애 혐오)의 표명으로서 기능한다는 지적에 대한 반론이었다. 여러 논자의 반론 내용을 살펴보면 '그 대사에 나타난 호모포비아는 BL 애호가 여성들이 독자적으로 만들어낸 것이 아니라, 세간 일반이 갖고 있는 호모포빅한 가치관을 반영하게 됐을 뿐이다(따라서 그녀들을 비판하는 것은 잘못되었다)'라는 것이었다.

그런 비판의 한편에, 비록 한 작품이지만 BL 작품(『이 가난한 지상에』)을 쓴 적 있는 미스터리 작가 시노다 마유미는 내 지적을 읽고 자신이 만든 캐릭터가 '나는 호모가 아니야'라고 말하고 있지만 다른 방식, 예를 들면 '남자가 좋은 것이 호모라 한다면 나는 그래도 상관없어. 지금까지는 여자와만 연애와 섹스를 했고 앞으로도 잘 모르겠지만 어쨌든 지금 나는 OO가 좋다'여도 캐릭터의 성격도 이야기도 전혀 변하지 않을 것이라는 분석을 내놓았다.^{주13} BL 애호가로 알려진 작가 미우라 시온三浦しおん은 "전혀 의식하지 않다가 '나는 호모가 아니야' 발언을 읽고, 적당히 흘려보냈던 내 자신의 불감증을 깊이 부끄럽다고 느꼈습니다"(졸고가 게재된) "이전에도 그 후로도 BL을 열심히 읽는 사람으로서 실감하길" BL에서 "나는 호모 같은 게 아니야"가 줄어든 것은 비슷하게 깨닫게 된 작가, 편집자, 독자가 있었기 때문이 틀림없다고 서술하고 있다.^{주14}

시노다와 미우라는 작가로서, 또 독자로서(미우라는 작가지만 BL 작품은 실험적인 단편 한 작품만 썼다) 그때까지 무의식적으로 사용하던 '나는 호모 같은 게 아니야'가 호모포비아를 강화하는 담론이라고 깨닫자마자, 원래 그런 의도는 없었기 때문에 호모포빅한 대사를 사용하지 않고 BL의 쾌락을 쫓을 수 있는 방책을 생각한다(또는 독자로서 그러한 표현이 있는 작품을 비판적으로 본다)는 스탠스, 즉 BL 표현의 생산자/소비자라는 주체로서의 반응을 보여주었다. 그녀들이 원래 '우리는 호모 같은 게 아니야'라는 대사를 의문 없이 쓰거나 읽었던 것은 물론 '호모포빅한 사회 통념을 내면화하고 있었기' 때문이다. 그렇다고 해서 그녀들은 '그래도 호모를 차별하는 가치관은 우리가 만들어낸 게 아니야. 사회 통념을 우리들은 내면화하고 있었을 뿐이니, 우리들에게 책임은 없어'라고는 말하지 않는다. 그것이 자신의 주체성을 포기하는 것과 표리일체임을 알고 있기 때문일 것이다. 그리고 표현의 생산자/소비자로서의 주체로 주인공들과 그들이 사는 세계에 대해서 상상력을 발휘했을 때, 비로소 더 이상 '게이의 시선'을 신경 썼기 때문이거나 '타인'에 대한 배려가 아닌, '자신'의 차원에서 BL 애호가들은 '진화한 BL 작품'을 창조하게 된다. 그 작품 사례에 대해서는 제4장, 메커니즘에 대해서는 제5장에서 상세하게 서술하겠지만 BL 애호가 자신이 표현의 주체로서 행동하는 것이 출발점이다.

애초부터 현재 BL의 선조라고 할 수 있는 '미소년 만화'를 세상에 내보내면서 타케미야 케이코와 하기오 모토, 그리고 그들의 브레인이었던 마스야마 노리에增山法惠가 어떻게 남성 편집자들을 상대로 그들이 전제로 삼는 세간 일반의 통념에 저항하며 게릴라적인 투쟁을 전개했던가를 떠올린다면, 기존의 나쁜 사회 통념을 단순히 넘기지 않고 변혁을 요구하며 싸우는 것이 광의의 BL 장르 그 자체의 전제라 할 수 있을 것이다(최초의 시조인 모리 마리는 모리 오가이의 딸이라는 '신분' 덕분에 소설의 내용이 남성 동성애를 포함하는 것에 대해 편집자와 싸울 필요가 없었을지도 모르지만).[주15] '게이의 시선'이 표면화되었을 때

'사회 통념에 지배된 책임능력이 없는 우리들'이라는 모델에 머무르려는 것은 광의의 BL장르 자체의 전제에서 후퇴라고까지 말할 수 있다. 실제 작가들이 싸워서 진화하고 있는데 'BL론자'가 후퇴한다면 어찌하겠는가. 그럴 여유는 없다.

BL '심화형'의 여러 모습

3 BL의 특기—'사랑'의 정의 재검토
'연애'와 '다른 다양한 관계성'의 경계를 살핀다

   '보이즈'의 '러브'를 축으로 하는 BL이지만 실은 사랑의 정의 그 자체를 검토하는 작품이 많은 것도 특징이다.

   예를 들면 『8월의 숲8月の杜』(타츠키TATSUKI, 2010)에는 기억상실 에피소드가 들어 있는데, 잊혀진 쪽의 불안과 갈등을 묘사한 뒤에 기억이 돌아온 두 사람이 이전보다도 강하게 맺어진다는 뻔한 전개가 아니다. 주인공은 딱 상대와 연애 관계가 된 부분부터 기억이 돌아오지 않는다(동급생이었던 사실은 기억하고 있다). 그러나 머리로는 기억하지 못하지만 마음(심장)에는 상대에 대한 무엇인가가 있다. '왜 너만 생각하는지', 그것을 확인하고 싶다, 믿고 싶다, 혹시 다시 머리를 부딪쳐 아무도 알지 못하게 되어도 '분명히 또 너를 좋아하게 될 거라고 생각해'라는 말로 두 사람은 다시 연인이 된다. 이것은 클리셰를 조금 비튼 것처럼 보이지만 전제가 다르다. 보통은 연애 감정을 자명하게 두고 일시적인 상실과 회복을 그려내지만 『8월의 숲』에서는 상대에 대한 연애 감정 그 자체에 대한 문제의식이 있다…. 연애 감정은 뇌의 기억 영역 어딘가와 관련이 있는 것인가(사건의 데이터가 없어지면 감정도 소실하는 것인가?), 같은 상대와 만나면 몇 번이라도 사랑하게 되는 것인가, 아니면 타이밍에 의한 것인가, 애초부터 두 사람의 인간이 서로 끌린다는, 서로를 필요로 한다는 것은 어떠한 일인가…. '사랑' 자체를 고찰하기 위해 기억상실이라는 난폭한 기술이 동원되어 있는 것이다. 현대 일본의 바닷가 마을에 사는 고등학생이 주인공이지만 『8월의 숲』의 문제의식은 오히려 BL 서브장르의 하나인 판타지('BL이라는 판타지'라는 의미가 아니라 '일반적인 의미에서의 판타

주인공 쇼타翔太(오른쪽)와 노아乃亜(왼쪽)
/ 타츠키, 『8월의 숲』(도쿄망가샤東京漫画社, 2010)

지')에 가깝다.

 근래 판타지로 분류할 수 있는 BL 작품이 늘어나는 이유도 '사랑'의 정의를 재검토하는 데 적합하기 때문이다. 개별 작품에 대한 분석은 다른 기회를 기다려야 하지만 마법사든, 불사신의 흡혈귀든, 저주에 의한 병을 막아주는 수호신이든 그들 존재와 인간 주인공의 관계성은 빼놓을 수 없다. 또 타인의 마음의 소리가 들리는 주인공이 신뢰하고 사랑할 수 있는 상대를 발견하기란 어렵다. 이렇게 일반적인 인간 사이보다도 더욱 긴밀한, 또는 곤란한 관계성을 가져옴으로써 소위 '연애'를 당연한 전제로 하지 않고 두 존재가 서로를 필요로 하는 관계성을 찾아 '사랑'이란 무엇인가를 검토하는 것이다.

 광의의 BL사에서 말하자면 1970년대 '미소년 만화' 중 하기오 모토의 『포의 일족』에서 에드가와 알랭의 관계는 14세 소년의 모습을 한 흡혈귀가 세계에 아마도 두 사람뿐이라는 의미에서 궁극의 파트너로, 일반적인 연애 관계보다 긴밀하다. 에드가와 알랭이 성적으로 접촉하는 묘사는 없지만, 그러한 관계성에 성적 관계도 겹치는 것이 근래 BL에서의 판타지 작품이다. 다만 주인공과 마법사

사이에 성적 관계가 없는 만화 『언덕 위의 마법사坂の上の魔法使い』(메이지 카나코 明治カナ子, 2009~2013)는 담당 편집자에 의하면 '확실한 BL답지는 않아서' '도전'이 었지만 '그러나 잘 받아들여졌다'라고 한다[NEXT 편집부편 (2013) : 126]. '보이즈' 의 '러브(섹스 포함)'가 필수라고 생각하기 쉬운 오늘날의 BL 상업 출판에서도 유일무이하고 특별한, 성애와는 다른 차원의 사랑 이야기를 환영하는 독자는 일정 수 이상 있기 마련이다. 그렇다면 앞으로 그러한 작품도 만들어 나간다면 성숙한 BL장르의 활성화로 연결될 것이다. 광의의 BL사에서 『포의 일족』의 계보를 버릴 필요는 없다.

또 하나의 계보는 '미소년 만화'에서 타케미야 케이코의 『바람과 나무의 시』의 연장선상으로, '보호자와 아이 사이의 양육 및 의존'이라는 절대적인 관계성과 소위 '연애, 성애'의 경계를 찾는 타입의 작품군이다. 만화 「성층권의 빛成層圈の灯」시리즈(토리비토 히로미トリビト ヒロミ, 1996~2002)와 『솔페쥬』(요시나가 후미, 1998)가 이에 해당하는데, 이들 작품은 이야기의 초반부에는 '아이'였던 주인공이 다양한 고난을 거쳐 게이 어른으로 살아남고 행복한 인생을 보낸다는 부분까지, 현실적인 차별 문제도 묘사하면서 그려내고 있는 진화형이기도 하므로 제4장에서 상세하게 고찰하고 있다.

마지막으로, 연애의 '사랑'을 끝까지 밀고 나간다면 무엇이 되는가를 자폐증 캐릭터를 통해 찾는 소설 『폴리네이션 POLLINATION』(코노하라 나리세木原音瀬, 2000)을 들겠다. 주인공은 외과의사 타니와키谷脇와 그가 긴급환자로 수술한 15세의 자폐증 소년 유우야佑哉이다. 유우야는 자폐증이지만 지적장애를 인정받지 못하고 IQ가 높은 희귀한 케이스로, 추상개념을 이해하지 못하며 생활의 규칙성을 잃는 것을 극단적으로 싫어하는 인물로서 조형되어 있다(그것이 실제 자폐증 묘사로서 적절한가 아닌가는 여기서 묻지 않는다). 유우야가 죽은 연인과 닮았다는 점에서 흥미를 가진 타니와키는 입원 중에 성적인 장난을 치는 바람에 퇴원해도 갈 곳이 없게 된 유우야를 인계받는다. 도중에 유우야를 담당하는 정신과 의사에게 두 사람의 관계를 들켜서 헤어지게 되지만 대학 진학을 계기로 다시 타니와키와 동거한다…, 의사가 미성년자인 환자에게 병실에서 성적인 의미의 접촉을 하는 것은 현실적으로는 물론 용서받지 못한다. 일종의 우화로서의 수용이 요구되는 이야기라는 점은 틀림없다. 이를 전제하고 『폴리네이션』이 독자에게 무엇을 생각하게 하는가를 말하자면, 일반적으로 우리들이 연인이라 부르는 관계성이 타니와키와 유우야의 관계성과 본질적으로 어떻게 다른가, 라는 점이다. 타니와키는 윤리적이지 않은 인물로 자신이 섹스를 즐기기 위해서 유우야를 인계받은 것으로 되어 있다. 하지만 동거를 시작하자 가사를 못 하고 식품 알레르기가 있는 유우야를 위해서 규칙적인 식사와 세탁 등의 꼼꼼한 시중을 들게 된다. 또 섹스에 대해서, 타니와키와의 행위가 '보통' 성인 남자라면 누구든 하는 '자위'라고 구슬린 타니와키의 말을 유우야가 그대로 믿고 있다는 점에선 속았다고 할 수 있지만, 그 행위 자체는 좋아하며 규칙적인 생활 스케줄 일부에 포함하고 있다. 타니와키 쪽은 '지금까지의 섹스 상대에게는 자신의 지금 모습을 보이고 싶지 않다고 생각할 정도로' '유우야를 귀여워해서' 유우야에게 매일 밤 쾌감을 주고, 가사를 담당하는 자신이 마치 주부 같다고 자조적인 태도를 취하면서도 즐기고 있다. '식사 시중을 들고 옷을 입혀서 안고 잠들고… 왜 그렇게 하는지 알고 있나'라고 타니와키가 묻자 '모르겠어요'라고 대답하는 유우야지만 '조금은 생각해봐'란 말을 듣고 생각한다.

> 하지만 아무리 생각해도 이유는 찾을 수 없었다. 식사 시중도, 입는 옷시중도 그가 하고 있는 것은 홋카이도의 부친이 해주는 것과 같았다. 차이를 말한다면 부친은 자신을 안고 자거나 하지 않았다는 것이었다. / '타니와키니까 합니다.' / 그 존재를 지적하자 "뭐, 맞지도 틀리지도 않았네"라고 중얼거린다.

마지막 장면에서 유우야는 타니와키가 자신에게 있어서 무엇인가 자문하며

'한 마리의 수컷이다. 부모도, 형제도, 친척도 아니다. 친구도, 연인도 아니다. 보호자라 이름 붙인 가정부 수컷이다'라고 생각하고, 타니와키를 떠올리면 혼란하고 괴로워지는 것을 자각하게 된다. 괴로워지지 않으려고 한다면 편해질 수도 있겠지만 그보다도 타니와키를 알고 싶다고 생각하고, 그렇기에 자신의 곁에 있으라고 하는 타니와키 옆에 머무른다. 그 부분에서 '사람' '수컷' '타니와키'와 '배려' '사랑'이 등가적으로 병치되는 것은 물론 소설만의 기법이고, 애초 유우야가 '추상적인 개념'을 이해할 수 없는 한 타니와키에 대한 기분(혼란, 괴로움)을 '사랑'이라 인식하는 일은 없을 것이다. ─ 그러나 그렇다고 해서 마지막 시점의 두 사람의 관계를 '동거 중의 연인'이라고 불러서는 안 되는 것일까? 유우야의 언어 인식을 제외한다면 그들만큼 서로를 필요로 하고 함께 있음으로써 채워지는 관계성은 세간 일반의 연인들 사이에서도 드물지 않을까? …그러한 '사랑'의 정의에 대해서 근본부터 생각하게 만드는 이 우화는 BL의 특징 중 한 부분을 체현하고 있다.

제4장

BL진화형

BL은 어떻게 진화했는가

　광의의 BL을 모리 마리가 시작한 지 오십여 년. 잡지 『JUNE』 이외의 여러 BL 상업지가 창간되어 '보이즈 러브'라는 호칭이 정착한 지 약 이십 년. BL사 3기 제2부의 2000년대 이후, 여성성과 남성 동성애자의 취급에 대해 기존의 여성 역할에 이론異論을 제기하며, 동성애자라도 차별받지 않고 보다 살기 쉬운gay-friendly 세계를 그린 진화한 BL 작품이 증가했다. 바꿔 말하자면 미소지니와 호모포비아 그리고 이성애 규범, 이 3가지에 대한 진보·진화인데 이 장에서는 진화형의 BL 작품을 고찰한다.[주1] 또 진화라고 해도 BL 전체가 X라는 종에서 Y라는, 전혀 다른 종으로 순식간에 변한 것은 아니다. 다종다양한 BL 작품이 발표되는 가운데 90년대부터 '예외'로서 소수만이 창작되고 있었던 진화형 작품이 2000년대에 들어 분명히 증가했고, 현재에는 진화형 작품을 일정한 규모로 생산하는 장르로 BL 전체가 조금씩 성장했다는 의미에서 진화이다. 따라서 이 장에서는 일부 90년대의 작품도 다루고 있다(상업 출판된 전체 BL을 읽는 것은 불가능하며 이 장에 대해서도 연구자와 애호가가 믹스된 유기적 접근을 취했다. 또 2015년 4월까지 발행된 상업 출판 BL을 대상으로 하고 있다).

　고찰 방식은 다음 두 가지이다.
　[a] 여성성을 재검토하는 진화형—성적 주체인 여성 캐릭터를 그린다. 또 기존의 남녀 역할에 근본적인 질문을 던지는 작품군(=미소지니를 극복하는 힌트를 준다).
　[b] 동성애 묘사의 진화형—주인공들에게 현실적인 게이 캐릭

터로 숨을 불어넣어 게이 정체성을 가진 캐릭터가 현대사회에서 어떻게 살아갈 수 있을까란 문제에 대해 커밍아웃과 주위와의 갈등 등도 포함해 현실 사회보다 한 발자국 앞서가는, 게이에게 친화적인 세계를 그리는 작품군(=호모포비아와 이성애 규범을 극복하는 힌트를 준다).

BL 은퇴가 아니라 파스티슈pastiche

이들 진화형 작품은 장르가 성숙함에 따라 당초에는 의식적으로 배제되어 있던 여성성과 '타인'에 불과했던 동성애자에 대해 성실한 상상력을 동원하는 작가가 늘어났다는 사실을 보여주고 있다. 다만 진화형 BL은 BL 정형 작품의 파스티슈이긴 해도, BL이길 포기한 작품은 아니다. '파스티슈'는 프레드릭 제임슨Fredric Jameson의 1983년 논문 「포스트모더니즘과 소비사회」 이후 폭넓게 사용되는 개념인데, 이 책에서는 영화 연구자 리처드 다이어Richard Dyer가 『파스티슈Pastiche』라는 저작물에서 웨스턴(서부극) 영화의 파스티슈에 대해 논하는 부분을 참고한다.

> 모든 웨스턴 영화는 자신이 웨스턴 영화라는 점을 알고 있다는 의미에서는 자각적이라 말할 수 있지만 대부분은 웨스턴 영화로 그저 머무를 뿐이다. 이 자기 인식을 중시하여 구체적으로 다루는 작품은 적지만, 그들은 웨스턴이라는 장르 자체를 내적으로 성찰하거나 웨스턴의 요소를 비틀어 보이거나, 불협화음을 도입하거나 한다. 그것이 파스티슈이다.
>
> [Dyer(2007) : 118]

요점은 소속되어 있는 장르에 대한 모방과 내적 성찰이다. 남성 간의 연애를 축으로 한 이야기를 여성 작가가 여성 독자를 위해 창조하는 BL이란 장르 그 자체에 대해서 자각적·내성內省적인 작가가 늘어나고, 거기에 미소지니와 호모포비아, 이성애 규범에 대한 그녀들의 인식이 성실한 상상력을 통해 링크했을 때 탄생하는 것이 진화형 BL 작품이다.

[a]—1. 남성 주인공들의 대등한 이해자로서 여성 캐릭터

제2장에서 고찰했던 정형 BL에서 여성 캐릭터는 등장하지 않거나, 등장해도 남성 캐릭터가 원래 이성애 남성으로서 매력적이었다는 사실을 증명하는 역할을 담당하는 등, 남성 캐릭터를 돋보이게 하는 역할에 지나지 않았다. 그러나 이것은 통과점으로 필요한 요소였다. 왜냐하면 일단 주된main 무대에 여성 캐릭터를 추방한 공간 속에서 BL 애호가 여성들이 세간이 자신들에게 부과한 여성 역할을 잊고 남성 캐릭터('공')를 통해 자유자재로 러브와 섹스와 라이프를 '살아가'거나, '수' 캐릭터를 통해 '여성성'을 상대화함으로써 세간 일반의 기존 '여성성'과 '여성의 역할'을 당연시하지 않고 해체하며 음미하고자 하는 시점이 탄생했다고 볼 수 있기 때문이다. 그런 이유로 최근 상업 BL에선 남성 주인공들과 대등한(또는 그 이상의) 관계에 있는 강한 여성 캐릭터가 증가하고 있다.

주인공들과 대등한 관계이자 이해자인 여성 캐릭터에 대해 중요한 점은 그녀들 자신이 현재진행형으로 성애의 주체로서 제시

된다는 점이다(물론 BL이므로 대부분 작품에서는 그녀들의 러브신이 묘사되지 않지만). 예를 들면 남성 주인공의 여동생이 오빠와의 대화 중 이성애 여성으로서 오빠의 동성애 관계에 이해를 보여주는 만화『찐한 차 만드는 법コイ茶のお作法』(사쿠라기 야야桜城やや, 2003~06)은 어디까지나 소녀만화적인 알콩달콩한 취향의 작품인데, 오빠가 게이라는 사실을 안 여동생이 처음에는 놀라지만 '질투하고' '불안해 보이는' 오빠에게 공감을 보이는 형태로 '여성이 성애의 주체라는 점'과 '동성애자를 차별하지 않는' 양쪽이 표명되어 있다. 또 레즈비언 캐릭터도 BL에 상당히 등장한다. 예로는 만화『내가 좋아하는 선생님』(고쿠라쿠인 사쿠라코, 1998~2001), 만화『죽이는 키스 끔찍한 키스②できのいいキス悪いキス②』(카노 [우이다] 시우코鹿乃(初田)しうこ, 1998), 만화『성층권의 빛』(토리비토 히로미, 1996~2002) 등이 있다.『성층권의 빛』에서는 레즈비언 커플이 아이를 안고 등장하는 장면도 그려져 있다. 아마도 남성 주인공들의 '동성애 친구'로 레즈비언 캐릭터가 나온 것이라고 생각된다. 그러나 계기가 무엇이든, 가령 조역이라고 해도 레즈비언 캐릭터가 호의적으로 만화와 소설에 그려지는 예가 극히 적기 때문에 레즈비언 당사자인 BL 독자는 좋아하는 BL이라는 장르에서 레즈비언 캐릭터가 차별·배제되지 않는 사실에 마음이 든든할 것이다. 또 이성애 여성 독자가 좋아하는 BL 작품을 통해 레즈비언 캐릭터에 익숙해진다면, 간접적이기는 해도 현실 세계에서 레즈비언에 대한 편견이 완화되지는 않을까. 특히 레즈비언 커플이 정자 제공자와 인공수정 기술을 이용해 아이를 얻는 것을 긍정적으로 그린 픽션은 극히 드물기 때문에 그런 의미에서도『성층권의 빛』은 귀중하다.

　남성 주인공의 옛 연인과 헤어진 아내라는, 그들이 '본래는 이성

애자'라고 증명하는 정형의 역할을 담당하는 여성 캐릭터는 정형 BL에서 과거형으로만 다루어지지만, 현재진행형으로 성애의 주체인 여성 캐릭터도 있다. 전남편과 그의 남성 연인을 놀리거나 응원하는 모습이 코믹하게 그려지는 사례로서는 만화 『평생 계속할 수 없는 일②-生続けられない仕事②』(야마다 유기山田ユギ, 2011)이 있다. 남녀 두 커플 이야기의 사례로서는 『사랑이 우리를 허락하는 범위愛が僕等を許す範囲』(모토니 모도루本仁戻, 1996~98), 최근 여성 잡지에 연재되었지만 BL 랭킹 서적에서 1위를 차지한 『도마 위의 잉어는 두 번 뛰어오른다』(미즈시로 세토나, 2009). 『여름의 소금夏の塩』으로 시작하는 소설 「우오즈미 군 시리즈」(에다 유우리, 2000~2002)에서는 '공'의 옛 연인인 여성이 '수'인 주인공에게 너무나 소중한 누나 같은 존재로 등장한다. 이 시리즈는 에다 유우리가 『JUNE』 잡지의 '소설도장'에 1995년에 투고한 데뷔작이다. '상처 입은 어린이가 사랑에 의해 치유된다'는 'JUNE' 취향을 현대 일본에 있을 법한 상황과 있을 법한 남녀노소 속에서 우수한 번역 연구자인 성인 남자를 주인공으로 삼아 설득력 있게 표현한 이 작품을 나카지마 아즈사는 1995년 당시에 문학으로 인정받을 수 있는 지점에 서 있다고 평가했지만, 현 시점에서 돌이켜보면 'JUNE 취향'과 BL을 연결하고 나아가 미소지니에 대한 진화를 선취하였다고 말할 수 있다. 에다는 그 후 BL 상업 레이블에서 발표하는 작품에도 조역이지만 주체적인 언동을 보여주는 여성 캐릭터를 반드시 그려서, 처음에는 BL인데 여자에 대해 너무 상세하게 쓴다는 불평을 인터넷에서 목격했다. 그러나 랭킹 서적인 『이 BL이 대단해!』 2008년도 판이 2007년 말에 발행된 이후, 2015년 판까지 소설 부문에서 세 번의 1위를 포함해 매년 순위권에

드는 인기 작가가 되었다. BL 애호가의 의식 진화와 작품이 잘 맞은 사례라고 할 수 있다.

여성 간의 섹스신이 묘사되는 극히 드문 사례로서 만화『제ㅡZEㅡ』(시미즈 유키[志水ゆき], 2004~2011)가 있다. 인간이 받은 상처를 치유하기 위해서는 인간과 '종이(카미)'님이라는 종이로 된 인간형의 동성 수호신 같은 존재가 점막 접촉을 해야 한다는 판타지 이야기 속에서, 여러 커플 중 하나로 레즈비언 커플이 등장한다. 판타지 세계 속, 그것도 남장미인(인간)과 메이드(카미)라는 조합이기 때문에 현실적인 레즈비언을 상기시키는 기능은 약하지만 그렇다고 해도 남성 캐릭터의 러브신과 동일하게 취급하며 묘사된 점은 의의가 깊다.

[a]—2. BL이기 때문에 그려진 페미니스트 메시지

가부장제 사회에서 여성의 억압에 대해 이론을 제기하는 BL 작품의 사례를 두 가지 들겠다. 우선 소설『비가 내리면 주룩주룩[ふったらどしゃぶり](When it rains, it pours)』(이치호 미치[一穂ミチ], 2013). 남성 주인공 중 한 명은 동거 중인 여성 연인이 섹스 제안에 응하지 않은 지 이미 일 년째라는 사실에 고뇌하고 있다. 이 섹스리스sexless 상태는 이성애자 남성 캐릭터가 동성과 성애 관계가 되는 전개의 배경으로서도 기능하고 있지만, 그뿐만 아니라 결말 부근에서 주인공이 남성과 바람을 피웠다는 사실을 알게 된 그녀가 보낸 메일의 내용을 통해 그녀 쪽의 심정도 자세히 묘사된다―소위 연인과의 관계가 편안해질수록 섹스를 하고 싶지 않게 되었다. 섹스에 응하지 않음으로써 애인이 상처 입고 있다는 것을 알아도 몸이 움츠러든 채

로 1년이 지났다. 결혼해서 '아기를 만들 때'만 해도 충분하지 않을까라고 생각했다는 그녀의 말에서는 무엇인가 깊은 상처가 느껴진다. 또 그와는 반대로 그녀의 전 동료이자 유복한 남성과 결혼한 여성은 남편이 자위는 하지만 여성과 접촉하는 섹스를 하지 못한다는 사실을 결혼 후에 알았고, 시험관으로 만든 아이를 임신하고 있다는 '안기지 못하는 여자'의 고뇌를 말하는 장면도 있다. 생식을 목적으로 한 섹스 외에는 하고 싶지 않은 여성과 생식 목적의 섹스 행위조차 빼앗긴 여성. 이성애 규범 사회 속에 성적 주체로서 여성의 곤란을 그려내고 있다는 의미에서 간접적이긴 하지만 페미니스트적이고, 남성 주인공들의 연애를 응원할 뿐만 아니라 앞으로 그녀들도 행복하길 바라게 되는 진화형 작품이다.

또 한 작품은 보다 직접적으로 페미니스트적 주장이 전개되는 만화 『1교시는 활기찬 민법』(요시나가 후미, 1998~2002)을 들겠다. 1998년 발표작이므로 진화를 선취한 작품이라고 할 수 있다. 법학부 학생인 주인공들의 연애 사정을 그려낸 만화이다.

그들의 동급생인 테라다 미호寺田美穗가 '알몸으로 다리를 벌린 채 V사인을 하는 사진'을 그녀의 연인(남성)이 제멋대로 투고전문잡지에 실어버려서 대학에 소문이 난다. 주인공 타미야가 연인끼리 사진을 찍은 것은 합의였다고 해도 제멋대로 투고한 연인이 나쁘고 테라다는 피해자라고 하는 데 비해, 테라다의 부친은 '강간당한 것보다 질이 나쁘다' '너같이 부끄러움을 모르는 인간은 죽어버려라'라고 한다. 그리고 그녀는 이번에 자신이 겪은 바와 같은 불합리한 경우에 처한 사람을 돕기 위해서 검사가 아닌 변호사가 되

결심을 말하는 테라다 / 요시나가 후미
『1교시는 활기찬 민법』(비브로스, 1998)

기로 결심했다고 말한다.

제2장 BL 정형 분석에서도 나왔듯이 BL이 '발명'된 이유 중 하나는 다름 아닌 테라다의 아버지 같은 가부장(제도)의 억압에서 도주하는 데 있었다. 테라다를 가시적인 형태로 적극적으로 옹호하는 것은 타미야뿐이지만, 타미야는 정의감이 강한 캐릭터로 조형되어 있으므로 이야기 세계 속에서 그의 행동은 이치에 맞는다. 나아가 다른 차원에서는 이 작품이 BL로서(게이 캐릭터가 등장하는 소녀만화와 청년만화가 아니라) 창작, 발표되었기 때문에 타미야가 가부장의 억압에서 도주하고 싶은 BL 애호가 여성들의 대리인으로서 그녀들을 대변한다는 사실을 BL 애호가들은 알고 있다.^{주2} 작중에서는 여대생들이 테라다의 곤경을 비웃지만, 그녀들이 그러는 것은 가부장의 억압에서 도주하기 위해 BL을 필요로 하는 기분을 이해하지 못하는 '외부자'로서 '일반인 여성'이기 때문이다. 타미야가 대리 역을 맡는 우리들 BL 애호가는 물론 '불합리한 경우'에 처한 테라다를

전면적으로 지원한다―그것이 토도와 타미야라는 남성 캐릭터 간의 연애의 진전을 축으로 한 BL의 쾌락과 양립할 수 있는 이유는, 그 사건에 이르기까지 150페이지에 걸친 섬세한 연출에 의해 테라다라는 여성 캐릭터가 이야기 세계 속에서 토도와 타미야의 '편'이라는 점을 독자가 납득하기 때문이다. 그 연출을 상세히 분석하는 건 다른 기회를 기다려야 하겠지만 두 부분만 살펴보자.

이 작품에 등장하는 테라다 이외의 학생들은 장래 가급적 편하고 좋은 생활을 하는 것만 생각하는 부잣집 자제들뿐이지만 테라다는 다르다. 세팅한 머리에 하이힐이라는 외모는 여성적이나 테라다는 처음부터 성적 우수에 근면성실한 타미야의 호적수로 등장한다. 또 다른 예로 타미야와 토도, 테라다 세 명이 학생 식당에서 수다를 떠는 장면은 테라다가 성적 주체인 이성애 여성이라는 점, 사랑에 막 빠지려는 남성 캐릭터 2명의 대등한 친구라는 점, 테라다가 두 주인공 중에 어느 쪽도 연애 대상으로는 보고 있지 않다는 점이 유머를 섞으면서 간접적으로 확실하게 독자에게 전해지는 장치가 되고 있다.

또한 테라다의 스캔들보다 뒤쪽이긴 하지만, 토도의 부친이 강력한 가부장으로서 자식을 억압하는 묘사가 포함되어 있다는 점―토도는 남자지만, 가부장에 의해 억압받는다는 점에서는 여성인 테라다와 동일하다는 사실이 드러나 있다―도 물론 중요하다.

[a]―3. 소녀에 대한 부드러운 시선

코토에리 쿠로小鳥衿くろ의 만화 『나는 바다의 아이俺は海の子』(2001)

는 해변 시골 마을의 호화로운 저택에서 유모 할멈과 살고 있는 고등학교 2학년의 소년 사요리さより에게 아버지의 재혼으로 인해 동생이 된 카츠토시勝利(고1)와 카츠미勝巳(중1)가 찾아오는 부분에서 이야기가 시작한다. 카츠토시와 사요리가 연인이 되는 것이 메인 커플링이지만, 이 작품에서는 치요チヨ라는 소녀와 카츠미와의 관계성도 그려져 있다. 두 사람의 마음이 통하는 에피소드는 2권으로, 근처 아이들이 모두 절의 경내에서 잡초를 뽑고 있던 중에 갑자기 생리가 시작된 치요의 상태를 눈치챈 카츠토시가 카츠미에게 "치요를 집에 바래다줘, 눈에 띄지 않게"라고 부탁하면서부터 6페이지에 걸쳐 그려진다. 치요의 발목에서 혈흔을 보고 상황을 이해한 카츠미는 얼굴이 붉어지지만, 심호흡을 하고 "괜찮아, 나는 의사가 될 거라고. 괜찮으니까 부끄러워하지 마." "손수건을 적셔올 테니까 발을 닦아. 치마는 내 운동복을 허리에 감으면 감출 수 있으니까"라고 치요를 배려한다. 산을 내려오는 도중, 치요는 "나 기뻐서… / 고마워, 카츠미 군 / 놀리지 않아줘서 고마워"라고 미소 짓는다. "괜찮아 / 여자아이는 힘든 일이 많으니까 응석 부려도 돼"라고 대답하는 카츠미. 두 사람이 손을 잡고 걸어가면서 카츠미는 가슴의 두근거림이 특별하다는 점을 깨닫는다. 생리를 배려한 에피소드가 미숙한 연애를 자각하는 계기로서도 기능하고 있는 것이다. 유머러스하고 매혹적이면서도 문득 날카로운 감정이 드러나는 코토에리의 독특한 세계관은 보이즈만이 아니라 걸(소녀)에 대한—이라고 불려지는 여성성에 대한—다정함도 내포하고 있다.

[a]—4. 남녀의 젠더 역할과 인간의 섹슈얼리티 전반을 뒤흔들고, 다양

한 가능성을 연상시키는 최고의 위치에 여성 캐릭터를 모시는 세계

 기존의 젠더 제도와 인간의 섹슈얼리티에 관한 문제 전반, 즉 결혼 제도, 생식, 이성애, 연애와 결혼 제도의 관계, 전통적인 가족관과 생물학적 연계에 의거하지 않는 가족 등에 대해 고찰하는 계기를 제공하는 작품의 예로서 만화 『섹스 피스톨즈SEX PISTOLS』(코토부키 타라코寿たらこ, 2004~)를 들겠다. 2015년 4월 현재 8권까지 간행되어 있다(연재 진행 중).

 이 SF적 이야기는 인간 중 30퍼센트가 다양한 포유류와 파충류에서 진화한 '반류斑類(마다라루이)'로, 나머지 70퍼센트는 실제 인류와 동일하게 원숭이에서 진화한 '원인猿人(원숭이 인간)'이라는 설정이다. '원인'들은 '반류'의 존재를 모른다. 선조 중에 '네코마타猫又'가 있었기 때문에 양친은 '원인'이지만 '반류'로서 '선조회귀'한 츠부라야 노리오円谷ノリ夫가 '표범'이자 '중종重種' '수컷'인 마다라메 쿠니마사斑目国政에게 '번식' 파트너인 '암컷'으로서 구애받는 에피소드로부터 시작된다.[주3] '반류'는 힘이 강한 순서로 '중종' '중간종' '경종'으로 분류되며, '중종'은 상류 계급이지만 번식력이 가장 약하다. '선조회귀'는 '원인'의 번식력을 지닌 '반류'이기 때문에 특히 '중종'에게는 바람직한 상대인 것이다. '반류'의 인간은 남녀성별을 가리지 않고 의료 테크놀로지의 도움을 받아 아이를 낳을 수 있으므로, 노리오는 남자지만 쿠니마사의 '암컷'으로서 쿠니마사의 '씨앗'으로 아이를 낳을 수 있다. 다양한 여러 커플이 등장하는 『섹스 피스톨즈』이지만 7권의 시점에 아이를 가지거나, 혹은 장래 아이를 만든다는 전제의 커플은 다섯 쌍이 남성 커플이고 나머지는 여

육아 시대를 회상하는 데이빗(남자, 아버지)과 맥시밀리언(남자, 어머니)
/ 코토부키 타라코 『섹스 피스톨즈⑤』(리브레출판, 2006)

성 커플, 남녀, 그리고 여자 1명과 남자 2명의 삼각관계 커플이 각각 한 쌍이다.

남성이 부친, 여성이 모친이라는 전제가 기능하지 않는 '반류' 캐릭터들의 사랑, 섹스, 생식, 가족의 묘사는 독자 머릿속의 이성애 규범을 무너뜨린다. 예를 들면 고급 양복에 몸을 감싼 영국 귀족이자 저명한 건축가이기도 한 남성 캐릭터 맥시밀리언이 '모친'으로 자기 아이를 돌보던 날들을 추억하는 장면은 '모친=여성'이라는 규범을 벗어나서 신선하다. 또 '그리즐리'인 요슈아와 '반달가슴곰'의 테루히코 커플의 경우 요슈아가 키가 크므로 '여성 역할(수)' 쪽이 반드시 덩치가 작다는 BL커플의 패턴을 따르고 있지만, 둘 다 덩치 좋은 체격의 남성 커플이다(테루히코는 1권에서 노리오를 두고 '표범'인 쿠니마사와 대결했을 정도이다). 또 누가 봐도 '수' 캐릭터 같은 적당한 키에 늘씬한 몸매이긴 하지만, 넉넉한 8부 반바지로 남성답게 골격 있는 다리에 비치샌들을 걸치고 부숭부숭한 머리와 수염을 기른 '마마'(하이가시라 와카바灰頭若葉)도 등장한다. 공보다 수가 키가 작다는 정형은 지키면서도 남성의 '마마'는 남성다운 모습 그대로 모성적인 발언과 행동을 하고 있다. 역으로 토가시키 카렌渡嘉敷カレン에게 자신의 아이를 낳게 한 여성인 '수컷' 마다라메 마키오斑尾는 머리가 긴, 날씬한 미녀로 그려지고 있다. 즉 남성끼리와 여성끼리의 커플이 남녀의 부부를 모방하는 것이 아니라 생식 역할을 사회, 문화적인 성별―젠더―과 분리하여 보여주고 있다는 점에서 『섹스 피스톨즈』는 획기적이다.

물론 현실의 인간은 생물학적 남성의 정자와 생물학적 여성의 난자가 갖춰지지 않으면 생식을 할 수 없지만 『섹스 피스톨즈』의 다양한 '부모' 조합을 보고 있으면 레즈비언 커플이 AID(비非배우자간 인공수정)로 아이를 만들거나 게이 커플이 양자를 기르는 것, 남성이 육아를 하는 등 다양한 가능성에 대해 연상하게 된다.

한편, '반류'가 자신에게 맞는 연애 상대를 상대의 성별에 상관없이 '번식' 파트너로서의 적성을 기준으로 삼아 본능적으로 선택한다는 설정은 연애와 생식을 동일시하고 있다. 가령 이야기의 초반부에 통학로 도중에 있는 역에서 노리오가 '좋은 냄새'에 정신을 뺏겨 계단에서 떨어졌다가 쿠니마사와 만난다는 묘사는 생식 본능에 의한 상대의 페로몬에 대한 반응=연애라는 도식이다. 또한 '수컷'인 쿠니마사와, 형이지만 '다른 종'인 요네쿠니米国는 여성 다수와도 섹스 관계이지만 그들의 '암컷'인 노리오와 '이누지신犬神人'의 시로シロウ는 다르다. 그 점에선 남편은 집 밖에서 바람을 피워도 괜찮지만 아내는 남편에게 아이를 가져다주는 존재로, 남편 이외 남성과의 성행위는 '부정'이며 허용되지 않는다는 가부장제도의 모방 같기도 하다. 실제로 단행본화가 되었을 때 아이가 없는 기혼여성으로부터 '뭐든지 결혼과 아이 만들기로 연결 짓는 것은 싫다'는 의견을 들은 적도 있다.

…분명히 1권의 시점에서는 생식을 중심으로 하는 이성애 규범에 동성 커플도 편입시키는 세계관이라고 할 수 있었지만, 그 후 전개에 의해 이성애 규범을 교란하는 작용 쪽이 강한 세계관으로 바뀌었다. 그 이유로 우선 현 시점의 이야기에서 고등학생으로 만난 '쿠니마사X노리오' 커플에 연이어 그려지는 '요네쿠니X시로' '요슈아X테루히코' 커플이 각각 중학교와 초등학교 고학년 시절에 처음 만나 사귀게 되었다는 사실이 밝혀진다는 점을 들 수 있

다. 이로 인해 소위 소꿉친구같이, 성애와는 다른 차원의 무엇인가에 의해 서로 끌리게 되었다는 해석이 성립한다. 나아가 노리오도 4권에서 쿠니마사가 자신보다 체격이 좋고 연상이며 자신을 여자 취급하기 때문에 착각하고 있었지만, 자신은 원래 '귀여운 아이'가 좋고 귀여운 아이를 지켜주고 싶다는 생각이 바뀌지는 않았으며 '바보 같은 점이 있는' 쿠니마사는 귀여운 아이이고, 그래서 좋아한다는 걸 깨달았다고 말한다. 또, 마키오의 존재도 크다. 3권에 등장하는 그녀가 어떤 인물인가는 4권에서 밝혀지지만, 쿠니마사와 요네쿠니를 각각 데이빗과 맥시밀리언이라는 남자 친구의 '씨앗'으로 몰래 낳고, 나아가서는 부친의 애인이었던 카렌과 사랑의 도피를 하여 '수컷'으로서 카렌에게 마나미를 낳게 하고, 이야기 현재 시점에서는 '에게해에서 이탈리아 여자에게 시중을 들게 하면서 바람피우는 중/여기저기 놀러 다니는' 난교적인 인물이다. 그리고 '아내'인 카렌 사이에서 전형적인 부부 싸움 장면도 그려진다. 마키오는 바이섹슈얼이긴 하지만 최근 십여 년은 견실한 카렌과 가정을 꾸리면서도 여자와 바람을 피우고 있는 레즈비언 상태로, 청초한 미녀가 바람둥이 남편이란 설정도 겹쳐져 이성애 규범―남자다운 남자와 여자다운 여자가 한 쌍이 된다―이 상당히 옅어진다.

또 6권에 들어가며 마키오의 아버지이면서 전 애인인 카렌에게 시노부志信를 낳게 한 일본 반류의 정점에 선 권력자로서 마다라메 쿠니미츠가 회상 장면에서 등장하는데, 이야기 시점에서 쿠니마사 등 미남 캐릭터들의 정점에 서 있는 것은 그들의 부모(세대)인 마키오이며, 더 나아가 그의 '아내'인 카렌이다.[주4] 여성 캐릭터가 조연

이 아니라 최고의 위치에 서는 BL 작품은 극히 드물다. 그것이 BL 애호가에게 수용되고 있는 요인의 하나라고 보고, 시각적인 면의 구체적인 전술에 대해서 언급해두겠다. 카렌도 마키오도 3권에 등장한다. 각각 처음 등장하는 장면에서 우선 카렌은 페이지의 60퍼센트를 사용하여 기모노 차림으로 옆을 노려보는 박력 넘치는 비주얼이며, 노리오의 독백처럼 '극처極妻' '야쿠자任侠의 세계'이다. 한편, 마키오는 파라솔을 들고 청초한 자세로 서 있으며 원경과 바스트 업을 통해 고상한 미인의 얼굴로 그려진다. 즉 카렌은 영화 「야쿠자의 아내들極道の妻たち」(고샤 히데오五社英雄, 1986)의 이와시타 시마岩下志麻의 이미지로, 마키오는 전형적인 소녀만화의 '멋진 미인 캐릭터'처럼 BL세계에 등장하고 있다. 기존 다른 장르의 코드를 사용

일본 '반류'의 정점에서 군림하는 여성 캐릭터 카렌
/ 코토부키 타라코『섹스 피스톨즈③』(리브레출판, 2005)

함으로써 독자에게 현실적인 여성상을 상기시키지 않는다. 그 후에도 만화답게 강조된 카렌의 '며느리 괴롭히기' 같은 대사와 실제 자식을 납치하여 '종마' 영업을 시도하는 마키오의 묘사 등을 통해 그녀들의 독특한 측면으로 독자를 즐겁게 해준 후, 여고생 시절의 두 사람이 손을 잡고 야반도주하려던 뒷모습을 4권의 작은 컷으로 그려내고, 6권에서는 서민적인 아파트에서 두 아이를 기르는 '레즈비언 가정' 상태의 두 사람을 몇 페이지에 걸쳐서 보여준다. 미남들이 중심인 것이 당연한 BL세계의 톱이 여성 커플이라는 사실을 독자들이 받아들이는 배경에는, 순서대로 독자에게 그녀들을 보여준다는 전략이 존재한다.

[b]—1. 우정과 연애의 차이, 우정과 적대심에서 연애로 이행하는 과정을 마이너리티로서의 갈등도 포함하여 설득력 있게 그려낸다

다음으로 동성애 묘사를 둘러싼 진화형 작품을 고찰한다. 원래 소꿉친구나 가까운 친구, 또는 역으로 적대하는 관계였던 두 사람이 연인 관계가 되는 것은 BL이 특히 잘 그려내는 전개이지만 최근에는 그런 과정이 현실적인 설득력을 가지고 그려지는 진화형 작품이 나오고 있다. 제2장에서 살펴본 것처럼 정형 BL에서 '동성 간이라는 금기'에도 불구하고 연애 관계가 되는 것은 남성 주인공들이 '(성적 지향을 넘어선) 궁극적 커플 신화'의 주민이라고 하는 연출로, 커플이 된 후에도 "나는 호모 같은 게 아니야"라 했다는 점을 상기한다면 이것은 커다란 전환이다.

독특한 예로서는 소설 『플래쉬 & 블러드FLESH&BLOOD』(마츠오카 나츠키松岡なつき, 2001~)를 들겠다. 부친의 부임지인 영국에서 고교생활을

보내던 일본인 카이토海斗カイト가 대항해시대, 영국 여왕인 엘리자베스 튜더가 메리 스튜어트를 처형한 직후로 타임슬립하여 해적선 선장인 제프리 록포드와 연인이 되는 이야기이다. …이렇게 쓰면 간단해 보이지만 카이토와 제프리가 육체적으로 맺어지는 것은 사실 21권에 이르러서이다. 처음에는 미래에서 왔다는 사실을 숨기고 제프리의 캐빈 보이가 된 카이토는 동성애자인 제프리를 경계한다. 영국과 스페인이 적대하는 시대와 역사의 거친 파도에 시달리고, 또 범선 위에서 대해의 파도에 흔들리며, 결핵 치료를 위해 일단 되돌아간 현대에서 다시 돌아온 이후이다. 자신을 논케(이성애자)라고 생각했던 카이토가 동료로서 제프리를 신뢰하여 마음을 허락하고, 나아가 연애 대상으로서 끌리게 되는 과정이 설득력을 가지고 묘사된다. 동성혼이 가능한 2015년 현재 영국과는 달리, 16세기 말의 영국에서 동성애는 '지옥에 떨어진다'고 간주되고 있지만 제프리는 동성애자임에도 불구하고 선원들의 흠모를 받고 있다. 제프리가 동성애자라는 사실은 여성 역할女形의 소년배우 시릴과의 베드신에 의해 등장과 동시에 독자에게도 알려진다. 셰익스피어 시대의 연극에선 가부키처럼 남성이 여성 역할을 연기했다는 사실은 잘 알려져 있는데, 주인공 중 한 명이 성경험 풍부한 남성 동성애자라는 사실을 보여주는 장면에서 상대역이 여성 역할(남성) 배우인 것은 절묘한 선택이다. 그리고 제프리를 사랑하게 된 카이토는 물론 '나는 호모 같은 게 아냐'라고 말하지 않는다. 현대에 돌아왔을 때, 예전 친구가 "너 게이였구나. 전혀 몰랐어"라고 비웃자 이렇게 대답한다. "나도 몰랐어. 지금도 그런 의미에서 좋아하는 건 제프리뿐이고… 그러니까 그를 만나지 않았다면 모른 채였을지

도"(17권, 2011). 남성과 연애 관계인 자신을 '게이'라고 인정하는 것과 '궁극적 커플 신화'를 양립시킨 대사이다.^{주5}

소꿉친구 관계에서 연인 관계가 되는 사례로서 만화 『사랑스러운 고양이 털 오타루편いとしの猫っ毛 小樽篇』(쿠모타 하루코雲田はるこ, 2013)을 들겠다. 초등학교 저학년부터 소꿉친구인 두 사람. 고등학생이 되어 '미이 군' 미사부로美三郎는 자신이 아무래도 동성을 성애의 대상으로 하는 인간이며, 친구인 '케이 짱' 케이惠에 대한 자신의 마음이 연애 감정임을 깨닫는다. 하지만 고백하면 친구로도 남을 수 없게 될지도 모른다고 갈등한다. 모친의 거래처이자 같은 게이 남성으로 성에 대한 상담을 하면서 성적으로 접촉하게 된 시미즈清水 씨와 차에서 농탕치고 있는 모습을 우연히 케이가 보게 되면서, 미사부로는 케이에게 고백하게 된다. 케이는 미사부로와 '사귀는' 게 되지만, 그 이유는 친구로부터의 고백을 거절하고 싶지 않기 때문이다. 친구에 대한 주체적인 욕망은 없고, 노력해서 친구의 마음을 받아들이면 섹스도 할 수 있게 될지 모른다고 생각하고 있다(하지만 솔직한 심정으로는 친구인 채로 있으면 왜 안 되는지 납득하지 못한다). 이 구조는 '미소년 만화' 『마리와 신고』의 계보를 잇고 있다. 다른 점은 물론, 여성과 열렬한 사랑에 빠진 신고가 마리에 대한 마음이 연애 감정은 아니었다는 사실을 깨닫고 친구 관계로 돌아가는 데 반해, 케이는 스스로 '미이 군'과 연인이 되고 싶다, 끝까지 함께하고 싶다고 결심해서 두 사람이 연인이 된다는 데 있다. 이 작품은 원래 늦깎이 이성애자였던 남성이 남성과 짝짓는다는 BL 판타지를 리얼하게 느끼게 되는 이야기로서 현실에 발을 붙이는 진화형 작품인 것이다.

그 요인을 몇 가지 들겠다. 우선 케이가 이성애자라는 것은 단순히 '보통'은 그렇다고 생각하고 있을 뿐으로, 고등학교 시절의 그는 아직 성애 전에 있는 늦된 인물이라는 점. 두 사람이 같은 반이며 집이 이웃인 죽마고우이자 소꿉친구로서 어린아이처럼 나누는 스킨십에 키스도 포함된 사이라는 점. 자각적 게이인 미사부로든, 늦깎이 케이든 그들 두 사람의 갈등은 서로에 대한 배려에서 비롯된다는 점. 미사부로의 성적 호기심을 채우는 상대를 맡다가 수수께끼의 교통사고로 미사부로의 모친과 함께 죽음을 맞는 시미즈가, 과거에 논케(라고 생각하고 있던) 친구를 게이로 살아가는 인생에 끌어들이지 않으려 자제한 적이 있지만 사실 그건 자신이 상처 입지 않기 위해 "제멋대로 그의 감정을 단정지었다"는 잘못이었다고 말하는 점.[주6] 그리고 케이가 오타루 시를 떠나 도쿄로 갈 결심을 하기까지 떨어져 있었던 4년의 기간. 그 사이에 케이의 마음이 어떻게 변화했는지 구체적 묘사는 없지만, 떨어져 보고 겨우 미사부로와 인생을 함께 걷고 싶다고 확신했다는 점이 케이와 매형과의 대화 장면에서 드러난다. 케이의 장거리 연애 상대가 여자라고 믿고 있는 매형은 빨리 아이를 만들라고 부추기지만 남자들끼리는 아이를 만들 수 없고, 결혼식도 올릴 수 없다⋯ 이성애 규범 사회에서 '가족'의 계승을 명확하게 언어화하는 케이의 독백이 존재하지만, 그것이 부정적으로 작용하지는 않는다. 조카를 무릎 위에 안고 케이는 이렇게 생각한다. "여러 가지를 버리고 / 그렇게까지 하면서, 내가 미이 군에게 뭘 해줄 수 있을까." 상대방이 자신에게 소중한 여러 가지를 버릴 만한 가치가 있는 사람인지가 아니라, 버리기까지 하면서 상대방에게 향하는 자신이 상대방을 위해 할 수 있는 게 있을까라는 자문. 누나 부부와 아이라는 가족처럼 케이와 미사부로가 이미 가족이라는 점이 느껴진다. 혈연가족의 둘레에서 떨어져 동성 연인에게 가는 이야기가 아니라 운명으로 맺어진 또 하나의 가족(미군=미사부로)과 함께 살아가고자 하는 이야기. 그리고 그 또 하나의 가족은 케이에게 안겨 엎드려서 쿨쿨 자는 조카와 동일하게 소중한 가족의 연속선상에 있다는 점이 시각적으로도 제시된다. '운명' '기적'이라는 단어를 사용하지 않고 구체적인 묘사를 쌓아 나가면서 그려지는 미사부로와 케이라는 궁극의 'BL 커플'은 동시에, 게이 커플로서도 기능하고 있다.

남자 고등학교 기숙사를 무대로 한 만화 「블랙퍼스트 클럽ブレックファースト・クラブ」 시리즈(타카이도 아케미高井戸あけみ, 2001~04)는 원래 이성애자인 미키三木가 룸메이트이자 게이인 이누야마犬山와의 관계성을 '연인 관계'로 정의해도 좋은지 아닌지 정하지 못한 채 관계를 시작하는 묘사에 설득력이 있다. 시리즈 1권에서는 다른 남자와 섹스프렌드 관계에 있는 개방적인 게이로서 그려져 있던 이누야마가 2권에서 미키에게 끌리기 시작한다. 3권에 두 사람은 학생회실에서 엉겁결에 섹스한다. 그 후 이누야마는 자기 쪽은 단순한 친구로는 돌아갈 수 없고 앞으로도 게이로서 살아가겠지만, 그런 자신과 연애 관계를 지속하고 싶지 않다면 더 이상 손대지 않겠다, 그리고 미키가 스스로 결정하길 기다리겠다고 고백한다. "남자인 친구와의 사이에 우정 이상의 것이 있다니 / 생각해 본 적도 없었으니까 / 너처럼 분류를 / 할 수 없어"라고 고민하는 미키지만, 미키가 계속 고민한다면 졸업을 계기로 이누야마가 모습을 감출 거라는 사실을 제3자에게 듣고 잠정적인 결론을 이누야마에게 전하는 4권 『필로우 토크ピロー・トーク』(2003)의 대사가 훌륭하다.

"우리들 사이도 / 지금 생각해 봤자 / 어떻게 될지 / 알 수 없어… / 하지만 너는 걱정하길 그만두지 않겠지 / 그렇다면 계속 걱정시킬 테니까 헤어지지 말자 / 옆에서 원하는 만큼 걱정해 보라고 / 무슨 일이 있을 때 나를 구하지 못한다고 생각한다면 쓸데없는 걱정이야 / 내 일은 내가 처리할 수 있어 / (…) / 내가 소중하다면 내가 말하는 대로 해 / 안 되는 놈은 절대 안 되는 거잖아? / (…) / 나는… 너와 몸으로 접촉하는 것에 거부감은 없어… / 잘… 모를 뿐이야."

동성의 상대와 함께 성애를 포함한 관계성을 살아간다. 그리고 그로 인해 세상으로부터 편견을 뒤집어쓰는 일이 있어도 '내가 처리할 수 있다'고 선언하는 것. '연인'과 '게이'라는 카테고리 선언보다도 먼저 실질적인 표명을 하는 것은 일견 게이 아이덴티티를 기피하는 '나는 호모가 아니야'에 연결되는 대사 같지만 다르다. 이성애자라고 생각하면서 살아온 인물이 기숙사의 룸메이트와 졸업 후에도 함께하겠다고 결심했을 때, 즉시 '오늘부터 게이로서 살겠습니다'라는 게 부자연스럽다면 어떻게 할까… 라고 작가가 자기 자신에게 대입해 성실한 상상력을 발휘하여 만들어낸 말이라고 느껴지기 때문이다.

[b]—2. 커밍아웃과 가족 및 주변과의 갈등, 모색, 수용 등의 현실적인

묘사

BL기 제1부 90년대에도 만화가 야마다 유기가 만들어낸 나오키 直樹(『태양 아래에서 웃어라太陽の下で笑え』)와 소설가 칸자키 류토(하루코)神崎竜乙 (春子)의 카제마키風巻(「베이 시티 블루스ベイシティ・ブルース」 시리즈) 같은 사랑스러운 자각적 게이 캐릭터는 존재했지만 예외적이었다.[주7] 최근의 진화형 BL은 이 사회에서 오픈리 게이로서 살아가면 어떠한 일이 일어나는가, 어떻게 행동하면 되는가를 다양한 케이스로 그리는 작품이 늘어나고 있어 마치 일종의 워크숍 같다.

구체적인 커밍아웃 장면

만화 『B급 미식가 클럽②B級グルメ俱楽部②』(이마 이치코今市子, 2006)에서는 '수' 캐릭터인 요시노 에이스케吉野英介가 회사 회식에서 커밍아웃하는 장면이 있다. 현실적으로 일본 기업에 근무하는 게이 남성이 동료 몇 명에게 커밍아웃할 수는 있어도 부서의 회식이라면 난이도가 높을 거라 생각되지만, '만약 한다면 이런 전개가 될 것 같다'고 할 정도로 지극히 현실적으로 묘사되어 있다. "요시노 군의 그녀는 어떤 타입? 탤런트 중에서 말하자면"이라는 질문에 "저요? 글쎄요. / 그녀가 아니지만" 하고 답하는 요시노. "설마 불륜?"이라는 질문에 "그(남자)인데요…"라고 대답하자 동료와 상사들이 '굳는' 모습이 두 컷으로 묘사되고, 다음 컷에서는 "하하하하…" 웃으면서 "그럼 호모라는 거야?" "그… 그렇구나 / 헤에 / 나 그런 사람 처음 봤어"라는 반응. 여기서 페이지가 바뀌고 다음 좌우 양면으

로 요시노의 커밍아웃에 대한 의식이 독백으로 적혀 있는 동시에 동료들과의 대화가 이어진다.

일본인은 기본적으로 극단적인 호모포비아가 적기 때문에 미묘한 반응이긴 하지만 우선은 수용한다는 포즈를 보여줍니다 / (…) / 최근의 풍조에 대해 이해심을 보여주지 않으면 유행에 늦는다고도 생각하는지 / 그렇다고 해서 바로 수용하는 것도 무리인 이야기로

여기서 미남이라고 할 수 없는 동료 3인이 "그럼 / 저 / 이중에서는 누가 취향이야?"라고 질문해오지만, 지금 사귀는 사람이 있으니까 다른 사람을 그런 식으로는 볼 수 없어요, 라고 온건하게 답

직장의 회식에서 커밍아웃하는 요시노
/ 이마 이치코 『B급 미식가 클럽②』 (프론티어웍스, 2006)

하고 요시노의 독백이 이어진다.

'가까이에서 접하고 있는 동안 게이도 보통 사람이라고 / 이해해 주면 된다고 생각합니다 / (...) / 일반적인 나쁜 이미지대로 상대 가리지 않고 손을 대는 핫텐 군이라든지 / 일반적으로 인기 있는 것은 사실 뚱뚱한 남성으로, 그런 취향에서 더 나가면 체중 100킬로그램 이상의 클래스(세 자리 이상) / '세 자리 전문'은 왠지 멋진 남자가 많다든지 / 그런 정보는 일부러 숨기고…'

'한 걸음 한 걸음 서두르지 않고' 호감도를 높여가려는 작전이지만, 자신은 미남 취향이라고 말하며 암암리에 연인이 미남이라는 점을 자랑하는 바람에 주변 사람들이 질려버려서 실패한다는 유머러스한 반전이 딸려 있다. 일본의 게이 커뮤니티에서 현실적으로 인기 있는 것은 단순히 '뚱보(살찐 사람)'라기보다는 '근육질' '베어(곰)계' 등의 특징을 지녔다고 나도 모르게 설명하고 싶어지지만, 선이 고운 중성적인 미소년이 '남자에게 인기 있다'라는 소녀만화와 BL 작품 내부의, 더 나아가 BL 애호가에게 뿌리 깊은 오해의 재생산이 아니라는 점에서 현실과 접속하고자 하는 의도가 드러난다.[주8] 또 사전에 사랑 고백을 받고 커밍아웃했던 여성 사원이 술자리에서 커밍아웃을 하길래 놀랐다고 말하자, 요시노가 "있는 그대로의 자신을 받아주는 사람이 있으니까 / 밖에서도 내 본연의 모습으로 있을 용기가 났다고나 할까"라고 대답하는 내용 역시 많은 동성애자들이 공감할 것이다(작중에서는 '애인 자랑'으로 유머러스하게 처리되어 있지만). 좌우 양 페이지에 이어서 공 캐릭터인 오니즈카 코조鬼塚耕造가 직장 사람들과의 회식에서 애인 이야기가 나오자 요시노의 사진을 보여주며 "전에 다니던 회사에서는 귀찮아서 숨겼지만 오픈하니까 굉장히 편하다"고 자랑하듯이 이야기한다. 그러다 고등학교 시절 배드민턴부 고문 선생이 불러 세워 "빨리 마누라 얻으라니까, 중매인은 반드시 내가 할게"라 하자 "예, 선생님도 건강하시길" 하고 답하는데, 이를 본 동료가 커밍아웃한 게이로서 살아가는 사실을 자랑하듯 이야기했던 모습과 모순된다고 지적한다. 하지만 다음 페이지에서 배드민턴부 후배였던 연인 요시노와는 서로 서클 활동 관계자에게 숨긴 채로 있자고 합의한다. 이 부분의 판단도 참으로 남의 일 같지 않아 공감하게 된다.

야마시타 토모코의 단편 만화 「잇츠 마이 초콜릿!It's my chocolate!」(『사랑하는 마음에 검은 날개를恋の心に黒い羽』(2008)에 수록)에서는 6인 남매의 27세 장남이 연인과 싸우고 '머릿속이 엉망진창이 되어' 귀가해보니 '항상 그렇듯이 집 안은 엉망진창 대소동'으로 점점 더 '엉망진창'이 된 바람에, 처음으로 동생들에게 소리 지르고 불만을 거침없이 토로하는 기세로 커밍아웃을 해버리는 장면이 그려져 있다. "안 돼. 멈추지 않아 / (…) / 내 이미지에서는 커밍아웃이란 좀 더 엄숙하게 행해지는 거야" "안 돼. 장남의 권위가" 등 마음의 소리와 뒤섞이며 세 페이지에 걸쳐 "뭐야 너희들, 자기주장만 하고!!"로 시작하는 긴 대사이다. 발췌하여 인용한다.

물려받은 옷을 입기야 싫겠지만 나도 꾹 참고 있다고!! / 너희들은 괜찮겠지만 내 상담은 누가 들어줄 건데!? 아빠도 엄마도 항상 집에 없고!! 나도 가끔씩은 응석 부리고 싶어!! / 나도 내가 호모라고 깨달았을 때 엄청 고민했는데 아무에게도 말 못 하고 / 가출할까―라고 생각했지만 우리 집은 항상 누군가 울고 있고!! / (…) / 남자 친구와 싸워도 어떻게 될지 알 수도 없고…!! / (…) / 나도 제대로 케이크도 초콜릿도 6분의 1씩 먹고 싶었다고…!!

장남으로서 항상 동생들에게 자기 몫의 초콜릿과 케이크를 나눠주었던 슬픔과 자신의 성적 지향을 누구에게도 상담할 수 없어서 고민했던 슬픔이 얽혀 들어 가슴을 울린다.[주9]

커밍아웃과 관련하여 또 한 부분, 제5장에서 보겠지만 BL에서는 '성적 지향'을 '성적 기호'로 잘못 표기하는 작품이 대부분인데, 최근에는 올바로 표기하는 작품도 나타났다는 점을 지적해 두겠다. 그중에서도 소설 『더블 트랩ダブル・トラップ』(에다 유우리, 2007)에서는 "저, 형님을 존경하고 사랑하지만, 진짜 그 취미만은 이해 못 하겠소"라고 말하는 동생에게 주인공이 "취미라고 할까, 성적 지향이니까. 고칠 수가 없어" "글자를 잘못 쓰면 안 돼. 즐기고 좋아한다는 기호가 아니고 가리키고 향한다는 지향이야. 즉 좋아하는 것의 문제가 아니고 태어날 때부터 근본적인 거야. 나는 남자만 성애의 대상이 된다고. 생각해보면 어릴 때부터 그런 경향이 있었어"라고 꼼꼼하게 설명을 한다. 마치 섹슈얼리티론의 수업 같다.

호모포비아와의 갈등

BL에서는 주인공들이 남성 간의 성애 관계에 있다는 사실이 전혀 문제시되지 않는 작품도 있다. 그러한 작품은 '호모포비아가 없는 세계'를 전제로 하여 유토피아를 그리는데, 현실의 호모포비아가 약화된 미래로 이어질 가능성이 있는 것은 두말할 필요 없이 오늘날의 일본 사회에 실재하는 호모포비아와 주인공들의 갈등을 그리는 작품군이다.

[1] 단죄되지만 최종적으로는 극복하여 행복해지는 사례

그중에 주인공의 관계가 주위로부터 단죄되는 작품 사례로서는 우선 만화「성층권의 빛」시리즈(토리비토 히로미, 2000~02)를 들겠다. 여섯 살부터 데려다 길러 온 중학생 조카(에이叡)를 숙부(히지리聖)가 범하고, 그대로 연인 관계가 된 것이 친구들에게 들통나서 절교당하는 에피소드가 그려진다. 수십 년이라는 장기간을 그려낸 작품 중에서 성애 관계가 되는 남성 커플의 수도 많은 이 작품을 상세하게 고찰하려면 다른 기회를 기다려야 되겠지만, 여기에서는 '미소년 만화'인『바람과 나무의 시』의 계보에 있으면서도 진화형이라는 점에 초점을 맞추어 서술한다. 그 이유는 친부모에게 버려진 에이에게 있어서 히지리는 부모이자 연인…, 문자 그대로 전부란 점에서『바람과 나무의 시』의 숙부(지만 사실은 아버지) 오귀스트와 질베르의 관계와 같기 때문이다. 하지만 오귀스트의 지배에서 결국 벗어나지 못하고 어른이 되기 전에 죽는 질베르와는 달리 에이는 살아남아 '게이 어른'으로서, 사진가로서의 직업면에서나 동성 파트너와의 생활면에서도 성공한다.^{주10} 물론 쉽게 거기에 이르는 게 아니라 자살 미수, 자율신경실조증, 거식증, 연애와 이별과 재회, 섹스

프렌드와의 교류 등을 포함한 파란만장하고 처절한 프로세스가 그려지고 있기 때문에 설득력이 있다.

　숙부 히지리의 섹스프렌드가 북유럽의 부호였다는 설정과 연인 사에키佐伯를 따라 출장지인 상해까지 간 에이가 바로 사에키를 만나 6페이지 후 길거리에서 애널 섹스를 한다는 묘사는 BL 판타지답지만 에이가 니쵸메**역주1**에서 알게 된 게이와 레즈비언 친구들과 들어가는 이자카야 장면, 화가인 히지리와 사진가인 에이의 직업적 묘사, HIV/에이즈의 인식, 이야기 첫 부분에서 섹스프렌드가 에이가 소학교에 입학한 지 얼마 되지 않은 4월에 일본에 온 이유는 벚꽃이 보고 싶어서라는 등의 묘사에는 리얼리티에 대한 배려가 있다. 사에키의 옛 연인으로 그가 '원래는 논케'라고 증명하기 위해 등장한 여성 캐릭터가 에이의 친구인 레즈비언과 커플이 되어 최종적으로 아이를 안고 등장한다는 전개는, 반복해서 말하지만 지인 남편의 협력이나 해외의 정자은행과 의료기관을 이용한다는 장애물을 넘어서라도 아이를 갖고 키우고 싶다는, 최근에 표면화하여 논의되기 시작한 레즈비언의 임신·출산을 선취하고 있다(부록만화에서 사에키가 정자를 제공해 미국까지 가서 체외수정했다는 사실이 밝혀져 있다).**주11**

　그러한 의미에서 「성층권의 빛」 시리즈는 현실 게이와 레즈비언의 존재에 접속한 BL 대하드라마라고 할 수 있다. 또, 광의의 BL 역사에 있어서는 '동성애에 의해 구원된 〔상처 입은 아이〕가 개죽음을 당할 필요는 없다. 동성애자인 채로 행복한 어른이 될 수 있

역주1　신주쿠 니쵸메(新宿二丁目). 게이들이 즐겨찾는 점포가 밀집한 거리로 게이타운으로 불리기도 한다.

다'는 사실을 보여주었다는 의미에서 큰 의의가 있는 작품이다.

만화 『솔페쥬』(요시나가 후미, 1998)도 초등학교 음악 교사인 쿠가야마久我山가 예전 제자였던 남중생 타나카 아즈마田中吾妻에게 손을 댄다는 도식이다. 여기에서도 아즈마에게 쿠가야마와의 섹스 행위가 처음에는 놀랍긴 하지만, 부모 대신이자 음악의 지도자로서 전부인 사람과의 즐거운 일이라고 그려져 있는 것이 중요하다. 나아가 아즈마는 고교생 때 두 사람의 관계가 주위에 들통난 것을 계기로 이탈리아에 유학하게 되는데, 10년 후 성공한 오페라 가수로서 귀국한 아즈마가 자각적인 게이라는 점이 남성 매니저와의 대화와 쿠가야마에게 '다른 남자와도 자봤어'라고 하는 아즈마의 말에서 드러난다. 그렇기 때문에 쿠가야마는 아즈마의 음악적 재능을 인정하고, 또 아즈마의 성적 지향에 따른 성애의 첫 단추를 풀었다… 그 양쪽에 있어서 선생이었다는 해석이 가능해진다.^{주12}

[2] 대응하는 예

진화형 BL 작품에는 게이 캐릭터가 주위의 편견을 마주하거나 그에 맞서 싸우는 장면을 그리는 것도 있다. 한 사례로 만화『브릴리언트★블루②ブリリアント★BLUE②』(요리타 사에미依田沙江美, 2005)를 들겠다. 지방 도시를 무대로 부모가 경영하는 토목 회사를 잇기 위해서 대학 졸업 후 근무하고 있던 카나가와神奈川의 회사를 그만두고 돌아온 쇼조章造(공)와 동창생으로 가업인 전기공 사업을 아버지, 형과 함께하고 있는 나나미七海(수)의 이야기이다. 나나미의 '바보 캐릭

터' 설정 등에 대해서는 제5장에서 다루겠지만, 여기에서는 목재점에 작업 상담을 하러 온 쇼조와 마침 휴식 중인 중년 직원 간의 대화를 보겠다.

그 전 에피소드에서 나나미의 오해에 따른 메모 때문에, 나나미의 가족과 쇼조의 가족은 두 사람이 함께 자살하기 위해 가출했다고 오해한다. 그리고 돌아온 두 사람은 "살아있어 주기만 한다면" 결혼하지 않아도 남자들끼리 살아도 좋다고 엉겁결에 가족에게 인정받고, 동시에 지역사회 전체에 '자살하지도 못한 호모 커플'로 알려지게 된다. 즉 목재점의 직공들은 모두 쇼조가 현재진행형으로 동성의 연인을 가진 게이라고 알고 있다. 직공 중 한 사람을 향해 '예전에 감사했습니다'라고 사업상 인사를 하는 쇼조에게 다른 직공이 '쇼조 씨 / 절임 먹어?'라고 도시락 통 같은 용기를 내민다. '아, 잘 먹겠습니다' 하고 쇼조가 한 조각 먹자 그 직공은 '뭐랄까, 그러니까 오해하지 말라고' '나 그런 쪽 아니니까! 반해도 소용없어'라고 말한다. '야, 그만둬'라고 말리는 다른 직공. 다음 컷은 눈썹을 올리고 눈을 크게 뜬 채 입술을 다물고 약간 당혹한 쇼조의 바스트 업. 그리고 그다음 쇼조가 '그렇네요 / 저희에게 2억짜리 정도의 사업을 가져와 주신다면 끌릴지도 모르겠어요'라고 말하자 '그건 그래' '틀림없지' 그리고 필기체로 '핫핫핫'이라고 직원들의 반응이 문자만으로 전달되는 컷에 쇼조의 독백 '타인의 성 기호에 대한 쓸데없는 농담을 맞받아치는 데도 익숙해졌다'가 겹쳐진다. 사용된 한자는 '지향'이 아니라 '기호'지만, 어디에도 있을 법한 놀리는 말에 대해 생각할 수 있는 가장 최선의 반격이다. 현실에서는 지방 도시의 가업을 잇는 후계자 청년이 게이라는 사실을 커밍아웃하는 사례는 극히 적거나 없겠지만, 어찌되었든 스스로 조형한 게이 캐릭터의 구체적인 일상 생활을 세부까지 상상한 작가 요리타의 진심 어린 자세가 느껴진다.

또 한 사례로서 만화 『한낮의 사랑真昼の恋』(쿠사마 사카에草間さかえ, 2011)을 들겠다. 마을 공장의 2대 사장 오카자키 하지메岡崎—(공)와 공업용 기계 제조회사에서 근무하다가 오카자키 공장의 담당이 된 나카가와 마히루中川正午(수)의 이야기이다. 하지메는 고등학생이었던 6년 전, 상사와 함께 선대 사장(부친)을 방문한 마히루에게 첫눈에 반해서, 자신이 공장을 재개하게 되자 마히루가 담당이 된다면 또 거래를 해도 좋다고 마히루의 상사와 교섭했다(하지메는 매우 기술이 좋고 공업용 기계 설계와 가공 기술로 인해 스카우트하려는 사람이 넘쳐난다는 설정). 마히루와 연애 관계가 되고 나서 연말에 귀성한 하지메는 가족에게 연인이 연상 남성이라고 고백한다. 놀라는 가족 앞에서 마히루로부터 전화를 받고 "마히루 씨"라고 부른 일 때문에, 부친은 몇 년 전에 아들이 '이상한 눈으로 보고 있던' 거래처의 마히루가 아들의 연인이라는 사실을 눈치챈다. 그 나카가와 마히루가 현재 담당자라는 사실을 안 부친이 어느 날, 은퇴 후 거처인 이바라키茨城에서 공장으로 찾아와 하지메와 마히루를 대면한다. 직업면에서 아들이 폐를 끼치고 있지 않는가란 질문에 마히루가 "대단히 많은 도움을 받고 있다"고 판에 박힌 대답을 하자, 하지메의 부친은 다음과 같이 이어간다.

나카가와 씨 / 정직하게 말씀해 주세요 / 이 녀석이 정말 일을 무기 삼아서 억지 부리지는 않았나요?

　마히루는 일순, 기죽은 표정을 보이지만 일어서서 인사를 하며 "1년 전부터 하지메 씨와 정식으로 사귀고 있습니다 / 인사가 늦어져 죄송합니다"라고 정색하며 말한다. 그래도 아들이 틈을 파고든 것은 아닌가 걱정하는 하지메의 부친에게 마히루는 "억지 부린 게 아니고 / 저도 원래 남자밖에 좋아할 수 없는 인간으로… 그러니까 / 죄송합니다 / 굳이 듣고 싶으신 일은 아니라고 / 알고 있습니다만…"이라고 얼굴을 붉히며, 그리고 부친에게 덤벼들려는 하지메를 뒤에서 붙잡으면서 말한다. 그에 대해 하지메의 부친은 "아니. 그런 건 아니에요 / 제대로 듣게 되어 안심했어요"라고 평온한 표정으로 대답하는 것이다. 22, 23살인 자신의 아들이 적어도 5살은 연상인 남성에게 일의 수주를 무기로 성관계를 강요한 것은 아닌가―직업인으로서 있어서는 안 될 공사 혼동의 성희롱을 하고 있지 않은가―라고 걱정하는 부친. 비슷한 장면에서 흔히 나오는 묘사는 연상의 남자가 아들을 동성애에 끌어들였다며 분노하고, 그로부터 떼어놓으려고 하는 부친의 모습일 것이다. 그와는 정반대인 부친의 언동이 이야기 세계 속에서 설득력을 갖게 하기 위해서, 자기 방에 배우의 세미누드 포스터를 붙여 놓는 하지메를 보고 게이일지도 모른다고 여동생이(또한 양친도 어렴풋이) 생각하던 일과 하지메의 기술력이 얼마나 뛰어난지, 하지메의 부친이 마히루의 회사에 신세를 지고 있다고 느끼는 모습 등이 섬세하게 묘사되어 있다. 그리고 서로의 자유의지로 성애 관계인 게이 커플이 부모에게서 인정받는―'축복받는다'에 가까운 뉘앙스로―장면이 탄생했다.

[b]—3. BL 정형으로 시작한 이야기가 장편 중간에서 변한 사례

BL장르의 성숙에 의해 이야기 초반에는 호모포비아를 당연한 전제로서 이용한 정형 BL이었지만, 장기간에 걸쳐 연재되는 동안 역으로 현실 사회보다도 호모포비아를 극복한 가치관을 표명하도록 변화한 작품 사례도 있다. 작가가 시기적절하게 동성혼 법제화 등 세계의 정보를 얻게 되면서 그렇다면 자신이 오래도록 그려온 남성 커플이라면 어떻게 행동할까, 그들을 둘러싼 주변 사람과 사회가 어떠하면 그들이 행복하게 될지 성실하게 상상력을 발휘한 결과일 것이다.

사례로서 『한랭전선 지휘자』로 시작하는 「후지미 2번가 교향악단 시리즈」(아키츠키 코오, 1994~2013)를 들겠다.**주13** 이 책 제2장 BL 정형 분석에서 예를 든 작품이지만 연재 개시로부터 십여 년이 지난 『폭풍의 예감嵐の予感』(2006)의 에피소드를 살펴보자. 토노인 케이(공)와 모리무라 유우키(수)는 아마추어 교향악단 '후지미'의 지휘자와 바이올리니스트 겸 콘서트 마스터로 만났지만 이 시점에서 토노인은 국내외에서 높은 평가를 얻고 있는 상태고, 모리무라는 프로로서 막 출발한 신인이다. 토노인이 상임 지휘자를 역임하는 MHK필하모니교향악단(M향)에서 유명한 솔리스트가 2개월 후로 예정된 공연을 취소해 버리자 그 대신 토노인이 모리무라를 추천하지만, M향 사무국장은 모리무라의 실적 부족 및 토노인과 '깊은 사이'라는 소문 때문에 주저한다. 이 시점의 두 사람은 매우 친밀한 사람들에게는 커밍아웃하고 있지만, 불특정다수에 대해서는 집을 함께 세어해서 살고 있는 연주가 친구라고 해둔 상태이다. 특히 유우키는

후지미 중년 남성 단원들(실버조)이 분명히 게이를 받아들이지 못할 거라고 걱정하는 상태로, 완전히 오픈하고 싶은 생각은 없다. 이런 상황 속에 M향 첼리스트로 후지미에도 참가하고 있는 '사정을 아는' 이다飯田의 시점에서 엮어지는 장면이다. M향 사무국장실 앞에서 모리무라와의 콘체르토 연습이 어려워질 것 같다는 이야기 전개 중 토노인이 "그걸 제 맘대로 밀어붙이면 침대 안에서 싸움이 납니다"라고 한 말에 대해 친구 이다가 충고한다. "야, 위험했다고" "사무국장이 너희들 사이를 신경 쓰고 있어. 벽에 귀가 있다고 생각해둬라". 토노인은 사무국 쪽에서 계약을 파기한다고 하면 자신은 위약금을 지불하지 않아도 되고, 다른 일을 할 때까지는 문제없다고 대답하지만 이다는 이렇게 대꾸한다.

"글쎄? MHK 전국뉴스에서 대대적으로 잘린 이유가 보도되어서 전 세계로부터 공격받을지도 모른다고." / 물론 농담이다. 뭣보다 공영방송이 게이 배싱bashing이라도 하면 민영방송국이 신나서 공격할 테니 그쪽이 더 큰 소동이 될 것이다.

즉 토노인이 모리무라와 실제 게이 커플이라고 사무국장이 확신한다면 모리무라의 게스트 출연 건을 진행하지 않을 뿐만 아니라 토노인을 해고할지도 모른다고 하는 이다의 말이 농담이고, 이야기 세계 속에서는 그런 짓을 공영방송이 저지른다면 민영방송이 비난한다는 쪽이 진짜인 것이다. 동성애자라는 사실을 이유로 해고하는 호모포빅한 행동—게이를 박해하는 게이 배싱—이 사회 전반에서 비난받는다는 세계, 당연한 인권의식으로서 동성애자를 차별해선 안 된다는 점이 사회 전체에 공유되는 세계…, 이다의 발언과 독백은 그들이 그러한 세계에 살고 있음을 표상하고 있다.

이것은 물론 2006년 시점이지만 현재 2015년 시점에서도 실제 일본 사회보다 발전한 세계이다. 같은 일이 현실에 일어난다면, 만약 정말 사무국장이 자신의 호모포비아 때문에 게이 바이올리니스트 모리무라를 출연시키고 싶지 않다면 작품 중에서도 나오는 그의 실적이 부족하다는 점을 이유로 삼을 것이다. 나아가 게이인 상임 지휘자 토노인을 해고하고 싶다면 그럴듯한 이유를 붙여 본인이 사임하도록 수면 아래에서 설득하지 않을까. 또한 만약 이다의 농담대로 사무국이 동성애를 이유로 지휘자를 해고하여 그 사실이 TV 뉴스에서 발표되었다면 민방 각사는 MHK를 공격할 것인가? …안타깝지만 현실에서 그럴 거라고는 생각할 수 없다. 지휘자가 게이이며 동거하는 바이올리니스트와 연인 관계라는 사실만이 아니라, 지휘자가 미성년 남자에게 성적 폭행을 가한 것 같다든가 불법 약물을 사용한 의혹이 있다는 등 가십을 날조하는 게 고작이지 않을까. 그렇기 때문에 동성애자의 인권을 존중하는 데 있어 현실보다 훨씬 앞서가는 세계로 자신의 BL세계를 키워가는 베테랑 작가 아키츠키의 상상력(과 창조력)은 감동적이다.

또 하나의 사례로 소설 「닥터×복서」 시리즈(고 시이라, 1999~2005)를 들겠다. 유복한 외과의사 카토加藤(공)의 집에 개 사육사로 살게 된 권투 선수 하시구치 토오루橋口徹(수) 커플의 관계성과 권투 선수로서 토오루의 성장이 축을 이루는 이야기이다. 2장에서 다룬 것처럼 납치 감금과 강간이 순애의 증명이라는 정형 표현에서 시작한

이야기이지만, 이야기가 진행되면서 그들 게이 커플을 받아들이는 주위 사람들의 모습이 실제로 있을 법한 말과 상황으로 묘사된다. 예를 들면 시리즈 제5권(『권투 선수는 개와 걷는다ボクサーは犬と歩む』, 2002)에서는 토오루의 트레이너와 체육관 동료가 다음과 같은 대화를 한다.

'하시구치의 결점은 뭐라고 생각해?' / '소심함. 말주변 없음. 비굴함이랄까…' / '하시구치가 카토 씨와 그런 관계라는 건 결점인가?' / '…아니, 그거야 개인 레벨의 문제니까' / '그렇지. 카토 씨가 있으니까 지금의 하시구치가 있는 거야. 나는 그런 걸 찔러서 하시구치를 떨어뜨리려는 건 용서할 수가 없어. 그 녀석은… 내가 만들어낸 최고의 권투 선수야.'

제7권(『권투 선수는 개에게 이긴다ボクサーは犬に勝つ』, 2005)에서 이미 슈퍼플라이급 일본 챔피언인 토오루는 매스미디어로부터 더 주목받게 될 시범 경기를 앞두고 있다. 두 사람의 관계가 토오루의 출세를 방해하는 스캔들이 된다고 걱정한 카토가 별거를 제안한다. 소속 체육관 오너인 시미즈는 처음에는 그쪽이 자신들에게도 도움이 된다고 기뻐하지만, 카토가 없으면 살아갈 수 없다고 절망하며 권투를 할 수 있는 상황이 아닌 상태의 토오루를 보고 생각을 바꾼다. 시미즈는 호모포비아를 완전히 불식하지는 못하지만 그래도 카토에게 토오루와 동거를 계속하도록 설득한다.

"선생님, 괜히 신경 쓰실 건 없어요. 들키면 들키는 거예요. 토오루를 그대로 댁에서 보살펴 주실 수 없을까요? / (…) / 시합 전

권투 선수라는 건 흥분해버려서 손을 댈 수 없게 되든가, 침울해져서 어두워지거나 어느 한쪽이에요. 토오루는 언제나 평상심을 유지했어요. 왜였나 생각해보니 선생님 덕이었죠, 뭐랄까, / (...) / 그래그래 그거요. 정신적인 면이 확실하게 안정되었던 거죠. / (...) / 나는 당신들 일은 잘 모르겠소. 그래도 말이죠, 토오루가 선생님을 진심으로 좋아하는 것만은 알겠어요. 나에겐 자식은 없지만 저런 자식이 있으면 좋겠다고 생각하기도 해요. 그 녀석은 좋은 놈이에요. 선생님, 너무 울리지 말아 주십쇼."

토오루의 트레이너 중 지적인 니시자키西崎와 달리 덜렁대는 성격의 후지무라藤村는 합숙지의 목욕탕에서 목욕하는 중에 자신의 아내가 못생겼지만 안을 때 기분이 좋다, 요즘 여자들은 말라서 남자를 안고 있는 것 같다, 그러면 남자끼리 쪽이 마음이 편하겠네 등등의 말을 시작한다. 그러자 게이이며 시합 전의 예민한 시기인 토오루 앞에서 그런 이야기를 하다니, 하고 제지하는 니시자키들에게 이렇게 말한다.

"호모인지 게이인지 모르겠지만, 모두 이상하게 너무 의식하네. 남자라면 네놈의 하반신은 네놈이 책임지면 되는 거잖아. / (...) / 잘 모르는 놈들이 호모를 싫어하는 건 자신이 깔릴지도 모른다고 제멋대로 떨어대니까 그런 거야."

그리고 탕을 나와서 토오루에게 등물을 끼얹으며 말한다.

"야, 토오루. 남자들 간의 알몸 교제라는 건 말야. 보통은 이런 걸 말하는 거야. 그것도 가능하니까 괜히 몰래몰래 할 거 없어. (…)"

막연한 호모포비아가 게이 권투 선수인 토오루 주변에서 하나하나 구체적으로 해체되어 간다.

이 부분의 마지막으로 커밍아웃한 아들(수 캐릭터)에 대한 모친의 심리가 현실적인 복잡함을 가지고 전달되는 묘사를 인용하려고 한다. 소설 『네가 좋은 거야』(타니자키 이즈미, 1999~2002)의, 첫 만남 직후의 강간과 수 캐릭터의 아파트에 화재가 일어나 어쩔 수 없이 공과 동거하게 되는 등 BL의 정형으로 가득찬 채 시작한 이야기 최종권인 10권(2002)이다. 주인공의 친가는 모친이 해외 부임과 출장이 많은 직업이고 부친은 지방 기업에서 일하며 가사를 담당하고 있다는 설정이다.

"…또 오렴."/ "어머니…"/ 의외였다. (…) 언젠간 시간이 해결해줄지 모른다고 작은 기대를 가지고 있던 것은 사실이지만, 그렇다 해도 아직 시간이 충분치 않은 것 같은 기분이 들었다. / "내 생각이 변했다는 건 아니고. 역시 여전히 찬성할 수 없는 기분이긴 하지만…. …이런 건 어려워서 일처럼 자, 이걸로 납득하지요 같은 명확한 경계가 없잖아. 해결되려면 시간이 지나 익숙해져야 할 뿐이라고 생각해. 하지만 그것도 꽤 걸린다고 생각하고. 가족이란 굉장히 애매하고 델리케이트한 관계를 쌓고 있는 거니까… 그동안 만나지 못하면 쓸쓸하잖아. 그러니까….”/ 얼굴을 보여줘, 하고 덧붙인 어머니는 쓴웃음을 지으며 "나답지 않네"라고 자조적으로 말했다. 확실히 어머니 같지 않은 모호한 말투라고는 생각했지만 굉장히 배려해서 말하고 있다는 것을 나는 잘 알 수 있었고, 감사의 마음으로 가득 찼다.

[b]—4. 게이 교사와 육아하는 게이를 주위가 응원하는 세계

연애 관계가 된 남성 캐릭터 중 한 명이 결혼한 적이 있고, 그 결혼으로 아이가 있다는 '육아파파イクメン'인 작품이 BL 전체에서 차지하는 비율은 아마도 현실 남성 인구에서 육아파파가 차지하는 비중보다 상당히 높을 것이다. 예를 들면 만화 『네가 있는 장소きみが居る場所』(후카이 유키深井結己, 2003)에서는 공 캐릭터의 아들인 보육원생이 짧은 기간에 수 캐릭터를 따르게 되어, 접이식 상을 펴면 죽은 엄마의 지정 자리에 앉아도 된다고 부끄러워하면서 말하고, 잠시 나갔다 돌아온 수 캐릭터에게 이제 아무 데도 가지 말라고 울먹이는 모습이 그려진다.

만화 『바람의 행방風の行方』(쿠니에다 사이카国枝彩香, 2004)에서 원래는 이성애자였던 공 캐릭터 켄토健人의 조부모는 켄토의 동료이자 미술 교사인 남성 아키라瑛와의 교제에 반대하고 있다. 최종적으로는 아키라가 '데릴사위'가 되어 네 명이 동거하게 되는 과정이 유머를 섞으면서도 진실되게 그려진다(켄토의 양친은 젊어서 사고로 사망했다). 이삿날, 도와주러 온 제자인 고교생 중 두 여학생이 '방학 자유연구로 향토사에 대해 조사하고' 있으니 '옛날의 귀중한 사진'을 보여달라

고 켄토의 조부에게 부탁하자 조부는 싫지 않은 기색이다. 그리고 아내(켄토의 조모)에게 "저 녀석들 사이를 허락한 건 아냐"라고 말하면서도 모두를 위해 초밥을 주문해 주라고 말한다. 이것을 본 아키라가 '작전은 성공'이라고 켄토에게 설명한다.

1. 딱 보기에도 할아버지들에게 인기 좋을 법한 우등생을 보내서 회유한다.
2. 남자끼리라서 아이는 바랄 수 없지만 "봐, 이 학생들이 우리들의 아이다"라고 어필하는 거 어때? 이 일석이조의 멋진 작전.

자랑하듯이 말하는 아키라의 얼굴이 코믹하게 데포르메되어 있고 유머러스한 인상을 주는 장면이지만, 자신들의 자손을 남기기 어렵기 때문에 교직 등을 통해 다음 세대의 육성에 기여하는 것은 현실의 동성애자도 상당한 비율로 고려하고 있을 법한 일이다. 이 장면의 몇 페이지 앞에선 교제가 3년째인 것을 계기로 켄토가 결혼 대신 양자결연을 하자고 말을 꺼낸다. "네가 말하는 결혼이란 뭐야?"라고 아키라가 묻자 "보장을 원해 / (…) / 세상 부부들에게 인정되어 있는 사회적인 권리라든지, 가장 가까운 가족이라는 확실한 증거. / 만약 내가 죽으면 너에게 재산을 남겨줄 수 있게…"라 대답하는 장면도 있는 등, 작가 쿠니에다가 동성 커플의 권리 문제를 진지하게 생각하고 있다는 점을 알 수 있다.

마지막으로 게이 청년이 중학생과 고등학생인 법률상 형제를 키워가는 것을 주위 사람들이 응원하는 세계가 그려진 소설 『추정연애推定恋愛』(타케우치 리우토たけうちりうと, 2003)를 들겠다. 현재진행형으로

연애 관계가 진전하는 쪽은 니와 노리아키仁和憲章와 그의 상사에 해당하는 미노리카와 마사미御法川正実의 변호사 커플이지만, 의뢰인이자 케이크 장인인 카야마 히로시香山浩가 아이들의 법률상 형이자 보호자이다. 선대인 카야마 하루오香山晴雄는 이혼하고 세 명의 자식을 기르면서 케이크 가게를 운영하다가, 장남이 가출한 후 수업을 하러 들어온 히로시와 어느새 연인 관계가 되어 양자결연을 맺었다. 아이들 둘에게 진짜 관계를 고백하는 것은 그들이 성인이 된 후에 하기로 하고 힘을 모아 케이크 가게를 경영하며 아이들을 키우고 있었지만, 선대가 몇 개월 전에 급사했다. 가출했던 장남은 양자인 히로시가 점포와 토지, 가옥과 유산의 반을 계승하는 것이 부당하다면서 양자결연의 해소를 요구해왔다…. 결론부터 말하자면 마사미와 노리아키의 변호가 성공해서 히로시와 법률상 남매는 계속 케이크 가게를 운영하며 가족으로서 살아갈 수 있게 된다. 그 과정에서 마사미의 조언에 따라 히로시는 나츠코夏子(고등학생)와 켄타健太(중학생)에게 그들의 죽은 아버지와 자신이 게이 커플이었다는 사실을 커밍아웃한다. 아이들 둘은 아버지와 히로시의 관계를 눈치채지 못하고 있었고, 또 세간 일반의 호모포비아와 무관하지도 않다. 부모의 연애 사실을 아는 것 자체에 부끄러움과 거부감이 있을 연령대다. 하지만 그런 두 사람이 쌓아온 행복한 가정생활의 축을 짊어진 히로시와의 '사랑'의 경험을 근거로 막연한 호모포비아에서 자유로워져서, 결론적으로 카가와 케이크점의 3인 가족이 되는 것이다.

우선 이 작품은 카야마 히로시를 등장 때부터 철저하게 인상이 좋은 인물로 묘사한다. 변호사 사무소에 상담하러 온 히로시를 본

마사미는 이렇게 생각한다. "카야마에게는 바닷바람에 씻은 듯한 청량함이 있다. 성실해 보이고 다정할 것 같은 인물이다." 다음은 요리 교실을 운영하는 마사미 모친의 말이다. "저 가게, 한번은 경영이 위험해서, / (…) 용케 회복했네 / (…) / 젊은 직인이 들어온 게 좋았던 거네. 이 케이크도 그 직인이 생각해서 콩쿨에 냈던 것 같아. 봐, 저 산뜻한 느낌의, 남자답지만 다정한 말투를 쓰는 직인 / (…) / 내 교실에도 한번 강사로 와줬어. 정말 열심히 일하는 데다가 진정성이 느껴지고 무엇보다 사랑이 있었어. 그게 중요하지."

고등학생인 나츠코와 중학생 켄타에게 히로시는 "나, 게이야"라고 밝히고, 마사미가 "히로시 씨가 이렇게 두 사람에게 밝히는 것은 매우 용기가 필요한 일이니까 두 사람도 용기를 가지고 들어주세요. 히로시 씨의 연인은 두 사람의 아버지였어요"라고 말을 잇는다.

　　아이들 둘은 무표정한 채 서로 얼굴을 보았다. / (…) / "나, 괜찮다고 생각해, 뭐." / 나츠코는 단호한 어조로 말하고 가슴을 폈다. / "사, 사랑이 있었다면 그건 좋다고 생각해. 내가 어렸을 때, 아빠는 이혼하기 전에는 정말 작은 일로도 화를 내고 엄마와 싸웠고, 그 두 사람은 사랑이 없었으니까 행복하지 않았던 거잖아요. 히로시 씨와 함께 있을 때 아빠는 의미 없이 화내거나 하지 않았는걸. (…)"

다음은 "너도 뭐라고 말해봐"라고 누나에게 재촉당한 켄타와 히로시의 대화이다.

　　"학교 친구들에게는 알리고 싶지 않을지도 -" / (…) / "나에 대해 기분 나쁘다고 생각해?" / (...) / "히로시 씨는… 음- 뭐랄까, 기분 나쁘거나 그런 게 아니고" / 거기에서 잠시 말을 끊고 복잡한 표정으로 마사미를 흘끗 본다. / "히로시 씨 말이야, 음- 뭐랄까 그니까, 아빠와-, 그러니까 그, 섹스 같은 거 한 거야?" / "그래." / "그런 것, 이제부터 말하지 않는다면 그걸로 괜찮아, 나는" / "켄타, 미안하다." / "미안하다는 것도 없기로 하고."

몇 페이지 후, 장남에게 끌려갔던 켄타를 무사히 데려온 마사미는 부하인 노리아키가 중학생인 켄타에게 자신이 게이라고 커밍아웃했다는 사실을 알고 비난한다. 하지만 노리아키는 태연하게 설명하고, 켄타도 아버지에 대해서 말한다.

"(...) 호모는 드물어? 라고 켄타가 물어보니까. 세계의 게이가 전부 나는 게이라고 소리 지르면 드물지도 아무렇지도 않은 것이 된다는 생각이 들어서 설명을 하느라고. 나도 그러니까, 라고 나도 모르게 무심코." / (...) / "(...) 잘 생각해보니 나도 조금은 눈치 채고 있었다고 생각해, 아빠 일. / (...) / 예를 들면 말이지, 선전 같은 데서 남자 알몸이 나오면 아빠는 신문 읽는 거 그만두고 보거나 했으니까 말야. 수영 선생님 몸이 좋다고 말하거나. 그때는 설마 아빠가 남자에게~ 라고 생각했지만 / (...) / 가족이 아프면 히로시 씨가 필사적으로 간호해 주는 것은 거기에 사랑이 있기 때문이라고 누나는 말해. 하지만 형이 히로시 씨가 너를 맘대로 하려고 생각하고 있어, 자, 이거 봐, 호모는 이런 거라면서 노골적인 호모 에로책을 보여줬을 때는 솔직히 그만둬~ 라고 생각했어."

죽은 아버지와 히로시 사이의 파트너십이 성행위를 포함한다는 사실을 알고 나서, 그것이 자신들을 자애롭게 키워준 히로시에 대한 가족으로서의 애정과 이어져 있다는 점을 여기에서 켄타는 이해하고 있다. 성인 게이 남성의 섹슈얼 판타지를 자극하기 위한 에로책을 강제로 보게 된 논케 남자 중학생이 기분 나쁘다고 생각하는 것은 당연하며, 동시에 죽은 아버지와 히로시라는 게이 커플을 아들로서 흠모하는 것이 양립하고 있다.

주인공 커플의 연애 쪽은 기분에 따라 마사미가 밥을 한 말 단위로 지어서 노리아키에게 배달하는 등 BL 정형조차 넘어서는 엉뚱한 묘사로 진행되지만, 카야마 히로시가 선대와 동성 커플이었다는 사실에 대해서는 주위 사람들의 반응도 포함하여 그럴듯한 리얼리티를 가지고 묘사된다.^{주14} BL엔터테인먼트로서의 방향성과 현실적인 호모포비아를 극복하려는 방향성, 양쪽을 향해 강인한 상상력이 발휘된 작품이다.

[b]—5. 다양한 게이 캐릭터들이 이성애 규범과 호모포비아와 갈등하면서도 주위의 이성애자를 배려하는 주체로서의 자긍심을 지니고 살아간다

지금까지 고찰한 진화형 BL은 정도의 차는 있지만 BL의 패턴을 채용한 BL엔터테인먼트 작품 중에서도 주인공들이 '게이 남성으로' 만약 일본 사회에 살고 있다면 어떻게 행동할 것인가, 주변이 어떻게 취급할 것인가라는 문제에 대해 성실한 상상력을 발휘한

작품군이라고 할 수 있다. 실현될 수 있을 것처럼 보일 정도로 현실의 상황에 접속하면서도, 현실보다 동성애자를 존중하는 방향으로 나아간 다수의 장면. 그런 장면이 상시적으로 창조되는 장르는 BL뿐이 아닐까.

그리고 이 장 마지막 부분에서는 한결 더 진화한 작품의 사례를 두 가지 들겠다. 여기서는 주인공 커플만이 아니라 복수의 게이 캐릭터가 현실적인 다양성을 체현하면서도 세간의 이성애 규범과 호모포비아와 갈등한다. 그들은 각자만의 절충을 하면서 자신의 장소를 발견하고 나아가 연애 상대뿐만 아니라 가족, 그리고 예전에 고백했지만 차였던 상대 등 이성애자에 대해서도 배려하면서 자긍심을 지니고 살아간다. 미리 말하자면 캐릭터들을 BL의 정형에 맞춰 조형하는 것이 아니라 어디까지나 현실에 이런 사람이 있다면—자기 자신이 '그'라면—어떻게 행동할지 작가가 현실에 스스로를 대입하여 캐릭터의 구석구석까지 상상력을 발휘해 조형한 결과, 현실의 인물과 동등한 복잡성과 모순을 지닌 캐릭터에게 숨을 불어넣어 그들이 이야기를 끌어나간 것은 아니었을까.

첫 번째 유형의 작품 사례로서 만화 『스멜 라이크 그린 스피릿 사이드 A Smells Like Green Spirit SIDE A』(나가이 사부로永井三郎, 2012)와 『스멜 라이크 그린 스피릿 사이드 B Smells Like Green Spirit SIDE B』(2013)를 들 수 있다. 『이 BL이 대단해!』 2013년 판(2012년 말 발행)에서는 '기대의 신인'으로 『소년이여 큰 뜻이라든지 여러 가지를 품어라少年よ、大志とか色々抱け』(2012)가 '모에&개그 남자기숙사물☆'로 소개된 작가로서, 『SIDE B』가 2014년 판에서 7위로 랭크인했다. 전 2권인 이 작품은

총 14화와 번외편, 신규 추가작으로 구성되어 있다. 배경은 '쇠락한 시내까지 한 시간에 한 번 있는 전차로 30분' 걸리고 중학교까지 자전거로 30분, 도보로 2시간 걸려서 통학하는 학생도 드물지 않은, 산에 둘러싸인 시골. 세 명의 주인공 중 메인은 여성적인 용모와 날씬한 체형에 허리까지 기른 머리 때문에 동급생들로부터 '진짜 호모' '기분 나빠'라고 왕따당하는 남자 중학생 미시마三島. 그리고 키가 크고 핸섬한 축구부의 인기 스타 키리노桐野. 미국인 아버지와 일본인 어머니를 가진 덕에 외모는 좋지만 머리가 나쁜 유메노夢野. 미시마의 부친은 일찍 죽었고 지금은 전 양키였던 젊은 어머니와 사이좋게 살고 있다. 키리노는 문화교실을 주재하는 쉰이 넘은 모친과 살고, 부친은 애인 집에서 거의 돌아오지 않는다. 이야기의 스타트 지점에서 미시마는 키리노와 유메노를 포함한 남자 그룹에게 집요하게 왕따당하고 있다.

미시마에겐 모친이 잠든 후에 그녀의 립스틱을 바르고 거울 앞에서 목 위쪽을 '여장'하는 것이 '정신안정제 같은' 것이다. 그렇게 이 여성성 강한 동성애자인 미시마가 갈등하고 성장하며 연애하는 이야기로 볼 수도 있지만, 그 과정에서 의외의 전개가 여러 개 대기하고 있다. 특히 중요한 포인트를 살펴보겠다.

1화에서는 왕따가 심해져 미시마가 유메노와 다른 두 사람에게 머리카락을 잘린다. "그 이상 자르면… 여장할 수 없어져…!!" 전전긍긍하는 미시마에게 유메노 일행이 "이 정도로 용서해줄까!!" 하고 손을 멈춘 후, 키리노가 "아직이야"라며 가위를 더 휘두른다. 절망하는 미시마. …그러나 집으로 돌아가서 거울을 보니 어깨까지 오는 정도의 매우 잘 어울리는 헤어컷이었고, 의외로 길었던 때

보다도 귀엽게 보였다. 3화에서는 인기 있는 스포츠 미남이 확실한 키리노가 실은 강렬한 여성성을 억누르고 있었던 사실이 발각된다. 키리노는 미시마의 여성적인 용모와 날씬한 몸매를 부러워하고 있었던 것이다. 옥상에서 립스틱을 몰래 바르고 있던 키리노를 미시마가 목격한 것을 계기로 "같은 눈… 같은…" "깨닫고 보니 그랬다"라고 서로에게 이야기한 두 사람은 점심시간 옥상에서 있는 그대로의 자신들로서 수다를 떠는 사이가 된다. 특히 미시마의 제안에 응해서 "나ｱﾀｼ!"라는 1인칭 여자 말투로 말하게 된 키리노는 생기가 넘친다. 왕따 장면에서 키리노가 미시마의 머리를 귀엽게 커트한 것은 부러워하는 대상이자 '정말 싫은' 미시마이지만 '가끔씩 살짝 다정한 기분이 들기도 하는' 대상이기 때문이라고 나중에 키리노의 입으로 밝혀진다. 자신보다 여성적인 용모를 지닌

전보다 어울리는 머리형이 된 거울 속의 자신의 모습에 깜짝 놀라는 미시마
/ 나가이 사부로 『스멜 라이크 그린 스피릿 사이드 A』 (퓨전 프로덕트, 2012)

미시마를 질투하면서도 키리노 자신 역시 정신적으로 여성성이 극히 강하기 때문에 같은 처지인 미시마에게 머리카락이 소중하다는 사실을 이해하고 있고, 미시마의 '여자보다 귀여운' 용모를 부러워하고 있었으므로 마구 기른 장발보다 미시마에게 더 잘 어울리는 헤어스타일을 알고 있었다는 것이다. 미시마의 머리카락을 둘러싼 에피소드는 그 의외성으로 이야기에 탄력을 부여하는 동시에 키리노의 복잡한 내면을 전달하는 기능도 담당하고 있다.

키리노는 과거형으로, 미시마는 현재진행형으로 여자와 섹스하려는 장면도 그려지지만 키리노는 행위 뒤에, 미시마는 그 전에 구토해버린다. 이 토한다는 것은 과장된 표현일지 모르지만, 성애의 대상으로서 괜찮다고 생각했던 여자와 자신이 되고 싶은 여자아이의 모습을 혼동했다는, 욕망의 대상과 동일화 대상의 혼동은 상당히 있을 법한 일이다. 또 키리노는 TV에서 본 '우리들에게 관용적인 나라' 태국을 '도원향'으로 부르며 거기에 다녀오면 '여자가 될 수 있어'라는 꿈에 대해 이야기하지만, 결국 꿈이라고 말하면서도 태국을 선택한 부분은 현실에서 몇 개의 장애물을 넘어서면 갈 수 있을지도 모른다는 의지를 느끼게 하는 연출이다. 이 장면에서 키리노를 향해 미시마가 하는 말은 매우 리얼하게 들린다.

> 나는 여자는 안 된다는 걸 알았고 100% 게이로 여장에도 흥미가 있지만 / 여자가 되고 싶냐고 한다면… 어떨까

키리노가 "아~ 너 여기서도 '나私'라고 말하지 않으니까"라고 하자 미시마는 이렇게 계속 말한다.

아직 잘… 모르겠어 / 언젠가 당당하게 "나는 이런 인간이야!!"
라고 말하는 날이 오면 좋겠어

태어난 몸은 남성이고 성적 지향이 남성을 향하는 것이 명백하다고 해도 여장이 좋을 뿐 어디까지나 남성으로서 남성이 좋은 게이인지, 아니면 마음의 성별(성별 자기 인식)은 여성이며 여성으로서 남성이 좋은 트랜스젠더인 이성애자인지, 과연 자신이 어느 쪽에 속하는지에 대한 자아 찾기이다. 어느 쪽이든 성적 지향 또는 성별 자기 인식에서 섹슈얼 마이너리티이며, "게이인가 논케인가"라는 질문은 아니다. 또 미시마와 키리노의 취향인 남성 타입은 "남자답고 근육질에 털이 많고" "소년 같은 천진난만함도 갖추고 있는" 사람으로 게이의 왕도를 걷고 있으며, 왕자님을 원하는 소녀만화 노선이 아니라 현실과 접속하고 있다.

이렇게 이 작품은 게이 캐릭터들(트랜스젠더일 가능성도 있지만)에게 다가가 리얼하게 묘사하고 있지만, 의외의 부분에서 주인공에게 폭력을 휘두르는 악역 또한 게이이다. 사회과 교사인 야나기다柳田는 미시마를 차로 납치하여 인적이 없는 장소에서 강간하려고 한다. 키리노와 유메노가 도와주러 왔기에 미수에 그치지만, 옷을 벗기고 항문에 삽입하려 하나 들어가지 않는 장면까지 그려지기 때문에 생생하다. 그렇다 해도 이 작품에서 야나기다의 강간행위 자체는 단죄되는 것으로서 그려지고 있지만, "게이 남성이므로 남자를 범하려고 하는 괴물이다"라는 편견에 가담하는 표현은 사용하지 않는다. 그것은 야나기다가 부모로부터의 억압에 의해 게이로서 살아갈 수 없었던 데다가 어떻게든 노력해서 결혼 생활을 보내고 있었지만 미소년물 DVD를 발견한 아내가 굴욕적인 이혼을 강요하고, 모친에게 다시 환자 취급을 받은 탓에 정신적으로 이상해졌다는 경위가 섬세하게 묘사되어 있기 때문이다.

또한 이 부분까지는 캐릭터 각자가 있는 그대로 자신의 욕망을 찾아서 그에 따라 솔직하게 살아가길 권장하고 있는—억압된 야나기다처럼 되지 않기 위해서—세계관처럼 보이는데도 불구하고, 의외로 메인 캐릭터 중 한 명인 키리노는 자신을 억압해서라도 모친의 기대에 응해 이성애 남성으로서 살아가며 가정도 가지겠다고 결심한다. 그것이 이성애 규범과 호모포비아에 의한 패배라기보다, 어디까지나 키리노의 주체적인 의사 결정에 따른 바라 느껴지는 건 그의 동기에 대한 구체적인 묘사가 있기 때문이다. 키리노는 왜 모친을 위해 그 정도까지 결심했는지에 대한 이유로 어린 시절 모친과 여행했을 때 봤던 행복해 보이는 얼굴을 떠올리며, "어머니가 웃지 않으면 내가 안 돼"(필자 강조)라고 말한다. '그때 어머니의 활짝 웃는 얼굴'이 확대되어 페이지 상부에 옆으로 가득, 세로 3분의 1 정도로 왼쪽에서 비스듬한 각도로 그려진다. 같은 페이지 오른쪽 아래에 헤어스타일도 용모도 거의 모친과 같아 마치 모친의 젊은 버전 같은 키리노를 같은 각도의 확대 컷으로 배치하고 있기 때문에, 시각적으로 이 두 사람이 반복되면서 아들 키리노 마코토와 모친의 절대적인 유대에 강한 인상을 받게 된다.

내가 나를 위해 선택했어 / 누구 탓, 무엇 탓이라고 하지 않아 / 그러니까 야나기다처럼 부서지지 않아 / (...) / 지금은 '노력'이라

키리노(오른쪽 아래)가 모친(최상단)과의 추억을 말하는 장면
/ 나가이 사부로 『스멜 라이크 그린 스피릿 사이드 B』 (퓨전 프로덕트, 2013)

고 생각하게 되지만 언젠가 그렇지 않을 때가 올지 몰라 / 소중하게 생각하는 사람과 행복한 결혼을 할 수 있을지도 / 돌아가서 어머니와 이야기해 볼래. 엄마에게 나란 인간을 이해받은 다음에 내 기분을 전해볼 거야

또 키리노가 원래 남자 축에서도 매우 장신이며 더구나 최근 손마디가 불거지거나 목소리가 낮아지고, 가슴 털도 짙어지는 남성화가 진행되고 있으니까 지금 결심하는 게 딱 좋다고 말하는 부분도 중요하다. 여성화 치료를 해도 키와 골격은 바꿀 수 없기 때문에 여성으로 보이는 외견이 되지 못하리라 자각하고, 그 역시 함께 판단했다고 해석할 수 있기 때문이다.[주15] …그렇다고는 해도 물론 키리노의 모친이 전날 대치했던 장면에서 "낳는 게 아니었어"라 오열하지 않고, 조금이라도 자식의 있는 그대로 모습을 이해하고 응원하는 자세를 보여주었다면 키리노의 결심이 바뀌었으리란 것도 상상하기 어렵지 않다. 키리노는 "나란 인간을 이해받은 다음에"라고 말하지만 그것이 가능하다고는 생각하기 어렵고, 키리노의 주체적인 결심을 존중하고 싶지만 모친이 이해해 주기만 한다면…! 하고 안타깝게 생각하는 기분도 억누를 수 없다. 그 마음은 강간 미수범인 교사 야나기다로도 이어진다. 아이들에게 가장 가까운 가족이 이성애 규범과 호모포비아에 근거해 내리는 단죄가 얼마나 치명적인지 생각하지 않을 수 없기 때문이다.

한편 미시마는 키리노가 이런 결심을 내리기 전전날에 전 양키인 모친과 대립한다. 게이로 살아가는 것이 아니라 결혼해서 아이를 가지고 여기서 살고 싶다, 그 편이 자신에게 있어서도 모친에게

있어서도 가장 행복하다고 생각했다 말하는 미시마에게 모친은 이렇게 대답한다.

> 나와 너는 달랑 두 사람이야 / 단 두 사람의 육친이야. 하지만 / 나는 나고 너는 너야 / 각자 인생이야. / 힘들어도 너는 네 길을 가!! / 나를 위해 선택한 그 길이 / 조금이라도 네 인내와 포기 위에 있는 거라면 그것으로 네가 생각한 길을 갈 수 없다면- / 나는… 너무나 슬프고 그것이야말로 불행이야 / 하늘 위의 네 아빠도 같은 기분일 거야

고아원에서 자란 모친에게 있어 미시마(아들)는 유일한 육친이지만, 그렇기 때문에 자식을 자립한 주체로서 존경하고 자식이 자신을 위해 인내하거나 포기하게 만들고 싶지 않다, 자신을 왜곡하지 말고 생각한 길을 가길 바란다, 그렇지 않으면 모친인 내가 슬프다는 표명이다. "생각한 길을 가도 돼(나는 신경 쓰지 않아도 괜찮아)"에서 더 나아가 "나를 위해, 네가 바라는 길을 가지 못한다면 내가 슬프고 불행해진다"라는, 주체적으로 아들을 배려하는 말이 가슴을 울린다. 아이가 바라는 길을 가는 것이 부모의 기쁨이라고 하는 심플함이 부각된 대사이기도 하다. 더군다나 그녀는 세간의 이성애 규범과 호모포비아를 인식하고 있기 때문에 아들이 선택한 길이 힘들 것이라는 사실을 알고 있다. 즉, 아들이 곤란한 때에 돕는 것은 두말할 필요 없는 전제라는 점도 느껴진다.

시골 마을에서 전 양키인 싱글맘으로 백안시하는 주위를 신경 쓰지 않고 호쾌하게 살아가는 모습이 만화 특유의 유머와 데포르

메를 섞어 그려지고 있기 때문에 가능한 미시마 모친의 설득력인데, 현실적으로 생각하면 그녀에게는 그녀만의 외로움이 있을 것이며 여기에 생각이 미칠 때까지에는 상당한 갈등이 있었을 것이다. 그녀의 갈등은 이 작품에서 그려지지 않기 때문에 독자의 머릿속에서 보충하기로 한다. 이 대사가 섹슈얼 마이너리티인 아이를 가진 부모에 의한 사랑의 표명이라는 점에는 변함이 없으며, 현실에 고민하며 갈등하는 부모들에게 있어서는 심플한 전제를 떠올리는 계기도 될 것이다.

중학교 편에서 유메노는 미시마에게 좋아한다 고백하고 키스한 후에 성적으로 접촉하려 하지만, 미시마의 페니스를 보고 위축되어서 거리를 둔다.[주16] 그러나 1년 동안 고민한 끝에 역시 좋아하기 때문에 잘 모르겠지만 앞으로도 너를 좋아하고 싶다고, 중학교를 마칠 무렵 다시 잠정적인 고백을 한다. 이 유메노와 미시마는 최종화에서 20대 중반 정도로 도쿄에서 동거하고 있다. 미시마는 헤어살롱, 유메노는 여행대리점의 영업. 미시마는 어깨보다 조금 긴 롱 헤어지만 화장도 여장도 하지 않고 있으며, 주말에는 드랙퀸인 '밋시ミッシィ'가 된다는 점이 여성 고객들의 잡담을 통해 드랙퀸 모습의 그림과 함께 밝혀진다. 그리고 도쿄에서 "나는 이런 인간"이라는 사실을 발견했다고 말하는 미시마의 독백이 등장한다.

도쿄에 와서 다양한 사람을 만났다. / 나처럼 옛날에 모친의 립스틱을 몰래 발랐다는 사람 / 게이라는 사실을 매우 자랑스럽게 생각하는 사람 / '남자든 여자든 관계없어'라고 웃어버리는 사람 / '미래에 희망을 가질 수가 없어'라는 사람 / 여장 동료였던 그는 3

개월 전에 자살했다.

긍정적인 사례에서 비극적인 사례까지 폭넓은 다양성을 말하는 부분이 몹시도 현실적이다. 다음 날 출근 때 엘리베이터에서 유메노가 미시마에게 키스하는 장면을 근처 아주머니가 목격하여 분위기가 거북해지는 장면에 이어, 미시마가 두 사람의 관계에 대해 다음과 같이 혼자 중얼거린다.

> 유메노와는 함께한 시간이 너무 길어 부부처럼 되어서 더 이상 불타는 것 같은 무엇인가는 없지만 / 나는 이 관계를 사랑스럽게 생각한다.

영원히 열렬한 애정을 불태우고 육체적으로도 서로를 계속 원하는 BL 정형 '궁극적 커플 신화'와는 반대의, 극히 현실적이고 범용한 짝. 전날 밤 저녁식사 때 미시마와 유메노의 대화에서 원래 이해해 주었던 양쪽 모친뿐만 아니라 맹렬히 반대하던 유메노의 부친도 실질적으로 두 사람의 관계를 인정하고 있다는 점이 언급되기 때문에, 두 사람이 가족도 공인한 커플로서 살아가고 있다는 점을 짐작할 수 있다. 미시마의 독백은 이렇게 끝난다.

> 결국 내 도원향은 키리노가 꿈꾼 것과는 달랐다 / 여기(도쿄)도 도원향이라 부르기에는 너무나 현실적이고 불안과 고민은 끊이지 않는다. / 하지만 / 있는 그대로의 자신으로 동성을 사랑하고 / '남자'로서 사회에서 살아가고 / 때로 여자가 되고 싶다기보단 이기

고 싶다는 기분으로 / 여자보다 요염하게 / 여자 이상의 무엇이 된다. / 그것이 '나' / '미시마 후토시太志'다.

양 페이지의 좌측 위 컷에 미시마의 클로즈업, 가운데에 '미시마 후토시다'라는 독백, 그리고 그 아래 컷에는 "아빠!"하고 오른손을 뻗는 여자아이가 오른쪽 비스듬히 뒤쪽에서 그려지고 있다. 페이지를 넘기면 얼굴 가득 웃음으로 대답하는 넥타이 모습의 키리노. 이 양 페이지의 키리노, 딸, 모친 3명의 대화에서 키리노가 '좋은 부친'으로 아내와 아버지도 건강하다는 사실이 전해진다. 잠자리를 봐달라는 딸의 말에 페이지를 넘기면 양면을 대담하게 4컷으로 분할한 마지막 컷은 키리노 왼쪽 눈의 클로즈업으로, 잠자리가 비치고 있다. 여기서 키리노는 딸을 향해 웃고 있지만, 클로즈업 된 눈동자가 공허하게 보인다. 특히 2페이지 앞 미시마의, 앞을 향해 야무지게 빛나는 듯한 눈동자와는 전혀 다르다. 이 작품 마지막 페이지는 위 컷에 잠자리의 전체상, 아래 컷에는 주인공들의 고향인 것 같은 산과 밭의 시골 풍경이 그려져 있다. 따라서 독자는 키리노가 자신이 선택한 삶의 방식을 완수하여 세간 일반의 의미에서는 행복하게 살고 있다는 것, 하지만 그 삶의 방식에 키리노가 만족하는 건 아닌 듯한 인상도 받게 된다. 그렇다고는 하나 야무지게 장래를 바라보는 미시마 역시 고민과 불안을 안고 있는 것이다. 게이로서 자신에게 솔직하게 살아도, 자신 안의 여성성을 억누르고 이성애 남성으로서 살아가도, 어느 쪽도 쉽지 않다는 사실을 보여주는 엔딩이다. 미시마가 중학교 시절에 키리노의 결심을 들었을 때의 마음의 목소리처럼, 어떤 길도 '바른가 바르지 않은가 같은 건 알 수 없어 / 분명히 그런 건 없는' 것이다.

읽은 후 깨닫게 되었지만 이 작품에서는 소위 섹스신이 그려져 있지 않다. 중학교 시절 강간 미수나 유메노와 미시마의 도중까지의 성적 접촉만 그려졌을 뿐이다. 그러나 직접적인 섹스신이 그려져 있지 않아도 주인공 세 사람이 성적인 주체로서 어떠한 인생을 걷고 있는가가 전혀 정형적이지 않은 복잡함을 가지고, 또 범용함을 두려워하지 않고 끝까지 그려져 있다.

이 장에서 최후로 다루는 진화형 작품은 만화 『동급생同級生』(나카무라 아스미코中村明日美子, 2008~14)이다. 고딕 롤리타, 소녀만화, 탐미적 에로스 등 폭넓은 장르에서 활약하는 작가의 BL 대표작이다. 누계판매 부수는 공표되어 있지 않지만 드라마 CD화는 물론, 호화로운 장정의 공식 팬북이 상업 출판되었고, 시리즈 6권 중 3권이 『이 BL이 대단해!』에서 1위를 했으며, 시리즈 종료기념 원화전의 입장권이 바로 완매, 토크쇼 관람 희망자의 추첨 배율은 수십 배에 달했다는 사실만 봐도 열광적인 팬이 따르는 작가이자 시리즈다.[주17]

시리즈 1권인 『동급생』(2008)에선 안경 쓴 우등생 사조 리히토佐条利人와 천연 곱슬 갈색 머리에 반쯤 감은 눈, 밴드를 하고 있는 쿠사카베 히카루草壁光가 작가 나카무라의 후기처럼 '진지하고 천천히 진행되는 연애'를 하는 모습이 그려져 있다. 합창 연습과 진로를 둘러싼 갈등 등 고등학생다운 에피소드를 통해 가끔씩 '뽀뽀'하는 관계에 머무르는 동시에 청춘의 양상을 차분히 그려내, 1권의 결말에서도 아직 키스만 할 뿐인 '진지하고 느긋한' 태도는 2008년 당시 BL로서는 매우 신선했다. 또 소위 소녀만화적인 눈이 크고 귀여운

그림체가 아니라 유려한 선과 독특한 데포르메에 따른 탐미적인 비주얼이 어울려서 BL 학원물의 스탠더드가 갱신된 느낌이 있었다.주18 시리즈 1권인 『동급생』에서는 주인공 두 명 이외에 얼굴과 이름과 대사가 일치하는 캐릭터는 자각적인 게이인 음악 교사로, 그들에 대해서 소위 '들러리'이자 '설명자' 역을 매력적으로 연기하는 '하라센ハラセン', 즉 하라 마나부原学 선생뿐이지만, 하라센이 사조에게 남자와 사귀는 것의 곤란함과 아마도 쿠사카베는 원래 게이인 건 아니라고 말하는 부분만이 세간 일반의 이성애 규범과 호모포비아에 대해 언급하고 있다.

이어지는 『졸업생 겨울卒業生 冬』(2010)부터 쿠사카베의 소꿉친구인 타니숍, 회상신으로 하라가 고등학교 시절에 키스했던 화학 교사 아리사카有坂, 그리고 얼굴은 그려져 있지 않지만 사조의 모친이 참가한다. 사조의 어머니는 검진에서 암이 발견되자 입원하여 수술하게 된다. 다음 『졸업생 봄春』(2010)의 29쪽에서 사조는 모친에게 사귀는 상대가 남자라는 사실을 고백한다. 상대가 병원에 와 있다면 만나고 싶다는 모친의 병실에 사조가 쿠사카베를 데리고 가자, '어머' 하고 두 사람을 바라보는 사조 어머니의 상반신 확대 컷에서 처음으로 그녀 얼굴에 눈, 코, 입이 그려지게 된다. 그녀가 사조와 쿠사카베 이야기에 처음으로 하나의 인격으로서 참가한 순간—주인공 2명의 관계가 학원 안만이 아니라, '가족'이라는 채널을 통해 사회성을 얻은 순간—이 인상적으로 그려지고 있는 것이다. 그리고 사조의 교토대학 입시를 앞두고 쿠사카베가 언젠가 결혼은 동성끼리 할 수 없지만 양자관계를 맺을 생각이니까 아버님께도 인사해야겠다고 말을 꺼내자 사조는 동요한다. 쿠사카베가 사조가 신경 쓰고 있는 것은 "사회라든지 세간이라든지 그런 거잖아? 왜 그렇게 답답하게 생각하는 거야? 관계없잖아"라고 말하자 사조는 화를 내며 싸우게 된다.

"너 지나치게 낙관적이야! / (...) / 보통이라는 거에서 벗어나거나 거스르거나 하는 일의 어려움을 너는 전혀 이해 못 해!"

가방을 휘두르며 마치 쿠사카베를 때리듯이 가방을 건네는 사조의 모습에서 순수한 분노라기보다 부끄러움과 곤혹스러움이 느껴진다. 그리고 입시를 위해 교토에 온 사조를 찾아서 생각지도 않게 쿠사카베가 오토바이로 등장하자, "왜 굳이…"라고 사조가 말하고 두 사람은 시선을 교환하며 얼굴을 붉힌다. "지난번엔 미안했어 / 하지만 근본적으로 나는 틀리지 않았다고 생각해"라는 쿠사카베의 말과, 넘긴 다음 페이지 옆의 1/3씩을 사용한 두 사람 각각 홍조를 띤 얼굴의 클로즈업(영화 용어로 말하자면 '숏/리버스 숏')에 의해 사조도 쿠사카베의 말에 실은 찬성하고 있고 두 사람의 마음이 통했다는 사실, 사조의 입시 전날 이 타이밍에 두 사람이 미래를 함께 걸어가겠다는 각오를 한 사실이 전해져 온다. 사조는 교토대에 합격하고 쿠사카베도 프로 뮤지션이 될 것 같은 에피소드가 그려지며 『졸업생 봄』의 종반, 졸업식이 된다. 두 사람은 졸업식을 땡땡이치고 처음 만났던 2학년 때 교실에서 '좋아해' '결혼해줘'라고 말하면서 섹스를 한다. 졸업식 후 다른 학생들과 합류한 두 사람의 분위기에 무엇이 있었는지 감지한 하라센의 "맹세의 키스를 해라 / 여기서"에 응해서 키스를 하는 두 사람. …다른 사람들이 모두 식장에 있는 시간대라곤 해도 대낮의 교실에서 애널 섹스를 한다는 것은 BL 판타지적이고, 연애의 성취가 '결혼'이라는 말처럼 결혼식 장면은 아니지만 그것을 상기시키는 맹세의 키스 장면으로 맺어지는 결말은 'girl meets boy'라는 소녀만화의 왕도 중 왕도이다. 즉 시리즈 3권 시점에는 각각 장르의 정형을 채용하면서도 현실적인 사회 안에서 게이로서 살아가기를 각오한 주인공 두 사람을 그리는 것을 양립시키고 있다. 그리고 이 작품은 더욱 진화를 보여준다.

사조와 쿠사카베가 졸업한 후 하라센, 즉 하라 마나부와 신입생 아오토 소라노靑砥空乃의 관계성을 축으로 한 『소라와 하라空と原』에서는 현실적인 이성애 규범과 호모포비아에 대한 대응이 좀 더 깊게 묘사되어 있다. 초반에 고등학교 교사인 하라가 게이 바에서 소라노를 유혹해서 호텔로 끌어들이는 부분 이외에는, 게이 신에 있어서도 패션업계에 대해서도 현실적인 기준에서 볼 때 무리한 묘사가 전혀 없다.[주19] 그중에서도 특필할 만한 부분을 두 가지 들겠다.

첫 번째는 소라노가 중학교 시절 짝사랑했던 상대인 후지노フジノ와 재회하는 장면이다. 소라노가 후지노에게 고백하여 차인 일이 소라노의 꿈속 회상 장면이나 현재진행형인 소라노의 대사에서 전해지는데, 중학교에서도 야구부로 야구강호교에 진학한 후지노가 소라노(와 하라센)의 고등학교에 연습시합차 오기 며칠 전, 휴대전화 메일로 '이번에 너희 학교에 간다'고 연락해온다. 고민한 끝에 주말의 고등학교에 사복으로 온 소라노는 교정 구석의 사람이 없는 수돗가에서 선배들의 음료수를 만들고 있는 후지노와 딱 마주친다. 작업을 도와 잡담을 하면서도 후지노의 웃는 얼굴을 사랑스

럽게 바라보는 소라노. 왜 메일을 보냈는지 어렵게 물어보려고 하다가 "너 왜…"라고 입을 연 소라노였지만, 눈을 크게 뜨고 자신을 쳐다보는 후지노를 보고 "나 여자 친구 생겼어"라고 거짓말을 한다. "진짜?" "남자 학교잖아"라고 소란을 피우는 후지노에게 소라노는 웃는 얼굴을 보인다. "뭐야, 하지만 / 그렇다면 / 잘됐네"라고 안심하는 표정을 보이는 후지노를 클로즈업. 즐거운 듯이 손을 흔들고 팀으로 돌아가는 후지노를 보내는 소라노의 외로운 표정. 여기서 독자는 소라노가 후지노를 안심시키기 위해 '중학교 때 네가 좋다고 고백한 자신을 차버린 일을 너는 신경 쓰고 있는지 모르겠지만, 여자 친구가 생겼으니 중학교 때 일은 일시적인 착각이었고 사실 자신은 이성애자다, 그러니 신경 쓰지 않아도 된다는 메시지를 전한다'란 의도로 거짓말을 했다는 사실을 눈치채게 된다. 훔쳐 듣고 있던 하라가 "그런 건 좋지 않아"라고 비판하자 "괜찮아요"라며 상대하지 않는 소라노. 하라가 "잘난 척하지 마"라고 조금 목소리를 거칠게 하자, 넘긴 다음 페이지에서는 오른쪽 페이지 세로 3/4 정도의 컷에 "잘난 척하는 거 아니야!!"라는 대사와 함께 머리카락과 후드 점퍼가 감정의 격함을 나타내는 것처럼 물결치고 있는 소라노의 허리부터 상반신의 뒷모습. 나머지 가는 세로 컷에 놀라서 눈을 크게 뜬 하라의 오른쪽 얼굴 반쪽의 클로즈업과 바로 눈앞에는 소라노 윗머리의 일부. 그리고 펼친 두 페이지의 좌측을 활용한 장면으로 "내 마음보다 소중한 것도 있는 거잖아요!"라는 소라노의 대사가 중앙의 위쪽에 배치되어 있고, 소라노 뒤에 서는 하라의 좌측 하단부로부터의 각도에서 두 사람의 모습과 큰 여백. 다음의 펼친 두 페이지를 활용한 장면에서는 "미안하네요, 목소리가 컸네…" "자, 그러니까 괜찮아요. 난 정말 괜찮아요"라고 말하면서 눈물이 그렁그렁한 소라노를 자애로운 시선으로 바라보는 하라가 뒤에서 머리를 쓰다듬어 준다. 놀라움에 눈을 크게 뜬 소라노. 넘겨서 다음 페이지 중 오른쪽에 다시 세로 3/4 정도의 커다란 컷에 손으로 얼굴을 감싸고 소리 없이 고개를 떨구는 소라노의 뒤에서 머리를 쓰다듬는 하라가 허리 아래 정도까지 그려져 있다. "잘난 척하는 거 아니야!"로부터 5페이지 가까이 들어서 표정의 변화를 차분히 보여주는 장면에는 마음이 움직이지 않을 수 없다.

그리고 작품의 세계에서 한 걸음 떨어져 나와 냉정을 되찾고 감동하게 되는 부분은 소라노라는 고민하는 게이 소년이, 자신을 마이너리티이자 가엾은 존재로 두지 않고 후지노란 예전 동급생인 헤테로 남자를 배려해 그를 편하게 해주기 위하여 일부러 거짓말을 했다는 점이다. 작가 나카무라는 그 이유를 소라노 군이 '사토

소라노(뒷모습)와 하라 / 나카무라 아스미코 『소라와 하라』 (아카네신샤茜新社, 2012)

리 세대'이기 때문이라고 이야기했지만[주20] 자신이 좋아했던―그리고 지금도 사실은 좋아하는―상대에게 부담을 주지 않으려 자신이 더 상처 입는 것도 서슴지 않고 행동하는 젊은 게이 캐릭터는 레즈비언인 내 자신의 젊은 날과 완전히 다르고, 보다 젊은 세대의 게이가 쓴 수기에서도 읽은 적이 없다. 실제로는 소라노의 태도와 달리 '이성애자인 네가 현실의 게이와 레즈비언인 나의 연애 감정을 받아들이지 못하는 것은 어쩔 수 없다고 해도, 내가 동성애자이며 세상에는 게이와 레즈비언도 있다란 사실은 현실로서 알아주길 원한다'는, 마이너리티인 자신의 존재 방식을 다수majority인 당신은 적어도 인식하라는 논조가 많지 않을까. 소라노가 이를 훌쩍 뛰어넘어 배려하는 주체로서 행동하는 것에는, 작가 나카무라가 현실의 게이를 모델로 삼는 정도를 뛰어넘어서 소라노에게 직접 성실한 상상력 그대로 숨을 불어넣었다는 사실이 드러나 있다.

그렇다고는 해도 현실의 게이와 레즈비언이 단순히 소라노의 행동을 모방해야 한다고 말하려는 것은 아니다. 이 호모포빅한 일본 사회에서, 특히 동성애자로서 자기 긍정 할 수 없는 젊은 당사자가 자신을 속이는 것은 위험하다. …그러니 그보다는 이 작품에서 소라노가 후지노에 대해 배려하는 주체로서 행동하는 것은 동시에 소라노가 그 시점에 많은 게이와 알게 되어 자기를 긍정하고, 타인을 배려하는 여유가 생겼다는 사실의 표현이기도 하다는 점이 중요하다. 하라센(하라 선생)뿐만 아니라 하라가 사랑하는 대상이자 예전 제자인 사조, 전화로 말한 사조의 동성 연인 쿠사카베, 그리고 10대부터 하라의 친구인 코마츠ㄱㅁㅊ와 서로 알게 되었고, 코마츠로부터는 하라와 만났던 10대 때 에피소드도 들었다. 실제 고등학교 1학년인 남자가 단기간 동안 자신의 고등학교 교사를 시작으로 네 명의 연상 게이와 알게 되어 깊이 있는 커뮤니케이션을 하게 되는 사례는 소수겠지만, 그 부분은 이야기의 마술이기도 하다. 그리고 그것까지 포함해서 작가가 소라노라는 캐릭터의 성실함에 바탕해 살짝 숨을 불어넣었기에 소라노의 후지노에 대한 행동으로 이어지는 것이다. 소라노의 행동과 그 직후 하라와의 대화 자체는 앞에서 서술한 바와 같이 마음이 움직이지 않을 수 없는 장면으로, 소라노와 하라의 거리가 더욱 줄어드는 동시에 소라노가 전향적으로 게이로서 살아가겠다는 의사를 표현하는 장면이기도 하다… 그 시점에서는 아직 후지노를 포기한 슬픔이 섞여 있다고 해도. 이런 의미에서 실제로 소라노 같은 경지에 이를 때까지는 시간이 걸리겠지만, 소라노처럼 스스로 단호하게 결심할 수 있는 젊은 게이가 늘어난다면 좋겠다고 생각하게 된다. 현실에 접속하면서도 현실을 앞서가는 진화형 작품이다.

또 하나 특필할 만한 장면은 화학 교사인 아리사카 사토시有坂悟志가 예전 제자인 사노 히비키佐野響의 자택문 앞에서 그의 어머니에게 사죄하는 장면이다. 아리사카는 하라의 고등학교 시절 교사이기도 하고, 연애 관계가 될 뻔한 순간이 있었으나 아리사카가 물러서는 형태로 끝난 적이 있으며, 최근에 아리사카가 하라의 근무처에 전근해 왔기 때문에 약 20년 만에 재회했다. 또한 아리사카는 위장 결혼이 아닌, 결혼하면 이성애자로서 살아가는 것이 가능하리라 생각해 결혼을 했지만 이혼으로 끝났고, 아내가 기르고 있는 딸이 있다는 점 등을 이 시점에서 독자는 알고 있다. 나아가 아리사카가 히비키에게 자신을 포기시키기 위해서 몰래 이사한 아파트에, 전날 밤 히비키가 와서 폭력을 휘둘렀던 것 같다는 점도 그려져 있다. 그래도 히비키가 절박하게 전화했기 때문에 아리사카는 집까지 찾아오지만, 히비키의 모친이 집에 들어오지 못하게 한다. 걱정해서 쫓아온 하라와 소라노 앞에서 아리사카를 향해 "변태!" 등 모욕을 하는 모친. 히비키의 "또 때린 거야, 선생님을"이라는 말로 아리사카의 멍은 히비키가 아니라 히비키를 쫓아온 모친 때문이라는 걸 알 수 있다. 모친을 향해 "죽어버려!!"라고 격하게 말하는 히비키의 뺨을 때리고, 아리사카는 무릎을 꿇으며 "저는 평생 두 번 다시 히비키 군을 만나지 않겠습니다" "교사도 그만두겠습니다"라고 말한다. 히비키가 "싫어, 선생님…" "왜 그런 말을 하는 거야, 나를… 졸업하면 사귀어 준다고, 좋아해 준다고 / 말하지 않았어요?" "전부 거짓말이었어요?"라며 눈에 눈물을 머금고 소리 지른다. 하라가 아리사카에게 "거짓말 아니지요?" "지금 당신이 그와 마주하지 않으면 어떻게 합니까?" "또… 그를 버릴 겁니까?"라고 말을 걸자, 눈물을 흘리던 아리사카가 눈을 크게 뜬 확대컷과 눈썹을 모으고 눈을 감으면서 "…나는…"이라는 확대컷이 나열되고, 대사뿐인 두 컷으로 이렇게 연결된다.

죄송합니다. 나는… 그가 좋아요. / 히비키 군이… 좋아요….

아리사카가 현관 앞에서 히비키의 모친과 입씨름을 시작하여 여기까지 11페이지 반을 소비하는 동안 영화 용어로 말하자면 클로즈업, 부감의 객관 샷, 주관 샷 등을 엮어가면서 이 장에 있는 사람들의 감정 변화가 정성스럽게 그려진다. 19세 아들이 게이라는

사실을 인정하고 싶지 않아서 중년 남성인 상대 탓으로 돌리려는 부모의 기분도 이해할 수 있고, 그를 위해 포기하려고 하는 아리사카의 마음도 알 수 있다. 그러나 동시에, 19세쯤 되면 법적으로는 미성년이라고 해도 충분히 자신의 성적 지향을 자각한 뒤 주체적으로 사랑을 해도 전혀 이상하지 않다는 점도 알 수 있다. 여기에서 아리사카와 헤어져도 히비키는 다시 동성과 사랑할 것이고, 그러지 못하게 하려면 부모는 그를 감금할 수밖에 없다. 그것은 히비키를 사회적으로 말살하는 일로, 부모로서는 원하는 바가 아닐 것이다. 그렇다면 히비키가 아리사카와 사귀는 것을 바로 응원할 수는 없다 해도, 수용해 나가도록 타협하는 쪽이 부모로서도 현실적이지 않을까… 등등의 지점까지 단숨에 생각해보게 되는 강렬한 장면이다(히비키의 어머니에게 동성애에 관한 상담을 할 수 있는 전화상담 '곁에서 핫라인 よりそいホットライン'의 번호를 가르쳐 주고 싶다는 생각이 바로 들었을 정도로, 만화를 읽으면서 가족 같은 마음이 되어버렸다).

히비키 양친과의 갈등은 더 이상 그려지지 않지만 속편『O.B.』전2권(2014)에서 두 사람이 아리사카의 자택에서 저녁을 함께하지만 성적 관계는 아직 없다는 점, 결혼하기로 결정한 딸에게 아버지를 만나고 싶다는 말을 들은 아리사카가 결과적으로는 딸에게 게이라는 사실을 커밍아웃하며 연인으로서 히비키를 소개하고, 딸과 단단히 포옹하며 눈물을 흘리는, 아리사카가 '용서받는' 장면이 감정적으로 그려진다. 귀가 후 아리사카의 부친으로서 얼굴을 본 히비키가 자신과 함께하게 되어 여러 가지를 포기하게 된 것은 아닐까, 라고 걱정을 말하자 아리사카는 그렇지 않다, "나는 계속 / 내가 손에 넣을 수 없는 것을 원했어 / 그것을 포기시켜 주었어, 히비키가

/ 좀 더 다른 형태의 나만의… / (…) / 아아, 그러니까 / 내 행복은 너야"라고 고백한다. 히비키의 "오늘… 자고 가도 되나요?"와 아리사카의 "―――…응"으로 이 에피소드가 끝나고, 독자는 두 사람이 육체적으로도 맺어질 것이라는 사실을 알게 된다.

오늘날 일본에서 게이로서 살아간다는 것은 이성애 규범 사회에 있어 편견에 노출될 가능성이 있을 뿐만 아니라 아이들의 부모가 되는 것을 포기하는 일이기도 하다. 그에 대해서는 시리즈 최종화에서, 쿠사카베가 선천적인 게이가 아닌 것을 알고 있기에 고민하는 사조에게 쿠사카베는 "뭐든지는 무리일걸 / (…) / 나는 그때그때마다 가장 최선의 선택을 해왔다고 생각해"라고 명확하게 말한다. 그렇다, 사람은 각각 자신에 있어서 '자연'적으로 느껴지는, 자신을 왜곡하지 않을 수 있는 삶의 방식대로 살아가는 것이 최선이다. 그것이 사회의 대다수와 달라도 '자신만의' '행복'을 찾아야 하고, 하나를 선택하면 다른 하나는 버리게 되는 건 동성애자든 아니든 인생의 여러 국면에서 모든 사람이 직면하는 단순한 사실이다. 게이 캐릭터가 행복해지는 것을 그리는 동시에 이성애자도 포함한 다양한 라이프 스타일, 다양한 행복의 방식을 BL엔터테인먼트와 양립시켜 그려낸「동급생」시리즈. 틀림없이 진화형의 최전선이다.[주21] 반복하지만 이 시리즈는 세 번이나 랭킹 1위를 차지한 최근 BL 인기 작품인 것이다. 세간의 호모포비아를 내면화하기 전에 이것을 읽은 젊은 BL 애호가들이 현실에 어떤 행동을 취할 것인가 기대가 된다.[주22]

BL '심화형'의 여러 모습

4 서브장르의 다양성

특히 '직업물' 라인업의 충실성

BL이라는 장르 속에 다양한 서브장르가 다종다양하게 존재하고 있다는 점이 최근 BL의 특징이다.

BL기의 초기, 1990년대는 '학원물'이라고 불리는 남자 학교를 무대로 한 작품이 폭발적인 인기를 자랑하고 있었다. 소설에서는 『자, 기운 차려요さぁ,元気になりなさい』(쿠리코히메くりこ姫, 1992~97)가 당시 큰 인기를 끌었고, 『그리고 봄바람에 속삭이며そして春風がささやいて』에서 시작한 「타쿠미 군タクミくん」 시리즈(고토 시노부, 1992~2014)는 실사영화화도 될 정도로 오랜 시간 인기를 끌고 있다. 지금도 고등학교가 무대인 BL은 없어진 것이 아니다. 특히 만화에서는 요즘에도 상당한 숫자가 있고, 그중엔 제4장에서 고찰한 진화형 작품도 있으며 『이베리코 돼지와 사랑의 노예イベリコ豚と来いと椿』(쇼오와SHOOWA, 2012)처럼 고등학교 양키물인가 했더니 그들이 쓰레기 줍기 자원봉사자로 지역 커뮤니티에 공헌하고 있다는, 독특하게 비튼 작품도 등장하고 있다. 즉 '학원물'은 BL 서브장르의 하나가 되었다고 할 수 있다.

이는 BL의 성숙에 따른 필연적인 변화일 것이다. 1992년에 15세였던 BL 애호가는 현재 30대 후반. 물론 자신의 연령에 상관없이 학원의 미소년에 감정이입하거나 사랑할 수는 있지만 성인 미남이 주인공인 이야기도 읽고 싶다고 생각하는 것은 당연하다. 그리고 BL 애호가 여성들이 실생활에서 24시간 내내 '사랑'과 '섹스'에만 전념하고 있는 것은 아니라는 사실을 생각한다면 최근의 BL이 3번째 칼럼에서도 언급한 초능력물 등의 소위 판타지와는 또 다르게, 이 세계에서 펼쳐지는 다양한 인생을 유사 체험할 수 있는 이른바 라이프 스타일 판타지이기도 하다는 점은 BL의 매력 중 하나이다.

최근 BL에서 그려지는 라이프 스타일은 만화 「P.B.B.(플레이보이 블루스)」 시리즈(카노 시우코鹿乃しうこ, 2003~)처럼 일반 영화와 청년만화 등에서는 주요 무대에 오르는 일이 없는 건설 현장에서 일하는 작업원들(소위 '막노동자계ガテン系')의 활약이나 중국계 마피아와 뉴욕스트리트 키드의 '카리스마'들에 의한 본격 액션영화적 만화 『개의 왕GOD OF DOG』(이시하라 사토루, 2007~) 등, 실로 폭넓다. 이들을 고찰하는 일은 지면 사정상 다른 기회를 기다려야겠지만, 여기에서는 다양한 일에 종사하는 인물을 주인공으로 놓고 그들이 매일 하는 업무의 내용을 파고들어 묘사하여 '직업물'로 부를 수 있는 작품군에 좁혀서 서술한다.

물론 광의의 BL사에 직업을 가진 성인 주인공이 존재하지 않았던 것은 아니다. 예를 들면 창성기의 소설 『연인들의 숲』(모리 마리, 1961)의 기도우는 도쿄 대학의 교원이자 작가, 파우로는 과자 공장의 배달 등을 하고 있다는 설정인데 그들의 직업 내용이나 직업인으로서의 갈등과 성장 등이 그려지지는 않는다. 어디까지나 '사회적 지위가 높은 인텔리'와 '노동자 계급의 젊은이'라는 기호로서의 직업 설정이다. BL기에 들어선 1970년대 후반에 직업을 가진 성인 주인공이 등장하지만, 수트와 넥타이의 샐러리맨이 무언가를 납품하거나 사내 연수가 열려도 취급 상품이나 연수에 대한 자세한 내용은 그려지지 않거나, '인기 배우와 그림책 작가'의 커플링에서는 배우가 스튜디오에서 카메라 앞에 서는 장면과 작가가 자택에서 책상에 앉아 있는 모습은 그려지지만 내용을 다루지 않는 식으로, 직업명은 역시 기호 같은 것이 많았다. 그러나 최근의 '직업물 BL'은 이것들과는 근본적으로 다르다. 직업의 내용이 그 일에 취직한 적이 있는 사람이 쓰는 것 같이 느껴질 정도로 구체적으로 그려지고, 그러한 직업의 묘사가 캐릭터 조형과 스토리 전개에 깊숙이 유기적으로 관련되어 있다. 그리하여 독자는 캐릭터를 통해 그 직업을 견학하는 차원을 넘어서, 직업인으로서 그들의 삶을 의사 체험하는 감각이 된다. 나아가 미리 이야기하자면 직업인으로서 상대를 존경할 수 있다는 점, 그 상대와 함께이므로 비로소 자기 자신도 직업인으로 능력을 발휘하여 활약할 수 있다는 점, 그리고 그렇기 때문에 그런 두 사람이 서로 다시 없는 페어pair이며 성애도 포함한 연인이라는 점이 자연스럽다는, 말하자면 '일과 사랑 모두 중요하다. 그러니까 너야'라는 신념이 '직업물 BL'의 근간에 있다. 작품의 예를 들어보자.

　TV에 출연하는 쪽이 아니라 프로그램을 제작하는 쪽을 구체적으로 그린 BL 작품이 있을 법도 했지만 만화「도쿄 러브東京心中」시리즈(토템폴Totempole, 2013~)까지는 존재하지 않았다. 주인공 미야자카 켄宮坂絢(공)은 TV프로그램 제작회사의 AD로서 첫 출근날, 버라이어티 프로그램 현장에서 체크를 위해 수조에 강제로 뛰어들게 되거나(『도쿄 러브 上』5페이지), 같은 책 10페이지에서는 로케 현장에서 너무 바쁜 나머지 3일간 목욕을 하지 못하고 있다는 점이 언급된다. 미야자카와 상사인 야노矢野(수)와의 직업상 공동투쟁과 연애하는 모습이 이야기의 중심이 되는 작품이지만, 야노는 첫 등장 장면에서 힙에 걸쳐지는 스타일의 청바지만 입은 채 머리에 타월을 뒤집어쓰고 가슴을 왼팔 윗쪽으로 가린 자세로 뒤돌아보고 있는 모습의 머리부터 허벅지까지, 또 하나 위 컷에서는 비스듬한 얼굴의 극단적인 클로즈업으로 나타나 미야자카가 한순간 여성의 세미누드를 봤다고 오해한 사실도 표현되어 있다. …그렇다고 해도 미야자카가 여성적인 미모 때문에 야노를 연애 대상으로 보게 된 것이

미야자카(왼쪽)와 야노(위/오른쪽)의 첫 대면 장면, 토템폴『도쿄 러브 上』(아카네신샤, 2013)

아니라, 다망하고 밀도 높은 일에서 유능한 상사이고 영상작가의 꿈으로 이어지는 직업에 자긍심을 지닌 인생의 선배이기에 흥미를 가지면서 끌리게 된다.

물론 현실적으로는 그 흥미와 성애적으로 끌리는 것이 일치하는 케이스가 드물겠지만, 그렇기 때문에 더욱 '직업물' BL에서는 그것을 일치시켜 그린다. 본 작품에서는 도시락 발주 수를 틀렸을 때 커다란 솥에 남은 재료로 간단히 먹을 것을 만든다, 드라마 현장에서 케이블을 정리한다, 카운트를 한다, 숨어서 '똥 누는 자세로' 급히 도시락을 먹고 있었더니 싹싹한 카메라맨이 말을 걸어온다는 등 미야자카가 하는 일의 모습이 구체적으로 묘사됨으로써 '직업물' 판타지가 보다 '리얼'하게 느껴져 독자의 즐거움이 깊어진다.

또 한 작품, 화학약품 제조업에 관계하는 사람들을 그린 '직업물' 소설 「허가증을 주세요!許可証をください!」 시리즈(우죠 아키라鳥城あきら, 2003~2009)를 들겠다. 중소화학약품 메이커 키미츠喜美津 화학공장을 무대로, 제조부에 근무하는 마에하라 켄이치로前原健一郎(공)와 품질보증 부분 근무의 아쿠츠 히로시阿久津弘(수)는 같은 회사의 다른 부서지만 직업상 둘도 없는 동료이기 때문에, 일도 사생활도 전부 공유하는 게 당연한 두 사람이 연인이 되는 것은 자연스럽다는 '직업물' 판타지가 파워풀하게 전개된 이야기이다. 그것은 우선, 제품에 이물질이 들어가는 트러블이 발생했을 때에 그 원인이 '넘버8 탱크의 고무라이(내벽을 덮은 고무제의 라이닝)'라고 판명되는 경우처럼, 어디까지나 그 업계 현장에서 사용될 법한 용어로 연출된다. 나아가 직업인으로서 주인공들의 활약도 묘사된다. 이 트러블에서는 '8의 내용물을 투과하여 7탱크에 이송'함으로써 큰 사고에 이르지 않고 넘어갔지만 원래 8과 7을 연결하는 배관은 없었다. 1년 전에 마에하라가 그 배관을 붙인 것은 아쿠츠가 공정변경 테스트를 제안했기 때문이었다. 당시 통상 업무를 중단하면서까지 아쿠츠의 제안대로 테스트를 하자고 상사를 설득한 것은 장기적인 시점에서 품질 개선이 필요하다고 생각한 마에하라였다. 즉 두 사람이 직업인으로서 향상심을 가지고 매일, 함께 열심히 일해 왔던 것이 회사를 구한 셈이다. 나를 포함해서 BL 애호가 여성의 대다수에게 화학약품 제조공장은 미지

의 영역이겠지만 그만큼 사회와 견학 같은 재미가 있고, 나아가 직업상 갈등과 성취감이라고 하는, 어느 직종에서도 공통되는 차원에서 취직과 노동 경험이 있는 많은 BL 애호가들이 주인공들에게 강하게 공감할 수 있다. 그렇기 때문에 일과 연애를 일치시킨 미남 커플로서 농밀하게 그 행복을 의사 체험하며, 열렬하게 그들을 사랑하고 응원할 수 있다. '직업물' BL의 묘미이다.

마지막으로 스승과 그 제자라는 두 세대의 '라쿠고가落語家'를 그린 소설『방석좌座布団』『화선花扇』(고 시이라剛しぃら, 2000&2004)을 들겠다. 이 작품에서는 40대 스승이 20대 제자에게 '남자에게 안기는 괴로움을 투영하여 유녀女郎(창녀)를 연기하라'고 지도하는 장면도 그려지는 점이 흥미롭다. 이는 물론 둘 다 '수' 캐릭터여서 성립하는 대사로 'BL 판타지'라 가능한 것이지만, 이 작품에서는 만약 게이이면서 네코ネコ(섹스에 있어 수동적인 역할)인 남성 라쿠고가가 실존한다면 왠지 유녀 역에 잘 어울릴 것 같다, 그런 이야기囃(라쿠고 연목)를 들어보고 싶다는 상상을 불러일으킨다. 그 이유 역시 이 작품이 라쿠고 공연장에서의 손님의 반응뿐만 아니라 분장실에서 흥행주席亭와의 대화와 더불어 입주 '가정' 생활과 연습 풍경, 단골손님タニマチ(스폰서)과의 연회, 기량만 뛰어난 형님제자兄弟子와 재능 있는 아우제자弟弟子의 차이 등, 라쿠고가의 일과 생활에 대한 자세한 묘사가 쌓이고 겹쳐진 '직업물'로, 이런 라쿠고가도 현실에 존재하고 있을지도 모른다고 생각하게 만드는 다양한 디테일을 동반하고 있기 때문이다.

제자 카나메(왼쪽)를 지도하는 우부스케 선생(오른쪽) / 고 시이라, 『화선』(일러스트: 야마다 유기, 세이비도출판成美堂出版, 2004)

제5장

BL을 읽다/살아간다
──여성들이 '교합하는' 포럼으로서 BL

진화의 배경

'취미'가 아니야! 나에게 만화를 읽는다는 건 이미 '살아간다'는 것과 같은 말이야!

[미우라(2006) : 13]

일본에서 아마도 가장 저명한 BL 애호가인, 나오키상을 수상한 작가 미우라 시온이 BL 만화에 대한 에세이집 『취미가 아니야シュミじゃないんだ』(2006)에서 서술하고 있듯이 BL 애호가가 BL을 '읽는다'는 것은 BL을 '살아간다는' 것이다.

제1장에서 본 대로 이 책에서는 광의의 BL 시조를 1961년 모리마리의 소설 『연인들의 숲』으로 보고 1990년경부터를 BL기, 그리고 2000년경을 BL기 제2부로 상정하여 십여 년이 경과한 것이 현재라고 인식하고 있다. 제2부의 큰 특징은 진화한 BL 작품의 증가로, 그 내용에 대해서는 앞장에서 상세히 살펴보았다. 이 장에서는 그 '진화'가 가능하게 된 배경을 살피고자 한다. 결론부터 말하자면 그것은 BL장르가 여성들이 친밀하게 커뮤니케이션을 취하는 포럼, 또는 커뮤니티이기 때문이다. 남성 캐릭터들은 여성 애호가에 있어 '욕망의 대상'이고 '타인'인 동시에 여성 애호가들의 욕망 그 자체로 그녀들 자신을 의미한다. 그러므로 BL 커뮤니티에서의 커뮤니케이션은 여성 애호가들의 머릿속에서 성적 교합交歡이라고 부를 수 있는 차원을 가지고 있으며, 그런 의미로 BL은 '버추얼 레즈비언' 공간이고 바로 그렇기 때문에 BL이 진화했다고 하는 것이

이 책의 주장이다.

BL 애호가의 커뮤니티 의식

BL 상업 출판사는 프로 작가와 편집자로 경제적으로 자립하고 있는 수백 명의 여성을 지탱하는 산업으로서 성립하고 있다. 그런 의미에서 BL은 공적인 표상이지만 소비자(독자)와 제작자(작가) 역시 여성 애호가 동지이기도 하며, 그녀들간의 심리적인 관계성의 양상은 매우 개인적이다.[주1]

BL 애호가의 커뮤니티 의식을 보여주는 사례로 과거 당시 직장 동료였던 A(이하 A)와 내가 BL 애호가로서 '재회한' 에피소드를 전하고 싶다. A는 에다 유우리의 데뷔소설「우오즈미 군 시리즈」의 최종권『끝없는 하늘リムレスの空』(2002) 후기에 "(…) 섹슈얼리티 문제에 관해서는 풀뿌리 문화계 레즈비언 인권 운동가 겸 친애하는 친구인 미조구치 아키코 씨에게 (…) 귀중한 조언을 받았습니다"[주2]란 나에 대한 감사 인사가 게재된 것을 읽고 작가인 에다에게 메일을 보냈다. 메일에 자신이 근무하던 직장의 정보를 서술한 후에 "혹시 감사 인사에 언급된 '미조구치 아키코 씨'가 내 동료일지도 모르겠지만…"이라 문의했다고 한다. 그것을 받고 에다 씨가 나에게 확인을 한 후 A에게 답장하여 적당히 시간이 흐른 뒤 A와 나는 같은 소설을 애독하는 BL 애호가 동지로서 서로를 '발견'했다. A의 행동 패턴은 많은 BL 애호가가 BL 커뮤니티 내부의 인간에 대해서는 심리적으로 가깝다고 느끼지만, 커뮤니티 외부 사람일지도 모르는 상대방에 대해서는 경계심을 가지는 경향을 보여주는 한 사례라

고 할 수 있다. A에게 있어서 직장이라는 커뮤니티를 공유하는 '미조구치'는 에다의 감사 인사에 등장하는 '미조구치'와 동일 인물이란 확신이 들 때까지는 외부자일 가능성이 있는 인물로, 그렇기 때문에 직장에서 직접 나에게 질문하기보다 일면식도 없는 작가에게 메일로 문의하는 쪽이 리스크 없는 자연스러운 행동인 것이다.

이 커뮤니티 의식은 코믹마켓(코미케)를 비롯한 동인지 즉매회 참가에 의해 강화된다. 잘 알려져 있듯이 코미케를 필두로 하는 동인지 즉매회의 다수는 프로, 아마추어 관계없이 모든 참가자가 평등하다는 원칙으로 운영되고 있다. 인기가 있는 프로 작가여도 자신의 '스페이스'라고 불리는 부스에서 자기 책을 스스로 판매하는 것이 당연하고, 더욱이 부스에 여성 세 명이 들어가 있다 해도 누가 작가 본인이고 누가 어시스턴트나 도우러 온 친구인지 봐서는 알 수 없을 때가 많다. "모모 선생님 계신가요?"라고 물으면 "예, 저예요"라든지 "모모 씨는 지금 자리를 비웠지만 한 시간 뒤에 돌아올 거예요" "오늘 모모 씨는 오지 않았어요" 등으로 답을 들을 수 있지만, 주눅 들어서 말을 걸지 못하는 경우는 "내가 좋아하는 작가인 모모 씨는 저 세 여성 중에 누구일까?"라고 생각하면서 동인지를 사고 떠나게 된다. 그러나 이 '누구인지 잘 모르는' 상황이란 사실이 오히려 "나도, 프로 작가도 이 BL 커뮤니티에 동등하게 귀속된 멤버다"라는 의식을 강화시킨다. 그리고 그 동지의식은 실제로는 만난 적 없는 작가에게도 확대 적용된다.[주3]

앞의 예로 돌아가서 실은 같은 후기를 읽고 예전 동료 B도 연락해 주었다. 십 년 이상이나 연락하지 않던 전 동료에게 일부러 연락을 할 정도로, B에게 자신이 좋아하는 BL 소설가 에다가 미조구

치에게 감사 인사를 했다는 사실은 커다란 사건이었던 것이다. 다만 A와 달리 B는 인터넷에서 '미조구치 아키코'를 검색해 예전 동료와 동일 인물일 것 같다는 사실을 확인하고 나서 나에게 직접 연락을 주었다. B는 BL 애호력은 길지만 창업해서 극히 다망해진 최근에는 BL을 읽을 시간이 통근시간 정도밖에 없기 때문에 소설에 커버를 씌워서 읽고 있다고 말했다. 인터넷 서점을 이용해 좋아하는 작가 신간을 사는 것 외에도 가끔씩 서평 블로그 등을 체크해서 새로운 BL 소설가 작품에 도전해 본다고 한다. 좋아하는 프로 작가 중 즉매회 이벤트에 참가하는 사람도 있다는 사실을 알고 있기에 즉매회에 흥미는 있지만, 참가할 시간적 여유도 없고 통판을 이용해서 동인지를 구독할 정도는 아니라는 것이었다. 자주 열람하는 서평 사이트의 운영자 이름과 BL 작가명에 '씨さん'를 붙여서 정중히 말하는 모습을 보면 B도 어느 정도는 BL 애호가 동지라는 친근감을 가지고 있다는 점을 엿볼 수 있었지만, 면식 없는 프로 작가에게 연락을 할 정도의 커뮤니티 의식은 없는 것이다. B처럼 끝까지 제작자(작가)와 소비자(독자)의 심리적인 경계선을 유지하고 있는 베테랑 BL 애호가는 사실 적다. 그도 그럴 것이 기본적으로 혼자서 조용히 BL을 읽는 애호가는 극히 적고, 이벤트에 참가하지 않아도 애호가 동지와 일상적으로 인터넷상에서 커뮤니케이션을 취하는 사람이 많기 때문이다. 그리고 그 커뮤니티 감각을 프로 작가에게도 확대, 적용할 수 있는 장치가 BL 상업본 자체에도 있다.

단행본의 미니 코멘트

동인지 즉매회라는 '장'을 공유함으로써 배양된 커뮤니티 의식과 BL 상업 출판을 잇는 다리 역할을 하는 것으로 단행본의 미니 코멘트와 후기가 있다. BL 만화와 일러스트 포함 소설의 단행본을 손에 든 독자가 우선 실제로 보는 것은 남성 캐릭터 두 사람이 그려진 표지 일러스트다(한 명인 경우도 있지만 그 수는 적다). 그리고 표지를 넘기면 대부분의 BL 레이블 단행본에는 커버 책날개에 저자의 미니 코멘트가 있고, 그 좌측을 보면 이야기의 대표적인 장면을 그린 컬러 일러스트가 권두 그림으로 들어가 있다. 즉 커버에 실려 있는 제목과 책띠지에 기재되어 있는 선전 문구 다음으로 읽게 되는 문자 정보가 저자의 미니 코멘트로, 스토리 본문 전에 오도록 되어 있다. 저자의 탄생일, 혈액형, 별자리 아래에 코멘트가 기재된 경우가 많다. 그리고 이 미니 코멘트에서 저자들이 서술하는 것은 프로 작가로서의 독자에 대한 메시지라기보다는 다이어트, 먹을 것, 쇼핑, 세탁 등으로

타카이도 아케미『연애의 신에게 말하라』/ (호분샤芳文社, 2007) 커버(위)와 커버 책날개의 미니 코멘트(아래)

한 여성으로서 여자 친구들 사이에서 나눌 법한 일상적인 잡담이 대부분이다.

예를 들면 '물'을 이야기의 테마와 시각 모티브로 사용하여, 늘씬한 남자 고교생 간의 연애를 그린 타카이도 아케미의 만화 『연애의 신에게 말하라恋愛の神様に言え』(2007)의 표지에는 작품 중에 연애를 성취하는 두 사람의 모습이 푸른색을 베이스로 그려져 있다. 표지를 넘긴 첫 페이지에는 장발로 중성적인 미모의 수 캐릭터가 물에 젖은 모습의 바스트 업. 그 우측의 맞은편 페이지에, 즉 표지와 컬러 일러스트 사이에 끼워져 있는 것이 작가 타카이도의 미니 코멘트이다. 아주 간략화된 자화상 옆에 손글씨로 '여름이 오면 떠올린다'라고 쓰인 아래에는 'AKEMI TAKAIDO' '타카이도 아케미' 'PROFILE'에 이어서 "올해도 살을 빼지 못한 채 여름이 온다 / 매년 같은 코멘트다― / 곤란해―"라고 쓰여 있다.

아이다 사키英田サキ의 소설 『데드 히트DEADHEAT』(2007)는 함께 잠복활동을 하는 FBI 조사관과 CIA의 에이전트가 펼치는 하드보일드한 소설이다. 미청년 두 사람의 모습을 그린 타카시나 유우高階佑의 일러스트를 넘기면 아이다의 미니 코멘트가 우측에 나타난다.

아이다 사키 『데드 히트』 커버 (일러스트: 타카시나 유우, 토쿠마쇼텐德間書店, 2007)

살을 흔들어주는 다이어트용 벨트를 무심코 사버렸습니다 / 밤
중의 통판 프로그램 무섭네….

둘 다 이야기의 내용과 전혀 관계없는, 여자 친구와 나눌 만한
잡담이다.
작가로서의 내용을 미니 코멘트에 포함시키는 작가도 물론 있
다. 이마 이치코의 만화 『B급 미식가 클럽②』(2006)을 살펴보자.

이런 느슨한 바보 커플 시리즈도 어느새 두 권째입니다. 내가
그만두지 못하는 것, 그것은 야키소바 빵.

여기에서 자기 작품의 커플에 대해 너무나 열렬하게 서로 사랑
하기 때문에 바보 같은 행동을 하는 '바보 커플バカップル'이라고 사
랑을 담아 부르면서, 스토리 전개적으로는 '느슨하다'는 사실을 약
간 자조적으로 자진 신고하고 있다. 작가로서의 코멘트에 더해 나
오는 야키소바 빵을 좋아한다는 이야기는 주인공들이 카레빵과 크
림빵을 편애하는 캐릭터라는 사실과 관계가 있다. 또 야키소바 빵
도 'B급 취향'인 빵으로, 1권에서 캐릭터에게 친근감을 느끼던 독
자는 그 친근감을 작가인 이마에게도 보내게 될 것이다.
마츠오카 나츠키의 소설 『플래쉬 & 블러드』(2013)의 미니 코멘트
에도 작가의 사적 근황과 캐릭터가 관련되어 있다.

오른팔이 골절되었습니다. 건강에는 신경 씁시다. 갈비뼈가 부
러지면서도 고문을 견뎠던 제프리, 대단하네.

부친의 부임지인 영국에 사는 일본인 소년 카이토가 대항해시대인 16세기의 영국에 타임슬립하여 역사의 파도에 희롱당하면서도 해적선 선장 제프리와 연인이 되는 장대한 이야기로, 20권 시점에서 제프리는 정적의 모략에 의한 투옥과 고문에서 해방된다. 갈비뼈의 골절도 고문에 의한 것이다. 여기에서 작가 마츠오카가 캐릭터와 함께 살고 있는 감각은 독자에게도 공유되고 있다. 독자는 마츠오카가 작가로서 창조하고 사랑하는 캐릭터를 자신도 아끼면서 작가 마츠오카에게 감사하고 있으며, 그와 동시에 독자가 제프리를 통해서 마츠오카를 사랑하고 그 골절을 걱정하는 심리와 겹쳐 있다.

만화가 야마네 아야노やまねあやの는 데뷔작인 『파인더의 표적ファインダーの標的』(2012)의 미니 코멘트에 다음과 같이 쓰고 있다.

> 활기찬 어리광쟁이가 수가 좋을까? 공은 멋지거나 바보에 한심하거나 어느 쪽이어도 좋다. 좋아하는 건 만화, 게임, 닭튀김, 치즈, 그 외 다수.

『파인더의 표적』으로 시작하는 「파인더」 시리즈의 수 캐릭터는 활기찬 어리광쟁이이며 '공'은 멋지다. 따라서 이 코멘트는 야마네가 작가로서 자신의 캐릭터 배경을 말하고 있는 동시에, 한 사람의 BL 애호가로서 애호가 친구이자 여자 친구이기도 한 독자를 향해 자신이 좋아하는 타입의 캐릭터와 좋아하는 음식과 게임을 알려주고 있다.

이야기 내용이 심각한 경우는 작가 코멘트와의 갭이 부조리하게 느껴지기도 한다. 코노하라 나리세木原音瀬의 소설『WELL』(2007)은 어느 날 갑자기 지상의 모든 것이 하얀 모래로 변한 세계에서 어쩌다 지하에 있어 살아남은 소수의 인간이 생존을 걸고 갈등하는 SF적 심리극인데, 표지와 본편 사이에 위치하는 코노하라의 미니 코멘트는 다음과 같다.

> 청바지는 색이 빠진다는 사실을 알고 있었기 때문에 계속 섬세한 의류용 세제를 사용하고 있었는데 귀찮아져서 보통 세제로 빨았더니 보기 좋게 하얗게 되었습니다. 어머니에게 말하자 "염색해 줄게"라는 대답을 들었지만 복잡한 심경입니다.

BL 픽션을 읽기 직전에 독자는 앞으로 읽을 이야기의 작가가 청바지 탈색에 고민하는 평범한 여성이라는 사실을 확인하게 된다. 이런 '코노하라 씨'가 이것을 썼구나, 라고 생각하면서 이야기를 읽어나가는 셈이다. 이 경우 코노하라를 만난 경험이 없어도, 즉매회 이벤트에서 본 다른 프로 작가의 모습과 애호가 친구의 모습을 떠올려도, '코노하라 씨'에 대한 친근감이 강화된다는 사실에는 변함이 없다. 이렇게 다양한 설정 속에 미남들이 서로 사랑하는 이야기를 수용하면서, 동시에 여자 친구들의 커뮤니티인 BL 커뮤니티에 대한 귀속의식이 자라난다.

'후기'

단행본 커버의 책날개에 게재된 미니 코멘트 외에도 BL 단행본에는 대부분의 경우 작가의 후기가 게재되어 있다. 2페이지에서 4페이지가 할당되는 경우가 많은 후기는 미니 코멘트보다 내용이 풍부하다(커버를 벗긴 부분에 있는 본체 표지와 뒤표지에 그려지는 일도 있다). "읽어주셔서 감사합니다" "가까운 장래에 다시 뵐 수 있기를"이라는 정해진 독자에 대한 메시지와 편집자나 어시스턴트, 친구와 가족 등에 대한 감사 인사 외에, 후기에는 대략 다음 두 가지의 요소가 포함된다. 첫 번째는 본편의 제작에 관한 정보이다. 이야기와 캐릭터가 어떻게 해서 태어났는가라는 뒷무대를 작가 본인이 해설한다. 그리고 또 하나는 작가가 본편을 창작하는 과정을 통해 이야기, 캐릭터 설정, 커플링, 러브신 등에 대해 자기 자신이 무엇을 좋아하는지를 발견하고 그때까지 몰랐던 스스로에 대해 알게 된 사실을 보고한다는, 이 장르 특유의 요소이다. BL 작가들은 모두 프로 작가인 동시에 한 사람의 애호가로서, 남성 간 로맨스의 틀 안에서 어떻게 다양한 쾌락을 얻을 수 있을 것인가를 항상 탐구하는 여로에 있는 듯하다. 그리고 작가들은 자기가 알게 된 것을 자신의 가슴에만 담아두기보다 후기에 기록하여 애호가 동지이기도 한 독자와 공유한다.

마치야 하토코町屋はとこ의 데뷔작인 만화 『내일, 또またあした』(2006)의 후기를 살펴보자. 독자와 편집자에 대한 감사와 코믹스를 출판할 수 있었다는 사실에 대한 감동의 말에 이어 마치야는 이렇게 쓰고 있다.

자신의 기호를 깨달은 한 권… / 정신을 차리고 보니 모두 유혹

수誘い受 / (그 유혹 수 중에서도 모두 자각 없는 계열) / 아니…, 자각 없었어요 나도….

또, 수의 성은 모두 매우 일반적이고 공 쪽은 한번 꼬았다던가. 이것도 생각해보니 그랬습니다. 취향인 거네요.

아! 대부분 성밖에 나오지 않네요.

이름이 있는 건 니무라仁村 정도일까?

이 코멘트 좌측 옆에 배치된 것은 데포르메된 그림체로, 본편의 수 캐릭터 세 명이 볼이 홍조되어 셔츠를 벗으며 "먹어줘♡"라고 이쪽(독자)을 바라보는 그림이다. 어떤 픽션이라 해도 캐릭터 설정 등에 작가의 '기호(취향)'가 반영되는 것은 당연하다. BL에서도 이미 존재하는 작가의 '기호(취향)'가 작품에 반영될 뿐만 아니라 창작 과정을 통해서 작가가 자신의 '기호(취향)'를 발견한다는 인식이 공유

『내일, 또』 후기에서 (리브레출판, 2006)

되어 있다는 점이 중요하다. 신인 작가에게 '발견'과 그에 대한 '보고, 공유'가 연속해서 일어나는 경향이 있는 것은 당연하다고 볼 수 있지만, 경력이 긴 작가의 경우에도 이미 자각하고 있던 '기호(취향)' 이외를 뜻하지 않게 발견하여 후기에서 독자와 공유하는 데는 변함이 없다. 예를 들면 1997년에 단행본으로 데뷔한 만화가 요리타 사에미는 2004년 발행한 『브릴리언트★블루①』의 후기에서 이렇게 기록하고 있다.

> …책 한 권에 걸쳐 이마에 키스인가… / 더군다나 이거 / 바보 수アホ풍 가 싫은 사람에게는 지옥 같은 작품이네… / 하지만 나의 경우이긴 하나 이 작품 이전에는 바보 수 속성이 있다는 자각은 없었으므로 / 나나미를 그리기 시작하면서 이런저런 발견의 연속이라 즐거웠습니다.

'바보 수'란 문자 그대로 '바보'인 수 캐릭터라는 의미인데 20대 전반으로 설정된 나나미는 단순한 '바보'인 어른이 아니라 어린아이 같은 단순한 사고회로를 가지고 있으면서 일반인을 초월한 수학 능력을 지닌, 우수한 전기공이자 아이돌 같은 미남 청년으로 조형되어 있다. 이런 복잡한 '바보 수' 캐릭터를 창조하여 움직이고 있는 것은 다름 아닌 요리타 자신인데, 그 창작 행위를 통해서 그때까지 무의식의 영역에 있었던 '자기 자신'에 대한 의외의 발견을 하는 것 또한 요리타이다. 여기에서 요리타는 앞에서 나온 마치야의 '기호'와 비슷한 생각을 '(바보 수를 좋아하는) 속성'으로 표명하고 있다. 그렇다, 발견된 것은 우연히 이번의 나나미라는 하나의 〔바보 수)가 좋다는 것이 아니라 '그때까지는 스스로도 몰랐지만 원래 자기 자신이 갖고 있던 〔바보 수〕를 좋아하는 자질이며, 깨닫게 된 후부터는 앞으로도 〔바보 수〕를 추구하며 살아갈 자신'이다. 그리고 반복하지만 그 발견을 개인적인 친구에게 보고할 뿐만 아니라 단행본 후기에서 독자에게 보고하여 공유한다. 따라서 지금 막 본편을 다 읽고 후기를 읽고 있는 독자에게는 마치야와 요리타가 자기 자신의 '기호(취향)'를 발견한 그 순간에 입회한 것 같은 착각이 일어난다. 나아가 독자 자신이 '유혹 수'와 '바보 수'가 좋은 자신을 막 깨달은 타이밍이라면, 작가에게 강하게 공감하게 된다. 이렇게 남성 캐릭터들이 펼치는 연애 이야기를 수용하는 것과 그 이야기의 작가인 여성들과의 교류 도모가 세트로 전개되는 것이 BL 커뮤니티이다. 헤비 유저가 되면 될수록 교류 상대의 범위가 넓어지고 교류 빈도도 높아진다.

BL 상업지가 나오기 시작한 1990년대 초반, 미니 코멘트와 후기는 지금보다 정중한 말투였다. 90년대 중반에 걸쳐 '보이즈 러브'라는 용어가 사용되며 그 이전의 『JUNE』와 '탐미' 장르와는 별개의 것으로 정착해 나가던 시기에, 미니 코멘트와 후기는 여성 사이의 잡담풍으로 정착되어 갔다.[주4] 물론 다양한 출판사에서 이 형식을 취한 것을 보면 BL업계의 '의지'였다고 해석해도 될 것이다.

한편, 지난 몇 년간 미니 코멘트가 없는 BL브랜드가 늘어나고 있지만 후기가 없는 BL책은 거의 없다. 또 최근 블로그는 물론이고 트위터 등에서 일상적으로 트윗하는 BL 작가가 늘어나고 있기에 단행본의 코멘트와 후기만이 BL 애호가 동지로서 프로 작가의 말을 읽을 수 있는 기회는 아니다. …그렇다고는 해도 오늘까지

BL의 진화를 지탱해온 커뮤니티 감각을 고려해 볼 때, 한 권의 책 안에서 픽션 본편과 나란히 활자로서 제공되는 미니 코멘트와 후기의 존재가 크다는 점은 틀림없다.

기호/지향

BL 커뮤니티에서 '기호'라는 말을 사용하는 방식에는 독특한 점이 있다. BL 애호가들이 '기호'라고 말할 때는 애호가 각자가 '바보 수'라든지 '유혹 수' 같은 특정한 패턴을 지속적으로 좋아하는 것으로, 나아가 그 '취향'은 애호가 자신이 의식적으로 자유롭게 선택할 수 있는 것이 아니라 자신(의 무의식 영역)에 이미 갖춰져 있던 '속성'이라는 의미이다. 즉 BL 애호가가 말하는 '기호'는 '성적 지향(섹슈얼 오리엔테이션)'의 '지향'에 매우 가까운 뉘앙스인 것이다. 예를 들면 동성애자는 자신과 같은 성별의 사람을 연애 대상으로 삼는다는 자신의 성적 지향을 인식하고 나아가 어떤 타입의 동성이 좋은가 자기분석을 하는데, BL 애호가는 우선 남성 간의 연애 이야기라는 틀에 대한 지향을 인식하고 더욱이 그 틀 안에서 특정한 타입, 마치야의 예에서 말하자면 '유혹 수'에 대한 자신의 지향을 인식한다. 물론 애호가 한 명이 하나의 설정만을 지향하진 않으며 '유혹 수'를 지향하는 사람이 동시에 보다 일반적인, 자발적으로는 유혹하지 않는 '수'도 좋아하고 기운 넘치는(활기찬) '어리광쟁이 수'도, '바보 수'도 좋다고 하는 식으로 복수의 지향을 가진 경우도 드물지 않다. 그런 의미에서 동성을 지향하는가 이성을 지향하는가(또는 양성을 지향하거나 누구와도 연애하지 않는가)란 선택밖에 없는 성적 취향과는 다르게 복수이긴 해도 BL 애호가라면 특정한 지향을 가지고 있으며, BL 애호가의 지향은 본인도 제어할 수 없다는 인식을 공유하는 것이 매우 중요하다.

취향의 '기호'가 오리엔테이션의 '지향'과 가깝다고 하는 BL 애호가의 사고방식은 섹슈얼리티를 둘러싼 일반적인 담론과 흥미로운 평행을 이루고 있다. BL 애호가들은 BL 애호가가 아닌 사람들을 '일반인'으로 부르고 '보통'이라 생각하며, 그에 비해 자신들을 두 가지 이유로부터 '비정상abnormal'이라고 규정한다. 첫 번째는 성적 주체로서 행동하는 여성을 바람직한 것으로 보지 않는 사회 속에서 포르노그래피의 적극적인 제작자이자 독자라고 하는 의미에서의 '이상'성. 또 하나는 여성이면서도 남성들이 연애를 하는 이야기를 필요로 하는 '부자연적인' 기호를 가진다는 의미에서의 '비정상'성. 이 두 가지로 인해 많은 BL 애호가 여성들은 실생활에서 이성애자라 해도 자신들을 일종의 '성적소수자sexual minority'라고 평가하고 있다(제1장에서 본 것처럼 '썩었다'라는 일반적으로 부정적 의미가 담겨진 '후조시'란 호칭을 BL 애호가가 재빨리 자칭으로서 채용한 배경에도 이 마이너리티 의식이 있을 것이다). 그리고 이성애 규범 사회에서 일단 자신이 규범이 되는 이성애자가 아니라고 깨달은 주체가 자신은 무엇인가를 자기분석하고 발견하고 표명하는 것처럼, BL 애호가는 BL 애호를 하지 않는 것이 규범인 사회에서 자신이 BL 애호가라는 사실을 깨달은 시점부터 스스로가 '어떤 BL 애호가인가'—BL 애호라는 '비정상'적인 '기호/지향'의 틀 안에서 보다 자세하게 자신의 '기호/지향'을 분석하고 발견하며 그리고 동지에게 표명한다—즉 '커밍아웃'한다. BL 애호가들은 자신을 '비정상'이라고 부끄러워하는 동시에 '특별'하다는

자긍심을 안고 있으며, 그렇기 때문에 '보통'이지만 '평범'한 '일반
인'과 차별화하고 있다. 이런 의미에서 BL 애호가는 BL이라고 하
는 성적 지향sexual orientation을 가진다고 말할 수 있다.^{주5}

성적 기호/지향의 세부 사항을 상호적으로 표명하는 동지— 게이 남성과의 유사점

BL 애호가의 다수가 자신이 좋아하는 타입의 캐릭터를 명확하게 가지고 있고, 그런 의미에서는 게이 남성들에 가깝다고 가르쳐준 것은 번역가이자 『JUNE』 지상에 영미 게이 문학을 소개한 카키누마 에이코다. 1999년 8월의 일이다. 당시 나는 레즈비언으로서 게이 친구들과 일상적으로 교류한 지 10년 이상 경과한 상태였는데 그들 다수가 가슴 털의 유무와 근육의 질(부피감 있는 울퉁불퉁인가, 또는 근육질인가) 등 세부에 이르기까지 자신이 좋아하는 타입이 명확하고, 나아가 그 상대와 섹스 행위에서 자신이 어떤 역할을 연기하고 싶은가까지 포함해 명확하게 표명하는 경우에 종종 놀라고 있었다. 그리고 그들과의 회화를 성립시키기 위해서 나 자신도 '마음에 드는 사람' '괜찮은 사람'이라는 막연한 형용이 아니라 어떤 타입의 여성이 좋은가를 상세하게 언어화하는 노력을 한 것은 아직까지 기억에 생생할 정도였기에, 코미케 회장에서 지인의 부스를 돌며 말해준 카키누마의 이 설명이 강하게 인상에 남아 있다. 그 시점에서 나는 BL 애호&연구 활동을 시작하고 약 일 년이 지난 상태였기 때문에 카키누마의 설명이 정확하다는 것은 나중에 알게 되었다.

물론 자기 타입인 남성과 가능하다면 현실에서 섹스하고 싶다

고 생각하는 게이 남성과 다르게, BL 애호가 여성들이 좋아하는 캐릭터는 판타지가 크게 투영된 그림과 문자에 의한 표상이다. 그러나 게이 남성 타입의 표명에 판타지가 관여하지 않는가라고 하면 그런 건 아니다. 내가 아는 한, 현실적으로 성애의 상대를 선택할 때에 이상적인 타입을 고집하는 게이 남성은 거의 없다. 대부분의 사람이 현실 상대에 대해서는 유연하게 타협하고 있다고 한다. 그래도 열심히 자신의 타입에 대해 말하고 자신의 성적 욕망의 양상에 대해서 고백한다. 즉 이상적인 타입을 상세하게 설명하는 행위는 현실적인 성애 활동의 과정이라기보다는 자기 자신의 성적 지향을 정의하여 표명하는 행위인 것이다—'게이'라고 하는 라벨만으로는 동성인 남성을 성애의 대상으로 한다는 것밖에 표현되지 않으므로. 그렇게 생각하면 게이 친구들이 자신의 성애 대상으로서는 가장 거리가 먼 존재라고 말할 수 있는 레즈비언인 나를 향해 이상적인 타입을 열심히 말하고 나아가서는 내 취향을 알고 싶어 하는 것도 납득이 간다. 타입의 상호표명이란 성적 주체로서의 상호간의 자기소개인 것이다.

그리고 대화해 보면 어디에서나 인기 좋을 것 같은 젊고 아름다운 동성에 대해서는 모두 매력적이라고 느끼고 있지만, 한편 일반적으로 그다지 매력적이라 생각되지 않는 외모의 사람도 자기 타입이라고 표명하는 사람 쪽이 보다 한 수 위로 인식되고 있기도 하다(물론 게이 남성에게 '미남'은 종종 여성이 '멋지다'고 생각하는 남성보다도 마초라든지, '왕자님 타입'보다도 '강아지 타입(강아지와 아기 원숭이를 연상시키는 외모로 나아가 소박한 '남자아이다움'을 자아내는 쪽)'이 인기라든지 하는 차이는 있지만, 그렇다고 해서 당시의 인기 미남 배우에 대해서 '전혀 먹히지 않아'라고 말하는 게이 남성은 극히 적다). **이성애 규범**

아래에서 소수파의 '변태' 취급받는 동성애자인 이상, 좋아하는 동성의 타입에 관해서도 '젊고 아름답다'라는 일반적인 이성애자와 같은 조건으로 만족하는 것이 아니라 좀 더 상세하게 자신의 욕망을 탐구해야 하고, 그 결과 판명된 자신의 욕망에 일반적인 범위를 일탈하는 것이 있으면 더 좋다는 감각이다. 내 자신도 소위 미인보다도 약간 퍼니 페이스funny face인 여성이 좋다거나 거유보다 빈유 쪽이 좋다든지 하는 몇 개 타입의 조건이 있는데, '왜 그것이 좋은가'는 어느 정도 분석할 수 있지만 궁극적으로는 알 수 없다('여성이 좋다'면 일반적인 논케 남성의 다수와 비슷하게 '거유 좋아하죠?'라고 물어오는 게이 친구가 많았기 때문에 그렇지 않은 이유를 설명하려고 시험해 보았지만 좌절했다). 섹슈얼한 욕망에 관한 것이므로 무의식의 영역도 포함되어 있어서, 본인도 '알 수 없는' 것은 당연하다. 그리고 내가 거유 취향이 아니라는 것은 눈앞에 있는 게이 남성의 성적 실천과 아무런 관계가 없고, 그의 타입이 '바보'에 겨드랑이 냄새란 것도 내 성적 실천과 아무런 관계가 없다. 그러나 상세한 성적 '지향/기호'의 자기소개를 교환한 우리들은 더욱 친밀한 친구가 된다.

레즈비언과 게이의 우정보다도 근본적으로 성적인 BL 애호가 사이의 관계성

BL 애호가들이 자긍심과 부끄러움을 가지고 자신들을 '일반인'과 구별하며 소위 BL 섹슈얼리티의 소유자라는 사실을 서로 간에 표명하고, 나아가서는 그 틀 안에서 더욱 세밀한 '기호/지향'을 추구하여 상호표명하는 모습은 레즈비언과 게이와 닮아 있다. 현실의 성애 활동에서는 물어보지 않을 정도로 상세하게 자신의 성적 욕망의 양태를 탐구하고, 그것을 BL 애호가 동료에게 표명하고 있는 부분도 게이와 레즈비언이 타입을 상호적으로 표명하는 것과 유사하다. 그러나 BL 애호가 간의 커뮤니케이션은 레즈비언과 게이가 각각 원하는 타입에 대해서 정보를 교환하는 대화보다도 근본적인 의미에서 더 섹슈얼하다. 왜냐하면 게이와 레즈비언은 서로의 섹슈얼한 욕망을 채우는 데 서로를 필요로 하지는 않는다. 우정을 심화하기 위해서 서로의 성적 지향을 말할 뿐이다. 그러나 BL 애호가는 서로가 없으면 뇌내의 성적 욕망이 채워지지 않는다.

여성향 섹스토이 점포를 경영하며 12년간 3만 개의 바이브레이터와 딜도를 판매한 키타하라 미노리北原みのり는 '바이브레이터를 사용하는 여자의 대부분'을 '체육계体育系'라 부르고 그녀들은 '(…) 망상의 필요성을 느끼지 않는다, 필요한 것은 스위치'이며 '에로틱한 소재보다도 건전지'라고 서술한다. 또 BL을 포함한 '망상으로 에로를 즐기는' 여성들을 '문화계文科系 여자'라 부르며 구별하고 있다[키타하라 미노리(2008): 56-57]. 망상의 소재를 창작하고 공급하는 것도, 망상을 교환하는 것도 모두 BL 애호가 동지 사이에서 행해지는 것이 BL 커뮤니티이다. 따라서 키타하라의 말을 보충한다면 BL 애호가가 필요로 하는 것은 스위치와 전지가 아니라 서로인 것이다.

버추얼 섹스virtual sex

MUDMultiple User Dungeon(머드. 멀티 유저 던전. 1970년대 말에 개발된 게임 시스템이 발단이 된 온라인상의 가상공간에서 유저 상호간이 교류하는 시스템)에서 인터넷 섹스에 대해 광범위한 조사를 실시한 셰리 터클Sherry Turkle은 한 16세 남자 고등학생의 말을 다음과 같이 소개하고 있다.**주6**

> 인터넷 섹스는 판타지야. 내 MUD상의 연인은 RL(현실 세계)에서는 만나주지 않아. 잡지 『플레이보이』(로 자위하는 것)도 판타지였지만 MUD에는 상대가 있어. 그러니까 MUD에서 하고 있는 건 자위라고는 생각하지 않아. 물론 결국 내 손으로 만지고 있는 거라는 말을 들을지는 모르겠지만. 하지만 인터넷 섹스에서는 상대 여성의 마음에 드는 판타지를 생각하지 않으면 안 돼. 그러니까 판타지라고 하는 건 방 안에서 나 혼자 생각하는 게 아니라 두 인간 사이 섹스의 일부라고 지금의 나는 생각하고 있어.
>
> [Turkle(1995) : 21]

참가자가 섹슈얼 판타지를 교환한다는 것, 그 교환 자체가 다른 인간과의 섹스의 일부라는 점에서 BL 커뮤니티는 MUD와 유사하다. 따라서 이 남자 고등학생이 '버추얼 섹스'를 하고 있다 말할 수 있는 것과 같은 의미에서 BL 애호가 여성들은 '버추얼 섹스'를 하고 있다고 말할 수 있다. 다만 MUD 상의 인터넷 섹스와 다르게 BL 커뮤니티는 난교적이고, 또 '연인들'은 종종 현실 세계(RL)에서도 얼굴을 마주한다. MUD의 연인들이 현실 세계에서 서로를 만나는 일 없는 익명성이 보장되어 있기 때문에 인터넷 섹스에서 분방하게 행동할 수 있다면, BL 애호가들은 정반대이다. 그녀들은 서로가 현실 세계에서 '자신과 닮은 여성'으로 'BL 섹슈얼리티라는 마이너리티의 정체성을 공유하고 있기' 때문에 안심하고 상대와의 버추얼 '게이' 섹스를 즐길 수 있는 것이다.

　BL 애호가의 대다수가 이성애 여성이다. 현실 세계에서 이성애를 실천하는 여성들을 '게이'라고 부르는 것은 물론 일반적으로 올바르지 않고, 본인들도 자신이 '게이'라고는 생각하지 않는다. 그러나 그녀들의 섹슈얼 판타지가 BL의 남성들의 표상으로 점유되어 있다면, 그래도 그녀들이 100퍼센트 헤테로 섹슈얼이라고 말할 수 있을까? 어떤 30대 기혼자 친구는 "지금은 그 정도까지는 아니지만 몇 년 전까지는 남편과의 섹스도 남녀의 그것으로 인식할 수 없어서 머릿속에서 BL로 바꿔 섹스했던 적도 있어"라고 말했는데, 남자가 되어 남자에게 삽입되고 있다는 판타지 속에서 그녀가 남편과 행한 성행위를 100퍼센트 이성애라고 정의할 수 있을까?

　섹스를 신체의 행위라고 정의한다면 대답은 예스이다. 하지만 그것은 섹슈얼리티에서 판타지의 차원을 전혀 인정하지 않는 것이다. 일반적으로는 신체에 실제로 일어나고 있는 행위를 섹스로 보고, 머릿속의 망상은 성행위로 간주되지 않는다. 그러나 동시에 우리들은 인간의 섹스에는 두뇌(망상)도 깊이 관여하고 있다는 사실을 알고 있다. 그렇다면 현실 세계에서의 상대가 있는 성행위와 동시 진행되는 망상도, 자위와 동시 진행되는 망상도, 나아가서 행위를 동반하지 않는 망상만이라도, 어느 쪽이든 망상 주체에게 있어서는 중요한 성행위일 것이다. 따라서 망상의 교환·교합은 버추얼 섹스라고 할 수 있다.

성적 어휘가 불필요한 성적 교합

BL이라는 성적 지향을 가진 사람으로서 BL 애호가들은 성적 판타지를 교환한다. 그러나 애초부터 여성이 성적 주체라는 사실이 터부시되는 사회에서 살아가면서 성적 판타지를 교환하는 것이 어떻게 가능할까?

그것은 애호가 여성 머릿속에서 그녀는 어디까지나 좋아하는 작품에 대해 감상을 서술하고 있을 뿐, 자신의 성적 욕망에 대해서 말하고 있는 것이 아니기 때문이다. 그러기는커녕 애호가 동지는 상대가 같은 작품을 읽고 있다는 전제로 대화를 나누기 때문에 대부분의 경우는 성적인 어휘를 사용할 필요조차 없다. 예를 들면 야마네 아야노의『파인더의 표적』에 대해서 "다음 날 아침, '수'가 기운차게 달려 나가는 부분이 업Up!" "'어리광쟁이 수'는 정말 좋지"라는 대화가 흔히 이루어진다. 이 대화는 직접적으로는 '조정자ᄀ

전날의 섹스신(오른쪽)과 그다음 날 아침, 수가 활기차게 달려가는 모습을 그린 컷(왼쪽) / 야마네 아야노『파인더의 표적』(비브로스, 2002)

クサ-'라는 에피소드 최종 페이지의, 수 캐릭터가 달려가는 모습의 상반신을 그린 컷에 대해서인데 대화를 하는 사람의 머릿속에는 확실하게 이전 페이지에 걸쳐 전개된 농후하고 직접적인 섹스신이 떠올라 있고 그 신을 '공유 체험'했다고 하는 전제가 암묵적으로 동의되어 있다. 농후한 섹스신을 읽은 즐거움은 다음 날, 수가 활기차게 뛰어가는 상쾌하고 역동감 넘치는 모습에 의해 보다 선명해진다. '활기차게 달려가는 모습, 좋지!'라는 코멘트에는 이 일련의 쾌락이 담겨 있다.

'그녀의 페니스'

대부분의 BL 애호가는 직접적으로 성적인 용어로 말하는 일은 없다고 서술했지만 물론 예외는 있다. 특히 사이가 좋은 애호가끼리 얼굴을 맞대고 이야기할 때가 아니라 메일과 게시판 등에서 대화할 때는 상당한 빈도로 '좆봉チン棒'과 '마음의 자지こころのチンコ'라는 용어가 사용된다. '좆봉'이란 원래는 '페니스'와 '자지'보다도 저속한 뉘앙스의 용어지만 BL 애호가들에 의해 사용될 때, 그것은 오히려 '자지'보다도 귀여운 뉘앙스가 부여되고 있다. 그 이유는 '봉'이라는 말이 붙어서 여성들이 손에 쥐고 자유자재로 조종할 수 있는 물체라는 뉘앙스가 풍기기 때문이다. 예를 들면 만화 『어른의 시간おとなの時間』(카타루 시스코語シスコ, 2006)의 책 띠지에 미우라 시온은 다음과 같은 말을 쓰고 있다.

만약 좆봉이 있다면 너무 기뻐서 휘두를 거야! 만약 BL의 신이 있다면 전라로 감사의 춤을 바칠 거야! 카타루 시스코의 작품에는 내가 만화에서 원하는 모든 것이, 있다. 폭주하는 유머가, 흩날리는 비산물이, 가슴 아프고 격렬한 감정, 아름답게 빛나는 모습을 보라!

이 추천물을 읽은 '일반인' 중에는 양성구유의 인물이 페니스를 발기시키고 허리를 돌리는 모습을 연상하는 사람이 있을지도 모른다. 하지만 내 머릿속에 떠오르는 것은 손에 '좆봉'을 들고 기뻐서 휘두르는 여성의 모습이다. 이것은 나 혼자만의 발상은 아니다. 앞의 추천물이 인쇄되어 있는 책 띠지의 접힌 부분에 게재된 만화가 카타루 시스코의 '라이트 바이브' 가짜 광고도 그 한 사례이다. 명백하게 '스타워즈' 시리즈의 라이트 세이버 패러디인 이 라이트 바이브는 '강한 빛을 발하는 자극 만점의 바이브레이터'로 "전원의 온오프 버튼을 누르면 놀랍게도 미니 라이트 세이버로 순식간에 변신!!"하는 물건이며, "아나킨 씨 22세"가 양손으로 쥐고 있는 모습과 약간 그로테스크하지만 귀엽기도 한 머리가 붙은 바이브레이터의 클로즈업이 그려져 있다. 손에 쥐고 휘두를 수 있는 장난감이란 이미지이다.

또 하나 '마음의 자지'라는 프레이즈에서는 '마음에 자지가 있다' '마음에 있는 자지'가 아니라 '마음의 자지'라는 데에 의미가 있다. '마음의 자지'라는 하나로 연결된 프레이즈에 있어서 '자지'는 BL 애호가 여성의 마음에 이미 장착되어 있는 것이라는 뉘앙스가 강하다. 물론 BL 커뮤니티의 외부인이 '마음의 자지'와 '마음에 자지가 있다' 사이의 의미 차이를 느끼지 못할 가능성을 부정하는 것

이 기회에 부디 구입해 주십시오!!
우리 드림기획이 보내드리는 꿈같은 상품을 통신 판매 중!!
전원 버튼을 누르면 놀랍게도 미니 라이트 세이버로 빠르게 변신!!
방범 상품으로서도 사용할 수 있습니다!!
강한 빛을 내뿜는 자극도 만점의 바이브레이터가 등장!!

상품번호: 001
라이트 바이브
겉으로 보기에는 그저 지압기!!
놀랍게도 전원을 넣으면 실체화하는 3D 홀로그램이 경도, 질감 최고인
바이브레이터로 대변신!
경량에 기능적!!
운반도 간단, 밖에서는 용도를 알 수 없습니다!!
오피스에 외출에, 아웃도어, 그리고 물론 가정에서!!
(왼쪽 아래 컷) "우리들도 쓰고 있습니다"

카타루 시스코 『어른의 시간』 책 띠지에서 (매거진·매거진 マガジン・マガジン, 2006)

은 아니다. 하지만 대다수 BL 애호가가 의식적이든 무의식적이든, '내 마음의 자지가'라고는 이야기해도 '내 마음에는 자지가 있다'라고는 말하지 않는 것이 사실이다.

자극적인 BL 표현을 접했을 때 BL 애호가는 '좆봉'을 휘두르고 '마음의 자지'가 떨린다. BL 이야기에서 표상되는 남성 캐릭터의 페니스와 애호가 여성의 '페니스'가 겹치고 함께 떨리면서 휘둘러지는 것이다. 이렇게 발기·사정하는 '페니스'는 실제 남성의 신체 기관을 기원으로 하고 있지만, 이미 여성들 간의 난교적인 버추얼 섹스의 기관이며 '그녀의 페니스'이다.

자연화된 '그=나 자신(이라는 여성)' 의식

BL에서 남성 캐릭터의 페니스가 현실의 실제 남성에 갖춰진 신체기관으로서 의미보다도, 여성 애호가들의 버추얼한 기관으로서 의미가 강하다고 하는 사실을 평상시에도 의식하고 있는 BL 애호가는 아마 많지 않을 것이다. 나처럼 십여 년에 걸쳐 광의의 BL과 여성들의 섹슈얼리티들을 계속 생각해온 사람에게도 몇몇 계기가 있다. 그중 하나는 BL과 소녀만화에서 활약하는 요시나가 후미가 7명의 여성들과 대화하는 『요시나가 후미 대담집 그 사람과 여기서만의 수다よしながふみ対談集 あのひととここだけのおしゃべり』(2007)를 친구에게 권할 때의 일이다.

미국을 거점으로 일본 영화와 일본의 시각문화를 가르치고 있는 친구가 최근 일시적으로 귀국했을 때 "하기오 모토 등 소위 '24년조'에 눈을 떴어. 요시나가 후미의 『오오쿠』에도 감명을 받았고.

요시나가 후미『요시나가 후미 대담집 그 사람과 여기서만의 수다』커버 (표지) (오타출판太田出版, 2007)

영어판이 출판되면 수업에서 사용하고 싶어"라는 말을 듣고 "그러면 이 대담집을 읽어봐. 요시나가 씨가 여성 만화가와 작가들과 대담을 하는데 이론서는 아니고 캐주얼하게 읽을 수 있는 책이지만 페미니즘적으로 중요한 논의가 많이 제시되어 있으니까"하고 열심히 권하는 나에게 그녀는 이야기했다. "어, 페미니즘적 내용의 대담집이라고? 표지는 남자 두 사람인데."

…그 말을 듣고 처음으로 깨달았다. 여성들이 자유롭게 페미니스트적인 의견을 서로 나누는 대담집의 커버에 여성이 아니라 남성이 그려져 있다는 것은 일반적으로 확실히 기묘하다. 그 시점에서 하기오 모토 등의 '미소년 만화'는 읽고 있어도 최근의 BL은 몇 권 읽은 정도였던 친구에게는, 중성적인 미소년이라면 몰라도 30~40대로 보이는 남성 캐릭터가 여성들 대담집의 표지를 장식하고 있다는 사실에 위화감이 들었을 것이다.^{주7}

한편 내가 어떻게 인식하고 있었는가 하면 "아, 대담집의 표지는 픽션 작품의 캐릭터보다도 요시나가 씨와 대담 상대 여성들의, 보다 직접적인 대리인이니까 너무 미남이 아니면서 연령도 위쪽인 듯한 두 사람이네"였다. 남성 캐릭터가 여성 대담자들의 '대리인'이란 사실 자체가 너무나 당연해서, 그것이 '외부자'에게 불가사의

하게 보일 수 있다는 의식조차 하지 않고 있었다. BL 애호가 친구 몇 명에게도 물어보았지만 마찬가지였다. 그렇다, 남성 캐릭터가 BL 애호가 여성에게 '타인'이 아니라 '자신'이라는 사실은 한없이 자연화되어 있는 것이다.

그녀의 팔루스

앞에서 BL 애호가들이 '그녀의 페니스'를 캐릭터에 투영하여 '버추얼 게이 섹스'를 하고 있다고 서술했지만, 또 하나 그녀의 팔루스라고 불러야 할 차원도 있다. 그것은 섹스 묘사와 그 이외 전체 요소도 포괄해 작품 전체의 세계관을 지배하는 소위 창조주의 '좆봉'과 '마음의 자지'가 독자로서의 자신의 '좆봉' '마음의 자지'와 공명하는 차원이다.

프랑스인 정신분석학자 콤비, 라플랑스와 폰탈리스에 의하면 프로이트에 의해 20세기 초반에 정신분석용어로서 제출된 팔루스 개념은 1967년 현재의 정신분석학에서 실제 (해부학적인) 페니스에 대해 '주체의 내부에 있어, 또는 주체 간에 있어, 지적 대화에 있어' 페니스가 담당하는 상징적symbolic인 의미를 가리킨다고 한다 [Laplanche & Pontalis(1967) : 312]. 팔루스는 페니스라는 기관을 기원으로 하지만 능동적인 행위력―욕망의 표출 및 회로―의 심볼이다.**주8**

'그녀의 페니스' 차원과 그녀의 팔루스의 차이에 대해서 예를 들겠다. 앞에서 서술한 『어른의 시간』에 수록된 카타루 시스코의 단편 만화 「굉음 이노센트轟音イノセント」에 두 번 그려지는 섹스신에서 캐릭터가 쾌감을 느끼는 표정, 신음 소리, '기분 좋아' '대단해' '좋

'수'가 자고 있는 사이에 제모하는 공
/ 카타루 시스코 『어른의 시간』
(매거진·매거진, 2006)

아' 등의 말, '푹' '철벅철벅' 등의 의성어, 땀, 애널 섹스라는 사실을 알 수 있는 전신상의 묘사 등으로 초래되는 쾌락에 대해 독자는 '그녀의 페니스'로 의사적 체험을 하고 있을 것이다. 그러나 「굉음이노센트」에서 초래되는 쾌락은 그것에 멈추지 않는다. 공 캐릭터가 제모 마니아라는 설정이나 의외의 전개와 같은 직접적인 성묘사가 아닌 요소―아니, 오히려 그 시치미 떼는 제목에도 나타나 있지만 그런 요소를 열거해도 전달이 불가능한, 유머와 진지함이 혼합된 방식과 교차 가감, 기세 등에서 이루어지는 독특한 세계관 그 자체에 의해서 초래되는 쾌락도 크다. 여기에서는 이야기의 설정과 전개를 따라가는 것밖에 할 수 없지만 그래도 조금은 전달이 되었으면 한다. 공은 자신의 음모를 매일 매끈하게 깎고 있고, 수의 음모도 그가 자고 있는 동안에 몰래 깎아버린다. 제모당해서 '변태'라고 화내던 수가 생각해보니 털은 펠라티오 때 방해가 되고, 있든 없든 특별한 일은 없었다며 공의 취향을 받아들여서, 해

피엔딩으로 끝나는가보다 싶지만 그렇지는 않다. 수가 자신의 나체에 귤을 레이아웃해서 '단타이모리男体盛り'**역주1**를 즐겁게 보여준다든지, 나아가 비듬을 벗기길 너무 좋아해 비듬이 생기는 샴푸를 써달라고, "아, 하지만 기름진 건 싫으니까 샴푸하자마자 말린 바삭바삭한 비듬 한정이야"라고 말하면서 무릎베개를 해준 공의 머리카락을 기쁜 듯이 만지는 장면으로 끝난다. "카타루 씨, 이런 거 잘도 생각해내네. 더군다나 제모 마니아뿐만 아니라 비듬 벗기기 마니아라니! 너무 대단해"라고 감탄하면서 읽고 있는 독자의 '마음의 자지'가 공명하고 있는 상대는 남성 캐릭터의 페니스가 아니라, '이런 걸 생각해내 기뻐하면서 그리고 있는' 카타루가 소유한 '좆봉'—즉 창조주인 카타루의 행위력의 심볼인 팔루스인 것이다.

'버추얼 레즈비언'

팔루스의 차원에서 교합하는 BL 애호가 여성들은 '버추얼 레즈비언'이라고도 말할 수 있다. '버추얼 게이'에서 '버추얼'은 자신의 신체에는 페니스를 가지지 않는 BL 애호가 여성들이 BL 캐릭터들의 페니스에 자신을 기탁한다는 의미에서 '버추얼'이지만, '버추얼 레즈비언'의 '버추얼'은 앞에서 서술한 터클이 소개했던 미국인 남자 고등학생이 인터넷이라는 가상공간에서 상대 '여성'과 인터넷 섹스를 하는 '버추얼 헤테로 섹슈얼'이라고 할 때의 '버추얼'에 더

역주1 유흥업소에서 여자 알몸에 생선회를 올려놓고 먹는 서비스를 가리키는 뇨타이모리(女体盛り)에서 따온 말.

욱 가깝다. 생물학적으로 남성인 남자 고등학생은 자신의 몸을 이용해 현실에서 헤테로 섹슈얼 섹스를 하는 것이 가능하지만, 그와는 다른 차원으로 인터넷 섹스에서는 '버추얼 헤테로 섹슈얼'이다. 비슷하게 BL 애호가들 사이에서는 실제 피부와 점막을 서로 만질 수 있는 레즈비언 섹스는 행해지지 않지만, 별개의 차원에서 욕망의 회로(팔루스) 그 자체끼리를 BL 표현물이라는 가상공간 속에서 교합시킨다는 의미로는 '버추얼 레즈비언'인 것이다.[주9]

베테랑 BL 애호가라면 앞서 살펴본 카타루 시스코의 작품에 대한 나의 반응 사례처럼 프로 작가에 의해 상업 출판작으로 제공되는 작품을 읽은 것만으로 거기에 표출되어 있는 여성 작가의 팔루스와 시간차를 두고 교합하고 있다는 감각을 자각하는 사람도 적지 않을 것이다. 하지만 좀 더 직접적으로 16세 남자 고등학생이 '여성' 유저와 인터넷상에서 에로틱한 대화를 해나가는 것—키보드로 문자를 치며 그 자리에서 에로틱한 이야기를 공동으로 짜나가는 것—이 '버추얼 헤테로 섹슈얼'한 인터넷 섹스란 점과 비교가 가능한 쪽은, BL 애호가들끼리 좋아하는 작품과 캐릭터에 대해 인터넷상에서 서로 이야기를 나누는 행위이다. 그 대화에서 말하고 있는 내용은 확실히 BL 남성 캐릭터들의 용모와 성격과 행위의 묘사에 대해서지만, 서로 대화하는 쾌락은 자신이 문자로 치는 것에 대해서 상대가 어떠한 말과 표현으로 반응해오는가에 달려있다. 자신이 뇌내 쾌락 회로의 주름 상태를 텍스트로 표현하여 던진 것에 대해서 상대 여성이 그녀의 뇌내 쾌락 회로에 있는 주름으로 어떻게 받아들여 어떻게 느꼈는가를 다시 텍스트로 답해 준다는 주고받음 그 자체가 뇌내간의 교합이라고 느껴지는, 그 차원에서의 섹슈얼한 쾌락―이것이 '버추얼 레즈비언'의 쾌락이다.

현실의 연인들이 입맞춤과 애무와 체액을 교환하는 것과 같이 '버추얼 레즈비언'들은 텍스트를 교환한다. BL 애호가들의 '버추얼 레즈비언' 섹스란 소위 텍스트 베이스의 섹스인 것이다. 재빨리 연속해서 돌려주는가, 조금 사이를 두는가, 상대가 쓴 것을 정면으로 받아들이는 메시지를 돌려줄 것인가, 기본적으로는 찬동하면서도 예상치 않은 조금 다른 측면을 보여주면서 돌려 던질 것인가, 또는 망상의 미니 에피소드에 다른 캐릭터의 미니 에피소드를 망상해서 돌려주는가, 일러스트를 그릴 수 있는 사람은 그림도 포함한 교합이다.

BL의 프로에 요구되는 '난교 체질'

BL에 있어서는 작가가 창작한 남성 간의 연애를 축으로 한 이야기를 독자로서 즐기는 것과, 애호가 동지인 작가 자신의 '좆봉'에 공명한다는 이중의 쾌락이 세트로 되어 있다. 이 '좆봉'은 앞서 말한 대로 애호가 여성에 있어 자기 자신의 '페니스'로서 남성 캐릭터의 페니스에 겹쳐져 기능하고 있고, 나아가 그 이야기의 심볼릭 symbolic한 차원에서의 욕망의 양태―그녀의(나의) 팔루스의 차원에서도 기능한다.

그리고 작가 또한 애호가로서 자신의 작품에 나타난 자신의 섹슈얼리티('페니스'와 팔루스 양쪽 차원의 섹슈얼리티, 이하 동일)에 대해, 독자로부터의 공명을 받아들여서 더욱 공명하는 체질인 것과 자신이 독자로서 다른 작가의 작품(에 나타난 그 작가의 섹슈얼리티)에 공명하는 체질인 점이 필수적이다. 소비자의 요구에 맞춰 상품을 제공한다기보단 작가도 애호가 동지로서 뇌내의 교합에 참가하는 장르인 것이다. 요시나가 후미와의 대담에서 베테랑 BL 만화가 코다카 카즈마는 BL 편집자에 대해 다음과 같이 말하고 있다.

> 일반 잡지의 편집자분들보다 독자의 입장에 가까울지도 모르겠네요. 그러므로 BL이라는 장르가 여기까지 왔다고 생각합니다. 일반잡지는 만화를 그렇게 좋아하지 않아도 편집을 하는 사람이 있을지도 모르겠지만 BL잡지는 BL을 좋아하는 편집자밖에 없으니까요.
>
> [요시나가(2007) : 128]

베테랑 BL 편집자로 종종 코다카의 단행본 후기에 'I모토'로서 등장하고 있는 이와모토 아키코岩本朗子는 비브로스(당시) 부편집장(당시)으로 편집부장(당시)인 마키 토시코牧歲子와 함께한 인터뷰 취재 중에 "(…) 역시 자신들이 즐기지 않으면 독자분들에게 들킨다고 할까, 알아버리는 거예요"라 말하고, 마키도 비브로스가 시작한 밝은 노선의 남성물에 대해서 "계속 우리들 마음속에 읽고 싶다는 생각이 있었습니다" "우리들도 한 명의 독자예요"라고 말하며 코다카의 관찰을 편집자 측에서 뒷받침하고 있다[비브로스 인터뷰(2005) : 172-174].

BL은 수백 명의 여성이 작가와 편집자라는 프로로서 생계를 꾸리는 업계인데 직업인으로서 그녀들에게 요구되는 조건 리스트가 있다고 한다면, 그 가장 위에는 '매일 아마추어 애호가로서 활동을 열심히 할 것'이라고 기재되어 있을 것이다. 물론 상업 출판인 이상 자신이 좋아하는 것이 그다지 팔리지 않는 경우, 애호가로서 자신의 욕망을 따르는 대신 팔리는 것을 만들지 않으면 안 된다. 앞에서 서술한 인터뷰에서도 이와모토는 '아저씨 특집'에 대해서 "작가님도 적극적이고 만드는 사람도 즐겁게 했는데… 왜 인기가 없었을까"라 말하며 편집자와 작가가 '좋아하는' 것이 반드시 다수 독자의 '기호/지향'과 일치하지 않는 경우도 있다는 사실을 보여주고 있다[비브로스 인터뷰(2005) : 174]. 그러나 그렇다고 해서 자신들이 좋아(=자신들이 발정할 수 있는)하지도 않는데 독자들이 바란다는 이유로 만들어서도 안 된다. 일이라고 딱 잘라 구분해 가면서 작가나 편집자의 일을 계속해 나가기가 곤란한 장르이다(다른 장르에 비해서 인기가 있는데 활동을 갑자기 그만두는 작가가 많은 것도 이 탓일 것이다. 본인도 완전하게 이해할 수 없는 무의식의 영역이 관여한 섹슈얼리티가 창작에 직결되어 있다면 사회인으로서 이성으로 '일이니까 해야만 한다'고 생각한다 해도, 그것으로 자신이 발정하기는 어렵다). **주10**

　코다카의 BL장르 데뷔작이자 대표작이기도 한 『KIZUNA 키즈나』는 십여 년간의 장기 연재를 거쳐서 2008년에 완결했는데, 10권까지 출판된 2005년 시점에서 누계 100만 부 가까이 팔렸다고 한다. 이렇게 많은 사람들과 장기간에 걸쳐 계속 '교합'하기 위해서는 다양한 성적 '기호/지향'의 독자와 계속 공명할 수 있도록 다양한 판타지를 스스로의 '기호/지향'으로서 즐길 수 있는 유연성을 가지고 그것들을 소화 흡수하여, 자신의 작품 안에 자신의 섹슈얼리티로서 생생하게 표출할 것이 요구된다. 코다카 자신은 이렇게 말하고 있다. "절조가 없다고 생각해요. 이런저런 것의 자잘한 부분까지 모에 할 수 있어요. 이게 아니면 안 돼, 이것만은 안 돼라는 게 없어요"[요시나가 후미(2007) : 104]. 여기에서의 '절조 없음'은 '난교적 promiscuous'이라고 바꿔 말할 수 있다. 한 종류의 캐릭터와 설정밖에 좋아하지 않는 '완전한 단혼주의monogamy'인 BL 애호가는 아마 존재하지 않겠지만 코다카처럼 철저하게 난교적인 BL 애호가도 드물 것이다. 그리고 그 '난교 체질' 덕분에 오랜 기간에 걸쳐 인기가 있는 셈이다.

라이프 스타일 판타지

물론 BL 작품에는 에로 표현 이외의 요소도 있다. 남자 고등학생이 주인공인 학원물은 지금도 기본 중 하나인데, 칼럼에서 고찰하고 있듯이 판타지나 '직업물'과 더불어 온갖 것들이라 말해도 좋을 정도로 다양한 서브장르가 BL 안에 팽팽히 맞서고 있다. 설정 설명은 부록에 지나지 않을 정도로 에로 묘사가 중심인 어덜트 비디오(AV)적인 작품도 있지만 다수의 서브장르 중 하나에 불과하다. 또 당연하지만 남성 주인공 두 사람의 연령과 외모, 성격의 조합과 어느 쪽이 공이고 어느 쪽이 수인가라는 커플링도 중요한 요소이다.

따라서 BL 애호가가 '이건 안 된다는 게 없다'라고 할 때에 의미하는 바는 섹스 묘사에 한정한 '난교 체질'이 아니라, 자신의 대리인인 캐릭터들이 어떠한 모습을 하고 있고, 사회인·가정인으로서 어떠한 인생을 지내 왔으며, 어떤 사건에 휩쓸려 누구와 어떠한 연애를 하는가 등의 전부를 포함한 것이다. 성적 판타지를 포함한 인생 전체의, 소위 라이프 스타일 판타지이다. BL 애호가 여성들이

BL이라는 가상세계를 살아갈 수 있도록 예를 들어 우주인과 마법사라는 비현실적인 설정이라고 해도 세부에는 독자가 공감하는 요소가 제공되며, 납치 감금 능욕에서 시작하는 이야기라면 그 후 사랑이 강조된다. 구원이 없는 비극에 카타르시스를 얻는 타입의 작품은 최근에는 거의 없다. 또 어덜트 비디오적 작품은 단편이 대부분으로, 단행본 한 권을 넘는 장편에는 예를 들어 에로 묘사가 농후해도 사랑과 삶이 제대로 그려져 있다. 드물게 능욕 성 묘사만의 책이 나오는 일은 있지만 예외적이다.^{주11}

바로 그렇기 때문에 BL이 성숙한 최근, 현실보다 게이 프렌들리한 세계관과 여성성 본연의 자세를 묻는 듯한 진화한 BL 작품이 늘어나고 있다. BL 애호가 여성에게 '타인'이 아닌 BL 남성 캐릭터들이 대리로 사랑&섹스를 해주는 것은 필수적이고, 그들이 일상 속 '게이' 남성으로서 지금의 일본 사회에서 어떻게 주위에 다루어지는지를 '타인'이 아니니까 힘껏 상상력을 발휘해보는 것이다. 또 오랜 시간 BL 캐릭터의 눈을 통해서 작품 세계 내의 여성 캐릭터를 보아온 베테랑 BL 애호가이기 때문에 더더욱 기존의 '여성성'과 '여성 역할'을 문제시하는 시선을 획득하게 된다. 90년대의 정형 BL에서 여성 캐릭터는 등장하지 않거나, 등장해도 남성 캐릭터가 원래 이성애 남성으로서도 매력적이라는 점을 증명하는 등의 남성 캐릭터를 돋보이게 하는 역할뿐이었다. 그 메인 무대에서 여성 캐릭터를 추방한 버추얼 공간 속 BL 애호가 여성들은 남성 캐릭터를 통해 자유자재로 사랑과 섹스와 삶을 다양하게 '살아 왔기' 때문에, BL 이외의 일반 세간에 넘치는 기존의 '여성성'과 '여성 역할'을 당연시하지 않으며 해체하고 음미하고자 하는 시선이 태어났다. 그런 의미에서 BL은 여성들이 세계의 주체로서 기존의 이성애 규범, 호모포비아, 그리고 미소지니를 당연시하지 않고 자신들의 성실한 상상력을 구사하여 그들의 대리인인 BL 캐릭터들에게 숨을 불어넣는 훈련장인 셈이다. 그리고 물론 훈련이라고는 해도 금욕적으로 엄격한 연습 메뉴를 소화하는 것이 아니라 방종하게 서로 뇌내에서 교합하여 쾌락을 교환하는 것이 훈련이 된다.

'버추얼 레즈비언'은 육체가 아니라 두뇌로 사랑을 교환한다

베테랑 BL 애호가가 실질적으로는 '버추얼 레즈비언'이라는 내 주장에 대해서 '실제로는 이성애자인 여성을 버추얼이라도 레즈비언이라 부르는 것은 적절하지 않다'라는 의미의 반론을 학회 발표장 등에서 받은 적이 있다. 나 자신은 BL 애호가라는 '버추얼 레즈비언'인 동시에 현실에서 레즈비언이기도 한데 반복하지만 BL 애호가의 다수가 현실에서는 이성애자로, 그녀들을 '버추얼 레즈비언'이라고 부름으로써 그녀들에게 레즈비언 경향이 있다('일반'적인 이성애 여성보다도 현실에서 여성과의 성애에 흘러가기 쉽다)고 말하고 싶은 것은 아니다. 그 사실을 강조하기 위해 1980년대 초반부터 콤비를 짜서 동인지 활동과 상업지 활동을 지속해온 소설가 쿠리코히메〈りこ姫와 만화가 에미코야마えみこ山의 유닛 에미쿠리えみくり의 동인지 「월광 오르골月光オルゴール」에 사용된 쿠리코히메의 1989년의 말을 인용하겠다.

오해하고 있는 사람이 매우 많으므로 여기에서 일부러! 다시 한

번 엄격하게 말해두지만 나와 에미코는 함께 살고 있지 않습니다. 에미코는 이바라기茨木시에, 나는 사카이堺시에, 서로 가족과 함께 생활하고 있습니다. 지도를 보도록 하죠. 보세요, 굉장-히 멀어요. 오사카 북부와 남부입니다. 서로 집에 가는 데 가볍게 한 시간 반~두 시간 걸려버려요. 그런데 거의 1개월의 1/3~2/3는 만나고 있습니다. 왜냐면 우리들은 서로 사랑하고 있기 때문이 아니라 함께 여러 일을 하고 있기 때문입니다/ (…) / 이 두 사람을 언제나 함께 사랑해 주고 계시는 아가씨들. 그래요, 이걸 읽고 있는 당신. 타인을 사랑할 수 있는 대단한 당신. 분명히 행복하죠? 사람을 좋아할 수 있는 마음을 가지고 있으니까. 그럼요. 주12

자신들 두 사람은 사랑하는 사이가 아니라고 부정한 같은 페이지 안에서 자신들을 중심으로 성립한 여성들의 '사랑의 커뮤니티'를 찬미하고 자랑스러워하는 말이 나열되어 있다. (리얼) 레즈비언인 점을 부정하는 것과 '버추얼 레즈비언'이라는 사실을 자랑하는 것은 모순되지 않는 셈이다. '에미쿠리'가 그리는 것은 남성 캐릭터 간에 사랑과 섹스와 삶을 전개하는 BL 만화와 소설이다(대부분의 에미쿠리 작품에서 섹스 묘사는 조심스럽지만). BL 외부자인 '일반인'은 에미쿠리 팬이 사랑하는 대상이 미남 캐릭터들(과 그들의 기원인 실제 미남)이라고 생각하겠지만 그것은 어디까지나 표층적인 차원에 지나지 않는다. 쿠리코히메가 분명히 선언하고 있는 대로, 베테랑 독자는 에미코야마와 쿠리코히메라는 두 사람의 여성과 텍스트 베이스의 사랑을 주고받고 있다. 사랑을 주고받는 쾌락. 그것이 『BL진화론』의 원동력이다. 미우라 시온의 말로 이 장을 마치겠다.

상대의 두뇌 회로에서 욕망의 회로까지 보고 마는 것. 관찰에서 얻은 작은 정보로 망상을 부풀려가서 너의 안테나, 정말 감도가 좋아! 같은 걸 서로 관찰하는, 그것이 쾌락이에요. 그런 친구들 사이에 있는 건 이미 '사랑'이라는 말로밖에 표현할 수 없는 기분이 들어요.

[미우라(2007) : 3]

결론

『BL진화론』에 함께해 주셔서 감사드린다.

BL은 광대한 엔터테인먼트 장르이므로 다종다양한 BL론자에 의한 다종다양한 BL론이 전개되어야 한다. BL(의 선조인 1970년대의 '미소년 만화') 덕에 세간의 호모포비아(동성애 혐오)와 편견에 의해 망가지는 일 없이 성장할 수 있었던—BL에 구원받은—레즈비언의 입장에서, 1998년부터 애호가 겸 연구자로서 BL과 맞붙어오면서 2000년대에 호모포비아, 이성애 규범, 미소지니(여성 혐오)를 극복할 힌트를 보여주는 진화형 작품이 점점 나오고 있다는 사실에 놀랐던 것을 계기로 고찰하여 정리한 이 책이 그중 하나one of them가 된다면 다행이겠다. 금후 진화형 BL에 의해 얼마나 많은 사람이 구원받을지, 그리고 사회의 진화를 이끌어낼지를 상상하면 가슴이 뜨거워진다.

또 이 책에서 다루고 있는 작품 사례는 2015년 4월까지의 것이지만 당연히 그 이후에도 진화형 BL 작품은 생산되고 있다. 물론 심화형 작품도.

BL은 대중문화의 한 장르인 동시에 생산적인 액티비즘 공간이기도 하다. 무엇이 최강인지 말한다면 BL 애호가 여성들의 매일의 즐거움을 위한 활동이 사회의 진화를 리드하는 표상을 낳는 장을 만들어내고 있다는 점이다.

BL은 일면으로는 남성 캐릭터들을 통해 여성들이 여성으로서 자신들의 현실에서 도피하여 자유자재로 러브와 섹스를 즐기기 위한 이야기군이다. 그러나 동시에 오랜 기간을 거쳐 지금까지 어디에도 존재하지 않았던 특이한 전개를 보여주었다… 현실을 리드하는 세계를 그리게 된 것이다. 그 공적은 크게 서술하자면 다음 두 가지이다. 우선 세간에서 유통되고 있는 스테레오 타입적인 여성 역할에 거리를 두고 객관시하는 시점을 가져온 것. 또 현실에서는 불가능한 '기적의 연애'와 '궁극적 커플 신화'를 미남들에게 대리로 연기시키고 즐기는 것에서 출발하면서도, 그러한 즐거움과 병행하여 자신들의 '대리인'이자 '자신' 그 자체인 캐릭터들이 행복하게 살기 위해서는 그들 주위가 어떠한 사람들이면 좋을 것인가, 나아가서는 그들이 사는 사회가 어떠해야 좋을지 성실하게 상상한 결과, 현실보다도 동성애자의 권리가 옹호되고 성의 다양성이 존중되는 세계가 그려지게 되었다는 점.

이 책이 BL의 시조로 가정하는 모리 마리의 소설로부터 계산하면 진화형 BL이 늘어나기 시작한 2000년경은 약 40년 후가 된다. 그리고 현재, 2015년은 50년 후이다. 본론에서 본 것처럼 모리 마리는 결코 (지금 용어로 말할 때) 게이 액티비즘과 페미니즘을 지향했던 것이 아니고 순수하게 빠져들 수 있는 일, 기분 좋은 일을 추구하고 있었다. 그것은 기본적으로 2015년의 현재에도 변하지 않는다. 그리고 그것이 BL의 강점이다.

물론 진화형 BL 만화와 소설을 만들어내는 작가 중에 "이 사회에서 동성애자와 여성이 보다 행복하게 살아갈 수 있기 위해서는"이라는 명제를 의도적으로 다루는 사람이 전혀 없다 말하고 싶은 것은 아니다. 그러한 인권 운동가activists적 의식을 가진 창작자는 물론 대환영이다. 그러나 모순되게 들릴지도 모르지만 그런 명제 등은 의식하지 않고, 스스로 독자의 즐거움을 위해 오락작품을 만들고 있다는 인식을 가진 창작자가 대부분인 것 같은 점이 BL의 대단함이다—좀 더 정확하게 말하자면 사랑하는 자기 작품 캐릭터를 통해서 자신의 작품을 사랑해 주는 독자를 위해, 보다 사랑받는 이야기를 만들기 위해 매일 전력으로 노력함으로써 무의식적으로 인권 운동가적 창작이 실현되고 있다는 사실이.

이야기의 표면을 보면 BL은 항상 남성 캐릭터들이 주인공이다. 그러나 동시에 BL은 과거 어디에도 없었던 규모와 밀도, 심도로 BL 애호가 여성 동지들이 사랑을 교환하는 커뮤니티이자 포럼으로서 기능하게 되었다.

사랑을 교환하는 쾌락.

『BL진화론』의 원동력을 한마디로 표현한다면 이것이다. 그리고 반복하지만 '쾌락을 베이스로 한 액티비즘' '액티비즘에 종사하고 있다고 전혀 생각하지 않는 많은 사람들을 연루시킨 액티비즘'의 가능성을 가지고 있다는 의미에서 BL은 최강인 것이다.

이 책은 『BL진화론』이라고 명명했다. 그렇다, 이것은 '진화'였지 '혁명'이 아닌 것도 중요하다. 어떤 혁명가가 깃발을 흔들어 선도하고 있는 게 아니라, BL 전체가 마치 하나의 유기체처럼 그 몸 안에 진화를 내포해 나가고 있다는 사실이.

그러므로 BL 애호가 여러분이 앞으로도 점점 더 즐겨주시기 바란다는 것이 나의 생각이다. 어떤 작품이 진화형인가 아닌가는 우선 신경 쓰지 않아도 괜찮다("그런 말 안 들어도 계속 즐길 거야!"라는 독자가 대다수라고는 생각하지만). 왜냐면 BL장르가 활기차게 지속되는 것이 진화형 작품을 낳는 토양이 되기 때문이다. 물론 불법 스캔을 즐기는 것은 토양을 만들지 못한다. 좋아하는 것에는 제대로 대가를 지불하고 즐긴다. 그것뿐이다. BL 진화 추진 작전은 매우 심플하다.

그리고 나의 소원. BL 창작자 여러분은 앞으로도 부디 성실한 상상력을 자유자재로 발휘하여 창작을 지속해 주시기 바란다. 그것이 많은 여성들의 욕망을 채우고 즐거움을 부여하는 것에 이어져 때로는 호모포비아와 미소지니를 극복하는 진화형 작품의 탄생으로도 연결되기 때문이다.
"힘껏 BL 작품을 즐기고" "성실한 상상력을 발휘해 창작하는" 것만으로 생산적인 액티비즘 공간이 된다니!
BL은 훌륭하다.

BL은 20세기 최대의 발명이라고조차 이야기할 수 있을 것이다. 그리고 물론 주역은 BL 애호가 여성들이고, 그녀들의 사랑이다.

자, 사랑을 계속 주고받자.

대담
미조구치 아키코 x 부르본느(ブルボンヌ)

'기분 좋은 일'로 사회를 바꾼다

90년대에 처음 만난 두 사람은 20년 넘는 친구.
'레즈비언이며 BL 애호가이자 연구자'의 주장과 역사관은
'게이 여장 퍼포머' 부르본느 씨에게 어떻게 비춰지고 있을까요?

촬영…이치카와 카츠히로 市川勝弘

질베르가 있었다!

부르본느(이하 '부르') 미조가 『BL진화론』에서 전개한 BL 사관을 따르면 그 시조가 되는 모리 마리 씨는 물론 위대하긴 하지만, 여자들의 남성 동성애에 대한 욕망을 대중화까지 이끌었다는 의미에서 타케미야 케이코 씨가 소녀만화 연재 작품인데도『바람과 나무의 시』(이하『바람·나무』)에서 그런 세계관을 보여준 것은 프런티어Frontier로서 대단한 일이지.

미조구치(이후 '미조') 그래요. 『바람·나무』가 붐이 되었을 때, 나는 중학생에서 고등학생 정도였는데 모두 꺄아꺄아 하면서 읽고 있었어. 하지만 소년 간, 동성 간을 그린 그 시대 작품의 동성애 커플은 모두 최후에는 이루어지지 않거나 죽거나 하지. 그래도 소년 시절의 동성애적 관계의 행복과 갈등을 그리고 있어서 거기에 매우 감정이입했어.

부르 『바람·나무』 연재 개시가 76년이니까…, 내가 5살 때잖아! 물론 작품을 알게 된 건 한참 후였지만 그 시대에 갑자기 학교 내에서 창부같이 행동하는 질베르가 등장하거나, 문란한 행동이 지나쳐서 선생에게 혼날 거라 생각하자마자 확실하게 선생도 자기 것으로 만들어 버리는 그런 강렬한 만화가 연재되고 있었다고 생각하면 새삼스레 놀라워. 이 사람(부르본느의 매니저)도 딱 중학생 때에 말 그대로 자기가 눈빛으로 어필했던 체육 교사와 가정과 교실에서 했지만.

미조 너무 리얼해.(웃음)

부르 정말 그래. 연대적으로는 가깝지 않을까? 거의 질베르예요,

당신(부르본느의 매니저). 외모는 다르지만. 이야기를 돌려서 적어도 미조 짱의 BL 사관에서 말하자면 특히 전반기 쪽 작품은 호모포빅한 것이나 민꽃식물隱花植物적인 아름다움 같은 걸 품고는 있었지만, BL 역사 전체에서 보면 플러스가 되기도 했다는 사실이네.

미조 그래요. 미소년 만화 시대의 작품은 최후에는 비극적인 결말을 맞는다고 해도 거기까지의 과정이 그려져 있어. 생각해봐, 그 시대에 현실의 레즈비언을 둘러싼 이야기라면 사가라 나오미佐良直美와 캣시キャッシー[1]의 소동이라든지 오키 마사야沖雅也[2]라든지…

부르 '아버지, 극락涅槃에서 기다릴게'잖아. 스캔들뿐이네.

미조 그런 것밖에 없었으니까. 요시야 노부코처럼 요즘 식으로 말하자면 레즈비언적인 것을 오픈했던 사람에 대해서도 "못생겼으니까 어쩔 수 없어"라고 부모님이 말한다든지. 하지만 소녀만화의 세계에서 금단의 동성애에 탐닉하고 있는 미소년들은 그들의 부모나 주위의 이성애자 캐릭터보다도 독자에게 압도적으로 특별한 존재였어. 그걸 좋아하면서 성장한 사람과 보지 않고 성장한 사람은 전혀 달라서 후자는 동성애의 선정적인 측면만 내면화해버리지. 나는 물론 그쪽 측면도 알고 있지만 동성애적인 것의 멋짐을 내 안에 가지고 있었다는 게 자랑이기도 해.

부르 그렇지. 한 세대 위 게이 선배 중에도 『바람·나무』에 당했던 사람이 많았다고 하는데 나는 「파타리로バタリロ!」.

「파타리로」가 도움이 되었던 때

미조 아, 「파타리로!」

부른 「파타리로!」는 비극적인 에피소드도 있지만 기본적으로 개그 만화였기 때문에 단순한 동성애 행위와 그에 연관되어 반했다든가 홀딱 빠졌다든가가 그려져 있잖아? 펠라티오 씬도 제대로 그려져 있어서 반크람 대령의 입가 확대(클로즈업)에 이어서 말라이히가 "반…"이라 말하고 있는, 그런 장면도 있었어. 나는 그걸 초등학생 무렵에 읽었는데 역시 매우 도움이 되었다고 생각해. 게다가 토요일 밤 7시 무렵의 애니메이션[3]이었으니까. 물론 가장 난감한 장면을 그 시간대에 매주 방송하고 있었던 건 아니지만 반크람이 미소년 킬러라든지, 남자들끼리 사귀고 있다든가 하는 설정은 그대로였으니 지금 생각하면 굉장한 일이지. 다만 그림적으로는 (굳이) 어느 쪽이냐면 레즈비언으로밖에 보이지 않는 두 사람 콤비라는 건 문제였지만.

미조 그렇게 남성 동성애를 묘사하는 작품이 붐이 되어가는 상황에서 90년대에 들어가면 『CREA』 같은 게 특집을 꾸며서 여성 사이에서 게이 붐 인기를 선도해 나갔지. 그 흐름에 사토 마사키 군이 물고 늘어져서 「야오이 논쟁」이 일어났고(이 책 제3장에 서술함). 시대에 의해 상황이 변하는 중에도 계속 BL을 읽다 보니 최근 몇 년 동안 다른 장르 만화라든지 소설보다도 훨씬 현실적인 게이의 내면과 갈등을 그리면서도, 현실보다 호모포비아가 없는 '조금 진전한 세계'가 그려져 있는 BL이 점점 등장해서 놀랐어. 그런 BL에 등장하는 게이 캐릭터들은 커밍아웃과 부모와의 갈등, 아이를 낳을 수 없는 문제라든지, 동성애자가 생활하면서 반드시 부딪히는 문제를 제대로 고민하면서도 전향적으로 살아가고 있어. 그런, 게이 남성에게도 리얼한 세계를 그리고 있는데도 작가와 독자 대부분이 여성이라는 것이 재미있어서.

당사자들의 진화와 BL의 진화는 호응하고 있다

부르 그래, 재미있지. 실은 그 흐름이란 게 게이 본류와 매우 호응하고 있다고 생각했어. 『장미족薔薇族』[4]이 하고 있던 일은 확실히 게이 당사자의 생각으로 잔뜩 채워져 있었고 펜팔 코너라는 획기적인 도구로 일본 전국의 게이를 연결해 주었지만, 동시에 '떳떳하지 못한 존재로서 게이'라는 시대성도 상징했었어. 예를 들면 펜팔 코너에 '위장결혼 코너'가 있거나 편지 특집의 타이틀이 '호모인 사실을 들켰다!'라든지, 매우 부정적인 베이스에서 자신들을 다루는 표현도 가끔 나오고 있었지. 그에 비해 우리들이 만들던 『Badi(바디)』[5]에서는 초기부터 '보다 전향적으로 우리를 다룰 수 있는 잡지를 만들어 가자'라는 태도가 편집 스태프 사이에 분명히 있었어. 『장미족』적인 것이 스러지고 대신 『Badi』가 등장한 흐름은 야오이, BL에서 『JUNE』가 점점 쇠락하고 경쾌한 『b-boy』가 나온 흐름이랑 가깝다고 생각해.

미조 분명히 가깝네.

부르 정말 그래. 사토 씨가 「야오이 논쟁」에서 여성들의 게이 붐에 대해서 분노하던 것은 사실 게이 미디어에서도 일어나고 있었어. 그러니까 호모포비아를 여성 시점에서 그리는가, 남성 시점에서 그리는가의 차이였다고 생각해. 거기서 당사자들인 게이들이 '벗어나자' '밝게 다루자'가 된 흐름에 왠지 제대로 보이즈 러브의 흐름도 호응해 주었던 것처럼 보였어.

그런 상황에서 서서히 동성혼 이야기가 나오거나, 부모의 커밍아웃 이야기가 나오는 것도 꽤 자연스러운 느낌이 들고. 그러니까 당시 게이 씬과 BL/야오이는 전혀 별개로 불리고 실제 계층도 나뉘어 있었지만 시대는 같은 쪽으로 몰아가고 있구나, 라고는 생각했어.

미조 BL에서 말하자면 내가 '진화형'이라고 부르고 있는, 현실적인 호모포비아가 없는 세계를 지향하는 작품군이 매우 늘어나게 된 건 2000년경이야. 물론 90년대에도 요시나가 후미 씨를 필두로 개인적으로 진화한 사람도 있었지만 전체적으로 늘어난 건 2000년대라는 거지. 내가 중요하게 말하고 싶었던 것 중 하나는 남자들 간의 연애를 그리는 데 있어서 '게이들에게 비판받으면 안 되니까 게이에게 가르침을 받고 인정받자'가 아니라, 이것저것 들어오는 정보를 작가가 창작자로서 책임을 가지고 흡수한 다음 이를 자신에게 투영하여 캐릭터를 그리는 것을 실천하는 사람이 늘어났다는 점이야. 실제로 사토 씨가 야오이를 비난하는 것을 듣고 "그럼 내가 그리고 있는 건 호모가 어떻게 생각할까?" "직접 오케이를 받지 않으면 안 돼!"라는 기분이 든 사람이 나왔다는 건 시대가 변했다는 의미라고 생각해.

부르 그 시대에 신경 쓰게 만들었다는 건 있었겠지. 심술궂게 말하자면 그건 결국 게이가 자신들 안에 품고 있는 원념을 여자를 상대로 터트린 것과 비슷하지. 그건 보이즈 러브 탓이 아니고, 그거야말로 여성성 경시라든지 호모포빅한 감정이 당사자 측에도 있었으니까, 그것이 여성들만의 세계에서도 재생산되고 있다는 사실에 근친 증오적으로 신경질이 났다고 생각해. 왜냐면 결국 그 사람뿐이었거든, 논쟁까지 일으켜서 명확하게 이야기한 건.

내 기억에 의하면 그 시절의 게이들은 정말 흥미가 없었다고. 전혀 별개로 생각했고 비난할 기분조차 들지 않았다고 할까. 그래서 몇몇 사람에게서 "실은 야오이 읽고 있었어요"라는 말을 들었지만, 그걸 일일이 사람들에게 말하지 않는 정도로 즐기고 있었던 사람이 대부분이야. 20년간 보아왔지만 게이 씬 안에서 보이즈 러브가 좋다는 사실을 예를 들어 메인 스트림에서 말하는 움직임은 정말로 적었다고 생각해. 특히 90년대부터는 연속드라마에서조차 동성애가 테마가 되었으니까 말야. 아까 『바람·나무』라든지 「파타리로!」처럼 절대수가 적었던 시대라면 임팩트가 있었겠지만. 당사자가 그린 게 아니어도 역시 아무것도 없었던 때에 저런 걸 테마로 하고 있던 작품은 정말 마음의 의지처가 되어주거나, 혹은 "이런 게 있다"고 가르쳐 주는 것이긴 했으니까.

그리고 『뉴욕 뉴욕』은 게이 사이에서도 화제가 되었어. 그건 일련의 흐름 속에서도 유럽 기숙사가 아니라 뉴욕의 거리라는, 조금은 게이에게 리얼리티가 있는 무대를 도입했던 것과 두 사람만의 연애가 아니라 사회문제로서의 부분도 그리고 있었으니까 리얼 게이가 읽어도 읽을거리로서 제대로 재미있는 게 시작되었다는 느낌이 들었어.

미조 공 캐릭터의 부모와의 관계 같은 건 정말 리얼함이 느껴져.

부르 정말 그래, 커밍아웃 문제라든지. 그 주변부터 우리들 시점에서 읽어도 즐겁다고 생각하게 되었어. 정말로 여러 명의 게이가 "그건 재미있지"라고 목소리를 내던 걸 기억하고 있어요. 나도 게이잡지의 연재로 소개한 적이 있고요.

기분 좋은 일은 중요해

미조 내가 BL 연구를 시작한 지 10년 이상이 되지만 무엇을 가장 대단하게 생각하는가 하면, 창작자는 괴로워하면서 창작하고 있을지도 모르지만 그 근저에 있는 건 쾌락의 커뮤니티이고, 맛있는 부분을 즐기면서 쓰고 읽는다는 행위란 점이야. 그 안에 자기도 모르는 사이에 다른 장르보다 더 게이 리브gay lib, gay liberation(게이 해방)적인 흐름의 작품도 나오거나, 작품 중에 페미니스트적인 강한 여자가 나오거나 하지. 물론 사회를 바꾸기 위해서는 소위 페미니스트분들의 "강연합시다"나 "공부회를 합시다" 같은, 그런 선택의 여지도 있어. 하지만 그런 건 여간해서 지속되지 않아. 그걸 지속할 정도의 마인드라든가 환경이라든지 하는 조건이 필요해지는 거지. 힘든 일을 하면서 페미니스트 활동도 힘든 것이 되면 현실적으로는 상당히 어려워. 그러니까 즐거움 속에서 쾌락에 힘입어 유지해가는 건 중요해.

부르 기분 좋은 일은 중요해.

미조 그렇지.(웃음)

부르 게이도 진지하게 생각하기 위한 연구와 소위 공민권 운동적인 문학도 중요하지만, 예를 들면 게이 나이트 등의 '향락의 극한!' 같은 세계관도 중요해. 그리고 이런 것에 대해서 융통성 없는 운동가가 "저런 게 게이의 덧없는 베짱이적 향락성을 재생하다니!" 같은 훈계를 하고 싶은 기분을 이해 못 하는 건 아니야. 하지만 사춘기 아이가 갑자기 "우리들의 인권은…" 같은 것에 마음이 움직이는지 묻는다면, 우선은 "섹스하고 싶어"라든지 "멋진 게이와 만나고 싶어" 같은 욕망 쪽이 압도적으로 강하다고 할 수 있어. 그러니까 거기서 우왓, 하고 드넓은 곳에 웃는 얼굴로 모두 잘 차려입고 모여서 춤추고… 라는 그림을 보여줌으로써 넓어지는 아이덴티티랄지, "나는 이걸로 충분해"라고 생각할 수 있게 되는 건 정말 중요하니까. 나는 쾌락을 베이스로 넓어지는 문화, 진짜 좋다고 생각해요!

미조 어떤 작품이 앞으로 탄생할지 기대돼.

2014년 6월 모일
신주쿠 니쵸메 'ASobi'에서.

부르본느
여장 퍼포머. 1971년 기후岐阜현 출신. 와세다무稲田대학 제1문학부 중퇴. 1990년 게이를 위한 PC통신 네트워크를 설립하였고, 이후 퍼레이드와 LGBT 이벤트를 중심으로 활약. 최근은 니쵸메의 「Campy! bar」 등의 프로듀스, 대학 강사, 칼럼니스트로서도 활약.

---

[1] 1980년 당시 탤런트였던 캣시가 가수 사가라 나오미와의 동성애 관계를 아침 와이드쇼에서 폭로하며 그 관계의 진위를 포함해서 다양한 스캔들을 불러일으켰다.
[2] 1952년생 배우. 「태양을 향해 짖어라!太陽にほえろ!」 등에 출연. 1982년 "아버지, 극락에서 기다릴께"라는 동성애 관계를 암시하는 문장을 포함한 유서를 남기고 자살했다.
[3] 1982년 4월부터 후지TV 계열에서 방송. 시작할 때는 목요일 19시 방송이었지만 같은 해 10월부터는 토요일 19시 시간대로 이동. 그 후에도 몇 번 방송시간대가 바뀌었다.
[4] 1971년에 창간된, 상업지로서는 일본 최초의 게이 남성을 위한 잡지.
[5] 1994년에 창간된 게이 남성을 위한 종합지. 부르본느와 마츠코 디럭스マツコ・デラックス 등이 편집에 관여했다.

보론1
이론 편—『BL진화론』의 이론적 문맥

본서의 배경에 있는 학문 영역

나는 시각&문화연구라는 학제적인 영역의 학술적 훈련을 미국에서 받았다. 그렇기 때문에 이 책이 베이스로 하고 있는 학문 영역은 퀴어 이론, 페미니스트 영화 이론, 비주얼 연구, 미디어 연구, 문화 연구 등 폭넓다. 그중에서도 『BL진화론』의 근간이 되는 세 가지 이론적 틀에 대해 여기에서 그 배경을 포함해서 보충하고 싶다.

[1] 작가의 성별과 성적 지향에 관계없이 이성애 규범과 호모포비아에 사로잡히지 않고 성실한 상상력을 발휘하는 것이 『BL진화론』에 필수적이다.

이것은 본서의 중요한 테마다. 직접적으로는 퀴어 이론가이자 미술사가인 더글러스 크림프Douglas Crimp가 1998년 「섹스와 감성,

또는 감각과 섹슈얼리티」라고 이름 붙인 논문의 지적에 기반하고 있다.

> 아이덴티티와 차이에 대한 논의는 복잡하고 균질성과는 거리가 멀다. (...) 퀴어 이론에 대해서 무엇인가를 말하자면 호모포비아(동성애 혐오), 혹은 가끔 이성애 규범heteronormativity으로 불리우는 것의 기능에 대해서 레즈비언과 게이 연구 및 게이 해방 정치학gay liberation politics보다도 더 강하게 고민하고 있으며 더욱 치밀하게 생각하고 있다는 것이다.
> [크림프(2002) : 288&289, 원출처 1998]

'레즈비언과 게이에 대한 연구'와 '게이의 인권획득을 위한 정치운동'에서는 레즈비언과 게이 당사자(와 가까운 이해자)가 당사자를 위해 활동하고 있다는 뉘앙스가 강하다. 하지만 문제는 당사자성을 기준으로 하지 않고, 이성애 규범과 호모포비아 그리고 그 기능이란 인식으로 이동하는 것이 퀴어 이론의 한 특징이라는 점이다. 이 퀴어 이론 초기의 지적을 기반으로 삼아서 BL 창작자(와 영화감독)의 성별과 성적 지향에 관계없이, 이성애 규범과 호모포비아에 대항하여 해체하고 있는가를 기준으로 하여 생산적인 분석을 할 수 있다는 것이 이 책의 자세이다.

일단 '퀴어 이론'이라는 용어가 나왔는데 일본어와 영어로 사고하면서 일본어로 쓸 때는 퀴어 이론, 퀴어 개념에 대해 다소 교통정리가 필요하다.

우선 일본어권에서 1990년대 중반부터 2000년대 초반에 걸쳐 '퀴어'라는 이름 하에서 정력적으로 출판 활동에 종사한 게이 평론가 후시미 노리아키伏見憲明의 '퀴어'에 대한 정의를 보자. 1996년에 출판된 대담집 『퀴어 파라다이스—'성'의 미궁에 어서 오세요クィア·パラダイス-'性'の迷宮へようこそ』는 일반서에서 '퀴어'라는 단어를 사용하기 시작한 시기의 책인데, 그 권두에서 후시미는 이렇게 서술하고 있다. "'퀴어queer'라는 영어는 일본어로 번역하면 '오카마オカマ' 혹은 '변태'가 되겠지만 최근 구미에서는 적극적으로 논 스트레이트non-straight적인 삶의 방식을 선택하는 사람들의 정체성을 표현하는 용어가 되어가고 있습니다" "어떤 사람들을 가리키는 용어일 뿐만 아니라 상황을 바꾸어가길 바라는 사람들의 연대를 의미하는 문장입니다"[후시미(1996) : 7]. 대담자로 등장하는 것은 LGBTI(레즈비언, 게이, 바이섹슈얼, 트랜스섹슈얼, 인터섹스)의 어딘가에 속하는 사람들에 덧붙여

'게이의 장애인' '(게이로) HIV 양성' '과격한 성을 쓰는 (여성) 작가' '아마추어 여장가' '드랙퀸' '오코게? 야오이? 게이 문학 번역자'들[1]이다. 즉 후시미는 '스트레이트'라는 용어를 '남자다운 남자가 여자다운 여자와 짝짓는다'란 '이성애 규범'과 거의 동일한 의미로 사용한 후, 또한 종래 성적 소수자와는 다른 차원의 마이너리티 범주로 간주되는 카테고리와 복수 카테고리를 횡단하는 인물들을 통해 다른 마이너리티 운동과 연대할 수 있는 가능성도 찾고 있다. 의욕적인 작업으로 『BL진화론』도 이 문맥에 있다. 실제 2000년에 처음 나의 BL(야오이)론이 활자화된 것은 후시미가 책임편집을 맡고 있었던 『퀴어 재팬クィア・ジャパン』으로, 그곳에선 내가 레즈비언이자 BL 애호가로 연구자란 사실이 레즈비언인 동시에 '퀴어'라고 간주되었던 기억이 있다. 또 오늘날 일본 LGBT 당사자와 대화 중에 '퀴어'가 사용될 때는 이 후시미가 제시한 정의의 연장선상에 있는 경우가 많으며, 나 자신도 그 용어의 그물 안에서 생활하고 사고하고 있다.

그러나 이 책은 후시미 뿐만이 아니라 앞에서 서술한 크림프까지 포함하여 영어권의 영향도 받고 있다. 우선 '퀴어'라는 영어의 의미를 '오카마'나 '변태'로 번역한다면 틀린 것은 아니다. 하지만

---

[1] 이 '게이 문학 번역자'란 이성애 여성으로 잡지 『JUNE』에 영미 게이 문학을 소개한 카키누마 에이코를 의미한다.

그 이상으로 상당히 강렬하고 굴욕적이며 모욕적인 뉘앙스가 있는 용어로, 원래는 남성 동성애자만을 가리키는 용어였다. 미국 영화에서 동성애의 묘사 방식을 검증한 다큐멘터리 영화 「셀룰로이드 클로짓The Celluloid Closet」(롭 엡스타인Rob Epstein과 제프리 프리드먼 Jeffrey Friedman 감독, 1995)은 게이 남성에 대한 멸시 용어가 영화의 대사로서 어떻게 쉽게 이용되었는가에 대해 발췌 영상을 연속적으로 보여주는 시퀀스가 있는데, 거기에서는 '패곳faggot'이나 그 단축형인 '패그fag' '호모' 그리고 '퀴어'가 등장한다. 일본어로 한다면 "거짓말, 너, 호모냐" "이쪽은 오카마 금지 아니었나?" "네놈, 늘어져 있기나 하고, 오카마냐!"라는 뉘앙스이다.

영어권 퀴어 이론의 시조로 간주되는 것은 페미니스트 영화 연구가이기도 한 테레사 드 로레티스Teresa de Lauretis의 1991년 논문 「퀴어 이론—레즈비언과 게이 섹슈얼리티들Queer Theory—Lesbian and Gay Sexualities」이다. 커밍아웃한 레즈비언인 드 로레티스가 일부러 게이 남성을 향한 강렬한 멸시 용어인 '퀴어'를 이론적 용어로서 채용한 이유는 무엇이었을까?

드 로레티스는 '게이/레즈비언을 연결하고, 격리시키는 봉—이론적 접점?'과 '게이와 레즈비언용 바bar—이론을 거래하는 음식

점'이라는 두 가지의 의미를 담은 소제목(원문—The Gay/Lesbian Bar: A Theoretical Joint?)을 붙인 섹션을, 다음 인용처럼 논문 제목으로 「퀴어 이론—레즈비언과 게이 섹슈얼리티들」이라고 붙인 의도를 설명하면서 시작하고 있다.[2]

> [주제목]의 '퀴어'라는 용어를 소제목의 '레즈비언과 게이'에 병치함으로써 현시점까지 정착한, 때로 편리한 정형인 후자에 대한 비판을 담아 이 정형과는 일정한 거리를 두는 것을 의도하고 있다.
>
> [드 로레티스(1991): iv]

이 소제목을 '게이/레즈비언'이라는, '게이 혹은 레즈비언'의 의미로 표기한 이유로 '게이와 레즈비언' 또는 '레즈비언과 게이'라는 '와/과and'로 연결된 구문(프레이즈)에서 레즈비언과 게이 사이의 차이가 암시는 되어 있지만 단순히 당연하게 간주되거나 감춰지는 것을 비판하기 위해서라고 드 로레티스는 설명한다. 그때 예로 들고 있는 것은 영어권의 구체적인 출판물과 조직의 이름이다[드 로레티스(1991): v—vi]. 이처럼 '게이와 레즈비언용 바—이론을 거래하는 음

---

[2] 본 논문은 일본어 번역이 출판되어 있지만 queer를 '퀴어'와 '동성애'로 임의적으로 나눠 번역하고 있는 듯하다는 점, 이론과 운동의 장과 음식점을 겹친 제목의 이중적 의미에 대해서는 언급하지 않는다는 점 등, 독자에게 드 로레티스가 의도한 근간이 십분 전달되지 않는 번역인 관계로 이 책에서는 참고 문헌으로서 올리지 않았다.

식점'이라는 소제목에 담겨 있는 의미는, 북미에서 '레즈비언 앤 게이 바'라고 이름 붙은 바는 (거의) 존재하지 않고 각각의 수요가 다르다는 사실을 술집은 이해하고 있는데도 불구하고 운동의 장에서는 안이하게 '레즈비언과 게이' '게이와 레즈비언'이라는 명칭을 사용하는 사실에 대한 풍자라고 읽을 수 있다(일본과 달리 여성 손님 입장 금지인 게이 바와 남성 손님 입장 금지인 레즈비언 바는 적지만, 예를 들어 레즈비언 바에서 레즈비언 손님들과 즐겁게 떠들고 있는 게이 남성 손님은 레즈비언을 주된 타깃으로 한 장소에 [자신이] 일부러 참가하고 있다는 사실을 자각하고 있다. 역도 마찬가지이다. 그렇기 때문에 안이하게 두 존재를 병기하는 운동 조직과 매체에 대한 통렬한 비판으로 기능한다).

나아가 왜 '퀴어 이론'이라는 용어에 도달했는가에 대해서 드 로레티스는 1970년대부터 80년대 중반까지 남성 연구자들이 '게이(남성)'와 '호모섹슈얼'의 사회학과 역사학을 전개하고 있던 흐름에, 나중에 안이하게—레즈비언 연구의 흐름과는 관계없이—'레즈비언'을 추가했기 때문에 '게이'와 '레즈비언'이 병기된 구문이 되어 버렸다고 말한다. 그렇게 발생한 '레즈비언과 게이'와 '게이와 레즈비언' 등의 구문에 내포된 어떤 이데올로기에도 가담하지 않고, 그것들을 초월하거나 적어도 문제화하기 위해 퀴어 이론이라는 용어에 도달했다고 서술하고 있다[드 로레티스(1991) : v]. 적어도 미국에 있어서는 에이즈라는 국가 차원의 비상사태와 모든 성별의 퀴어에 대한 집요한 조직적 반발backlash에 바탕하여 양자가 동맹을 맺는 것이 '필요'하고 또 '바람직한' 일이기도 하다[드 로레티스(1991) : iv 동일]. 그렇기 때문에 더욱더 '게이'와 '레즈비언'을 다시 분리시키는 게 아니라 '퀴어'에 도달했다고 한다.

그리고 오드리 로드Audre Lorde의 소설 『자미Zami』의 흑인 레즈비언 캐릭터가 흑인은 모두 아웃사이더이므로 레즈비언도 아웃사이더임은 마찬가지란 건 거짓말이라 서술하는 독백(모놀로그)에 호응해서 다음과 같이 쓰고 있다.

> 퀴어한 흑인 여성과 퀴어한 백인 여성, 유색 및 백인 게이 남성은 우리들 각자의 복수의 역사histories를 반복하도록 운명 지워져 있는 것일까? 예를 들어 우리들이 그들의 역사를 배우고 재해석하고 개입함으로써 사람들의 사건의 흐름을 바꾸려 하고 있어도? 그렇지 않다면 우리들의 퀴어함queerness은 사회변혁의 행위체가 될 수 있는 것일까, 그리고 우리들의 이론은 담론에 또 하나의 지평선을 열어젖힐 것인가, 인종과 성을 살아가는 또 하나의 방법을?
>
> [드 로레티스(1991) : v-vi]

'게이gay'는 영어에서는 여성도 가리키는 용어이다. 그리고 반복하지만 '퀴어'는 게이 남성을 향한 멸시 용어이다. 이렇게 상기 인용의 첫 번째 문장은 일부러 '퀴어'를 여성의 형용사로 간주하여 '게이'로 부르고 있다. 더구나 세 번째 문장에서는 새로운—'레즈비언 앤 게이'라는 구문의 난점을 극복하기 위한 틀로서 도달된—'퀴어' 개념을 덧씌워 제시하고 있다. 즉 남녀 포함한 행위체가 변혁을 위한 이론을 불러내는 용어로 '퀴어'를 전용하고 있는 사실을 읽어낼 수 있다.

남성 동성애자에 대한 강렬한 멸시 용어인 '퀴어'를 오픈리 레즈비언 이론가 드 로레티스가 일부러 이어받아 '퀴어 이론'을 제창함으로써 '레즈비언과 게이'라고 편리하게 나열하였지만 실상은 남녀 차이와 인종 차이에 대해서 무자각적인 백인 게이 남성들의 눈을 뜨게 하는 동시에, 인종 차이에 무자각적인 레즈비언을 포함한 백인이 자각하여 사회변혁을 요구하고 함께 투쟁하길 지향하는 거친 치료법荒療治이다. 이 책『BL진화론』은 일본어로 일본의 BL을 고찰하고 있으므로 흑인과 백인이라는 인종 차이의 문제를 말하는 드 로레티스와는 문맥이 다르다. 그렇지만 이 글에 나타난 드 로레티스의 변혁을 요구하는 의지와, 일부러 '퀴어'를 자칭하고 여성이 그 변혁을 주도해가는 각오에는 강하게 공명하고 있다. 또한 몇 년 후에 크림프가 제시한 퀴어 이론의 특징에 영감을 얻어, 이성애 규범과 호모포비아를 축으로 꼼꼼하게 사고하고 있다.

> [2] 주체(행위하는 자)는 사회적 주체와 개인적·정신분석적 주체로 이루어지는 합성물이다. 양자는 떼어낼 수는 없지만 구별하며 섬세하게 분석할 필요가 있다.

이 이론들에 대해서도 드 로레티스로부터 영감을 얻었다.『사랑의 실천The Practice of Love』이라는 1994년 저작물에서 드 로레티스는 반 포르노그래피의 페미니스트 논객 안드레아 드워킨Andrea Dworkin에 대한 주디스 버틀러Judith Butler의 비판을 더 비판적으로 고찰하고 있다(고는 하지만 버틀러를 비판함으로써 실제 드워킨의 논의에 파고들 의도는 없다는 점을 '드워킨'이라고 인용 부호를 붙여 표기하고 있다). 요점을 살펴보자.[3]

드 로레티스는 '(…) 페미니스트의 분석과 정치는 여성이 사회적으로 받아온 상처와 동시 진행적으로 발전해왔다―사실상 그 상처에 의해 촉진되어 왔다. 그러나 페미니즘의 강함, 또는 페미니즘

---

[3] 이 논의에 대해서는 미조구치(2010), Mizoguchi(2010)에서도 다루었다.

이 가질 수 있는 가능성 있는 사회적인 힘은 그 상처를 없었던 일로 하는 것이 아니다'라고 지적, 포르노그래피 옹호파의 개인적 판타지와 표상의 동일시도, 반대파의 표상과 현실 행위의 동일시도 적절하지 않으며, 여성 관객을 의식적 및 정치적, 사회적인 주체성 subjecthood과 개인적, 정신분석적 주관성 subjectivity 양쪽의 복잡한 합성물이라는 전제 위에 분석하는 것이 페미니스트로서 표상을 다룰 때 필연적이란 점을 보여주었다[드 로레티스(1994) : 146&147]. 버틀러가 주장한 바처럼 여성 주체가 판타지 속에서는 여성 이외의 남성과 시나리오 전체에 동일화할 수 있다는 것은 정신분석이론적으로 맞다. 그러나 포르노그래피라는 공적인 표상에 대립하는 여성 관객은 동시에 반드시 사회적 주체이기도 하다. 따라서 여성이 상처 입는 장면에서 자신이 사회 안에서 점하는 입장인 여성 캐릭터 이외에 동일화하기 위해서는 그 표상과 거리를 두는 것이 필요하지만, 그럴 수 없는 여성은 '드워킨'을 포함해서 많다. 사회적 주체로서 여성인 관객/독자가 개인적, 정신분석적 주체(주관성)로서 여성이 상처 입고 종속되는 이야기를 즐길 수 있으려면, 자신의 사회적 주체에서 거리를 두고(일단 옆에 놔두고) 개인적·정신분석적(즉 안전한 상태에서) 판타지에 탐닉하여 욕망을 해방시켜야만 한다. 그것을 할 수 없는,

또는 그렇게 하길 거절하는 여성 '드워킨'을 일방적으로 비판하는 것은 현재 여성이 입고 있는 상처를 경시하는 일이라는 지적이다.

여기서 논의하는 건 남녀물의 포르노이지만 여성이 주인공이 아닌 BL은 이 드 로레티스의 지적을 장르의 근간으로서 체현하고 있다. 이처럼 여성들이 남성 캐릭터 간의 연애 이야기를 자신들의 판타지를 투영한 표상으로서 생산하고 수용할 수 있다는 것은 그녀들의 개인적 주체(주관성)가 사회적 주체로서의 포지션에서 자유롭다는 점을 보여주는 한편, 애초부터 여성 독자가 남성 간의 이야기를 필요로 한다는(여성이 중심인 연애 이야기는 기피한다) 사실 자체가 그녀들의 '상처'를 보여주기 때문이다.

최근 일본 남녀물의 어덜트 비디오(포르노그래피, AV)에서는 내용적으로 여성 관객을 의식해 여성의 쾌락이 우선하여 묘사되고, 여성 취향의 선이 가는 미남 배우가 기용된 작품이 늘어나고 있으며, 시청 환경도 인터넷에서 편하게, 안전한 자신의 방에서 한 걸음도 나가지 않고 시청할 수 있는 등 '드워킨'이 포르노 비판을 했던 1980년대보다 훨씬 여성이 포르노그래피를 즐기기 쉬워졌다. 그 자체는 '좋은 일'이다. 또 만화와 소설에서도 남녀물에 저항이 있어 BL을 선택했다기보다는 처음부터 BL 작품을 충분히 입수하는 것이 당연하고, 나아가 BL 애호가라는 사실이 이전처럼 사회적으로 터부시되지 않는 환경에서 남녀물도 BL도 모두 읽는 사람이 특히 젊은 세대에서는 적지 않을 것이다. 그러한 사람들에게 '상처'라는 용어는 부정적으로 들릴지도 모른다. 그러나 '광의의 BL이 애초에 왜 태어났는가'부터를 고찰 대상으로 하는 이 책에게, 사회적인 주체로서의 여성과 여성의 개인적인 주체(주관성)를 구별하면서도 여성의 '상처'와 욕망을 섬세하게 분석해 나간다는 드 로레티스의 지적은 극히 유용하다.

[3] '현실/표상/판타지'의 3자는 서로가 관계를 맺고 영향을 끼치고 있지만 그 관계는 동등하지 않고, 또한 일정하지도 않다. 따라서 사례별로 case by case 섬세하게 분석할 필요가 있다.

이 논점도 드 로레티스에게 영감을 얻었다. 앞에서 서술한 포르노 논쟁 고찰 중에서 드 로레티스는 이렇게 서술하고 있다.

포르노그래픽한 표상과 행동은 양쪽 모두 판타지와 밀접한 관계가 있고 또 표상과 행동 사이에도 밀접한 관계가 있다. 다만 지각의 영역과 법의 영역에서, 성적 실천 그리고 사법 입법 영역의 양쪽에서 세 개의 용어―표상, 행동, 판타지―사이의 구별을 유지하는 것은 이론적으로뿐만 아니라 정치적으로도 중요하다고 나는 생각한다.[4]

여기에서 드 로레티스가 '행동 action'으로 보는 것은 현실 사회 속에서 행동하면 법적으로 벌을 받을 만한 일―예를 들면 여자 배우(여성)가 남자 배우(남성)에 의해 능욕되는 등―이 개인적인 판타지로서 망상할 뿐이라면 문제가 없지만, 영화 같은 공적인 표상에서 그려지는 것에 대해서는 어떠한가란 논의의 흐름에 바탕한다. BL을 둘러싸고 캐릭터의 행동뿐 아니라 외모 설정 등이 현실의 게이 남성과 비교해서 어떠한가에 대해 논의하는 경우도 많으므로, 행동과 상태를 포함해서 '현실'이라는 용어를 채용했다. 그리고 현실에서 일어나면 범죄행위인 일을 묘사한 표상이 반드시 현실의 액션을 유발한다는 것은 단순한 극단론인 한편, 그 표상이 현실의 행동에 절대로 영향을 미치지 않는다, 개인적 판타지 속에서 수용되고 끝난다는 것도 극단론이라는 드 로레티스의 지적에도 공명하

---

[4] '폴리티컬 Political'은 '정치적'으로라고 번역할 수밖에 없지만 이러한 문맥에서는 '권력의 배분을 둘러싼 모두'란 의미이다.

고 있다. '주체는 모순을 내포하'고 판타지는 행동에 영향을 끼칠 수 있다. '현실/표상/판타지'의 관계성은 일직선이 될 수 없다(앞의 글 참조).

나는 항상 '현실/표상/판타지'의 세 요소가 입체적으로 싸우는 투기장 같은 장소를 떠올리고 있다. 누군가의 현실이 어느 정도 반영되거나 누군가의 개인적 판타지가 어느 정도 투영되는 것이 표상이다. '표상'이란 이 책에서는 물론 BL 만화, 일러스트 포함 소설, 그리고 영화를 가리키고 있다. '판타지'는 드 로레티스의 논문에서는 정신분석적 판타지를 가리키고 있지만 이 책에서는 문맥에 따라서 보다 넓게 '망상' '드림' '편견' '억측' 등으로 바꿔 말할 수 있다. 일반적으로 다큐멘터리 쪽이 픽션보다도 현실을 반영하지만, 다큐멘터리라고 해도 촬영 대상의 선택과 편집 과정에서 작자의 편견과 꿈 등이 투영된다. 픽션 작품이라면 말할 것도 없다. 따라서 BL의 유형을 추출하는 것은 논의를 정리하기 위해서 유효하지만, 개별의 작품을 상세하게 보는 것이 필수적이라는 게 이 책의 자세이다. 그리고 '현실/표상/판타지(/현실/판타지/…)'의 투기장 속에서 어떤 특정한 사회적 주체성을 살아가는 주체(창작자, creator)가 그 한정된 사회적 주체성을 넘어 다른 입장인 사람의 '현실보다 더 나은 현실'을 '표상'으로서 묘사하는 경우도 있다. 그것을 가능하게 하는 것이 픽션의 캐릭터를 자신에 대입하여 숨을 불어넣는 성실한 상상력이다.

보론2
응용 편—『BL진화론』과 영화의 남성 동성애

왜 영화인가

 어쨌든 BL은 '남성 동성애의 이야기를 여성들이 묘사하거나/쓰거나 읽거나 하면서 기뻐하고 있다니' '이상하다'나 '특수'하다고 말하기 쉽다. 확실히 '만드는 사람과 읽는 사람들이 보는, 이성인 캐릭터 간의 동성애를 축으로 한 이야기군을 생산하는 장르'는 BL뿐이다.
 여성들의 사랑을 그리는 '백합百合(또는 'GL')도 남성 창작자와 남성 소비자는 적지 않지만 요시야 노부코吉屋信子(1896~1973)의 소녀소설(『꽃이야기花物語』『다락방의 두 처녀屋根裏の二処女』)이 백합의 중요한 시조라는 사실에 동의하는 사람은 많을 것이고, 대히트작 소녀소설인『마리아님이 보고 계셔マリア様がみてる』(콘노 오유키今野緒雪1998~)와 만화『푸른 꽃』(시무라 타카코, 2005~2013) 등 보다 최근의 유명한 예를 몇 개 들기만 해도 캐릭터와 동성인 여성 작가의 존재감이 강하기 때문에 BL은 더더욱 '특수'하게 보일지도 모른다…. 하지만 'BL은 특수'라고 할

때 거기에는 '이야기 내의 캐릭터와 다른 성별이며 다른 성적 지향인 이성애 여성이 그리는 BL은 이상하다'는 전제가 가려져 있다. 이를 뒤집어 보면 '(리얼) 게이가 남성 동성애 이야기를 그리면 거기에는 자연스럽게 게이의 리얼리티가 녹아 있다'라는 전제이다.

그러나 물론 그렇지 않다. 남성 동성애가 작품 내에 어떻게 표상되는가는 창작자 자신이 게이인지 아닌지와 관계없이 다양하다. 그것을 BL 이외의 장르에서 검증하기 위해, 여기에서는 남성 동성애자 캐릭터라는 공통점을 실마리로 몇 개의 영화를 분석하겠다. 즉, 「BL진화론의 응용 편」이다.

『셀룰로이드 클로짓』을 참조하여

시작으로서 참고로 삼는 것은 『셀룰로이드 클로짓』이다. 1981년 오픈리 게이 영화 연구자 비토 루소Vito Russo가 "오랫동안 우리들은 자신들의 비가시화를 유지하는 데 가담해 왔다. 그러나 이제 놀이는 끝났다"라는 선언 후 완성한, 미국 영화사에서 동성애자 캐릭터를 고찰한 획기적인 연구서이다(그 후 1987년에 개정판 출간)[루소(1987) : xii]. 나아가 루소의 사후, 1996년에는 다큐멘터리 영화판이 개봉되었다(롭 엡스타인 & 제프리 프리드먼 감독). '셀룰로이드'란 영화 필름이고 '클로짓'은 '커밍아웃하는(동성애라고 공언하다)'의 반대어로서 동성애 사실을 숨기기 위해 잠궈 둔 옷장을 의미하는데 「셀룰로이드 클로짓」이 보여주는 '남성 동성애 묘사의 나쁜 유형' 중 특히 다음 세 개가 참고가 된다.

    [1] 남자인데도 '여자 역할', 남자인 주제에 여자 같다
    [2] 영화의 라스트에 이를 때에 처형된다 (또는 죽는다)
    [3] 살인 몬스터 (이유도 없이 사람을 죽이는 캐릭터)

물론 현실에도 여성성 표현이 강한 게이 남성은 있다. 젊어서 목숨을 잃는 게이도 있고 살인범 중에도 게이는 있을 것이다. 하지만 이들 영화의 유형은 현실의 게이를 반영한다기보다는 '게이=모름지기 여자 같은(여자 같지 않은 게이는 존재하지 않는다, 혹은 여러 명의 게이 캐릭터가 있을 때는 보다 여자 같은 쪽에게 도중에 살해당하는 역할과 살인 몬스터인 역할이 배당되어 있다)'이라고 하는, 이성애 규범과 미소지니(여성 혐오)가 남성 동성애 표상에 투영된 것이다.

다큐멘터리 「셀룰로이드 클로짓」에서는 이 세 가지 요소가 합

체한 사례로서 「형사 콤비 프리비와 빈FREEBIE AND THE BEAN」(리처드 러쉬Richard Rush 감독, 1974)에서 여장 살인범이 총에 맞아 살해되는 장면을 들고 있다. 원피스가 어깨에서 벗겨져 남자의 가슴을 드러내면서, 탄환에 맞을 때마다 그 충격으로 화려하게 공중화장실의 문과 벽에 부딪히며 죽어가는 소위 '죽음의 춤' 장면은 '단순히 살인범이 처형되기 때문이 아니라 여장 게이가 살해되는 것에 관객이 갈채를 보내도록 상정되어 있다'고 분석된다. 또 하나의 사례, 「광란자 Cruising」(윌리엄 프리드킨William Friedkin 감독)에서 게이가 운영하는 가죽 클럽 leather club(SM클럽)에 잠입조사관으로서 들어간 알 파치노가 게이인 살인 몬스터에게 살해당하는 장면은 [1]과 [3]이 해당한다.

영화에 그려진 남성 동성애―나쁜 유형

「고하토御法度」(오시마 나기사大島渚 감독, 1999)

이 세 요소가 전부 갖춰진 일본 영화의 예는 오시마 나기사 감독의 최후작이 된 「고하토」이다. 신선조를 그린 이 작품은 '남성의 성욕을 자극하는 〔여자 역할〕의 미소년이 실은 살인 몬스터로 종반부에 이르면 처형된다'는 이야기다. 좀 더 구체적으로 살펴보자.

카노 소자부로加納惣三郎(마츠다 류헤이松田龍平 분)라는 미소년이 신선조에 입대하자마자 대원들 거의 전원이 소자부로에 대해 동성애적 욕망을 품게 된다. 몇 사람은 소자부로에게 접근하여 관계를 맺는다. 그렇지 않은 대원들도 '너야말로 소자부로에 대해 동성애적 욕망을 안고 있는 건 아닌가'라고 상호 체크하지 않고는 견디지 못한다.[1] 소자부로에게 여성과의 성애를 가르치면 대원들이 그에게 느끼는 섹스어필이 줄어들지 않을까 싶어 유곽에 데리고 가도 잘 되지 않는다. 소자부로에게 손을 댄 유자와湯沢(타구치 토모로오田口トモロヲ 분)가 누군가에게 칼을 맞아 시체로 발견되고, 소자부로를 유곽에 데려갔던 감찰의 야마자키山崎(토미즈 마사トミーズ雅 분)도 암흑에서 누군

---

[1] 이 점에 대해서는 일본 문학 연구자 키스 빈센트가 영화 공개 시에 일본어로 발표한 논문 「사랑하는 남자들, 살인을 하는 남자들―오시마 나기사의 '고하토'에 대해」에서도 영감을 얻었다[빈센트(2000): 114-125].

가에게 습격당한다. 그 현장에서 발견된 단검이 소자부로와 성애 관계에 있는 듯한 타시로田代(아사노 타다노부浅野忠信 분)의 것이었으므로, 총장인 콘도 이사미近藤勇(최양일崔洋一 분)와 히지카타 토시조土方歳三(비트 타케시ビートたけし 분)는 타시로가 질투로 인해 범행을 저질렀다 단정하고 타시로의 처형자 역을 소자부로에게 맡긴다. 그 임무 수행을 어둠 속에서 바라보는 히지카타와 오키타 소지沖田総司(타케다 신지武田真治 분)는 소자부로와 타시로의 마지막 대화에서 진짜 범인이 소자부로라는 사실을 알게 된다. 타시로를 죽인 소자부로는 오키타에 의해 죽음을 당한다.[2]

소자부로의 '여성성'

당시 고등학생이었던 마츠다 류헤이가 연기하는 소자부로는 검 연습을 하고 있어도, 복도를 걷고 있어도 소위 '여자다움'은 전혀 없다. 그러나 이 작품은 소자부로의 '여성성'(나쁜 유형의 [1])을 몇 번이나 표현한다. 우선 입대를 허가받은 소자부로와 타시로가 함께 콘도의 방에 인사하러 오는 장면. 두 사람이 복도를 걸어서 콘도와 히지카타가 기다리는 방에 도착하여 큰절을 하는 부분까지를 카

---

[2] 여기에서는 '동성애'라는 용어를 사용하고 있지만 물론 막부 말기에는 그런 용어가 존재하지 않았다. 그뿐만 아니라 메이지 시대 이전의 일본에서 '슈도衆道'와 '난쇼쿠男色'는 애초부터 동성애 개념과는 완전히 다르다. 간략화해보면 전근대에서 남색은 여색과 나란히 남자가 즐겨도 좋은 것으로 인식되어 있었다. '여색'은 여성 동성애가 아니라 남성이 성애의 상대로 여성을 고르는 것으로, 남성이 남성을 고르는 남색과 대비되는 개념이다. 나아가 전근대에서는 '남색자' '여색자'라는 정체성이 성립되지 않았고, 굳이 말한다고 하면 오늘날 '빵파' '밥파'를 자칭하는 것 같은 느낌이 있었다. 즉 취향의 차이는 있어도 그것이 인격과 내면성을 규정하는 것으로는 인식되지 않았던 셈이다. …그렇다고는 해도 오늘날 게이 남성이 에도 시대로 시간 여행을 한

메라는 객관적인 롱숏으로 보여준다. 거기에서 콘도가 한 사람씩 말을 건다. 우선 소자부로. 가슴 위의 미디엄 숏, 눈가의 클로즈업, 그리고 입가의 클로즈업. 다음은 타시로. 최초의 숏은 소자부로와 비슷하게 가슴 위의 미디엄 숏이지만, 다음 컷에서 카메라는 거리를 좁히지 않고 아래를 향하며 타시로의 검을 보여준다. 이 장면에서 바스트 업 숏은 두 사람의 맞은편에 앉은 콘도가 실제로 보고 있는 것을 비추고 있는 셈이다. 그렇다면 소자부로만 극단적으로 클로즈업되고 있는 것은 왜일까? 그것은 콘도의 주관을 반영하는, 소위 주관 숏이라고 해석할 수 있다. 콘도는 소자부로에게만 강한 흥미가 있고 따라서 소자부로만이 눈가와 입가가 클로즈업되고 있다. 더군다나 양쪽 부분 다 섀도와 글로스를 바른 것처럼 보여서 '여성적'이고 '섹시'하다. 나아가 히지카타의 독백도 콘도가 소자부로에게 성적인 의미에서 끌리고 있다는 점을 강조한다. "드문 일인데. 콘도 씨가 이런 얼굴을 하다니. 그쪽은 아닐 텐데?" 이렇게 영화가 시작하고 겨우 두 번째 장면에서 분명히 동성애자가 아닌 남성에게도 소자부로는 성적 대상으로서 인식되는 존재로, 그 매력이 '여성적'이라는 점이 확실히 보인다.

나아가 소자부로의 '여성성'이 남존여비의 가치관에서 '여자'를

다면 그곳은 그들에게 파라다이스일 것인가 하면 그렇지는 않다. 1682년 간행된 우키요소시浮世草子의 『호색일대남好色一代男』(이하라 사이카쿠井原西鶴)의 요노스케世之介는 유복한 서민이라 일생 동안 관계를 가진 여성이 3,742명, 소년이 725명이라는 캐릭터 설정이 성립하는 것인데, 가난한 농가에 태어나 카게마陰間(남창)로서 카게마차야陰間茶屋에, 또는 이로코色子(가부키의 소년 배우로 몸을 팔았다)로 절에 팔려나가는 남자에게는 물론 자유가 없었다. 또 고케御家(소속)와 가격家格(조직 내 서열)에 따라 종적사회 속에서 충효가 절대적으로 요구되는 무사, 그것에 반해 개인 대 개인으로 횡적의 '맹세契り'를 나누는 것(슈도)은 금지 또는 위험시되었다. A가와 적대하는 B가의 가신이 A가의 가신과 맹세를 나누거나 색에 빠져서 주군에의 임무가 소홀해지는 일 등은 무사

전제로 한다는 점이 영화 중반 가까이 소자부로가 타시로보다 검에 능하다고 오키타에게 들은 히지카타가 도장 훈련에 임하는 장면에서 드러난다. 우선 각각과 대련해서 오키타의 말이 맞다는 사실을 확인한 히지카타는 두 사람에게 대련을 명한다. 그런데 검에 더 능한 소자부로가 타시로에게 밀려서 명백히 열세인 것이다. 그것을 보는 히지카타의 독백은 '묘하네' '이 녀석들, 붙어먹었군. 그런 거구만'이다. 이 장면은 다음과 같이 해석할 수 있다. 원래라면 소자부로 쪽이 강한데 타시로가 '남자 역할'이고 소자부로가 '여자 역할'인 관계가 되면서부터는 당연하게도 '여자'는 '남자'의 체면을 세우지 않으면 안 되기 때문에, 소자부로는 실력을 감추고 지려고 한다. 검술은 신선조 대원으로서 큰 가치를 가지고 있음에도 불구하고 말이다. 소자부로는 일보다 연애를 우선하는 '여자'인 것이다.

소자부로의 성적 매력은 대원 중에 거의 남색에 흥미가 없는 인물인 감찰의 야마자키까지도 사로잡는다. 야마자키는 히지카타의 명령으로 소자부로를 시마바라로 데려가는데, 소자부로가 계속 거절했기 때문에 몇 번이나 소자부로와 마주하고 말을 하게 된다. 도중에 소자부로가 갑자기 "야마자키 씨는 좋아요!"라 말했을 때에

로서는 있을 수 없는 일이었다.
「고하토」에서도 이런 의미의 경계심은 표명되어 있다. 빈센트도 지적하는 것처럼 콘도는 말한다. "이케다야池田屋 때에 신선조 대원 내부에 슈도의 폭풍이 불었다. 모두가 열에 들떠있는 것 같았다. 또 저렇게 되어서는 안 된다"라고. 대원이 모두 색에 빠졌다는 사실은 조직의 입장에서도 문제로, 상식적인 걱정이라 할 수 있다. 또 타시로가 소자부로와 같은 날 입대해서 겨우 며칠 후에 누군가에게 들려도 이상하지 않은 장소에서 당당히 목소리를 높여 "사랑스러운 넨샤念者(슈도에서 연장자)님을 부른 거야"라고 말하는 모습은 전근대다운 연출이라고도 해석할 수 있다. 그러나 「고하토」 전체를 통해서 보면 오히려 현대적인 호모포비아와 미소지니(여성 혐오)가 짙

는 "나는 너를 슈도에 이용하려는 게 아니야"라고 뜻밖이라는 식으로 말하지만, 잠시 후 이번에는 야마자키가 갑자기 소자부로의 얼굴을 지긋이 바라보는 클로즈업과 "안 돼, 안 돼"라고 스스로를 억누르는 대사가 이어진다. 이 지점까지 오면 이미 야마자키도 소자부로에 대한 욕망을 안고 있는 것이다.

정점은 시마바라로 향하는 길에서 일어난 사건이다. 떨어진 게다 끈을 바로잡아 주는 야마자키의 손을 소자부로가 우연히 잡고, 농염하게 미소 짓는다. 야마자키는 '안 돼'라고 고개를 흔들고 가마를 멈춘다. 이 장면은 소자부로가 고백 비슷한 말과 웃음으로 함락시키지 못했던 야마자키를 유혹하려 했다고밖에 해석할 수 없다. 소자부로는 미소년 캐릭터지만 너무 많이 사용되어 진부한, 여자의 유혹 기술 등을 구사해 보이는 '여자'이기도 하다.

'살인 몬스터'로서의 소자부로

소자부로의 '여성성'과 마찬가지로 그가 '살인 몬스터'라는 점도 초반 부분에서 암시된다. 입대를 허락받은 날, 소자부로는 내일 규율을 위반한 대원의 참수 역을 하라는 명령을 히지카타에게 받

게 반영되어 있기 때문에 여기에서는 대사의 인용 부분 이외는 '동성애'를 사용하고 있다.
또 에도 시대의 '슈도'·'난쇼쿠'와 근대 이후 '동성애'의 차이에 대해서 사회구성주의 이론을 바탕으로 한 단적인 해설로서는 문화인류학자 오다 료小田亮의 『성- 한 단어의 사전性—語の辞典』의 「변태에 대한 시선変態へのまなざし」 장 및 역사학자 그레고리 M. 플룩펠터의 『욕망의 지도 작성법-일본의 담론에서 남성 대 남성의 섹슈얼리티 1600년~1950년欲望の地図作成法 - 日本の言説における男性対男性のセクシュアリティ 1600年~1950年』이라는 제목의 책(원문 영어)의 특히 서장을 참조할 것 [오다(1996) : 54~67] [플룩펠터(1991) : 1~22].

는다. 그러자 그날 밤 자고 있던 소자부로에게 타시로가 소곤소곤 말을 건다. "안 자면 내일 제대로 못 해" "너는 사람을 벤 적이 있나?" 잠시의 정적. 소자부로는 대답하지 않는다. 다시 타시로. "너는 사람과 맹세를 맺은 적이 있나?" 전반의 충고와 질문은 자연스럽지만 후반의 질문은 영화가 시작한 초반부에 '살인마'와 '동성애'를 연결짓기 위해서로 보인다(소자부로에게 끌리는 타시로가 소자부로의 남성 경험에 흥미를 가지고 있을 가능성은 있지만 이 장면에서 질문할 필연성은 없다).[3] 그리고 다음 날 아침, 한순간의 주저 없이 보기 좋게 참수에 성공한 소자부로를 보고 콘도는 "용기가 있다" 말하지만 히지카타는 마음속으로 '아니, 저건 용기와는 다른 것이다'라고 술회한다. 그 '다른 것'이란 무엇인가. 영화 중반, 신선조에 들어간 이유를 질문받은 소자부로 자신이 이렇게 밝힌다. "사람을 벨 수 있기 때문일까요." 이렇게 소자부로는 '살인 몬스터'로 명확하게 정의되어 있다.

'살인 몬스터'이자 '여자'인 소자부로의 처형

이미 서술한 바처럼 유자와를 살해하고 야마자키를 습격한 범인이 타시로가 아니라 소자부로라는 사실을 후반부에서 알게 된

---

[3] 이 점도 빈센트의 지적에서 힌트를 얻었다.

히지카타와 오키타는 소자부로를 처형한다. 히지카타와 함께 걷고 있던 오키타가 "그렇군, 할 일이 생각났어. 잠깐 나카스中州까지 다녀오겠습니다"라 말하며 떠나간 후, 히지카타는 만개한 벚꽃나무 아래까지 걸어가 "괴물 놈"이라고 혼자 중얼거리면서 침을 지면에 뱉는다. "오키타 씨"라고 말하는 소자부로의 목소리에 이어서 오키타의 "이얍!"이라는 기합 소리, 그리고 검이 공기를 가르는 소리. 카메라는 히지카타를 클로즈업으로 잡는다. "소자부로 녀석. 너무 미남이었어. 남자들에게 희롱당하는 동안 괴물이 달라붙었던 거겠지"라 말하고 히지카타, 벚꽃나무를 단칼에 벤다. 지극히 인공적인 세트에서 인조 벚꽃나무에 의해 대행되는 소자부로의 처형은 비주얼적으로는 탐미적이지만, 히지카타의 말에 의해 소자부로가 '괴물'이기에 처형되었다는 사실이 분명히 전해진다.

유일하게 소자부로의 '색기'에 반응하지 않았던 오키타의 건전함을 표현

여기에서 소자부로를 처형하는 오키타 소지의 캐릭터 설정에 대해서 조금 서술해두겠다. 「고하토」에서는 대원 대다수가 소자부로의 등장으로 자신의 동성애적 욕망이 자극되는데, 오키타만이 초지일관 소자부로를 '꺼림칙하다' '싫다'고 말하기를 서슴지 않는다. 히지카타가 물어봐도 "나에게는 그런 취향은 없어요. 알고 계시죠?"라며 자신만만해하고 가장 동성애에서 먼 존재로서 설정되어 있다. 그리고 그런 오키타에게는 「고하토」 속 유일하게 산을 배경으로 개방감 넘치는 옥외의 따뜻한 햇볕이 반짝반짝 반사하는 강변에서 아이들과 놀고 있는, 이 작품 속에서는 이색적인 장면이 부여되어 있다. 폐병을 앓고 있기는 하지만 도덕적으로는 건전한 존재라는 사실이 이야기의 초반부에서 시각적으로도 명시되어 있는 셈이다. 라스트에 그 건전한 오키타가 소자부로를 처형하는 것이므로 대원들 다수가 소자부로의 매력에 유혹되어 사망자가 나온 뒤라고는 해도, 앞으로는 오키타의 건전한 기준이 이 집단을 이끌어나갈 것이란 인상을 준다.

'국화의 맹세菊花の約'와 「고하토」의 제작 의도

그렇다면 그런 오키타가 영화의 마지막 부분에 나카스에서 히지카타와 소자부로들을 기다리고 있는 사이, 2분 정도의 긴 대사로

'국화의 맹세'라는 슈도의 이야기를 하는 것은 왜일까? 히지카타가 "(슈도에 끌리지 않는다면) 왜 그런 책을 읽지? 책을 읽고 왜 그런 것을 생각하는 거지?"라 묻자 오키타는 이렇게 답한다. "실제로는 이해할 수 없고, 싫어해요. 그 두 사람, 양쪽 다 싫습니다. 얼굴을 보는 것도. 그렇네요, 목소리를 듣는 것도 이렇게 소름이 끼칩니다. 하지만 아름다운 그림은 좋아요."

일본 문학 연구자 키스 빈센트가 지적하는 대로 이것이야말로 이 영화를 만든 오시마의 동기라고 한다면 앞뒤가 맞는다[빈센트 (2002) : 125]. '현실'로는 이해하지 못하고 싫어하지만 '표상'으로서 본다면 아름답고 좋은 것을 일부러 장편극 영화라고 하는 큰 프로젝트로 만들어냈다, 라는 표명이다.

BL의 '수' 캐릭터와 소자부로의 차이

소자부로가 '검에 능한 미소년'으로 설정되어 있기 때문에, 더욱 작품을 주의 깊게 본 BL 애호가라면 「고하토」의 명백한 미소지니(여성 혐오)가 신경이 쓰이지 않을까? BL에선 강한 검사와 권투 선수 등이 '수' 캐릭터인 경우, 그들은 '공'인 남성 캐릭터와의 성애 관계에서 '여자 역할'이면서도 권투 선수와 검사로서는 계속 강한 남자로 머문다.[4] '수' 캐릭터의 남성성과 여성성과의 갈등은 BL 표현의 핵심 중 하나다. 소자부로처럼 '정분이 나자'마자 상대에게 져 버리려 드는… 즉 '수'가 되자마자 '남존여비 사상을 내면화한 여자가 된다'면 BL로 만들 필요가 없다. 그렇다, BL의 '수' 캐릭터는 여성 애호가들의 대리인으로 '여성성을 내포한 남자'로서 작품 안에 삶의 방식을 모색하지만, 소자부로는 그 여성성으로 인해 라스트에 이르러서는 처형되는 것이다. 여성적이지 않은 남성 동성애자 캐릭터, 유자와 타시로도 죽지만 그들을 죽이는 사람이 오키타가 아니라 소자부로라는 점도 중요하다. 동성애자라는 것만으로는 건전한 이성애 남성인 오키타가 손수 처형하는 대상이 되지 않는다. 처형되어야 할 대죄란 '동성애'에 '여성성'이 겹치는 것이다. 강렬한 미소지니의 표명이다.

「브로크백 마운틴Brokeback Mountain」 (이안Lee ang 감독, 2005)

「브로크백 마운틴」은 '남자다움'의 상징인 카우보이들의 연애를 그리고 있다는 점에서 획기적이다. 더욱이 할리우드의 거대 자본

---

[4] '수' 캐릭터가 검사인 작품의 사례로는 코다카 카즈마의 『KIZUNA 키즈나』, 권투 선수의 사례로는 야마다 유기의 『태양 아래에서 웃어라』, 고 시이라의 『권투 선수는 개가 된다』를 필두로 하는 「닥터×복서」 시리즈 등

작품이다. 와이오밍주 브로크백 산에서 여름철의 양 방목일을 통해 서로 알게 되어 연인 사이가 된 에니스(히스 레저Heath Ledger 분)와 잭(제이크 질렌할Jake Gyllenhaal 분)은 각각 여성과의 가정을 꾸리면서도 20년에 걸쳐 매년, 비밀의 만남을 지속해간다. 1993년이라는 시대 설정에서 본다면 처음 만난 여름 끝 무렵 산에서 내려갔을 때 함께 살자고 하는 잭의 제안을 에니스가 거절하는 전개에는 설득력이 있다. 무엇보다 잭과 헤어진 직후 에니스가 몸을 웅크리고 단단한 벽을 두드리면서 오열하는 장면은 극히 강렬하게 관객의 감정이입을 유도하므로, 여기서 그의 안타까움에 공감한 관객이 라스트까지 그대로 보게 되는 구성이다. 나아가 그들의 만남과 상봉의 장소 대부분이 웅대한 자연 속이라 아름다울 뿐만 아니라 인간 사회와는 다른 차원의 낙원 같은 인상을 주기 때문에 두 사람의 재회의 기쁨이 증폭되어 전달되는 동시에, 관객은 그들이 아내를 속이고 있다는 사실을 제쳐두고 기쁨에 함께 빠져들기도 쉽다. 그리고 그들의 20년간은 가정을 잃고 잭도 먼저 죽은 에니스가 트레일러 하우스에 혼자 남겨진다는 애절한 사랑 이야기로서 막을 내린다. '영화사상 가장 마음을 흔드는 사랑 이야기' '사랑은 자연의 힘Love is a force of nature'(각각 일본판과 미국판의 DVD 선전 문구)이다.

보다 여성적인 잭이 '처형'되는 유형의 이야기

살인 몬스터가 등장하지 않으며 관객이 남성 동성애자 캐릭터 중 한 명에 강하게 동일화하도록 제작된「브로크백 마운틴」은, 그러나 동시에「셀룰로이드 클로짓」이 제시한 [1]과 [2]의 유형에 따른 여성 역할이 라스트에 죽임을 당하는 이야기이기도 하다. 물론 카우보이인 잭의 여성성이 여장과 아이섀도 같은 명백한 연출로 표현되지는 않는다. 그러나 잭은 에니스보다 조금이지만 키가 작고 체격이 더 늘씬하며 눈썹이 긴 화려한 얼굴형이라는 신체적 특징뿐만 아니라, 섹스에서 삽입되는 측인 '수'라는 사실이 명확하게 그려지는(이렇게 열거해 나가면 마치 BL의 설정 해설 같지만 실제 이 커플의 최초 섹스신에서는 갑자기 애널 삽입이 행해지고 있는데 BL에서 뿌리 깊은 통칭, '야오이 구멍' 표현—현실적으로는 불가능할 정도로 용이하게 '공'의 페니스를 받아들이는 '수'의 애널이 너무나 많기 때문에—과 비슷하다)[5] 자태와 행동이며, 에니스가 어디까지나 말수 적은 남자인데 비해 잭은 표정이 풍부하다.

에니스는 다음에 산에서 만날 일정을 쓴 엽서를 보내지만, 받는 사람인 잭의 이름 위에 '사망' 도장이 찍혀서 반송되었기 때문에 공중전화로 잭의 자택에 전화를 건다. 그리고 잭의 아내 루린(앤 해

---

[5] '야오이 구멍' 표현을 볼 수 있는 일본 영화의 예로는 「프렌치 드레싱French Dressing」(사이토 히사시斎藤久志, 1998)을 들겠다. '공' 역은 아베 히로시阿部寛, '수' 역은 사쿠라다 무네히사櫻田宗久. 1990년대에 잡지『뽀빠이ポパイ』의 모델, TV 탤런트, 배우, 가수 활동을 전개했던 사쿠라다(1976년생)는 게이라는 사실을 커밍아웃하고 최근에는 사진가로서 활동하며 신주쿠 니쵸메에서 바를 경영하고 있다. 그 때문인지 특히 사쿠라다 세대 위의 게이에게는 일반적인 인지도 이상으로 잘 알려진 작품이다("아베 짱이 무네히사 군을 강간한 영화. 그렇게 간단히 들어갈 리가 없지만"). 원작은 야마다 나이토やまだないと의 만화.

서웨이(Anne Hathaway 분))에게 잭이 차량의 펑크를 수리하다가 사고로 죽었다는 사실을 전해 듣게 되는데, 에니스와 루린의 숏/리버스 숏에 '호모 사냥'하는 남자들에게 쫓겨서 발로 차이고 둔기로 맞아 얼굴에서 피를 흘리는 잭의 영상이 삽입된다. 수화기 앞 루린의 진한 메이크업을 한 아름다운 얼굴, 특히 얼굴의 반을 점하는 듯한 큰 눈과 새빨간 립스틱이 칠해진 입술, 그리고 비슷하게 빨간 매니큐어가 보이는 손톱이라는 여성성이 강한 영상이 지배적이며 그녀가 죽은 남편 잭의 망상의 산물이라고 생각했던 브로크백 산이 실제로 20년 전에 전화 상대인 에니스와 잭이 같이 여름을 보냈던 실재하는 산이라고 알게 된 순간의, 경악으로도 낙담으로도 읽을 수 있는 표정 변화가 강하게 인상에 남는다. 그 몇 개월 전에 잭이 에니스를 향해 루린과의 '결혼 생활은 전화 너머로도 할 수 있을 정도로' 실질적인 내용을 갖추고 있지 않지만 자신에게 남자 연인이 있다고 의심받지는 않는다 말하는 장면이 있는데, 아내인 루린이 정말로 모르고 있었는지 아닌지 관객은 알 수 없다. 루린은 에니스로부터 전화를 받고 "잭이랑 낚시인지 사냥인지를 같이하는 친구죠? 이름은 들었어요"라 응대하고 있는데 어디까지 알고 있는 것일까? 브로크백 산이 실재한다고 알게 된 시점에 그녀가 에니스와 죽은 남편이 연인 관계였다는 사실을 포함한 모든 것을 깨달았을 가능성도 느껴지는 극히 긴장감 넘치는 장면이다. 또 잭이 차량 펑크 수리 중에 사고로 죽은 것인지 남자들의 린치에 살해당한 것인지, 진실은 관객의 판단에 맡겨져 있다. 그래도 관객의 뇌리에는 그가 남자들에게 비참하게 살해되는 영상이 새겨지게 된다. 「브로크백 마운틴」은 '마음을 흔드는 (동성) 사랑의 이야기'이면서도, 이 또한 '남성 동성애자 캐릭터 중 좀 더 여성적인 쪽이 엔딩에 이르기 전에 처형된다'는 이야기다. 결국 '여자 역할'은 처형되는 것이다.

「필라델피아 Philadelphia」 (조나단 드미 Jonathan Demme 감독, 1993)

할리우드의 대형예산 작품으로 인기 배우가 게이를 연기한 작품으로서는 「필라델피아」가 앞서 제작되었다. 다큐멘터리 「셀룰로이드 클로짓」에는 '게이가 주인공인 작품이라는 사실이 획기적이긴 해도 결국 에이즈로 엔딩 부분에서 죽어버리기 때문에 거의 아무것도 변하지 않았다'고 지적하는 영화 관계자의 코멘트와 함께 주역인 톰 행크스가 몸짓 손짓을 섞어가며 유머러스하게 이야기하는 모습이 잔뜩 수록되어 있다. 그에 의하면, 자신은 안방에서 사랑받고 있는 캐릭터이므로 자신이 연기한다면 게이 역이라도 관객에게 위협적이지 않다. 그리고 영화 제작의 마케팅은 쇼핑몰 시네마 콤플렉스Cinema Complex의 손님에게 어떠한 영화가 잘 팔릴지 미리 예상하는 것이다. 예를 들면 "'에이즈에 걸린 변호사'는 '하늘을 나는 소'보다 특별하고 재미있을 것 같지 않아?" 같은 식으로. …미국 각지의 시네플렉스 관객은 물론 그 대다수가 이성애 규범적 가치관을 가진 이성애자로, 호모포비아를 안고 있는 사람도 적지 않다. 현실에서는 게이가 아니라는 사실이 잘 알려져 있던 톰 행크스가 연기하기 때문에 더더욱 관객은 안심하며 '하늘을 나는 소'가 아닌 '에이즈에 걸린 게이'를 즐길 수 있었던 셈이다.

다만 「필라델피아」는 호모포비아적인 관객에게 거슬리지 않도록 작품 중에 장치를 두고 있다. 여기선 그 장치를 4가지 유형으로 살펴보려 한다.

형식적인 게이 캐릭터

행크스가 연기하는 앤드류, 즉 앤디는 말로는 '자신은 게이다'라고 몇 번이나 표명하지만 말뿐이다. 고통스런 검사를 받으라고 앤디에게 말하는 응급실 의사에게 남자 친구인 미겔(안토니오 반데라스 Antonio Banderas 분)이 덤벼들자 '친척도 아닌 너 같은 건 쫓아낼 수 있다'고 의사에게 협박받는 장면이나, 앤디의 가족과 친척이 모였을 때 가족이 공인한 연인으로서 출석하는 장면 등 '사회에서 살아가는 동성 커플로서' 묘사는 되어 있다. 다만 남성 두 사람의 러브신도 없는 데다 집에서 두 사람이 쉬는 장면조차 없다(앤디의 방에서 링겔 치료보다 일을 우선시하는 앤디와 제대로 연명 치료를 하지 않을 거면 서류가 아니라 자신을 봐 달라고 하는 미겔이 말다툼하는 장면은 두 사람의 친밀함을 전해주지만, 신체적 접촉이 피해져 있는 데다 네거티브한 긴장감을 통해서 역설적으로 친밀함을 표현하는 기법이므로 두 사람 사이의 달콤한 공기는 그려지지 않는다). 영화 전체를 통해 앤디와 동지적 관계에서 친밀하게 이야기를 주고받는 것은 전 동료 변호사 조(덴젤 워싱턴 Denzel Washington 분)이다. 미국에서 친구끼리 일상적으로 교환하는 포옹 이상의 친밀함으로 앤디와 미겔 두 사람이 서로 껴안는 것은 조와 아내를 필두로 한 남녀 커플에게 둘러싸인 파티의 사교댄스 장면뿐이다.

유일하게 게이다운 묘사를 이성애 가정이 탈취하는 시퀀스

남성 간의 친밀함을 그리지 않는 이 영화는, 그러나 앤디가 확실하게 게이다운 행동을 하는 장면이 딱 하나 준비되어 있다. 바로 앤디가 밤에 자택에서 링거스탠드를 가지고 오페라 「안드레아 셰니에Andrea Chenier」의, 퀴어 이론가이자 미술 평론가인 더글러스 크림프의 서술처럼 '이런저런 호모homo가 정말 좋아하는 디바, 마리아 칼라스'가 노래하는 곡 「죽은 어머니를」을 조에게 설명해 보이는 장면이다. 그러나 그 장면은 겸연쩍은 표정으로 앤디의 집을 떠난 조가 자택에 돌아가 아이를 안고 아내가 자고 있는 침대로 기어 들어가는 장면까지 하나의 연결된 시퀀스로 되어 있다.[6]

「필라델피아」의 선전 문구는 '사랑은 동일한 네 글자로 적혀 있다Love is spelled with the same four letters'이다. 동성애도 이성애도 사랑이라는 사실은 다름없다는 의미로, 다큐멘터리 「셀룰로이드 클로짓」 중에서 행크스도 그렇게 반복하고 있다. 하지만 이 오페라 시퀀스가 명확하게 보여주듯이 앤디라는 게이 캐릭터가 「필라델피아」의 타깃 관객층인, HIV/에이즈와 관계없다고 생각하는 이성애자들에게 동정을 받기 위해서는 앤디를 연기하는 배우가 호감도 높은 이성애자인 것만으로는 부족하며 또 화면상에서 남성 간의 친밀함을 묘사하지 않는 '말뿐인' 캐릭터인 것으로도 모자라, 앤디에게 '게이

---

[6] 대학의 수업에서 같은 시퀀스에 대해 "조가 앤디의 게이다움에 질린 게 아니라 앤디의 게이다움에 끌리는 자신에게 위기감을 느껴 아이들과 아내를 안음으로써 자신을 이성애 측으로 붙들어 맨다고 해석한 학생이 있었다. 물론 해석은 관객마다 존재하며 어느 쪽이 옳다고 할 수 없지만 '게이다움의 부정, 박탈'로 크림프와 내가 해석한 시퀀스를 '이성애의 흔들림과 재강화'라고 해석할 수 있다는 사실은, 후자의 관객이 이성애 규범 측에 서 있다는 의미일 것이다.

다운' 행동을 보여주게 한 후에 그것을 박탈하지 않으면 안 된다는 사실이다[크림프(2002) : 255-256].

BL의 '궁극적 커플 신화'의 역 응용?

제2장 BL 정형 분석에서 상세하게 본 것처럼 BL 작품의 다수가 추구해온 '기적의 연애' '궁극적 커플 신화'란 다음과 같다. 원래 이성애자인 남성 캐릭터 A가 왜인지 동성인 남성 캐릭터 B에게 연애 감정을 갖게 된다. '남자를 좋아하게 될 리가 없는데 B만은 특별해. 과거에 남성을 좋아한 적도 없고 앞으로도 절대 남자를 좋아하지 않을 거라고 단언할 수 있어' '하지만 B는 좋아하고 섹스도 하고 싶다…. B가 B이니까 좋은 거야. 성별을 넘어서 좋아하게 된 건 B뿐이야'라는 패턴이다. BL의 경우는 A와 B가 맺어지기 때문에 '스타트가 기적이라고 해도 지금의 우리들은 게이 커플이다'라는 사실을 받아들여서 성실한 상상력을 가지고 게이 캐릭터를 묘사하는 진화한 BL 작품이 늘어나고 있다는 사실은 제4장에서 서술한 대로지만, 이 BL의 '기적의 연애'와 '궁극적 커플 신화'를 뒤집어서 남녀의 로맨스에 응용하면 어떻게 될 것인가?

우선 BL에서는 원래 이성애자 캐릭터가 동성을 사랑한다는 기적이 있지만 이것을 뒤집으면 원래 동성애자 주인공이 이성을 사랑하게 되는 이야기가 된다. 물론 레즈비언이 남자를 사랑하는 이야기도 있을 수 있지만 BL과 비교·검토를 위해 게이가 여성을 사랑하는 이야기를 생각해 보자. 타깃 관객도 BL과 같은 이성애자 여성이라고 하자. 그러면 BL의 기본 중 하나였던 '평범한 [수]가 슈퍼히어로인 [공]에게 사랑받는' 이야기는 '평범한 히로인이 게이 미청년에게 사랑받는' 이야기로 변환될 것이다. 나아가 BL에서는 남성들이 '궁극의 커플'이 되어 서로 세간의 호모포비아와 싸우는 묘사가 특별한 감각을 가질 수 있지만(물론 세간의 호모포비아가 없어져서 그런 특별한 감각이 사라지기를 필자로서는 바라고 있지만) 역 버전에서는 그렇게는 되지 않는다. 게이 미청년과 평범한 외모의 여성이 커플이 되었을 경우 연애를 성취한 최초의 순간이야말로 '기적의 연애'가 지닌 특별함이 있겠지만, 두 사람의 연애 관계가 지속되는 경우 '전 게이 미청년'은 '실질적으로는 이성애자인 미청년'이 되어 일반적인 이성애 커플과 그다지 다르지 않은 커플이 되어 버린다. 그것을 피하려면 어떻게 해야 할까? 이성애 여성 관객의 직접적인 대리인인 '평범한 여주인공'에게 철저하게 '유리한' 전개란? …게이인 미청년이 왜인지 자신만을 좋아하게 되어 섹스하고 싶다고 요구해 오지만 막상 닥치니 행위가 성립되지 않는 것이다. 또한 섹스를 하지 못한 이후에도 게이인 미청년이 자신만을 계속 사랑해 준다면 완벽하다. 원래는 '평범한 여자'밖에 되지 못하는 '나'는 성적 지향의 경계를 넘어서 '나'를 사랑하는 게이 미청년에 의해, 영원히 허공에 매달린 '기적의 사랑'을 통해, 기적의 반짝임을 영원히 몸에 두르게 된다.

「메종 드 히미코 メゾン・ド・ヒミコ」(이누도 잇신 犬童一心 감독, 2005)

BL의 '기적의 연애'와 '궁극적 커플 신화'를 뒤집어 응용한 영화가 「메종 드 히미코」이다. 무대는 게이 노인 요양원으로, '히미코'는 노인 요양원 오너인 히미코 卑弥呼(타나카 민 田中泯 분)를 의미한다. 다만 출연자 소개에는 히미코의 연인인 청년 하루히코 春彦 역의 오다기리 죠 オダギリジョー와 히미코가 결혼했을 때 낳은 딸 사오리 沙織 역의 시바사키 코우 柴咲コウ를 필두로, 조금 작은 글자로 타나카 민, 그보다 더 작은 글자로 사오리의 근무처인 도장 塗装 회사의 전무인 호소카와 細川 역의 니시지마 히데토시 西島秀俊, 이어서 게이 노인 역의

배우들 이름이 쓰여 있다. '게이 노인 요양원이 무대'라는 희귀함과 커밍아웃한 게이 연극 배우로 영화 첫 출연인 아오야마 키라青山吉良가 노인 중 한 명으로 캐스팅된 사실을 보고, 나는 드디어 게이 당사자의 현실에 다가선 이야기가 나온 게 아닐까 하고 어리석게도 이 영화에 기대하고 말았다. …물론 출연자 소개를 보았을 때 깨달아야 했다. 「메종 드 히미코」가 게이에 대한 영화가 아니라 오다기리(하루히코)와 시바사키(사오리)라는 두 사람의 인기 배우가 엮어나가는 어딘가 색다른 이성애 로맨스라는 점을 말이다.

게이가 여성을 사랑한다는 불가능한 이야기

히미코보다 한참 연하인 동성의 연인 하루히코는 실은 원래 남녀 모두를 성애의 대상으로 삼는 바이섹슈얼이었던 것도 아닌데 왜인지 여성인 사오리와 섹스하고 싶다는 욕망을 가지고 있다. 그러나 실제로는 할 수가 없어서 라스트에서는 사오리와 섹스한 이성애 남성 호소카와가 부럽다고 표명한다(즉 하루히코는 사오리와 섹스하고 싶다는 소망은 계속 지니고 있다). 상사인 호소카와에 대해 사오리가 성적 대상으로서 흥미를 품고 있는 점, 그러나 호소카와는 사오리보다 미인이고(이 작품에서는 사오리가 '못난이'라는 설정) 몸매가 좋은 동료 사무원 여성과 계속해서 관계를 가지고 있다는 사실이 영화의 초반부에서 몇 번 표현된다.[7] 따라서 이 작품은 하루히코가 섹스를 원했지만 미수로 끝난 사건이 있었기 때문에 사오리가 자신감을 가지고 스스로 호소카와와 섹스하고 싶다는 주체적인 욕망을 따라 행동하는 용기를 얻었다고 하는, 사오리에 있어서 성장 이야기이기도 하다.

말뿐인 게이 캐릭터인 하루히코

히미코와 의례적인 키스신은 있지만 하루히코는 「필라델피아」의 앤디처럼 '말뿐인' 게이 캐릭터이다. 하루히코의 '말을 통한 게이 표명' 장면은 두 번 나온다. 첫 번째는 요양원의 후원자인 나이 든 실업가와 외출한 하루히코가 몇 시간 후에 돌아와 사오리와 나눈 대화이다. 낮 동안 후원자는 여명이 얼마 남지 않은 히미코가 죽은 후에는 후원을 끊겠다고 생각하고 있었지만, 하루히코처럼 '아름다운 남자'가 요양원의 관장을 계속한다는 사실을 오늘 알았다고 말하며 자신의 차에 타도록 명령한 후 떠났다. 저녁이 되어 돌아온 하루히코에게 사오리는 견디지 못하고 이렇게 묻는다.

---

[7] '못난이' 역을 연기하는 시바사키 코우는 다른 작품에서는 찾아볼 수 없을 정도로 부스스한 헤어스타일에 화장도 하지 않은 듯 보인다. 복장도 사무원의 제복이나 값싼 캐주얼이다. 그러나 그럼에도 불구하고 어떻게 봐도 일반적인 '못난이'의 범주에 들어가는 외모가 아니다. 그렇기 때문에 이 영화에서는 여장 게이 루비ルビィ(우타자와 토라에몬歌澤寅右衛門 분)의 대사 등에서 몇 차례 말로 사오리가 못난이라는 사실을 지적함으로써 설정을 보강하고 있다.

"하… 한 거야? 그 에로 할아범과." 그러자 하루히코의 답은 이렇다. "토할 거 같았어. 나 그다지 노인 전문老け専도 아니고. 히미코가 사귀었을 정도의 사람이니까 조금은 기대했거든? 그런데 엄청 덤덤한 섹스여서 말이지." 사오리가 목소리를 높여 "최악!"이라고 대답하는데, 여기에서는 많은 관객도 놀랐을 것이다. 일본 영화에서 미남 배우가 이 하루히코의 대사처럼 경박하고 상스러운 표현으로 섹스에 대해 말하는 장면은 거의 없다. 더군다나 '노인 전문'이라는 게이 업계의 속어가 사용되어 '말만'으로도 하루히코가 게이 캐릭터라는 인상을 강하게 준다. 그리고 이 장면은 안에서 세탁물을 걷으며 서 있는 사오리, 바로 앞에 세탁 바구니를 안고 앉아 있는 하루히코를 옆에서 바라보는 관객 숏으로 보여지기 때문에 관객이 어느 한 쪽의 캐릭터에 동일화하는 것이 아니라 소위 '신(제3자)의 시점'에서 대화를 바라볼 수 있도록 만들어져 있다.

· 또 하나의 '효과적인 말' 장면은 근처의 남자 중학생들이 한 '변태 죽어라! 호모 전멸!'이라는 낙서를 요양원 외벽에서 지우려고, 도장 회사에서 사오리의 상사인 호소카와가 왔을 때의 대화다. 이 장면에서 하루히코와 호소카와는 주차한 차 앞에 나란히 서 있다. 두 사람의 대화 장면이지만 두 인물을 각각 반복하면서 찍는 방식

이 아니라 카메라가 두 사람 전신의 머리부터 4분의 3 정도를 고정하여 찍고 있고, 관객은 그것을 바라보며 이 장면에서도 '신(제3자)의 시점'에서 대화를 듣게 된다. 호소카와가 하루히코에 대해서 사오리의 애인(남자 친구)이라 생각했다고 말하자 하루히코는 이렇게 대답한다. "틀려요. …나, 여자에게 흥미 없단 말이죠." 그리고 호소카와에게 남자한테 대시받은 적이 있는지를 묻자 호소카와는 학창 시절에 미식 축구부의 남자에게 "아프지 않게 할 테니까"라고 유혹당한 적이 있는데 아플 게 뻔해서 도망갔다고 대답한다. 그러자 하루히코가 "아프지 않은 쪽이 되면 좋았을 텐데"라 말하고, 그런 기분이 들 만한 상대가 아니었다고 대답하는 호소카와에게 "그럼, 나라면?"하고 유혹하는 것이다. 호소카와가 하루히코 쪽을 지그시 바라보자 하루히코는 "이렇게 논케를 놀리면 안 되겠죠"라 대답한다. 그것을 들은 호소카와가 정면을 다시 향하고 상반신을 꺾어 왓핫핫핫 하고 크게 웃자 하루히코도 휩쓸려 웃는다. 여기서 하루히코는 처음 만난 호소카와에게 주도적으로 자신이 게이라고 밝히는 데다가 자신을 성적 대상으로서 권유하는 말까지 걸어서 '엉덩이가 가벼운 게이'라는 강한 인상을 남기는 장면이다.

이성애 남성 관객을 위한 입구의 장면

이 장면은 또 하나, 중요한 기능을 하고 있다. 이성애 남성 캐릭터인 호소카와를 통해 이성애 남성 관객이 '오다기리 죠에게 안아달라고 유혹받는다'라는 유사체험을 할 수 있는 구성인 것이다. 게이가 이성애 남성인 지인에게 커밍아웃하면 '나를 덮치지 않으면 괜찮지만'이라고 말한다는 것은 흔히 듣는 이야기다. 그 발언에는 '나는 게이에게도 인기 있을 거야'라는 소망과 '하지만 실제로 남자와 섹스할 생각은 없어'라는 혐오감이 섞여 있는 것인데, 이 장면은 전자만을 의사疑似적으로 채워준다. 더군다나 자신이 '삽입하는 쪽(남자 역할)'이라는 가정인 데다, 농담으로 처리되는 만큼 혐오감과 불안감이 자극되는 일 없이 완벽하다.

앞에서 '말뿐인 게이 표명' 장면이 두 번 있었는데 '이성애 남성 관객을 위한 입구'도 또 하나 준비되어 있다. 영화 중반, 쓰레기를 버리기 위해 나온 하루히코를 남자 중학생 그룹이 놀려대며 날달걀을 던진 직후이다. 하루히코는 한 남자에게 공격적으로 다가가 뒷걸음질치는 남자 얼굴을 좌우 번갈아 몇 번이나 때리고 노려보면서 '너, 다음엔 죽인다'라 위협하고 멱살을 잡는다. 사실 성인인

하루히코가 미성년자인 남자 중학생에게 폭력을 휘두르는 것은 곤란하지 않을까 싶었지만, 이성애 남성 지인에 따르면 이 장면은 남자 중학생에게 감정이입함으로써 이성애 남성 관객이 '나도 오다기리 죠에게 맞고 싶다'라고 생각하도록, 일종의 '유혹 장면'으로 기능하고 있다고 한다. 그 후 오봉ぉ盆 장면에서는 여기에서 맞았던 남자아이가 단단히 마음을 먹은 표정으로 친구들에게 결별을 표명하고 나서 요양원 게이들의 오봉 의식에 참가하는데, 하루히코에게 맞은 것을 계기로 그에게 '유혹당해'서 과감히 게이의 세계에 참가했다고 본다면 앞뒤가 맞는다.

하루히코가 사오리에게 호의를 가지는 계기를 만드는 노인, 야마자키의 기묘한 여장 모습

하루히코와 사오리의 '기적의 사랑'에서 중요한 계기가 되는 것은 요양원 거주자 중 하나인 야마자키(아오야마 키라 분)이다. 야마자키는 일상에서는 남장을 하고 있지만 실은 자기 방에 갖가지 드레스와 가발을 수집하고 있으며, 죽어버리면 어울리지 않는다는 사실을 신경 쓰지 않아도 되니까 '장례식에는 드레스'라고 사오리에게 고백한다. 그런 야마자키와 사오리는 야마자키의 방에서 수녀와 버스가이드 등의 코스튬을 이것저것 입어보는 코스프레 흉내를 즐긴다. 흥이 오른 사오리가 밖으로 놀러가자고 권유하자 요양원의 다른 남장 거주인이 정장과 턱시도로 차려입고 댄스클럽에 에스코트하기로 한다. 클럽에 도착해서 화장을 고치고 싶다는 야마자키를 사오리가 여자 화장실까지 동행하지만, 테이블로 돌아오는 도중에 이전 회사의 부하였던 사람이 그를 부른다. 명백히 취한 중년 남자는 야마자키를 향해 "내일 회사에 다 불어버릴 거야. 전 지점장인 야마자키 씨가 오카마였다니"라고 굴욕적인 말을 던진다. 너무나 충격을 받아 그 자리에서 기절해 쓰러진 야마자키를 더 큰 목소리로 계속 모욕하는 남자에게 사오리가 분노를 터트린다.

"사과해!" 버스가이드의 복장으로 깃발을 휘두르면서 계속 소리 지르는 사오리와 "싫~어" "못난이"라고 맞서는 중년 남자. 이변을 눈치챈 하루히코 일행. 하루히코의 바스트 업과 분노한 사오리의 바스트 업의 숏/리버스 숏이 들어간다. 사오리가 무엇을 하고 있는지 이해한 하루히코는 말할 수 없이 기쁜 듯한 표정을 짓는다. 이 시점에서는 하루히코부터 사오리까지의 거리가 상당히 멀기 때문에 사오리의 바스트 업은 하루히코의 주관 숏, 즉 하루히코가 사오리에게 주목하고 있는 주관적 흥미의 강도를 나타낸다고 해석할 수 있다. 여기에서 하루히코가 사오리를 "야마자키를 위해 그렇게 화를 내다니 좋은 녀석이야"라고 느끼는 것이 전해져 오는데, 그 '호의'가 왠지 이 영화에서는 그 후 하루히코가 사오리에게 키스를 하고 후일 침대로 유혹하는 동기로 직접 연결되어 있다고밖에 해석할 수 없는 흐름으로 나타난다.[8]

하루히코의 마음이 사오리에게 향하는 것은 사오리가 여장 게이 노인인 야마자키를 위해 화를 냈기 때문이다. 그리고 여기에서 사오리가 화를 폭발시키기 위해서는 야마자키가 모욕받을 필요가 있고, 야마자키가 모욕받기 위해서는 이전 회사의 부하가 여장한 사람이 야마자키라는 것을 눈치챌 필요가 있다. 이를 위해 영화는 야마자키에게 가발도 씌우지 않고 원래 얼굴을 확실히 알 정도의 애매한 화장을 해두고 있다. 야마자키는 자기 방에 수많은 가발과 드레스 등을 모으고 있기 때문에 이는 매우 부자연스러운 행동인데, 하루히코가 사오리에 대해 존재할 수 없는 욕망을 품고 두 사람의 색다른 로맨스가 성립하기 위해서는 조역인 야마자키가 작품 안에서 모순된 행동을 취하는 건 어쩔 수 없는 것이다.

---

[8] 클럽에서의 키스뿐이라면 취한 기세일 수도 있지만 이 영화에서는 그런 것이 아니라 성애 대상으로서의 욕망을 최초로 표출하는 방식이 키스, 그다음 섹스의 유혹이라는 순번으로 되어 있다.

게이 캐릭터를 소도구로 사용한 이성애 규범 판타지

그렇다고 해도 '게이 친구를 위해 화를 내주는 여성을 좋은 사람이라고 생각하는' 것과 '그 여성과 섹스를 하고 싶다고 욕망하는' 것은 완전히 다른 차원의 '호의'라고 생각하는데, 왜 이 영화는 이 차이를 신경 쓰지 않는 것일까? '하루히코와 사오리가 관계를 가지려고 하는 전개는 어떻게 생긴 것입니까?'란 질문에 대해 이누도 감독은 이렇게 말하고 있다. "아야 짱(각본가인 와타나베 아야渡辺あや)과 이야기하면서 이게 도대체 어떤 영화인지 알 수 없어졌을 때, 나는 어떤 종류의 벽 같은 것을 넘어서고자 하는 사람들의 이야기라고 생각했습니다. 따라서 그런 전개가 필요했습니다. 실제 게이분들에게는 있을 수 없다고 상당히 이야기를 들었습니다만, 나와 아야 짱 사이에서는 가능했던 것입니다.'[「메종 드 히미코」 팸플릿(2005) : 8]

스스로가 그리는 게이 캐릭터는 '실제 게이'를 반영할 필요가 없고 이성애자인 자신(들)의 망상 그대로 움직여주면 된다는 선언이다. 게이 캐릭터가 이성애자가 되려고 시도하고, 실패한 후에도 거듭 사오리라는 여성과 섹스한 이성애 남성 호소카와를 부러워한다는 이누도의 환상은, 물론 '이성애 쪽이 동성애보다도 우월하다'는 호모포빅한 가치관에 지탱되고 있는 듯하다. 나아가 이누도는 "게이들의 자료를 계속 읽어오면서 그들이 억압받는 역사 같은 것을 넣고 싶었다", 또 게이 노인 역 캐스팅에 대해서는 실제 게이들이나 그렇지 않더라도 관객이 영화 등에서 보지 못한, 따라서 '이 배우는 사실 게이가 아니다'라는 완충 장치가 필요없다고 생각되는 배우를 기용했다 말하고 있다(같은 팸플릿 : 8-10). 즉 야마자키를 필두로 하는 게이 노인들이 '진짜 게이'로 '억압되어 온 게이들'이란 인상을 관객에게 부여하는 것을 노리는 동시에, 그들과 주역인 하루히코라는 게이 캐릭터와의 사이에 명확한 선을 긋고 있다. 그렇다, 하루히코는 게이 캐릭터이기는 해도 가능하면 이쪽(이성애 측)에 오게 해주고 싶은 캐릭터로, 게이 노인들은 하루히코와 사오리의 드라마를 돋보이게 하는 소도구 같은 것이다.

영화에서 '진화형'

'남성 동성애 묘사의 나쁜 유형' 중에서도 제작 측의 편견과 망상이 자유자재로 투영되어 있는 사례를 몇 개 보았지만, 이것이 이성애자가 바람직한 남성 동성애자 캐릭터를 그리지 못한다는 의미는 아니다. 게이 캐릭터를 자신에 대입해 이성애 규범과 호모포비아에서 떨어져서 성실한 상상력을 구사하여 숨을 불어넣은 작품 사례를 두 가지 보도록 하자.

「아이다호My Own Private Idaho」(구스 반 산트Gus Van Sant 감독, 1991)

「아이다호」는 오리건주 포틀랜드를 무대로 한 스트리트 허슬러street hustler(거리에 선 남창)인 마이크(리버 피닉스River Phoenix 분)와 그 친구이자 시장의 아들인 엘리트이지만 반항심에서 허슬러를 하고 있는 스콧(키아누 리브스Keanu Reeves 분), 두 사람을 둘러싼 이야기이다. 마이크가 기면증(수면발작병) 발작을 통해 영화 속 등장하는 인물들의 현시점&지점과 판타지의 경계를 엿보는 듯한 연출, 실제 스트리트 허슬러들과 인터뷰한 다큐멘터리 영상이 사용되는 한편, 스트리트 키즈들을 통솔하는 밥(윌리엄 리처트William Richert 분)과 스콧의 관계에「헨리 4세」의 폴스타프와 핼 왕자가 겹쳐져 구어적 회화에서 셰익스피어의 인용으로 순식간에 바뀌는 장면도 있는 등, 아이돌이자 젊은 배우를 더블캐스팅한 장편 극영화로서는 상당히 실험적인 작품이다. 커밍아웃한 게이인 반 산트 감독이 각본에도 손대고 있는데,

이 작품에서 마이크의 캐릭터에 동성애자로서의 깊이를 부여하는 것은 사실 감독이 아니다.

리버 피닉스가 '발명'한 게이 캐릭터의 고백신

출판되어 있는 시나리오는 실제 영화 대사를 쓴 것이 아니라 촬영 대본이기 때문에 어떤 변경이 촬영 현장에서 더해졌는가를 알 수 있는데, 특히 중요한 것이 아이다호로 향하는 도중 야숙하는 두 사람의 모닥불 장면이다. 각본 상에서 마이크는 "저… 섹스하고 싶어지는 일은 없어?"라고 자신의 고간을 만지면서 스콧을 유혹하지만 "남자들끼리 친구는 될 수 있어도 연인은 될 수 없어. 남자와 섹스하는 것은 돈을 위해서만이야"라 말하는 스콧에게 돈을 건네려고 하다가 거절당한다[반 산트(1993) : 159-160]. 그것이 영화에서는 다음과 같이 되어 있다. 마이크(이하 '마') "너와 이야기하고 싶어 / 마음 속의 이야기를 하고 싶어 / 지금도 이렇게 말하고 있지만… / 좀 더 너에게 다가가고 싶어 / 그런데 그게 안 돼 / 옆에 있지만…." 스콧(이하 '스') "무슨 말이야?" 마 "잘 모르겠어." "나를 어떻게 생각해?" 스 "어떻게 생각하냐니? 너는 가장 친한 친구야." 마 "친구라는 말은 알고 있어 / 친구라는 말은 멋지지 / 알고 있어." 스 "그래서?" 마 "그래서… / 됐어 / 친구로 있자." 스 "섹스는 돈을 위한 거야." 마 "알고 있어." 스 "남자가 서로 사랑하는 것은 안 돼." 마 "그건 어떨까 / 나는… / 돈을 받지 않아도 사랑할 수 있어 / 네가 좋아 / 돈 같은 건." 스 "마이크." 마 "그래서 너에게 키스하고 싶어 / 잘 자 / 네가 좋아 / 알고 있지? / 네가 좋아." 스 "알았어 / 여기로 와 / 아무것도 생각하지 말고 여기서 나와 자자." 스콧 쪽으로 이동한 마이크를 스콧이 안고 그대로 둘이 누워서 자는 것처럼 보인다. 마이크의 애절한 고백을 "친구 이상은 될 수 없어"라며 스콧은 거절하지만, 스콧이 친구에게 최선을 다해 다정히 대하고 싶어하는 점이 전해져 온다. 마이크의 입장에서 본다면 연심이 받아들여지지 않았던 것은 고통스럽지만, 친구로서 자신을 안아준 스콧이 확실히 자신을 사랑해 주고 있다는 기쁨과 안타까움이 복잡하게 섞여서 가슴을 조이는 장면이다. 이 장면이 있기 때문에 영화 후반부에 스콧이 여성과 사랑에 빠졌을 때 마이크가 느끼는 고통도 한층 부각된다.

호모포비아와 이성애 규범에서 자유로운 리버의 상상력

반 산트에 따르면 이 모닥불 장면은 마이크라는 캐릭터에 대한 리버 피닉스의 해석에 바탕해 리버가 키아누의 허락을 얻어 바꾼 것이라 한다[반 산트(1993) : xxxiv-xxxv]. 어디까지나 일로 손님 앞에서 섹스를 해보이거나 그 연장선상에서 발정했을 때 상대를 유혹하는 마이크라는 캐릭터를, 실은 몰래 스콧을 사랑하고 있는 게이 캐릭터로 리버가 변모시킨 것이다. 일본에서도 남성 고객 상대의 남창, 소위 '우리센 보이売リ専ボ-イ(바텀 알바)'는 이성애 젊은이가 돈을 목적으로 하고 있는 경우가 많고 가출 청년을 위한 기숙사가 딸린 업소도 있다는 점은 잘 알려져 있다.[9] 이 사실에서 유추해 보자면 실제로 미국 스트리트 허슬러는 반 산트 감독이 집필했던 원래 각본판의 마이크 같은 인물이 많을 가능성이 높다. …즉 리버판의 마이크는 리버가 제멋대로 자기 자신에 캐릭터를 대입하여 '이런 언동을 하는 마이크란 인물이 만약 자신이라면, 그 마이크로서의 자신은 친구인 스콧을 사랑하고 있을 것이다'라는 결론에 도달하기 위해 조형된, 현실의 스트리트 허슬러로서는 틀렸을 가능성이 높은 셈이다. 하지만 리버판의 마이크가 되었기 때문에 '논케의 친구에

---

[9] 여기서 '우리센'에 대한 '상식'은 영화 「스무 살의 미열二十才の微熱」(하시구치 료스케橋口亮輔, 1993), 아티스트북인 『매춘남 일기売男日記』(허슬러 아키라ハスラ-・アキラ, 2000)에서. 양쪽 다 작가 본인이 오픈리 게이이다. 또 2014년 현재 인터넷상에서 다수의 보이boy 얼굴을 열람할 수 있는 대형 체인('남자 학원男子学園')의 경우, 비고란에 보이의 성적 지향이 N(논케), B(바이섹슈얼), G(게이)로 표시되어 있는데 점포에 따라서 논케보다 바이와 게이 인원이 많은 곳도 있다. 물론 '진짜' 성적 지향이 게시되어 있다고는 판단할 수 없지만, '상식'이 이십여 년 동안 변화하고 있을 가능성이 있다.

게 사랑을 고백하면 친구로조차 남지 못하게 될지도'라는, 많은 동성애자에게 있어 익숙한 갈등이 영화라는 공적인 매체에 묘사되었다―'친구인 채로 남아주었다'는, 최악의 사태가 회피되는 전개로.

작품 중에서 마이크가 사랑을 성취하지 못했기 때문에 이것은 행복한 게이의 이야기는 아니다. 그러나 라스트 장면에서 도로 위에 잠든 마이크를 차로 데려가는 사람이 누구인지 알 수 없기 때문에 관객 한 사람 한 사람이 자유롭게 그 이후를 상상할 수 있는 열린 결말이 되었다는 점과 어우러져, 관객은 마이크의 행복한 미래를 상상할 수도 있는 것이다.

「46억년의 사랑46億年の戀」(미이케 다카시三池崇史 감독, 2006)

「46억년의 사랑」은 형무소를 무대로, 같은 날에 투옥된 아리요시 준有吉淳(마츠다 류헤이松田龍平 분), 카즈키 시로香月史郎(안도 마사노부安藤正信 분) 사이의 사랑이 깊은 인상을 남기는 작품이다(원작은 마사키 아토正木亞都의 소설 『소년A 엘레지少年Aえれじぃ』). 카즈키는 형무소장의 아내를 강간한 과거가 있고 아리요시는 자신을 호텔로 끌고 간 연상의 게이 남

성을 살해해서 투옥되었다. BL의 '수' 캐릭터를 '공' 이외의 남성이 성적으로 원한다는 정형과 남성 캐릭터가 원래는 이성애자라는 정형을 과격하게 따르고도 있다고 할 수 있다. 작품 중에서 실제로 육체관계가 있는 쪽은 특대생 수형자(모범수)인 츠치야土屋(시부카와 키요히코渋川清彦 분)와 아리요시의 일상인 세탁 노동(이라고 해도 인공적인 황색 조명이 비춰진 극히 얕은 풀에 서서 발로 밟을 뿐이지만) 동료인 유키무라雪村(쿠보즈카 슌스케窪塚俊介 분)로, 아리요시와 카즈키의 사이에는 없다. 그런 의미에서는 여성에게 인기 높은 젊은 배우 두 사람(마츠다와 안도)에게 BL적인 '모에'를 자아내는 관계성을 연기시키는 영화라고 할 수 있다. 하지만 이 작품에서 아리요시와 카즈키 사이의 사랑은 에로티시즘과 독점욕, 보호욕, 자애 등을 내포하며 지속적으로 파트너십을 쌓아가는 듯한 남성 동성애와 연결되어 있다고 느껴진다. 왜일까? 몇 개의 포인트를 살펴보고 싶다.

호모포비아의 표명이 없다

우선은 말. 아리요시는 '나는 호모 같은 게 아니야'라는 동성애를 부정하는 발언을 하지 않는다. 그중에서도 유키무라로부터 너는 동성애자(여자 역할)인가 이성애자(논케)인가라는 질문을 받고 어느 쪽도 아니다, 미분화되었다고 표명하는 장면은 중요하다. 여성에 대해서는 '별로 좋지도 싫지도', 남성에 대해서는 '하면 거의 구역질 날 것 같다'고 대답하고 있으므로 '구역질'이라는 말이 어디까지나 남자가 싫다(동성애가 싫다)는 인상을 주지만, 결국 남자도 여자도 안 되는 거냐고 질문받자 '알 수 없어'라 대답한다. 또 같은 방의 수형자들로부터 카즈키가 밭에서 '엉덩이에 고추 넣고 있었어' '너 아니지?' '처음엔 너라고 생각했지만 말야, 체형이 닮았으니까'란 외설스러운 말로 놀림당하는 장면에서도, 아리요시는 '카즈키 같은 거 관계없어'라고 말하는 대신 오히려 카즈키가 누구와 섹스하고 있었는가란 내용에 신경 쓰고 있는 모습이다.

아리요시의 카즈키에 대한 욕망의 시선

그리고 아리요시의 카즈키에 대한 욕망의 묘사. 입소 직후의 신체검사에서 두 사람이 나란히 전라가 되어 전방의 가로대에 손을 올리고 약간 앞쪽으로 몸을 기울이는 자세를 취한 상태를 카메라가 엉덩이부터 머리까지 미디엄 숏으로 뒤쪽에서 찍는 장면은, 우선 주저하지 않고 옷을 벗는 카즈키를 옆에서 아리요시의 주관처럼 생각되는 숏으로 보여준다. 카즈키의 매끄러운 피부를 카메라가 비추는 것은 관객 서비스이기도 하겠지만 아리요시가 카즈키에게 욕망의 시선을 향하는 것으로도 볼 수 있다. 그리고 그 후 카즈키가 약간 땀을 흘려서 오른쪽 팔을 올리고 겨드랑이 아래쪽을 드러낸 자세로 자는 모습을 아리요시가 훔쳐보는 영상 등, 아리요시가 카즈키에게 성적인 의미가 담긴 호의를 갖고 있다고 해석할 수 있는 묘사가 중첩된다.

우화의 차원에서도 전개하는 사랑의 이야기

이 작품은 대략 4종류 영상을 왕래하며 구성된다―미니멈하고 표현주의적인 무대 같은 세트 안에서 그려지는 형무소 내의 사건 / 아리요시와 카즈키만이 갈 수 있는 피라미드와 로켓의 환상 공간 / 형사들의 수소문이 행해지는 일상적인 거리의 풍경 / 카즈키의 비참한 인생 내력을 묘사하는 약간 다큐멘터리적인 과거로의 플래시백. 형무소 내에서 아리요시는 종종 양다리를 안고 몸을 둥글게 말아서 불안한 아이 같은 자세를 취하고 있고, 몸은 20대 청년이지만 상처 입은/불안한 어린아이라는 인상을 준다. 또 카즈키의 가혹한 어린 시절 모습이 지금 형무소의 청년 카즈키에 오버랩하는 장면도 있다. 그리고 어린아이기도 하고 청년이기도 한 두 사람을 90도 각도로 눕혀 찍은, 건물 바깥의 불가사의한 나선계단을 올라가 [10] 피라미드와 로켓이 있는 환상 공간에서 두 사람만 대화한다. 무지개에 떠밀린 것처럼 아리요시가 카즈키를 껴안자 카즈키는 "그만둬!"라며 뿌리치지만, 그것은 아리요시를 거절한다기보다는 자신이 향하고 있는 파멸(죽음)에 아리요시를 휘말리게 하고 싶지 않다는 표명 같다. 그 이유로 바로 이전의 장면에서 "함께 가면 안 될까"라고 아리요시가 묻자, 화면은 철창을 기어올라가려고 하는 사람이 감전사하는 애니메이션으로 이행하여 그 후에 다가올 비극을 암시하고 있다. 결과적으로 카즈키는 유키무라와 츠치야의 치정싸움으로 인한 날벼락을 맞고 츠치야에게 목을 졸리게 된다. 하지만 카즈키는 그것을 받아들여 죽음에 이른다. 카즈키의 시체를 발견한 아리요시는 "그쪽이 좋았던 거구나 / 우주보다 / 내가 해주었을 텐데 / (…) 그런 일까지 다른 녀석에게 해달라고 하지 않아도"라고 한마디 한마디를 새기는 듯한 처절한 표정으로 말한다.

앞에서 아리요시와 카즈키의 사랑이 지속적으로 파트너십을 쌓

---

[10] 이 눕혀 찍은 '올라가는' 영상(실제로는 위로 올라가지만 90도로 화면을 눕혔기 때문에 옆으로 움직이는 것처럼 보이는)은 그 의외성으로 관객을 자극하기 위한 것뿐만 아니라 계단을 오르며 부여되는, 아래에서 위로 향하는 상승운동이라는 인상을 피하기 위해서로 보인다.

는 남성 동성애와 연결되어 있다고 썼지만, 보다 정확하게 이 작품은 현실적인 게이 관계를 부정하지 않는 세계관 안에서 주인공 두 사람의 사랑의 관계가 현실에서는 불가능한 영원의 영역에 들어가는 이야기이다. 카즈키가 죽어버리기 때문에 이야기 안의 시간에서는 카즈키와 아리요시의 사랑이 성취되지 않는다. 그러나 카즈키에게 죽음은 범죄자가 될 수밖에 없는 괴로운 성장 과정 후에 준비된, 인생으로부터의 해방이라는 점도 표현되어 있다―절명한 카즈키의 표정은 행복하고 황홀한 것처럼 보이고 그의 사후에 나타나는 소년 시절의 카즈키는 즐겁게 잼이 든 빵을 먹고 있으니까. 또 도중에 감방의 창살로 밖을 보는 아이가 아리요시 눈앞에서 현재 카즈키의 모습으로 변하는 장면의 "뭐야" "아무것도 아냐"라는 대사와 함께 숏/리버스 숏으로 표현되는 카즈키와 아리요시의 미소 교환은, 말 그대로 신뢰와 사랑이 느껴지는 행복한 순간이다. 즉 이 영화는 두 사람의 상처 입은 아이가 서로에 의해 치유받고 사랑을 키우며, 환상 공간의 로켓 발사와 함께 이공간異空間에서 그 사랑을 영원히 성취한다는 우화의 차원에서도 기능한다. 미이케 감독은 이 작품에 대해 "남자들이 펼치는 뜨겁고 슬픈 궁극의 러브 스토리" "'그쪽' 영화는 아닙니다" "하지만 그쪽 분들이 기뻐해

주실 수 있는 영화이기도 합니다"라고 서술하고 있다[미이케(2005)]. 남자들 간의 에로틱한 관계를 부정한 뒤 남자 간의 강렬하고 호모소셜한 유대를 드러내는 야쿠자 영화와 양키 영화의 명수인 만큼, 그것들과 「46억년의 사랑」은 분명히 선을 긋고 있다는 데에 자신을 가지고 있다는 점을 알 수 있다.[11]

게이 감독의 게이 영화

「첫사랑初戀 / Hatsu-koi」(이마이즈미 코이치今泉浩- 감독, 2007)

핑크(도색) 영화를 중심으로 활동해 온 배우이자, 영상 작가로서 게이를 주제로 찍어온 이마이즈미 코이치 감독의 두 번째 장편이다. 초저예산의 자주제작 영화이지만 베를린 국제 영화제 파노라마 부분에 정식으로 초대받은 「첫사랑」은 일견 게이의 첫사랑을 알기 쉬운 형태로 행복하게 그리고 있는 것처럼 보이지만, 실제로는 정형 BL적 클리셰와 나쁜 게이 영화의 유형에 이론異論을 제기하는 차원이 함께 존재하는 중층적인 작품이다.

고등학교 3학년인 타다시唯史(무라카미 히로시村上ひろし 분)는 동급생 코

---

[11] 예를 들면 미이케의 감독작 「클로즈 ZERO II クローズZERO II」(2009)에서는 나루토 타이가鳴海大我와 카네코 노부아키金子ノブアキ가 비토 타츠야美藤竜也(미우라 하루마三浦春馬 분)를 도장에 불러내는 장면에서 타츠야의 죽은 형 비토 마키오美藤真喜雄(야마구치 요시유키山口祥行 분)에 대해 "냄새로 알아낼 수 있다고, 진짜 남자 냄새라는 걸"이라 말한 후 "호모는 아니야"라고 덧붙인다.

우타公太(시바타 케이柴田恵 분)에게 사랑을 느끼고 있다. "나는 코우타가 좋다고 깨달았을 때, 내 자신이 싫어졌다"는 타이틀 전의 모놀로그에서 많은 관객이 타다시의 안타까움에 끌리게 된다. 그 후 타다시는 연상의 게이 커플(야스기宏毅와 신지慎二)과 만나 커플의 친구인 케이고圭吾(마츠노키 텟펜松之木天辺 분)와도 알게 되어 최종적으로는 케이고와 행복한 커플이 된다. 이야기의 라스트는 타다시와 케이고의 웨딩파티이다. 콧소리가 섞인 무라카미의 특징적인 목소리로 "나는 지금, 절정입니다"라는 모놀로그가 행복한 기분과 함께 인상에 남는다. 한편, 연상의 게이 커플도 야스기(카와시마 류야川島良耶 분)의 모친(이토 키요미伊藤清美 분)에게 게이라는 사실을 들키게 되지만 그 모친이 이해를 의미하는 다정한 내용의 편지와 부부찻잔 세트를 보내주어서 신지(호리에 신지堀江進司 분)와 둘이 잔잔하게 기뻐하는 장면이 먼저 나온다. …그렇다, 이 영화는 현실적인 세계관 안에서 호모포비아와 이성애 규범을 넘어 행복한 게이 커플이 두 쌍이나 탄생하는 이야기이다. 그렇다고 해도 이미 서술한 것처럼 이 작품은 단순히 '순수한' 게이의 첫사랑 이야기는 아니다. 주목해야 할 점이 두 가지 있는데 우선 첫 번째로 섹스를 포함한 남성 간의 친밀함의 묘사 방법, 두 번째로 케이고의 캐릭터 조형이다.

'여자 역할'의 특정 불가능성

이 영화에서는 물론 '말뿐인 게이 캐릭터'가 한 사람도 등장하지 않고 현실 게이의 우정, 연애, 섹스를 포함한 친밀함을 담뿍 본다는 인상을 받게 되는데, 실은 두 게이 커플의 어느 쪽에도 직접적인 러브신은 없다. 야스기와 신지 커플은 좁은 욕조에 두 사람이 함께 들어가는 장면이나, 이불 위에서 실내복으로 어깨를 안거나 하며 이야기하는 장면 등이 매우 친밀한 인상을 부여하지만 이 두 사람의 섹스는 그려지지 않는다.

이 영화 속의 현실에서 남성 간의 성기를 사용한 행위를 하는 묘사가 있는 것은 사실 케이고뿐이다. 그 한 번의 에피소드는 타다시와가 아니라 바에서 마음에 든 남자와 눈빛으로 사인을 보내서 교섭 성립… 소위 '핫텐'에서 하룻밤의 상대이다. 화장실에서 두 사람은 서로의 페니스를 쥐고, 케이고가 상대에게 펠라티오도 해주는 듯하다.

그리고 베드신은 타다시의 '마스터베이션(자위) 판타지 속에서만 발생한다. 그 안에서 코우타가 쓰러뜨린 타다시는 갑자기 삽입될 것 같은 상황이 되자 "싫어"라고 저항해 보지만 "시끄러워, 이 오카마"라 모욕당하고 삽입당한다. 일종의 피학적 강간 판타지이다. 이 망상이 유일한 베드신인 이 작품의 구조는 타다시의 첫사랑을 중심으로 그리는 이야기로서는 상당히 특수하다. 타다시가 케이고와 사귀기 시작할 때부터 두 사람의 행복한 섹스를 그리는 쪽이 연애 이야기로서는 정석일 것이다.

　이야기 속에서 연인이 되는 타다시와 케이고, 그리고 오랫동안 동거하고 있는 것 같은 야스기와 신지라는 두 게이 커플을 중심에 두면서 이야기 속 현실에서 그들의 베드신을 제공하지 않는 이 작품은 그들 네 사람이 성적으로 활발한 게이 남성이라는 사실을 보여준 다음, 그러나 그들이 실제 침대에서 어떤 섹스를 하는지에 대해서는 관객 각자의 상상력에 맡기고 있다. 타다시의 망상신은 가장 젊고 귀여운 캐릭터가 "당연히 '수' 캐릭터(이고 여성 관객의 대리인)"라고 관객이 생각하게끔 장려는 하고 있지만, 관객은 타다시의 실제 섹스 행위에 대해서는 아무것도 모르기 때문에 그를 '여자 역할'로 규정할 수는 없다. '공' '수'의 구분이 존재하지 않는 「첫사랑」은 이성애 규범의 해석을 허용하지 않는다.[12]

오네에 캐릭터의 남성성도 그린다

---

[12] 이마이즈미에 따르면 한국 영화제에서 상영되었을 때 여성 관객이 "당신의 영화에서는 '공'과 '수'가 정해지지 않은 것이 좋지 않다"라는 비판의 코멘트를 던졌다고 한다. 타다시의 망상을 가지고 타다시를 '수' 캐릭터라고 읽지 않고, 캐릭터들의 실제에서는 '공' '수'가 없다는 사실을 꿰뚫어본 이 관객은 상당한 감식안을 가지고 있다(2007년 10월 22일에 행해진 시네마 아트 시모기타자와シネマアート下北沢 중 필자와의 토크쇼에서 한 발언).

케이고는 네 명 중에서 가장 키가 크고 머리카락이 짧은 남성적인 외모의 캐릭터다. 그리고 야스기와 신지의 맨션 장면과 병실의 야스기를 병문안하는 장면에서 누구보다도 명백하게 오네에 말투—여기에서는 극히 일반적으로 '여성의 말하는 방식을 과장하면서 패러디한 것'이라는 정의로 해두자—를 구사하는 캐릭터이기도 하다.[13] 중요한 것은 장면에 따라서 케이고가 극히 일반적인 남성적 말투로 바꾼다는 점이다. 야스기의 병실에서는 "내가 (케이크를) 자를 거야!" 등 시끄럽던 케이고지만 같은 날 밤의 귀가길에 타다시가 나 스스로 '호모'라고 말하지 못해 미안해요, 라고 울면서 사과했을 때는 극히 일반적이고 부드러운 남자 말투로 "알고 있었어" "하지만 타다시 군이 게이여서 정말 잘됐어" "왜냐면 우리들, 이제부터 더 친해질 수 있잖아?"라 대답한다. 나아가 후에 밝은 햇빛이 비추는 제방에서 사랑을 고백하는 말도 극히 일반적인 남성 말투이다.

그 케이고로 인해 관객들이 다시 깨닫게 되는 것은 조연의 오네에 캐릭터와 오네에게 탤런트는 상당히 눈에 띄는데, 케이고처럼 오네에 말투로 떠들 때도 있고 '보통' 남자의 말투로 진지한 이야기를 하거나 사랑을 말하는 경우도 있는 다면적인 게이 캐릭터를

---

[13] 오네에 말투에 대한 연구서로서는 『오네에 말투론ぉネェことば論』(클레어 마리クレア マリィ, 2013)을 참조.

본 적이 없다는 점이다. 물론 오네에가 조연이어서는 안 된다고 말하려는 것은 아니다. 예를 들면 「헬터 스켈터ヘルター-スケルター」(원작 만화는 오카자키 교코岡崎京子, 니나가와 미카蜷川実花 감독, 2012)에 등장하는 헤어 메이크업 아티스트 '킨짱きんちゃん'(아라이 히로부미新井浩文 분)은 어디까지나 실재할 것 같은 오네에 캐릭터로, 다른 작품에서는 강인한 이성애 남성을 연기하는 경우가 많은 아라이의 설득력 있는 오네에를 연기해내는 역량에는 감탄할 뿐인데, 이 이야기 속에서는 헤어 메이크업이 오네에인 설정에도 필연성이 있다. '오네에가 조연인 영화가 있어서는 안 된다'가 아니라 '오네에일 때도 있다면, 오네에가 아닐 때도 있는 다면적인 게이 캐릭터가 등장하는 영화가 있으면 좋겠다'라는 것이다. 또 케이고를 오네에 말투와 남자 말투의 표현 모드를 바꾸는 캐릭터로 조형함으로써, '남자인 주제에 여자 같은' 캐릭터에 살인 몬스터와 처형되는 역할을 부여해온 영화의 나쁜 유형에 대해서 「첫사랑」은 '나ぁたし/俺는 어떻게 해요?'라고 묻는 것뿐만 아니라 나쁜 유형에 대한 통렬한 비판으로 기능한다.

「허쉬!ハッシュ!」(하시구치 료스케橋口亮輔 감독, 2001)

타다시(무라카미 히로시, 오른쪽)을 위로하는 케이고 (마츠노키 텟펜, 왼쪽) / 「첫사랑」(2007)

일본 상업 영화감독으로서는 아마도 유일하게 커밍아웃한 게이인 하시구치 료스케의 「허쉬!」는 게이 커플과 이성애 여성, 이 3명을 실질적인 주연으로 삼고 있다. 펫숍에서 애견 미용사로 일하는 나오야直也(타카하시 카즈야高橋和也 분)와 이과계 샐러리맨 카츠히로勝裕(타나베 세이이치田辺誠一 분) 커플이 우연히 만난 아사코朝子(카타오카 레이코片岡礼子 분)가 카츠히로에게 "내 아이의 아버지가 되어주세요"라고 제안하면서, 처음에는 듣지도 않고 반대하던 나오야를 포함하여 라스트에서는 세 사람이 새로운 가족이 될지도 모른다는—게이가 게이인 채로 아버지가 되고 이성애 규범과 가부장제의 관계를 해체하는—가능성이 제시된 이야기이다. 그것이 키네마준보キネマ旬報의 올해의 영화 베스트텐 제2위를 필두로 많은 상을 탔다는 사실은, 게이와 일부 여성뿐만이 아니라 이성애 남성의 다수—이성애 규범과 호모포비아를 내면화한 사람도 포함하여—에게 높이 평가받고 지지를 얻었다는 사실을 의미한다. 어떻게 가능했던 것일까?

남성 간의 섹스를 이성애 관객이 깨닫기 어려운 방법으로 암시한다

우선 「허쉬!」에서는 남성 간의 섹스 자체는 그려지지 않는다. 그러나 성적인 뉘앙스는 다양하게 포함되어 있고 그 방법이 교묘하다. 예를 들면 초반의 장면에 그려지는 것은 어떤 남자가 침대에서 일어나 티슈와 개봉된 콘돔 봉투가 여기저기 널려 있는 마루 위에서 옷을 하나씩 하나씩 집어들며 천천히 일어서는 장면이다. 남자의 전라 전신이 뒤에서 비추어진다. 그 후 나오야의 대화를 통해 이 남자는 나오야가 전날 밤 방에 데리고 돌아온 상대로, 연락처를 교환하려는 나오야를 기다리지도 않고 나가버리는 하룻밤 관계였다는 점을 관객은 알게 된다. 메인도 아닌 캐릭터의 얼굴 클로즈업과 전라 전신을 천천히 보여주는 오프닝은 영화로서는 상당히 이례적이다. 초반부의 이 장면이 있기 때문에 이 영화에서는 옷을 벗어가면서 침대에 끌려 들어가 많은 티슈와 콘돔을 사용해 섹스를 하는 남자들이 있는 세계가 그려지고 있다는 인상이 주어진다⋯ 그렇지만 남성 누드의 뒷모습 자체는 일본 영화의 메이저한 작품에서도 그다지 드물지 않고, 젊은 미남 배우의 여성 관객용 서비스 같은 것도 많으므로 이 장면 역시 그중 하나로서 지나칠 수도 있다 (실제 방바닥 위의 티슈에 대해서 '꽃가루 알레르기라도 있는 게 아닌가 했다'고 말하는 학생이 있었다).

또 나중에 카츠히로가 나오야의 방에서 하룻밤을 보낸 후의 아침 장면은 커피를 끓이려는 카츠히로에게 내가 할 테니까 괜찮다며 대신하던 나오야가 기쁨에 황홀해하면서 드립식 필터에 뜨거운 물을 붓다, 너무 황홀한 나머지 뜨거운 물을 넘치게 해버리는 장면에서 끝난다. 왜 나오야가 기뻐하는가 하면, 카츠히로는 나오야의 집에서 묵었을 뿐만 아니라 그다음 날 아침까지 함께 시간을 보내려고 해주었기 때문에—연애 관계가 시작될 예감이기 때문이다. 그리고 나오야가 커피를 쏟는 장면의 구도도 암시적이다. 화면 왼쪽 앞으로 유리 커피포트에 세트된 하얀 도자기의 필터 홀더에서 갓 갈아낸 커피콩 통째로 탁류처럼 뜨거운 물이 넘쳐 난다. 그 바로 오른쪽 옆에서는 하얀 브리프 팬티와 언더셔츠를 몸에 걸친 나오야의 하복부에서 허벅지까지가 클로즈업으로 담겨져 있다. 단순히 '커피에 뜨거운 물을 너무 부었다'라는 이야기상의 의미로서만이 아니라 '하반신에서 액체의 방출'을 연상시키는 영상이다. …다만 이것도 직접적이 아닌 암시적인 표현이다. 나도 처음 봤을 때는 나오야의 기뻐하는 표정 쪽에 주목하고 있었다. 초반 장면에서 남성 간의 성적 뉘앙스를 지나친 이성애 관객이라면 이 암시도 흘려보낼 가능성이 높을 것이다. 그러나 게이 관객의 대부분은 하얀 브리프 모습의 나오야의 하복부와 허벅지에 눈이 가지 않을까?

「허쉬!」에서 직접적인 남자 간의 러브신으로는 동거하게 된 나오야와 카츠히로의 키스신이 있다. 침대에서 키스하는 두 사람을 미디엄 클로즈업으로 시간을 들여서 육감적으로 그리고 있기 때문에 '남자 간의 친밀함을 제대로 보여주고 있다'는 인상을 주지만, 섹스로 흘러가는 일 없이 장면 전체가 주는 인상은 에로틱하다기보다는 흐뭇하다. 다소 호모포비아를 내면화한 관객이라도 받아들이기 쉬울 것이다(강렬하게 호모포빅한 관객은 남자 간의 키스라는 것만으로 거부반응을 보이겠지만).

이렇게 「허쉬!」는 초반부의 장면에서 전날 밤의 게이 섹스를 상상하지 않으며, 넘치는 커피에서 체액의 방출을 연상하지 않는 관객에게 있어서는 섹슈얼한 뉘앙스를 느끼는 일 없이 나오야와 카츠히로 커플의 키스와 회화와 식사라는 일상을 응원할 수 있도록 되어 있다.

인상적인 커플의 대화

키스신 직전의 장면에서 두 사람은 작은 말다툼을 하지만, 화가 난 나오야가 천천히 냉장고에서 아이스크림 패밀리 사이즈 팩을 꺼내서 묵묵히 먹기 시작하자 카츠히로가 당황한 모습으로 소파에서 내려와 탁상의 나오야와 마주 앉아 이렇게 묻는다. "화났어?" 나오야가 "그다지"라고 대답하자 "화났을 때 항상 아이스크림을 먹잖아"라는 카츠히로. '화나면 아이스크림을 먹는다'는 지적이 들어감으로써 일상생활을 장시간 함께하고 있고 서로에 대해서 관심을 가지고 지내는 친밀한 커플이라는 사실이 강하게 전해져 온다. 게이 캐릭터를 공감적으로 보는 레즈비언 관객인 나는 동성 커플의 신뢰관계와 친밀함이 구체성을 가지고 그려지고 있다는 사실에 감동했는데, 동시에 이성애 관객도 자신들의 이성교제 경험을 겹쳐보면서 받아들일 수 있는 묘사이기도 하다.

티셔츠의 공유

내가 처음 보았을 때 특히 감격한 것은 두 사람이 티셔츠를 공유하고 있는 듯한 묘사였다. 영화의 후반, 나오야도 아사코를 상당히 받아들이기 시작했을 때 패밀리 레스토랑에서 두 사람이 함께 아사코로부터 셀프 인공수정용의 스포이드와 자료를 건네받는 장면에서[14] 카츠히로가 입은 가슴에 원형 무늬가 들어간 연두색 티셔

---

[14] 일본에서는 인공수정을 병원에서 의료진만 행한다는 인식이 일반적이지만 미국은 자택에서 개인적으로 하고 있는 것 같다. 예를 들면 영화 「스파이시 팝콘Chutney Popcorn」(니샤 가나토라 감독, 1999)에서는 불임으로 고민하는 언니를 위해 대리모가 되려는 레즈비언 동생이 언니 남편의 정자를 스포이드로 질에 넣는 묘사가 있다(정액을 차갑게 해서 운반하는 등 구체적인 배려도 그려진다). 스포이드를 조작하는 것은 동생의 연인인 여성이다(원제인 「처트니 팝콘」은 인도계 미국인 주인공과 관련하여 인도 요리의 대표로 절임 또는 잼 같은 곁들임 음식인 처트니와 미국의 팝콘을 병렬시키고 있다). 이 영화는 「도쿄 국제 레즈비언&게이 영화제」에서도 상영되어 나도 보았기에 「허쉬!」에서 아사코의 제안이 현실적으로 느껴졌다. 그러나 「허쉬!」의 관객이면서 「처트니

츠는 명백히 그 전 장면에서 나오야가 입고 있던 티셔츠와 같은 것이다. 동거하는 남성 커플이므로 가능한 옷의 공유. 영화 전반에서 카츠히로는 이렇게 컬러풀하고 캐주얼한 옷은 입지 않았기 때문에 연인인 나오야의 영향을 받고 있다는 사실도 알 수 있고, 직접 피부에 닿는 티셔츠라는 아이템의 공유는 자켓 등보다도 친밀함을 느끼게 하는 행위이기도 하다. 그리고 이 연출 또한 '남자들이 서로 애정 표현하는 장면은 보고 싶지 않은' 호모포빅한 관객의 신경을 거스르지 않을 뿐만 아니라, 간과하게도 할 수 있을 것이다.

카츠히로의 행동에 게이다움이 없는 이유

또 이 영화에서 카츠히로의 행동에는 전혀 게이다운 부분이 없다. 니쵸메 장면에 등장하는 나오야의 친구는 하이퍼한 오네에 말투로 떠들고 있고 또 나오야도 오네에는 아니지만 일반적인 남성보다 부드럽고 여성적이며 가끔씩 응석 부리는 모습도 있는 말투로, 어느 쪽도 흔히 보는 현실감 있는 게이 캐릭터. 이에 대해 카츠히로에게 게이다움이 전혀 느껴지지 않게 연출한 이유로 타깃

팝콘」을 본 사람은 극히 소수일 것이다. 보지 않은 관객은 스포이드에 의한 자가인공수정 자체를 완전한 공상으로 느낄지도 모른다. 그것도 이 영화의 전략 중 하나일 가능성이 있다. 또 미국의 '정자은행 캘리포니아Sperm Bank of California'라는 민간업자의 홈페이지에는 등록료 100달러, 정자는 1cc에 제공자 불명의 것이 540달러, 제공자 정보가 있는 것이 570달러로 기재되어 있다. 또 자택에서 정액을 주입할 때에는 배달된 정액을 실온에서 30분 녹인 후에 사람 피부로 덥혀서 시린지syringe를 사용한다, 정액은 재냉동 불가능 등의 지시가 적혀있다. (http://www.thespermbankofca.org / 최종접속일 2014년 8월 31일)

관객 대책과 캐릭터 설정을 고려하여 이성애 남성 관객이 비교적 친근감을 가질 수 있는 대상으로 해두자는 것, 카츠히로는 짝사랑하던 동료의 결혼을 축하하는 술자리 후 니쵸메에 가서 나오야를 만난 것이 니쵸메 데뷔 겸 게이 데뷔였으므로 단 몇 개월 만에 행동에 게이다움이 배어나오진 않는다는, 이 두 가지가 있다. 여기에 또 하나의 가능성을 제시하고 싶다. 하시구치 감독 세대의 게이 친구로부터 예전에 『멘즈 논노Men's Nonno』 여름호에 실린 수영복 차림의 타나베 세이이치를 보고 '자위했다'고 들은 사실에서 추측한 것이지만, '(전)멘즈 논노의 모델인 논케 타나베 군'인 채로 타나베가 게이 역을 연기하는 쪽이 하시구치 감독을 포함한 게이 관객의 다수에게는 보다 매력적이었기 때문에 일부러 그렇게 연출했다는 가능성이다.

「밀크MILK」 (구스 반 산트Gus Van Sant 감독, 2008)

「밀크」는 1970년대 샌프란시스코에서 게이인 사실을 공표한 사람으로서 처음으로 시정 집행위원이라는 공직에 취임한 실제 인물 하비 밀크Harvey Milk를 배우 숀 펜Sean Penn이 연기하여 아카데미상 2

개 부문을 수상하는 등 높이 평가받은 작품이다. 할리우드 영화에서 게이 묘사의 한 도달점이기도 하다. '나쁜 유형'이 전혀 보이지 않을뿐더러, 하비가 암살되었다는 역사적 사실은 바꿀 수 없지만 영화는 그 후 현실 세계에 명확한 접속을 보여준다. 이를 통해 하비의 사망 후 영화에서 그의 친구인 게이와 레즈비언들의 모델이 된 실제 인물들의 생사여부가 확인 가능하다. 나아가 2008년 현재 샌프란시스코의 유명한 게이 지역인 카스트로Castro 거리를 행진하는 셀 수 없을 정도의 엑스트라들과 함께, '희망을 주어야 한다'는 하비의 유언이기도 한 독백대로 희망을 안고 전향적인 기분으로 영화 관람을 마칠 수 있다.

논케 배우가 연기하고 있는 사실을 잊게 하는 '게이다움'의 묘사

숀 펜은 실생활에서 이성애자라는 사실이 잘 알려진 배우지만, "이 사람, 사실 게이는 아니지만 게이 역을 연기하고 있네요"라며 이누도 잇신이 '완충 장치'라고 표현한 부분의 심리는 영화가 시작하면서 바로 산산조각난다. 그것은 아직 하비가 뉴욕에 있던 시기로, 조금 더 있으면 밤 12시를 지나 40세의 생일이 되는 타이밍에 지하철 계단에서 스콧(제임스 프랭코 James Franco 분)을 유혹하는 장면이다.

비즈니스맨다운 그럴싸한 정장으로 몸을 감싼 하비가 계단을 내려오다, 계단을 뛰어 올라가는 캐주얼한 복장의 젊은이를 발견하고 뒤돌아서 말을 건다. 멈춰 선 젊은이의 싫지 않은 기색을 보고 하비는 그와의 거리를 좁힌다. 여기부터는 1분 이상에 걸쳐 커트 없이 화면의 좌측에 하비, 우측에 스콧의 옆얼굴을 보여준다. 처음에 좌측의 하비는 바스트 업, 스콧은 우측의 끝에 살짝 코끝이 보이고 있지만, 두 사람 중간에 수직으로 뻗은 하얀 타일의 선을 기준으로 점점 더 하비가 스콧과의 거리를 좁혀가는 것을 알 수 있다. 그와 더불어 카메라가 두 사람에게 다가간다. 1분이 지난 지점에서 드디어 하비는 스콧에게 키스를 한다. 주위에 시선이 있는지를 재빨리 확인하며 "어서 come on"라고 스콧을 재촉하는 바람에 그는 쓴웃음을 지으면서도 하비의 뒤를 따라서 계단을 내려간다.

이야기의 시작 지점에서 이 1분 남짓은 강렬한 인상을 남긴다. 우선 1분이나 옆얼굴의 클로즈업을 오래 끄는 영상은 그것만으로도 인상적이다. 더군다나 여기에서 하비는 "오늘 밤이 되면 40세 생일이야. 하지만 아무런 예정도 없어. 생일에 혼자 놔두지는 않겠지?"라고 노골적으로 유혹을 하면서도 애교 가득한 대사에 어울리게 눈을 크게 뜨고 미소를 지어 보이거나 교태를 부린다고밖에 말할 수 없는 표정을 짓는다. 자신을 가능한 한 귀엽게, 애교스럽게 보이게 함으로써 목표한 사냥감을 손에 넣고자 하는 강한 의지에서 나오는 몸짓이다. "귀엽게 교태를 부린다"가 소위 여성적인 몸짓이고 "절대 손에 넣어 보인다"는 사냥꾼으로서의 결심이 남성적이라고 한다면, 훌륭하게 양자가 융합하고 있다. 많은 관객이 소위 오네에 캐릭터와도, '보통'의 남성적 캐릭터와도 다른 이 하비의 모습에 시선을 빼앗겨 숀 펜이 실생활에서는 게이가 아니라는 사실 따위는 머리 한쪽에 밀어 두지 않을까.

상반신(정치 활동)과 하반신(섹스)의 양쪽을 그린다

다음 장면은 하비의 침대 위에서 섹스 후에 케이크를 먹으면서 쉬고 있는 두 사람인데, 이 사이의 섹스 묘사는 제공되지 않는다. 그렇다고는 해도 이 영화가 남성 간의 성적인 행위를 전혀 그리지 않는다는 것은 아니다. 그 첫 번째는 영화의 중반, 조금 전 이미 스콧과는 헤어진 하비가 카스트로 거리에서 그의 카메라 가게를 엿

보고 있는 잭 리라(디에고 루나Diego Luna 분)를 눈여겨보는 장면에 이어 일어난다. 간접조명으로 어스름한 아파트 안에서 전라의 두 사람이 엎치락뒤치락하면서 장난치는 모습을 반쯤 열린 문 너머로 보여주며 커트되고, 침대 위의 잭에게 하비가 팔베개를 하면서 부드럽게 대화를 나누는 장면이 된다. 그 조금 뒤 드디어 하비가 시정집행위원에 당선된 사실을 선거 사무소이기도 한 하비의 카메라 가게에서 축하하는 활기찬 축연의 장면에서는, 갑자기 암실에서 하비의 오른팔이었던 클리브 존스(에밀 허쉬 Emile Hirsch 분)가 같은 스태프인 남성에게 키스를 하려 들며 프레임 바깥에서 펠라티오를 하는 듯한 짧은 장면이 삽입되어 있다. 출판되어 있는 촬영대본에는 이런 지문이 없기 때문에 촬영 현장에서 추가된 장면이라 추측되는데[랜스 블랙(2008) : 47] '이 사람들, 하비가 당선해서 흥분한 건 이해하지만 사무소이기도 한 장소에서 흥분해 버리네. 스태프들 사이에서 이런 일이 자주 있는 건가'라는 인상을 부여한다. 그러나 시간적으로 매우 짧고 신체의 노출도 일체 없기 때문에 남성 간의 얽힘에 거부감 있는 관객에게 직접적인 불쾌감은 그다지 주지 않을 것이다. 이렇게 이 영화는 하비가 위대한 선구자적 정치가라는 점과 그가 호색이거나 한심한 남자를 좋아하게 되는 측면도 있다고

하는 공사의 양쪽을, 주변의 게이와 레즈비언의 리얼리티가 있는 존재도 포함해서 신중하게 그리고 있다.

오페라 「토스카」와 겹치는 하비의 죽음

하비는 역사적 사실 그대로 작품 안에서도 암살되지만 「밀크」는 그의 잔혹한 죽음의 순간을 구체적으로 보여주면서도 그 전날부터 일련의 묘사 방식을 통해 하비가 마치 푸치니 작곡의 오페라 「토스카」의 여주인공과 함께, 또한 스콧과의 행복한 추억과 함께 전설의 차원으로 여행을 떠난 것 같은 인상도 주고 있다.

암살되기 전날, 하비가 극장에서 오페라 「토스카」를 보고 있다(그의 우측에 있는 상당히 고령인 여성이 실은 그가 처음 본 오페라에 출연했던 스타 가수 비두 사야오라는 사실은 직후 전화를 하는 장면에서 하비의 말에 의해 관객이 알게 된다). 무대 위에서는 토스카가 연인 카바라도시의 시체에 매달려 있다가 추격자가 나타나자 성벽에서 반대쪽으로 뛰어내리고 만다. 그 직전에 '스카르피아(토스카를 속인 로마의 경시총감 이름)여, 신 앞에서 만나게 될 것이오'라는 의미의 이탈리아어 소프라노가 박력 있게 극장에 울려 퍼지고 있다. 다음 장면에서는 침대에 누워 있는 스콧이 전화 벨소리에 일어나 잠이 덜 깬 채 "여보세요?"라고 말하자 "깨웠나?"라는 하비. 밤중에 하비가 오페라에 갔으며, 옆에 다른 누구도 아닌 사야오가 있었던 사실을 말하자 다음에 오페라에 갈 때는 같이 가자는 스콧. 하비의 의외라는 기쁜 듯한 표정에서 관객은 아마도 이 것이, 과거 연인 사이였지만 이별하고 만 두 사람이 상당히 오랜 기간의 공백을 끝내고 나눈 재회의 약속이란 사실을 추측한다.

그리고 암살 당일, 댄 화이트(조슈 브롤린Josh Brolin 분)에게 정면에서 손바닥과 어깨에 총격을 당한 하비가 화이트를 피하듯이 창가를 향해 무릎을 꺾자, 하비의 클로즈업이 페이드아웃 하는 동시에 어젯밤 보고 있던 가수들의 깃발이 걸려 있는 오페라하우스 외벽이 페이드인 한다. 이를 통해 하비가 목숨을 잃기 직전에 본 것이 오페라하우스라는 사실이 제시된다. 다음으로 카메라는 하비의 오른쪽 옆얼굴의 클로즈업과 정면의 클로즈업을 슬로모션으로 보여준다. 화이트가 하비를 등 뒤에서 다시 쏘자 하비는 무너져 보이지 않게 되지만, 관객은 그것을 창문 너머(즉 오페라하우스 측)에서 보게 된다. 그 후 일순 암전 후에 이야기 초반부 근처 스콧과 처음 지냈을 때의 침대 대화 장면이 등장한다. 섹스 후의 달콤한 공기 속에서 농담인 듯 진심인 듯 알 수 없는 분위기로 "변하고 싶네"라는 하비. 다음 장면은 카스트로 거리를 가득 메운 다수의 엑스트라를 동원한, 하비를 기리는 촛불 행진이다. 여기에서 영화의 초반에 혼자 부엌에서 하비가 녹음하고 있던 유언 테이프의 음성—"희망을 주어야 한다"는 메시지—가 겹친다(암살자 화이트의 이후 행적 등을 관객에게 알리는 방식이 배우의 연기와 음성 내레이션이 아니라 그 후의 인터 타이틀[inter title, 인쇄된 문장을 찍는 컷]이기 때문에 관객에게 소리의 기억으로 희망을 말하는 하비의 음성이 남는다는 연출이다).

　이 일련의 묘사 중 하비가 토스카와 함께 사망하는 것은 다음의 두 가지 의미로 이해할 수 있다. 우선 할리우드 영화에서 게이 캐릭터와 오페라의 관계성을 살펴 보자. 앞서 「필라델피아」가 앤디(톰 행크스)가 오페라에 탐닉하는 모습을 묘사한 후 그에게서 오페라를 박탈한 것을 고찰했는데, 「밀크」에서는 게이 캐릭터가 오페라를 탈취했다(이것은 영화사의 시점의 분석으로, 반 산트 감독과 제작진이 그렇게 의도했는가 아닌가를 물을 필요는 없다). 다음으로 하비의 죽음이 토스카의 죽음과 관련되며 죽기 직전에 하비의 얼굴을 슬로모션으로 보여줌으로써, 관객은 하비가 영화 속의 현실 차원에서 오페라「토스카」의 차원으로—즉 1900년의 초연 이래 다수의 디바에 의해 연기되어 온 우화로서 토스카의 죽음의 차원에—여행을 떠난 것 같은 인상도 받게 된다. 하비는 살아있는 육체는 잃었지만 현실 세계의 동성애자들에게 희망과 변화를 남기고, 스콧과의 행복한 추억과 함께 대대손손 전해질 전설로 비상한 것이다―아름다운 소프라노의 노랫소리와 함께.[15]

『BL진화론』에 특히 중요한 제임스 아이보리 감독

남성 동성애자 캐릭터를 그리는 나쁜 유형에서 자유로운 감독으로 제임스 아이보리James Ivory를 들겠다. 최근에는 오랜 기간 프로듀서였던 이스마일 머천트Ismail Merchant와 공사 영역 모두 파트너였다는 사실을 공표한 오픈리 게이 영화감독이다. 게이를 중심으로 한 작품만을 만들어 온 것은 아니지만 이 책의 입장에서는 특별히 중요한 존재이다. 머천트 아이보리 프로덕션의 「모리스Morris」(1987)는 1980년대 후반 일본의 광의의 BL계, 보다 정확히 말하자면 잡지 『JUNE』 주변에서 '영국 미청년 붐'으로 칭찬이 자자했던 무브먼트의 중심에 있었다. 주인공 모리스는 동급생 클라이브를 사랑하지만 상대는 이미 결혼한 상태. 그러나 자신은 와일드하고 큐트한 정원사 알렉이 밤에 찾아오며 연인 사이가 되어 클라이브와

---

[15] 이 작품의 각본가 더스틴 랜스 블랙에 의하면 암살 직전에 하비가 오페라에 간 것은 사실이고 스콧과의 전화는 창작이라고 한다 [Lance Black (2008) : 112].

결별한다…는 이야기가 20세기 초반의 영국 캠브리지대학이라는 남자 기숙학교에서 시작하여 귀족인 클라이브의 저택과 보트하우스 등을 무대로 전개되는 모습은 『바람과 나무의 시』나 『포의 일족』에 포함된 단편 「작은 새의 둥지小鳥の巣」와 연결된 것으로 많은 여성들에게 받아들여졌다(모리스와 클라이브를 연기한 배우는 미소년 캐릭터보다는 연상이긴 했지만).[16] 그리고 이야기 자체가 원작자 E.M.포스터가 '고독 속에서 살아가고 있던' 30대 전반에 쓴 꿈으로[일본판(1988) : 393-394, 포스터(1971) : 219-220], 이 극히 영국적인 이야기를 영화화한 것은 미국인인 아이보리와 인도 출신 파트너인 프로듀서 머천트이다. 누군가의 '현실'이 직접적으로 그려져 있다거나 반영되어 있다는 오해가 생길 리 없이, ('보론1'에서 기술했던 것처럼) '현실/표상/판타지'의 세 요소가 복잡하게 상호작용 한다는 것이 전제가 되는 『BL진화론』을 특히 체현하는 영화이기도 하다.

「시티 오브 유어 파이널 데스티네이션The City of Your Final Destination」 (제임스 아이보리 감독, 2009 (일본공개는 2012))

이 장의 마지막으로 아이보리 감독이 파트너인 머천트가 죽은

---

[16] '영국 미청년 붐'에 대한 기사는 당시 『JUNE』지에 여러 번 등장하고 있다. 또한 당연하지만 「모리스」를 열심히 감상한 여성 관객이 전원 『JUNE』지와 '미소년 만화'의 독자였단 것은 아니다. 둘 다 읽지 않고도 그러한 영화가 좋다는 여성 관객도 존재했을 테지만, 그 "좋다"는 감정의 근원이 광의의 BL 애호가 여성과 연결되어 있다는 것이 『BL진화론』의 인식이다.

후에 감독한 영화「시티 오브 유어 파이널 데스티네이션The City of Your Final Destination」을 다루겠다. 원작은 피터 카메론Peter Carmeron의 소설. 안소니 홉킨스Anthony Hopkins와 사나다 히로유키真田広之가 25년간 서로 함께한 아담과 피트라는 남자 커플을 연기하고 있는 작품이다. 상세한 분석은 다음 기회에 하고 여기에서는 피트의 캐릭터 조형과 아담과의 관계성에 대해서만 고찰한다.

일부러 '게이답지 않은' 피트의 조형

피트는 영화에서도, 현실에서도 본 적 없는 유형의 게이 캐릭터로서 그려지고 있다. 사나다 히로유키는 이렇게 말한다―피트를 연기하는 데 있어서 피트와 비슷한 상황의 게이 지인 등을 취재하고 이것저것 준비해서 갔지만 아이보리 감독에게 외모와 몸짓과 말투 등으로 표현하려고 하지 마라, 자연스럽게 해달라는 말을 듣고 25년간 함께했다는 생활감과 아담에 대한 애정을 내면에서 표현하는 것에 집중했다고 한다[웹사이트 Hollywood News Wire 동영상 (2015)]. 그래서 피트의 태도에는 오네에다움은 전혀 없고, 숀 펜이 연기한 하비나 타카하시 카즈야가 연기한 나오야처럼 현실의 게이 남성에

아담(안소니 홉킨스, 왼쪽)에게 "당신 없는 인생은 필요 없어"라고 고백하는 피트(사나다 마사유키, 오른쪽) /「시티 오브 유어 파이널 데스티네이션」(2008)

게 있을 듯한 여성성과 남성성이 싸우는 부분도 없다. 아담의 넥타이를 매주거나 커피를 타주거나 방문자가 비에 흠뻑 젖어 있으면 타올을 내밀 뿐 아니라 양말을 벗겨주는 등 가정 내에서 일반적으로 '잘 보살펴주는 주부' 역할을 피트가 하고 있다는 사실이 묘사된다. 그러나 그때 그의 태도는 전혀 여성적이 아니고 자세가 좋은 일류 컨시어지Concierge 내지는 재단사 같은 직업의 남성을 연상시킨다. 나아가 40세 직전이라는 설정 연령에 비해서 소년 같은 눈의 반짝임과 절도 있는 몸가짐이 매력적인 인물이기도 하다.

현실에서는 생각하기 어려운 대등한 아담과 피트의 관계

피트는 원작 소설에서 태국인이라는 설정이지만 사나다를 캐스팅하면서 일본 토쿠노시마德之島의 가난한 출신으로 변경되었다. 그리고 14살에 유복한 백인 게이 남성 아담과 만나 연인으로서 영국에 오게 되어 교육을 받았으며, 아담이 우루과이로 이주하게 되었을 때 법적인 필요성에서 정식으로 양자가 되었다—즉 14세부터 25년간의 대부분을 아담을 패트론으로 삼아온 피트의 인생이지만, 이야기가 전개되는 시점에서는 광대한 소유지에 드는 고정 자산세의 지불을 위해 앤티크 가구 사업에 심혈을 기울이며 돈을 벌어야 한다고 생각하는 피트 쪽이 더 많은 수입을 올리고 있다. 또 아담은 노인이 된 자신이 아직 젊은 피트를 구속하는 것보다 다른 장소에서 제2의 인생을 보내게 하는 쪽이 좋지 않을까 고민하고 있지만, 피트는 단호하게 당신과 함께가 아닌 다른 인생은 필요 없다고 선언한다. 원작에서의 피트는 일을 우선해서 아담과 별거해 버리므로, 크게 변경된 셈이다. 압도적인 경제 격차를 전제로 시작한 아담과 피트의 관계성은 25년의 기간을 거쳐 서로를 순수하게 사랑하고 신뢰하며 존경하는 두 사람이라는 어른의 관계성으로 숙성한 것이다. …물론 이 영화판의 전개에는 감독 아이보리의 꿈이 반영되어 있다. 사나다에게 현실의 게이 남성을 반영한 배역 연구를 금지한 것도 피트와 아담의 비현실적인 이상적 애정 관계를 유일하고 절대적인 것으로 보여주기 위해—실제 비슷한 처지의 게이 커플과 비교해서 조금 이상하다고 생각할 관객을 미리 배제하기 위해—라고 해석하면 앞뒤가 맞는다.

그렇게 아담과 피트의 아름다운 사랑의 관계는 두 사람의 명배우에 의해 숨이 불어넣어져 설득력을 가지고 화면 위에 존재하고 있다. 일단 영화라고 하는 표상에 그려진 그들의 관계는 현실 게이 남성의 모델이 될 수 있다.

게이 섹슈얼리티의 표상

이 작품에는 갑작스럽게 느껴지는 피트의 누드 장면이 있다. 어느 날 오후 침대에서 아담과 피트가 낮잠을 자고 있다. 침대 위에서 아담은 옷을 입은 채 베개에 기대어 자고 있는데, 아담의 발목 근처에 반대 방향으로 양팔을 감고서 자고 있는 피트는 전라이다. 위를 보고 누운 아담의 오른쪽 허리가 피트의 고간을 관객의 시선에서 가려주고 있다. 카메라가 아담의 자는 얼굴에서 발 아래로, 즉 피트의 상반신으로 이동하자 거기서 방향을 바꿔 이번에는 일어나려고 뻗쳐진 피트의 다리를 찍는다. 촬영 당시 40대 후반인 사나다가 연기하는 이제 막 40세가 되는 설정의 피트이지만, 그 신체는 젊고 피부도 매끄럽게 보인다. 그렇다고 해도 25년 동안 함께한 커플이 대낮부터 섹스 후에도 피트가 전라인 채 낮잠을 탐닉할 정도의 어떤 섹슈얼한 행위에 몰두하고 있었을까? 혹시 게다가 그것을 피트의 피부를 핥듯이 보여주는 카메라워크로 전할 필요가 있었던 것일까? ⋯이야기 진행상의 필연성은 없다. 하지만 필연성이 있든 없든 이성애 남성의 시선에 봉사하기 위해 여성의 나체가 그려지는 것이 너무나도 당연하게 취급되어 온 사실을 떠올린다면, 사나다의 누드는 게이 감독이 같은 경우를 일부러 남성의 나체로 선보였다고 해석해야 하는 게 아닐까? 그리고 그것은 게이 감독의 욕망 그대로의 표현일 뿐만 아니라 남녀 젠더와 시선의 역학 불균형에 대한 통렬한 비판이라는 차원에서도 기능하고 있다. 바꿔 말하자면 호모포비아와 이성애 규범에 대한 대항 선언이라고 말할 수 있다.

한때 「모리스」에서 자신을 버리고 여성과 결혼해버린 클라이브와 결별하고 동성의 연인 알렉과 함께 모습을 감춘 젊은 모리스에게 은막 위에서 숨을 불어넣은 아이보리가, 자신이 80세를 넘은 시점에 25년간을 걸쳐 키워온 애정 관계 그대로 최후까지 함께했을 아담과 피트라는 게이 커플에 숨을 불어넣은 것은 매우 감회가 깊다. 성실한 상상력을 가지고 '게이' 캐릭터를 현실보다도 더욱 바람직한 모습으로 진화시키는 것은 BL 작가뿐만 아니라 현실에서 게이로 살아가는 남성 영화감독도 마찬가지다.

감사의 말

이 책으로 이어진 BL 연구와 애호가 활동의 시작은(사춘기 '미소년 만화' 수용기를 포함하지 않는다치고) 유학했던 미국 뉴욕주 로체스터대학 대학원 시각&문화연구visual&cultural studies 프로그램 첫 해 첫 학기(1998년 여름)의 세미나 논문(기말 리포트)이므로 약 17년이 경과하였다. 그동안 참으로 많은 분들의 협력을 얻었다. 여기에 기록하여 감사를 표합니다.

이 책 자체에 관여해 주신 분들.
『BL진화론』이라는 타이틀은 편집자인 하토베 시게루服部滋 씨가 생각해 주셨다. 부르본느 씨와 저자의 사진은 사진가 이치카와 카즈히로 씨가 찍어주셨다. 과거 일을 함께했던 프로페셔널 작가의 두터운 호의에 신세를 졌다.
대담을 함께해 주신 부르본느 씨. 이십여 년 전부터 친구지만(부르본느 씨의 표현을 빌리자면 "서로 피부가 물방울을 튕겨낼 정도로 탱탱하던 때!") 거의 처음으로 차분히 이야기를 할 수 있었다. 평소에는 게이 남성(게이 '아저씨')이라는 사실을 주장하는 여장 퍼포머로, 전국 안방을 향해 성소수자 인권 활동과 성다수자 계몽 활동을 절묘한 균형으로 행하고 있는 최근의 그와 BL의 진화에 대해 이야기하고 싶다는 소원이 이루어졌다.
커버 일러스트와 책 띠지의 추천문에 대해서는 이 책의 기획 단계에서 절실히 원했던 나카무라 아스미코 씨와 미우라 시온 씨가 각각 받아들여 주셨다. 감격하는 동시에 긴장되는 마음이 지금도 계속되고 있다.

디자이너인 우치카와 타쿠야_{内川たくや} 씨는 막연한 이미지로 전한 것을 120퍼센트 참작해서 장정을 제작해 주셨다.

야마모토 후미코_{山本文子} 씨는 이 책을 읽어주시고 귀중한 의견을 주셨다. BL을 널리 보시고 잘 기억하시는 야마모토 씨의 지적에 의해 몇 가지 단순한 오류를 정정할 수 있었다.

그리고 역대 담당 편집자였던 우에무라 아키라_{上村晶} 씨와 마토바 요코_{的場容子} 씨에게도 감사드린다. 상업영화의 능력 있는 프로듀서란 이런 느낌일까 하는 생각이 들 정도로 내용에 깊게 발을 들이고, 애정을 바탕으로 관여해 주셨다. 이 책의 원안자도, 최종적인 저자도 분명히 나지만 그것은 아마 상업영화의 감독을 영화의 '작가'라 하는 뉘앙스에 가깝다.

그 외 이 책의 제작, 영업, 판매에 관여해 주셨던 분들, 그리고 누구보다도 이 책을 사주신 당신에게 최대한의 감사를 드린다.

정보 제공과 자료 제공 등, 이 책의 리서치에 협력해 주신 분들 (경칭 생략).

아보 미키_{英保美紀}, 아마미야 사에_{天宮紗江}, 이케다 타카코_{池田たかこ}, 이케다 나츠키_{池田なつき}, 이시다 히토시_{石田仁}, 이시하라 이쿠코_{石原郁子}, 이시하라 사토루_{石原理}, 이치카와 카즈미_{市川一美}, 이마이즈미 코이치_{今泉浩一}, 이와사 히로키_{岩佐浩樹}, 에다 유우리_{榎田尤利/ユウリ}, 오에 치즈카_{大江千束}, 카키누마 에이코_{柿沼瑛子}, 카나마루 마사키_{金丸正城}, 카타야마 토모코_{片山倫子}, 카토 케이코_{加藤圭子}, 칸자키 류토_{神崎竜乙}, 쿠니자키 스스무_{國崎晋}, 쿠리하라 치요_{栗原知代}, 콘도 야스요_{近藤安代}, 사

쿠라이 와카코桜井和歌子, 사토 마사키佐藤雅樹, 시노다 마유미篠田真由美, 시모야마 코이치下山浩一, 시몬 후카유키シモーヌ深雪, 조호지 아야코浄法寺彩子, 타카하시 유高橋悠, 타케시타 시노부竹下しのぶ, 타나카 치즈루田中千鶴, 에미 치사노エミ・チサノ, 토리비토 히로미鳥人ヒロミ, 나카무라 아스미코中村明日美子, 나카야 유키코中谷由紀子, 니혼기 유미二本木由実, 하기와라 마미萩原まみ, 히가시노 준코東野純子, 히노 시노부日野しのぶ, 후쿠야마 야치요福山八千代, 후지사와 료코藤沢涼子, 호시나 키누하保科衣羽, 마츠오카 나츠키松岡なつき, 미우라 시온三浦しおん, 미도みど, 미야자키 준코宮崎淳子, 미야모토 카노宮本佳野, 모리야 카요코森谷佳代子, 야마아이 시키코山藍紫姫子, 야마지 에비네やまじえびね.

이 책에 연결되는 연구 발표의 장을 부여해 주시고, 또 연구 내용에 코멘트를 해주신 분들(경칭 생략).

아마가사키 아키라尼ヶ崎彬, 이케다 시노부池田忍, 이시이 타츠로石井達朗, 우에노 슌야上野俊哉, 키스 빈센트Keith Vincent, 새럴린 오바우Sharalyn Orbaugh, 루시 커즌Lucy Curzon, 카네다 준코金田淳子, 카마타 사오리釜田さおり, 마리오 카를로Mario Carlo, 조셉 카메론Joseph Cameron, 사이토 아야코斎藤綾子, 시미즈 아키코清水晶子, 스기모토 히로요杉本裕代, 고故 타케무라 카즈코竹村和子, 티나 타케모토Tina Takemoto, 고故 센노 카오리千野香織, 웨이ー쳉 추Wei-cheng Chu, 레이안 챠오Jui-an Chao, 고故 츠카모토 야스요塚元靖代, 즈보니미르 도브로비치(즈웡코)Zvonimir Dobrović(Zvonko), 나가쿠보 요코永久保陽子, 니시지마 노리오西島憲生, 에이미 헤르조그Amy Herzog, 다니엘 험프리Daniel Humphrey, 김효진, 후시미 노리아키伏見憲明, 후지모토 유카리藤本由香里, 노먼 브라이슨Norman

Bryson, 호리 히카리堀ひかり, 재클린 베른트Jacqueline Berndt, 트레버 호프Trevor Hope, 호리에 유리堀江有里, 조나단 마크 홀Jonathan Mark Hall, 패트리샤 화이트Patricia White, 클레어 마리Claire Maree, 모리오카 미호森岡実穂, 모리 나오코守如子, 요시하라 유카리吉原ゆかり, 매튜 레이놀즈 Matthew Reynolds, 데이빗 루리David Lurie, 마르게리타(미미) 롱Margherita (Mimi) Long.

대학에서 BL론을 가르친 경험에서 이 책은 다양한 힌트를 얻었다. 그런 기회를 부여해 주시고, 나아가 과제 문헌인 BL 단행본의, 최소 일부라도 수강생이 구입하여 BL업계를 지탱해야 한다는 내 생각을 존중하는 수업운영 서포트를 해주신 메이지가쿠인대학明治学院大學 문학부 예술학과의 여러분. BL론 집중강의의 기회를 주시고 같은 배려를 해주신 쓰쿠바대학筑波大學 인문사회계의 여러분.

영화에서 동성애 표상에 대해서는 다음의 대학에서 담당한 수업(통년, 반년/집중, 윤강)의 학생의 반응에서도 힌트를 얻었다.

가쿠슈인대학学習院大学 대학원 신체표상문화학 전공, 교리츠여자대학共立女子大学 국제학부, 타마미술대학多摩美術大学 미술학부 예술학과, 호세이대학法政大学 글로벌교양학부, 와세다대학早稲田大学 문화구상학부 표상·미디어론계/오차노미즈여자대학お茶の水女子大学 철학과, 교토조형예술대학京都造形芸術大学 영화학과, 니혼영화대학日本映画大学 영화학부.

영화 연구에 대해서는 오카지마 쇼시岡島尚志 현 주간과 더불어

도쿄국립근대 미술관 필름센터의 여러분에게 많은 것을 배웠다.

이 책에 연결되는 교육지도를 해주신 분들(경칭 생략).
엘리자베스 그로스Elizabeth Grosz, 수잔 E. 구스타프슨Suzan E. Gustafson, 마이클 앤 홀리Michael Ann Holly, 대럴 무어Darrel Moore, 데이빗 로도윅David Rodowick, 자넷 울프Janet Wolf.

이 책의 베이스가 된 박사 논문의 지도, 심사를 해주신 분들(경칭 생략).
더글러스 크림프Douglas Crimp 심사위원장.
조앤 버나디Joanne Bernardi, 리사 카트라이트Lisa Cartwright, 샤론 윌리스Sharon Willis, 제프리 알렌 터커Jeffrey Allen Tucker.

1994년 요코하마에서 국제 에이즈 회의 위성기획으로 더글러스를 만나는 계기를 만들어준 고故 후루하시 테이지古橋悌二 씨. 두 사람에게 들었는지 아닌지 기억이 확실하진 않지만 연구 활동에서 좌절할 것 같을 때마다 '진심으로 세계를 위해 사고하는 것'이라는 문구가 테이지 씨와 더글러스의 모습과 함께 세트로 떠오르는 것은 사실이다.

장학금, 조성금.
로체스터대학 대학원 시각&문화연구 학비 면제&장학금(1998년 9월~2002년 8월).
과학연구비 보조금 기반연구 B과제번호 213200440001 연구과제

「여성 MANGA 연구: 주체성 표현의 가능성과 글로벌화—구미/일본/아시아」(연구대표: 오기 후사미大城房美) 연구분담자 2009년 4월~2010년 3월.

2012년 타케무라 카즈코 페미니즘 기금.

마지막으로 첫 만남 이래 27년간, 도중 4년간의 유학 기간도 포함하여 지지해준 파트너, 키무라 나오코木村直子에게 이 책을 바친다(특히 2014년 4월부터 11월에 걸친, 연속된 수정 지시와 재집필 기간은 '안정된 가정 생활'이 없었으면 극복하지 못했을지도).

2015년 벚꽃철

책 본주

제1장

제1장의 몇몇 논의는 미조구치(2003) 및 Mizoguchi(2003)가 출처이다.

1 ──── 동인지에 발표되었던 작품이 나중에 상업 출판된 사례로서는 상업 BL 초기의 저명한 만화 『KIZUNA 키즈나』(코다카 카즈마, 1992)를 들겠다. 또 『1교시는 활기찬 민법』(요시나가 후미, 1998&2002) 제2권에는 제1권 발행 후에 동인지로 발표된 단편 다섯 작품과 신작 한 작품이 수록되어 있는데, 상업 출판에서 본편이 종료한 후에 작가 본인이 그린 속편이 후일 상업 출판되었다는 사실을 알 수 있다. 후자의, 상업 출판으로 입수가 불가능해진 작품을 작가가 동인지로 복각시킨 사례로는 『사가판 성층권의 빛私家版 成層圏の灯』(토리비토 히로미)이 있는데 이 작품은 현재 문고판을 상업 출판물로 입수할 수 있게 되었다.

2 ──── 애니메이션 패러디/2차 창작의 작품이 아닌, 창작 작품이지만 상업 BL로서는 섹스 묘사가 지나치게 과격하거나 캐릭터의 연령이 높다는 이유 때문에 동인지로서 발표된 작품이 후일 상업 출판된 사례는 결과적으로 BL 상업 출판에서 표현의 폭을 넓혔다.

3 ──── BL잡지를 출판하고 있는 주요 23개 회사에 청취조사를 하여 편집 스태프의 수와 성별을 조사한 결과, 편집 스태프 중 여성이 90% 이상이라는 결과가 나왔다(2015년 2월, 편집부 조사).

4 ──── 이렇게 생각하게 된 이유는 여러 명의 BL 프로 작가 중 동인 활동도 하고 있는(또는 과거, 하고 있던) 사람들과 대화 중에 전국 서점에 진열된 상업서적의 크리에이터creator(창작자)라는 긍지와 이 직업으로 '먹고 사는' 사회인이자 어른으로서, 특히 젊은 독자들에 대한 책임감을 표명하는 경우가 있었기 때문이다. 대다수는 잡담의 형태로 들은 것이지만 그중에서도 마츠오카 나츠키 씨는 본 연구를 위해 시간을 마련해주었다(2002년 12월 30일).

5 ──── 2013년은 「쿠로코의 농구黒子のバスケ」를 원작으로 하는 2차 창작 작품을 상업지에 수록한 앤솔로지가 특히 많아서 매달 수십 권씩 출판되었지만, 협박 사건으로 인해 동인지 즉매회 이벤트를 극단적으로 제한한 탓에 일어난 일종의 이상한 상황

이었기 때문에 그것을 제외하고 '대략 100점'으로 계산했다.

6 ─── 호모소셜 개념에 대해서, 특히 일본의 표상연구에 대한 응용이라는 관점에서는 이하가 참고가 된다. '호모소셜을 동아시아의 문맥에서 어떻게 말할 것인가'라는 소제목으로 시작하는 영화 연구자 사이토 아야코斎藤綾子의「호모소셜 재고ホモソーシャル再考」[요보타 이누히코四方田犬彦&사이토 야야코 편(2004) : 279-309].

7 ─── 다만 1980년부터 1984년에 걸쳐『ALLAN』이라는 잡지도 존재했다.『은밀한 교육密やかな教育』에 게재되어 있는『JUNE』의 편집장이었던 사가와 토시히코佐川俊彦의 인터뷰에 따르면『ALLAN』은 실제 예능인에 대해 동성애라고 독자가 망상한 내용이 그대로 게재되었던 점에서『JUNE』과 달랐다고 한다[이시다 미키石田美紀(2008) : 342].『역시 보이즈 러브가 좋아』에서는 픽션 작품이 중심인『JUNE』와 비교해 정보 중심의 서브컬처 잡지라는 인상이 강했다고 소개되어 있다[야마모토(2005) : 12-13].

8 ─── '소설도장'은 4권의 단행본으로 묶여졌다[카지마(1992-97)].

9 ─── 현재, 'JUNE 취향'이 중심이고 복각판으로 입수 가능한 작품은『여름의 소금』에서 시작하는「우오즈미 군」시리즈(에다 유우리) 외에 단편소설『사미아サミア』(스와 유키사土須和雪里)와 만화가 카노 시우코의 초기 작품『영구자석의 법칙永久磁石の法則』을 든다.

10 ─── 이시하라 이쿠코의 소설과 영화비평 작업을 함께 논한 것으로서 영상 문화론 연구자 이시다 미키의『은밀한 교육 ─ 야오이·보이즈 러브 전사密やかな教育-やおい·ボーイズラブ前史』[(2008) : 250-271]가 참고가 된다.

11 ─── 예를 들면, 이시하라 이쿠코는 다음과 같이 서술하고 있다. '미청년 붐을 만들었다고 전해지는「모리스」「어나더 컨트리」(1983) 상영회장을 여성이 점령한 느낌이 들었던 건 확실하지만 그것은 오히려 이 영화를 보러온 남성이 적었기 때문에 눈에 띈 것은 아니었던가? (…) 일본 남성은 아직 이러한 영화에 익숙하지 않았던 것이다. 이러한 영화란 즉, 세련되고 성실한 남성 동성애 영화를 말한다. 특히 이성애자 남성은 그런 것을 받아들이려는 마음이 전혀 없는 듯, 변함없이 이성애 섹스와 폭력의 세계를 탐닉하고 있었다'[이시하라(1996) : 72].

또한 하시구치 료스케가「스무 살의 미열」에 대한『JUNE』지면 인터뷰에 "「모리스」등에서 금발의 남자끼리 침대에 들어가면 여자는 기뻐하지만(웃음)" 일본의 보통 남자들끼리의 침대 장면은 꺼려할 것이다. 그러나 그 둘이 동일하다는 것을 보여주고 싶었다, 라고 한 말도 당시의 인식을 보여주는 하나의 예이다[JUNE(1993) : 43].

12 ──── 마츠오카가 매달 매주 이벤트에 맞춰 신간을 내기 위해서 극히 바빴던 이야기는 본인과의 인터뷰 취재가 출처이다. 또 마츠오카는 프로로 데뷔한 후 『JUNE』가 기고를 타진해도 에세이만 기고했던 이유에 대해, 자신의 작품에는 갈등이 적어서『JUNE』적이지 않기 때문이라고 말했다(2002년 12월 30일). 또, 인용 부분은 쿠리하라 치요의 서평에서[가키누마, 쿠리하라 편(1993) : 356].

13 ──── 사회학자 이시다 히토시가『JUNE』전 편집장 아보 미키英保未紀$를 상대로 한 인터뷰 조사에 따르면 투고 작품의 최초 원고료는 400자 원고 1장에 600엔이었다고 한다[이시다 히토시(2012) : 168].

14 ──── 게이이자 여장 샹송가수, 드래그 퀸인 시몬 후카유키シモーヌ深雪는 '오래된 야오이 팬'이자 '야오이의 살아있는 증인'으로 잡지 인터뷰 기사에서 1990년 초의 BL잡지의 다수가 '레이디스 코믹에서 데려온 작가를 썼기 때문에 섹스 묘사가 하여튼 대단해서 거의 AV(어덜트 비디오) 상태였어요'라고 말하고 있다[시몬 후카유키(2000) : 26].

15 ──── 마츠오카 나츠키와의 개인적 대화로부터(2002년 12월 30일).

16 ──── BL에서도 전자서적 시장에 참가하는 출판사가 늘어나고 있고 종이의 부수보다도 전자판이 더 잘 팔리는 사례가 있을 정도로 무시할 수 없는 존재가 되고 있다. 그렇다고는 해도 원래 종이책의 인세 수입을 통해 프로로서 간신히 생계를 영위하고 있던 작가층이 전자화에 의해 사정이 좋아졌다는 이야기는 들려오지 않는다. 과거 몇 년 동안 단말기의 변화가 급격했기 때문에(PC에서 타블렛, '피처폰'에서 스마트폰 등) 그 어느 시기에 해당되는가 등에 따라 매출액이 좌우되는 것과 관련이 있을 것이다. 전자출판의 동향에 대해서는 앞으로도 주시하고자 한다. 이 책의 입장에서 이야기하자면 불황이기 때문에 신간을 살 돈이 없다고 하는 사람뿐만이 아니라 도시 거주자의 경우는 종이책의 수납 장소가 문제되는 경우가 많기 때문에 전자서적으로 구독하는 독자가 늘어나 결과적으로는 '진화한 작품'이 태어나는 토양으로 장르의 규모가 유지되기를 바라고 있다.

17 ──── 2013년까지 발행되었던 만화잡지『코믹JUNEコミックJUNE』는 제목에『JUNE』가 들어 있고 예전『JUNE』잡지의 그룹회사에서 발행됐으나 그 연재 작품은 BL장르 중에서도 섹스 묘사가 하드코어한 만화 위주로, 1980년대를 견인한『JUNE』잡지와는 다르기 때문에 혼동해서는 안 된다. 광의의 BL 현상을 생각할 때 흥미로운 점으로는『코믹JUNE』가 남성 간의 어덜트 비디오(소위 GV(게이 비디오)) 중에서도 여

성에게 인기가 높은 레이블의 샘플 DVD를 부록으로 붙이거나 만화와 콜라보레이션을 전개했던 것으로, GV 유저 중에서는 『코믹JUNE』를 BL의 대표로 간주하던 사람이 있다는 점이다(2014년 현재도 간행되고 있는 『DVD JUNE』가 만화잡지와 DVD의 세트였던 것도 이런 흐름이었을 것이다). 그 혼동의 요인으로는 『JUNE』가 장르 전체의 총칭으로서 사용되어 왔던 사실도 있을 것이다. 또, 이 흐름에서 2012년 말에는 원래 여성 유저가 주류였던 GV 브랜드가 독립하는 형태로「BOYS LAB(보이즈 라보)」라는 새로운 메이커가 탄생하였다. 메이커 공식 발표의 스태프와 출연자(모델)의 말을 신뢰한다면 스태프는 게이, 전속 '모델'은 전원이 이성애 남성이다. 게스트 출연자가 게이인 경우를 빼고 기본적으로는 이성애 남성들이 여성 유저를 위해 남자들끼리 러브와 섹스를 하드코어로 연기하는 것이 이 메이커의 영상작품이다. 메이커명도 영어의 발음과 비슷하게 읽는다면「보이즈 라브」가 된다. BL잡지『레이진麗人』의 '치쿠스チ-クス' 같이 BL잡지와 협력하고 있는 GV 메이커는 이 밖에도 있으며 자세한 고찰은 다른 기회를 기다려야 하겠지만, 이렇게 명확한 여성 취향의 GV 메이커는 아마도 세계에서도 흔치 않을 것이다.

18 ─── 2011년 미국의 비즈 미디어VIZ MEDIA사가 애니메이트アニメイト와 리브레 출판과 공동으로 서브라임SuBLime이라는 BL 만화 레이블을 시작했다. 또, 여러 출판사가 BL시장에 참가한 2004년의 이전 해인 2003년에 히트한『그라비테이션グラビテ-ション』『페이크FAKE』는 북미에서 발매된 최초의 BL 만화이다. 자세한 것은 출판 에이전트 겸 번역자인 시이나 유카리椎名ゆかり의「미국의 BL 만화 인기アメリカのBLマンガ人気」를 참조하라[시이나(2007) : 180-189].

19 ─── 또『역시 보이즈 러브가 좋아』는 광의의 BL 만화 사관을 전제로 삼고, 초심자 BL 애호가 및 잠재적 BL 애호가를 가이드한다는 시점을 명확히 지닌 BL 만화 가이드북이다.

20 ─── 예를 들면 '이 작품이 좋다면 저것도 읽어보면 어때?'라고 권하기 위한 사전조사로서 초심자가 몇 권을 읽는다고 상상하고『이 BL이 대단해!』의 상위 작품 제목을 살펴보면, 5위까지 작품만으로는 전혀 충분하지 않다는 점을 깨달을 것이다. 아마도 상위 20권을 읽은 후에 어떤 작품이 어떻게 좋은지, 어느 작품이 어떻게 싫은지를 듣는다면 그 정보를 참고로 하여 길을 안내할 수 있다고 생각하지만, 그것은 가벼운 마음으로 조언을 구한 사람이 상상하고 있었던 예비조사로서의 독서량을 넘어버릴 것이다.

21 ──── 최초의 BL론은 미국 로체스터대학 대학원의 세미나/수업에서 제출한 리포트였기 때문에 '보이즈 러브'가 영어로는 성인이 어린 남자를 성적으로 학대하는 소아성애pedophilia로 혼동될 위험성을 회피할 의도도 부분적으로 있었다.

22 ──── 2차 창작에 대해서는 규모가 크면 원작명이 '장르명'이 되지만, 특별한 경우가 아니라면 '장르명'은 『점프』 등 원작의 연재지, 발행처로 표기한다. 「JUNE/BL」은 BL 창작물의 호칭으로, 그 외 여성향 장르의 다수가 광의의 BL 2차 창작이라는 점을 부기해 둔다.

23 ──── 아즈마는 "당사자 사이에서는 '야오이, BL'을 좋아하는 여성에 한정해서 이 용어/단어가 사용되고 있다"고 서술하고 있다[아즈마(2010) : 271].

제2장

이 장의 논의 중 몇 개는 미조구치(2000)가 원 출처이다.

1 ──── 연구자로서는 나카지마 아즈사와 쿠리하라 치요의 평론을 참고로 하여 언급되어 있는 작품은 가급적 읽었고, 초보 애호가로서는 선배 애호가에게 조언을 받거나 자기 자신이 잡지 연재에서 좋아하게 된 작가의 단행본을 사거나 서점의 매대에서 표지 일러스트와 책 띠지, 뒤표지의 문구 등으로 골랐다. 또 나카지마의 『타나토스의 아이들 ─ 과잉적응의 생태학』(1998)은 1990년대에 출판된 BL현상과 텍스트 분석에 대한 작업 중에서도 가장 잘 정리된 것이며, 수많은 중요한 지적을 하고 있으며 본론에서도 몇 번이나 언급하고 있다. 그러나 나카지마의 입장과 나의 입장이 근본적으로 다르다는 점은 지적해두겠다.

여기에서 세세히 서술하지는 못하지만 나카지마의 주장에서 특히 중요한 차이를 느끼는 점을 세 개 들겠다. (1) 헤테로 섹슈얼리티와 레즈비언 섹슈얼리티가 분명히 나뉘는 이항 대립을 이루고 있다는 전제(BL 작가 중에도 팬 중에도 레즈비언은 없을 것이라는 기술이 몇 번이나 등장한다). (2) 결혼해서 아이가 있고 아내의 일을 이해해 주며 가사를 분담하는 남편을 가진 여성상(나카지마 자신이 그 대표)이 최고의 승리자상이라는 인식. (3) BL 작품이 제시하는 문제를 '타나토스(파멸의 욕망)'라 규정하고 HIV와 같은 문제라고 보면서, 에이즈 재난을 메타포의 차원에서 독해하길 권장하는 논지.

2 ──── 그러나 2002년 발매의 단행본에서는 '수'의 대사가 이렇게 변경되어 있다. "저기, 내가 오네쨩(언니)으로 보이냐? 나는 말이야, 남자가 좋을 뿐이야."(코바야시

아오이, 『백화요란』, 2002)

3 ────── 이중의 호모포비아에서 캐릭터들의 연애성취 이전의 호모포비아에 대해서는 사토 마사키가 무료잡지 『CHOISIR』 지상에 개시한 '야오이 논쟁'에서 지적, '소녀만화와 호모포비아'에서 일단락을 지었던 것 같다. 사토의 문제 제기에 대해서 여성 평론가들이 취한 태도는 나카지마의 무시에서부터 쿠리하라의 전면적 지지까지 폭이 넓다. 주요한 부분을 들자면 후지모토 유카리는 게이로부터 비판이 존재한다고 언급하면서 야오이에 있어 표상되고 있는 것은 진짜 남자가 아니라는 지적으로 마무리짓고 있는데, 그다지 중요성을 인정하지 않는 것으로 읽힌다[후지모토(1998) : 143-144]. 『JUNE』 잡지에서 활동을 시작해서 그 후 일반소설로 이행한, 초기의 광의의 BL 작가라고 부를 수 있는 사카키바라 시호미榊原姿保美는 BL 작가 및 독자가 모두 FTM 게이라는, 판타지와 현실을 동일시한 논의를 전개하고 있지만(이 논리로는 예를 들면 「卍(만)」을 쓴 타니자키 준이치로는 MTF 레즈비언으로, 서부극의 히어로에게 감정이입하는 여성은 FTM 논케가 된다) 호모포비아에 관해서도 BL 소설에 게이의 표상을 구하는 독자가 만일 있다면 그것은 그 독자 개인의 안이한 자질 문제로, 작품에는 책임이 없다는 일방적인 주장을 하고 있다[사카키바라(1998) : 91&92]. 이 책은 판타지와 표상과 현실은 서로 관련되어 있지만 그 관계성은 투명하지 않고 물론 같은 것도 아니라는 이론적 전제에 서 있다. 상세한 것은 보론1을 참조할 것.

4 ────── 내가 아는 한, 에이즈에 대해 언급하고 있는 1990년대의 BL 작품은 '공'인 주인공이 '수' 캐릭터 이외와도 성애 활동을 하기에 '디폴트로서 논케(헤테로)'라고 분류할 수 없는 자각적 게이 캐릭터라 BL 캐릭터의 정형에서 벗어나는 「베이 시티 블루스」 시리즈(칸자키 류토(하루코), 1992-1998)뿐이다. 또, 소녀만화 잡지가 원출처로 남성 간의 연애가 축이 된 BL적 작품으로는 『TOMOI』(아키사토 와쿠니, 1987)와 『뉴욕 뉴욕』(라가와 마리모, 1998)에 에이즈 환자가 등장하지만, 양쪽 다 백인 바이섹슈얼 남성이다.

5 ────── 내 자신은 이 후자의 레즈비언으로, 더욱이 다양한 차원에서 여성 파트너와 대등한 관계에 있고 싶다는 일종의 '대등 환상'을 안고 있다. 레즈비언 커뮤니티에 참가하여 '대등 환상'을 갖지 않는 레즈비언도 많다는 사실을 알았던 때에, 그렇다면 '대등 환상'이 어디에서 왔는가를 자문하여 '미소년 만화'의 『마리와 신고』라는 것을 깨달았다. 주인공인 마리와 신고는 성격이 정반대지만 대등한 친구 관계로, 서로에게 가장 자신을 해방할 수 있고 상호보완적인 '영혼의 단짝'으로 묘사되고 있다. 아마

도 나는 그들의 관계를 사춘기에 마음속 깊이 동경했기 때문에 그것이 스스로 원하는 이상의 연애 관계라는 가치관을 가지는 데 이르게 된 것 같다. 이렇게 알게 된 사실은 나중에 광의의 BL 연구에 종사하는 동기의 하나가 되었다.

6 ─── '연하공'으로 불리는, 연하의 '공'이 연상의 '수'를 범한다는 서브장르에서는 소수이지만 '공'이 보다 여성적인 용모, '수'가 보다 남성적인 용모를 하고 있는 사례도 있어서 이들은 예외가 된다.

7 ─── 예외적으로 가사를 대부분 '하지 않으면 안 되는 일상 노동'으로(즉, 비교적 리얼하게) 그리고 있는 작품으로서의 만화로 『아주 보통의 연애ごくふつうの恋』(에미코 야마, 1999-2002)가 있다. 다만 이 작품에서도 계절마다 하는 옷장 정리와 인테리어 교체 등의 커다란 가사는 '수'와 '공' 두 사람이 힘을 합쳐서 하는, 오히려 즐거운 행사로 그려진다.

8 ─── 나카지마는 이렇게 표현하고 있다. "(…) 남자이므로 사실 받아들이지(수) 않고 언제라도 공격할 수 있다. 받아들이는 것(수)은 그렇게 정한 규칙."[나카지마 (1998) : 77]

9 ─── 현실의 이야기가 아니라 야오이 세계의 이야기라고 전제하면서 나카지마는 이렇게 서술하고 있다. "강간은 남녀 사이에서 행해지면 한쪽에 의한 다른 한쪽의 지배이자 정복, 최악으로는 종족유지 본능일지도 모른다. 하지만 남자들의 경우에 강간은 하는 쪽에 의한 '나는 이렇게 너를 원한다고 생각한다'라는 의사표시에 지나지 않는다(…). 그리고 받아들이는 쪽 또한 (…) 강간 자체에 대해서는 화를 내든지 하지만, '강간'은 행위 자체가 아니라 그 속에 있는 이 '의사표시'로 받아들여진다'[나카지마 (1998) : 74].

10 ─── 나카지마의 다음 기술도 같은 내용을 가리키고 있다고 생각된다. "이것이야말로 거울 단계. 자신이 자신을 강간하고, 원하고, 강간당하고, 사랑받고 있다. 나르시스의 극치"[나카지마(1998) : 114]. 이 문장에 있어서 정신분석용어의 사용방식은 혼란스럽다.

11 ─── 『뉴욕 뉴욕』은 다른 글에서 상세히 서술한 것처럼 소녀만화 잡지가 원출처인 소녀만화 작품으로, 미국인 주인공들의 커밍아웃 문제, 부모와의 갈등, HIV/에이즈에 대한 의식은 실제 미국 사회(와, 그것을 반영한 미국의 소설과 영화 등)를 취재한 것이 아닌가 싶지만, 동시에 '공'과 '수'의 '남성적' '여성적' 외모와 역할, '수' 캐릭터를 제3자가 납치 감금 및 강간하는 등의 묘사는 1990년대 BL의 정형을 따르고 있기 때

문에 여기에서 다루고 있다[미조구치(2005a) : 35-38].

12 ─── 오키나와에서 14세 여자 중학생을 미군 병사가 강간한 사건에 대해서 중의원의원衆議院議員인 하라다 요시테루原田義照가 2008년 2월 19일 블로그에 쓴 글을 보도록 하자. 같은 포스팅 전반에서 하라다는 피해자에 대해 위로의 말을 전하지만, 후반부에 산케이신문産経新聞의 칼럼에서 다음과 같이 인용한다. "…모르는 사람을 따라가면 안 된다고 아이일 때 부모가 단단히 일러주었다. 미군 기지가 집결하는 오키나와, 밤의 번화가에서 미군 병사가 말을 걸었다고 오토바이에 타고 마는 무방비함. 이 기본적인 '가르침'이 철저하게 이루어지지 않았던 것이 너무나 안타깝다". 여기에 더해 하라다는 이 기사가 '부모와 사회의 감독 책임 등 다소 잘못한 점이 이쪽에도 있는데 이 사건을 과장해서 미군 재편과 미일 안보 등까지 연결짓는 것은 과연 어떠한가, 라는 상식적이고 시니컬한 비판'이라고 평가하고 있다. 하라다의 같은 포스팅 전반은 '이 사건은 어떠한 의미에서도 일절 변명을 허용할 수 없다' '피해자에게 위로를 마음으로부터 보냅니다'라고 서술하는데도, 후반에서는 결국 권유에 응한 피해자에게 잘못이 있다고 말하고 있는 것이다. '피해자 자신의 잘못'이 아니라 '말을 걸어도 타지 않도록 피해자를 지도해야 할 부모들의 잘못'이라고는 하지만 강간의 원인이 여성 측에 있다는 인식의 표명이다. 또한 이 사람은 2015년 4월 현재도 현직에 있다(http://www.election.ne.jp/10375/39851.html, 최종접속일 2014년 8월 16일).

13 ─── 이런 의미에서 광의의 BL사 제2기, 소녀만화 속의 '미소년 만화' 작품인 『바람과 나무의 시』의 주인공 질베르는 BL의 '수'의 프로토타입(원형)이라고 말할 수 있다. 같은 연령의 세르쥬라는 연인을 얻어 '궁극적 커플 신화'의 내부에서 편안하게 살려는 때에 그를 방해하는 것은 첫 번째로 숙부(사실은 실제 아버지) 오귀스트의 지배이지만 거기서 탈출한 후에도 평화롭게 살 수 없는 것은 질베르 자신의, 다양한 남자의 강간욕을 발동시키고 마는 극단적인 미모와 섹스어필 때문이다. 그리고 그는 최종적으로 그로 인해 무참하게 죽게 된다. 애초부터 숙부에 의해 절대적 지배를 받게 된 원인도 어린 그가 제3자의 남자에게 강간당했기 때문이며, 그 강간 또한 그의 미모와 코케티쉬coquettish(요염한)한 매력이 초래한 일로서 묘사된다. 나아가 그렇게까지 '여자 역할'의 운명을 강요받았던 그가 이야기의 종반에 집시(로마) 소녀를 상대로 이성애 섹스를 행하고, '논케 남자'로서 기능할 수 있다는 증명을 그럭저럭 해내는 것도 BL 정형의 원천이라고 할 수 있다.

제3장

1 —— 내가 『별책 CHOISIR』를 구입한 것은 1995년부터 1998년까지로, 당시 내가 대표 스태프(3인 체제 중 한 명)로 일하고 있던 레즈비언과 바이섹슈얼 여성을 위한 센터 'LOUD'(도쿄 나카노中野)의 키오스크kiosk 코너에서였다. 『CHOISIR』 발행인인 이로카와 나호는 당시 이성애자이자 페미니스트의 입장에서 'LOUD'를 응원, 이용하고 있었고 그 인연으로 『CHOISIR』를 위탁판매했다고 기억하고 있다. 또 이 시기에 내가 LOUD에서 1990년대에 BL평론을 하던 번역가 카키누마 에이코에게 강의를 의뢰하는 형태로 시작한 '레즈비언 소설 번역 워크숍'은 1998년에 내가 빠진 후에도 뜻있는 사람들에 의해 지속되고 있다. 일반적인 보수보다 한참 낮은 사례금으로 강사를 맡아준 카키누마는 여성인 자신이 평소 게이 문학 등을 중심으로 번역하는 것이 '다른 사람의 샅바로 씨름을 한다'고 느끼던 터라, 언젠가 기회가 있으면 동성애자 당사자들에게 은혜를 갚고 싶다고 생각해서 레즈비언의 의뢰를 흔쾌히 승낙했다고 말했다. LOUD는 현재도 존속하고 있다(대표는 오에 치즈카大江千束). '레즈비언 소설 번역 워크숍' 설립 경위에 대해서는 잡지 『번역의 세계翻訳の世界』 1996년 7월호 26쪽을 참조하라. 지금까지 그다지 다루어지지 않았던 1990년대 레즈비언&게이 커뮤니티에서 이들 이성애 여성들의 공헌을 포함하여 『BL진화론』을 쓰는 것은 이 책의 사명 중 하나이다.

2 —— 또 게이 잡지 『Badi』 편집부 방문의 취재 VTR에서는 편집장(당시)이었던 무라카미 히로시村上ひろし(보론2에서 분석하는 영화 「첫사랑」의 공동 주연 배우와 동일 인물)라는, 작은 체구에 귀여운 인상을 주는 일반적인 의미에서 '남성적'인 규범에 들어맞는 게이 남성이 등장하지만, 출연자들이 나란히 토크를 펼치는 장면에서 게이를 대표하고 있는 것은 여장 모습의 부르본느뿐이다. 이것은 민간방송도 포함한 오늘날 지상파 TV프로그램에서는 여장 혹은 말투와 몸짓이 여성적인 소위 '오네에オネエ'가 아닌 '남성적인 게이 남성'이 등장하지 않는다는 암묵의 자주규제를 준수하고 있다고도 볼 수 있다. 하지만 VTR 취재 중에 폭소 문제의 타나카田中와 잘 어울린다는 의미의 말을 들은 무라카미가 "전혀 끌리지 않는데요"라고 게이 측에서 거절하는 발언을 방송한 것을 보면 오히려 지상파 프로그램으로서 최대한의 도전을 과감하게 시도한 연출로 평가해야 할 것이다.

3 —— 일본인 게이 당사자 최초의 '게이에 대한 평론서'라고 말할 수 있는 후시

미의 데뷔작 『프라이빗 게이 라이프 — 포스트연애론プライベート・ゲイ・ライフ—ポスト恋愛論』(1991) 자체가 '게이 붐' 속에서 여성 독자를 획득할 수 있다고 상정하여 간행되었을 가능성도 있다.

4 ——— 자세한 사항은 조형 작가, 에세이 작가, 번역가로 신주쿠 3번가에 있는 바 '탁스놋タックスノット'을 1982년부터 운영한 오츠카 타카시大塚隆史의 『니쵸메에서 비늘二丁目からのウロコ』을 참조할 것.

5 ——— PC통신에 대해 여기서 최저한도의 해설을 해두겠다. 현재 인터넷 게시판에서 나누는 '대화'를 서로 닉네임을 사용해서 나누는 것은 비슷하지만 시스템 면에서는 유저의 컴퓨터를 모뎀에 접속, 모뎀이 호스트(UC-GALOP에서는 부르와 마코토 자택에 설치된 하드디스크에 접속된 모뎀)에 전화를 걸어 연결되면 유저의 컴퓨터에 'UC-GALOP'의 화면이 나타난다. 여기서 가고 싶은 '대화방'에 들어가면 이전 로그인했을 때 이후의 '대화'가 문자만으로 표시된다. 접속시간(=전화요금)을 절약하기 위해서 목적의 '대화방' 대화 기록을 다운로드하고 일단 접속을 해제한다. 오프라인으로 자신의 코멘트를 쓴 다음에 다시 전화를 걸어서 로그인하고 코멘트를 복사해서 붙여 '방'에 올린다(그렇기 때문에 로그아웃 후 새로운 대화가 있는 경우 바로 앞의 대화 내용에는 대응하지 못했다는 사실을 온라인에서 알리는 일도 있다). 주목해야 할 것은 당시 PC통신의 호스트가 되기 위해서는 상당히 고도의 기술, 능력과 경제력이 필요했다는 점으로, 그런 의미에서도 부르와 마코토는 LGBT 커뮤니티에 크게 공헌했다.

6 ——— '아카'는 '일어난다, 생각이 떠오른다'는 의미의 영어 'occur'에서 가져온 것이다.

7 ——— 이 변호사의 발언이 소개된 다음 책에는 '후추 청년의 집 사건' 재판의 경위도 기록되어 있다. 『섹슈얼 마이너리티 — 동성애, 성동일성 장애, 인터섹스의 당사자가 말하는 인간의 다양한 성セクシュアルマイノリティ—同性愛・性同一性障害・インターセックスの当事者が語る人間の多様な性』[섹슈얼 마이너리티 교직원 네트워크 편저セクシュアルマイノリティ教職員ネットワーク編著(2003):162-171].

8 ——— 2014년 5월 7일 개인적 이메일에서 오랜 기간에 걸쳐 단편적으로 듣고 있던 정보를 확인했다.

9 ——— 사토가 「야오이 같은 건 죽어버리면 좋겠다」를 썼던 동기가 미소지니(여성 혐오)에서 오는 것이 아니라는 점에 대해서까지 올바르게 짚으면서 다루고 있는 논문으로서는 문화인류학자 빔 런싱Wim Lunsing의 「야오이 논쟁: 일본의 소녀만화, 게이

만화, 게이 포르노에서 남성 동성애의 묘사를 고찰한다」는 제목의 2006년의 영어 논문도 있다. 다만 런싱은 사토가 '야오이 논쟁'을 친구 이로카와 나호가 부추겨서 시작했다고 쓰고 있다. 실제로는 본문에서도 서술한 바처럼 이로카와가 사토에게 한 제안은 『CHOISIR』에 투고하라는 것으로, 야오이를 테마로 고른 것은 사토 자신이다. '투고하라고 부추겨진' 결과 '야오이 논쟁이 시작되었다'가 사실이긴 해도 야오이라는 테마를 고르고 논쟁을 기획, 의도한 이가 이로카와인 듯 서술하는 것은 '야오이 논쟁'의 실상을 언급할 때 치명적인 오보라고 할 수 있기 때문에 안타깝다[런싱(2006) 〔온라인 PDF판이기 때문에 페이지 번호가 없다. 이로카와와 사토의 부분은 26단락)].

10 ──── 일본의 주류 상업영화 감독으로서 유일한 오픈리 게이인 하시구치 료스케가 데뷔작 「스무 살의 미열」에서 게이라는 사실을 커밍아웃한 것은 1993년이며, 하시구치가 『JUNE』 잡지에서 긴 인터뷰로 등장하여 많은 (광의의) BL 애호가에게 알려지게 되었다고 생각되는 때는 같은 해 11월호이다.

11 ──── 이 세 사람은 이듬해인 1997년 '게이 스터디즈의 가능성과 그 범위(사정)를 제시하는 일본 최초의 책'이라고 야심차게 선언한 『게이 스터디즈ゲイ・スタディーズ』를 공저로서 출판했다.

12 ──── 또 하나 포인트로, BL 애호가 여성의 다수가 '호모' '게이' '리얼 게이'라는 용어를 다양한 모드에서 사용하고 있다는 사실을 이시다가 인식하지 못한 가능성도 생각할 수 있다. 나의 BL 애호가 친구(이성애 여성)의 사례를 들자면 이하 네 종류의 언동이 동일 인물의 것이라는 사실은 흔히 있는 일이다.

(1) 트위터 등에서 '요즘 내가 좋아하는 BL적 모에가 있는 이야기를 그다지 만나지 못해서 심심하다'라는 사실의 표명으로서 '호모를 주세요…'라고 중얼거리는 것.

(2) '게이라든지 레즈비언이라든지 섹슈얼리티에 의한 차별이나 편견이 있으면 안 되는 건 당연하지'라 말하면서 레인보우(퀴어) 퍼레이드에 나가 함께 참가하는 것.

(3) 마초적인 그림체의 BL 만화를 좋아하는 감정을 투영해 퍼레이드에서 본 '형님들'에게 환호성을 올리는 것.

(4) 어떤 BL 작품에 대해서 '너무 리얼해서 모에하기 힘들어'라고 신랄하게 투덜거리는 것.

이 BL 애호가 여성은 '리얼 게이에게 흥미 없음'이라고는 말하지 않지만 그녀의 (1)과 (4)의 장면만을 보면 '이 사람도 현실의 게이에는 흥미가 없겠지'라고 판단될 가능성이 있다. 만약 그렇다고 한다면 BL 애호가 여성의 다면성에 대한 인식이 부족한 것이다.

13 ────── 시노다의 이 발언은 번역가 카키누마 에이코의 제안으로 카키누마와 시노다, 나 세 사람이 2001년에 만든 『야오이의 법칙YAOIの法則』이라는 동인지 좌담회에서 이루어진 것이다. 『야오이의 법칙』 발행자명은 '세 명의 숙녀三人淑女'. 표지 일러스트는 BL 만화가 모토하시 케이코本橋馨子[세 명의 숙녀(2001년) : 66].

14 ────── 미우라 시온의 개인적 이메일에서(2007년 6월 15일). 또, 미우라와의 대담에서 사회학자 카네다 준코金田淳子는 이 문제에 대해 다음과 같은 지적을 했다. "나도 요점은 너만을 좋아한다 말하고 있다고 호의적으로 보고 싶지만, 게이 차별은 역시 안 된다고 생각해요. 남녀물로 바꾸어 보면 '나는 헤테로가 아니야, 하지만 네가 좋아!'가 되는 걸까? 의미를 알 수 없어요(웃음)"[미우라&카네다(2007) : 17].

15 ────── 예를 들면 하기오 모토의 『토마의 심장』은 독자 앙케트의 결과가 나빠서 바로 연재를 그만두라는 남성 편집자들과 '편집과 숨은 꼬리잡기'를 하며 간신히 33회 최종회까지 끌고 간 '시련'에 대해서, '유연하게, 강인하게'라는 제목으로 만화잡지 『그레이프 프루츠グレープフルーツ』에 1981년 게재된 에세이에서 서술하고 있다(서지정보는 에세이집에서). 또 타케미야 케이코와 오랫동안 공동제작을 해온 소설가이자 음악평론가인 마스야마 노리에는 영상문화론 연구자 이시다 미키와의 대담「소녀만화에서 '소년애'의 배후 조종자少女マンガにおける'少年愛'の仕掛け人」에서 1970년대 당시 그녀들이 남성 편집자들과 어떻게 싸워서 소녀가 아니라 소년이 주인공인 작품을 게재하는 데까지 간신히 도달했는가, 그 싸움 속에 남성 작가보다 낮게 설정되어 있던 인세 비율과 원고료를 남성과 동등하게 한다는 요구 등도 있었던 사실을 말하고 있다[하기오(1998) : 17-26][이시다 미키(2008) : 294-324].

제4장

이 장 논의의 일부는 「미조구치(2010)」 및 「Mizoguchi(2010)」가 출처이다.

또 이 장의 파스티슈pastiche에 대한 논의와 『섹스 피스톨즈Sex Pistols』의 분석은 「메카데미아 인 서울 콘퍼런스Mechademia in Seoul Conference」(2012년 11월 29일-12월 3일)에서 「로맨스, 생식, 그리고 쾌락: 최근의 소녀만화와 야오이/보이즈 러브 작품에서」라는 영어 패널의 연구 발표가 출처이다. 이 학회 참가는 2012년 타케무라 카즈코 페미니즘 기금竹村和子フェミニズム基金을 통해 가능했다. 기금, 그리고 공동발표자였던 호리 히카리堀ひかり와 김효진에게 감사를 전한다.

1 ──── '동성애 혐오'와 '여성 혐오'의 '혐오'라는 용어에 대해서 '그렇지 않다'고 반론하는 BL 애호가가 많을지도 모르지만 이것은 'BL 애호가가 자각적으로 여성과 게이를 혐오하고 있다'는 차원의 이야기가 아니다. 제2장에서 BL의 정형을 분석했던 것처럼 가부장제와 이성애 규범에 억압된 여성성에서 자유로워져서 미남 캐릭터에 자신을 기탁하여 러브와 라이프를 구가하는 텍스트를 즐기고 싶다는 욕망, 그리고 미남 캐릭터들이 동성이라는 장애물을 넘어서는 것이 기적의 연애의 증명이라는 정형 표현 등이 미소지니와 호모포비아의 증상이고 반영이라는 의미다.

2 ──── 제1장에서 서술한 것에 덧붙이자면 요시나가의 BL장르 이외의 작품(『어제 뭐 먹었어?』『오오쿠』등)에 대해 게이 캐릭터가 나오기 때문이라든지 남성 간의 섹슈얼한 관계가 있기 때문에 'BL이다'라고 부르는 사람이 아무리 증가한다고 해도, 이 책에서는 BL과 다르다고 구별하는 이유는 여기에 있다. 『1교시는 활기찬 민법』의 사례가 보여주듯이 BL과 다른 장르를 넘나들며 활동하는 작가는 BL장르의 전제를 훌륭히 소화해내며 의식적으로 나누어 그린다고 생각되는 사람이 많다. 그렇다면 '일반인'이 '보이즈'의 '러브'에 포함된다고 생각하기 쉬운 게이 캐릭터와 남성 간의 성행위가 있는 작품을 이것도 저것도 BL이라고 불러버리는 것은 첫째, 각각 작품을 비평·분석함에 있어 부적절하다. 둘째, 그 행위는 표면적으로 BL의 도판을 확대하는 행위 같지만 근원적으로는 BL의 존재의의(와 BL을 필요로 하는 여성들)를 부정하는 의식과 연결되어 있다.

3 ──── 생식에 대해 일본어에서 보통 동물에게 사용하는 '암컷' '수컷' '씨받이/브리링(마마)'이라는 어휘와 '네가 내 아이를 밴다' '몸을 섞는'이라는 일반적으로 저속한 어휘, 나아가 '자식을 점지받다' '대가 끊기는 건 피하지 않으면'이란 시대극 같은 어휘를 섞어 언급되기 때문에 독자로서는 실생활에서 자신을 포함한 누군가의 임신, 출산에 대해서 말하는 모드와는 다른 모드로 캐릭터들의 생식을 생각하거나 말할 수 있다. 또 '반류'는 수면시나 동요했을 때에는 유전자가 보여주는 형태가 육체를 넘어서 시각화되며, 이 현상을 '혼현'이라 부른다는 설정이다. 따라서 쿠니마사는 표범, 노리오는 긴 털을 지닌 작은 고양이, 그 외에도 늑대와 아키타 개로 모습을 바꾸는 캐릭터도 있고 비주얼 면에서는 '동물물'적인 화면이 될 때가 있는 것도 『섹스 피스톨즈』의 중요한 매력 요소이다.

4 ──── 4권에서는 마키오를 아버지, 카렌을 어머니로 하는 아이들이 시노부와

마나미로 되어 있지만 6권에서 시노부는 쿠니미츠를 아버지, 카렌을 어머니로 한다고 변경되어 있다. 마키오가 아버지의 애인을 '약탈한' 설정은 변하지 않았다고 해도 6권부터 전개하고 있는 시노부 이야기의 전개에 따라서는 앞으로 반류의 권력자로 설명된 쿠니미츠의 존재감이 이야기 세계 안에서 마키오와 카렌을 능가할 가능성은 있다.

5 ── 마츠오카 나츠키는 프로 테니스 선수나 석유굴착 기술자의 온천 굴착, 역사물 같이 일반적인 일본인 여성에게 일상적이지 않은 설정을 사용하는, 스케일이 큰 BL 소설가 중 제1인자이다. 조사의 엄밀함도 출중하다. 예를 들어 『플래쉬 & 블러드FLESH & BLOOD』 1권 후기에는 '플리머스 호 언덕plymouth hoe에서 드레이크가 즐긴다는 볼링'이 나인핀 게임nine pins인지 론 볼lawn bowls인지 조사하기 위해 여러 개의 외국문헌을 찾아보았지만 'bowls'라는 문자만 나왔을 뿐 아무런 해결도 되지 못해서 결국 나인핀 게임 설을 사용하기로 했다고 쓰여 있다[마츠오카(2001) : 295-296].

6 ── 또 이 역할들이 맡겨진 시미즈라는 캐릭터가 이 작품 안에서 가장 편리한 장기말처럼 느껴지는 것은 부정할 수 없다.

7 ── 나오키의 등장 작품은 만화 『태양 아래에서 웃어라』(야마다 유기, 1999) 『작은 창 너머의 하늘小さなガラスの空』(2000) 등. 카자마키의 등장 작품은 「베이 시티 블루스」 시리즈(칸자키 류토[하루코], 1992-1999). 리얼하게 느껴지는 게이 캐릭터인 나오키가 독자에게 받아들여진 이유로는 고등학교의 사이좋은 3인조 중에서 주역이 바뀌는 단편을 쌓아가는 방식으로 이야기되는 형식이었던 점을 들 수 있다. 「베이 시티 블루스」에 대해서는 각 화의 사건마다 카자마키의 연인인 쇼고翔吾가 범인 쪽에 납치 감금된다는 포맷으로 농밀한 SM플레이가 그려지기 때문에, 카자마키의 설정에 리얼한 게이다움이 있다고 해도 이야기 세계 자체가 독자의 머릿속에서 현실감을 가지고 자리 잡기 어렵다고 할 수 있다.

8 ── 물론 선이 가는 중성적인 미소년이 자기 취향이라는 게이 남성도 있지만 소수파이다. 게이 남성의 욕정 대상을 굳이 하나의 용어로 표현한다면 '남성성'일 것이다.

9 ── 작품 세계에서 한 발 떨어져 현실적으로 생각하면 스스로 게이라고 깨닫고 고민할 때 그걸 가장 먼저 양친에게 상담하는 사람은 적을 것으로 생각되지만, 작품 세계 안에서는 그것이 전혀 신경 쓰이지 않는다는 점이 설득력이 있다.

10 ── 또 질베르가 아편에 중독되어 마차에 치여 사망하고, 남겨진 세르쥬는 이성애자인 자작子爵으로 살아가는 것이 암시되는 『바람과 나무의 시』의 결말에 크게

슬픔을 느꼈지만 그렇다고 해서 작가 타케미야 케이코에게 동성애자에 대한 성실한 상상력이 결여되어 있다고 비판하고 싶은 것은 전혀 아니다. 오히려 국어사전에 '동성애'를 찾으면 '이상성욕'이라 기재되어 있었고, 도서관에서 '동성애' '게이' '레즈비언'으로 검색해서 나오는 서적은 정신병 관련 서적뿐이며, 예능계 매스미디어가 가수 사하라 나오미와 탤런트 캣시의 '레즈' 의혹(1980)과 미남 배우 오키 마사야의 투신자살 후에 커밍아웃한 양부와의 '호모' 관계를 흥밋거리로 보도(1983)하던 시대에, 동성애와 이성애 사이에서 흔들리는 미소년 캐릭터들의 복잡하고 중층적인 심리와 한정된 기간 동안이라고는 해도 동성의 연인으로서의 행복을 그린 '미소년 만화' 작가들의 세간 일반의 호모포비아에서 자유로운 상상력에는 최대한의 경의를 표해도 부족하다. 또 질베르의 최후에 대해서 슬프다고 생각하는 감정은 사라지지 않는다고는 해도, 그의 삶의 내력도 정중하게 그려져 있기 때문에 그가 게이의 근로 청년이 되어 세르쥬와 평생을 같이한다는 전개가 불가능하다는 사실도 독자로서 이해하고 있다. 프롤로그에서도 서술했던 것처럼 내가 세간의 호모포비아를 그다지 내면화하는 일 없이, 자신이 레즈비언이라는 사실을 인정할 수 있었던 ─ 레즈비언이 될 수 있었다 ─ 것은 '미소년 만화' 덕분으로, 같은 세대의 여러 레즈비언과 게이에게도 이 경험은 공유되어 있다는 점을 확인하였다.

11 ─── 레즈비언 커플의 아이를 가지고 싶다, 둘이서 키우고 싶다는 소망과 장래의 전망이 서술되어 있는 서적으로는 2013년 3월에 도쿄 디즈니랜드에서 결혼식을 올려서 널리 보도된 히가시 코유키東小雪와 마스하라 유코增原裕子의 『두 사람의 엄마로부터 너희들에게二人のママから、きみたちへ』가 있다[히가시&마스하라(2013)].

12 ─── 덧붙여 아즈마가 부재인 동안 쿠가야마는 신주쿠 니쵸메에서 유혹한 남자를 '니시신주쿠에 있는 비싸 보이는 호텔'에 데려가지만, 하룻밤 상대를 위해 고급호텔을 이용하는 것은 실제 게이 남성의 행동으로서는 생각하기 어렵다. 이는 물론 여성 독자의 만약 자신이 유혹당했다면… 이라는 소망을 반영하고 있을 것이다. 그러나 이것은 이 작품의 약점이 아니다. 왜냐면 이 작품은 BL이니까. 어디까지나 여성 애호가들이 자신의 대리인인 미남 캐릭터를 통해서 "만약 내가 게이였다면 어떻게 했을까, 하고 싶은가"를 상상하여 묘사하고 읽는 것으로 의사 체험하는 워크숍 같은 장이 진화형 BL 작품이다. 그녀들이 장래에 현실의 게이(와 레즈비언)에 대해서 호모포빅하지 않은 태도를 취하는 것으로 연결될 수 있다는 의미에서 진화형 BL은 현실에 접속하고 있지만, 그 프로세스에서 실제 일본인 게이 남성의 유혹 후 섹스 장소를 충실하

게 표상할 필요는 없다.

13 ──── 본편은 2013년에 완결되었지만 번외편은 계속 진행 중이다.

14 ──── 애초부터 히로시에게 변호사 마사미와 상담하라고 소개한 것은 마사미의 변호로 부당하게 유죄가 되지 않고 넘어간, 지역의 소바집 2대 신이치真一이다. 히로시는 장남과의 재판에 이긴 후 상속 수속이 무사하게 끝난 타이밍에 마사미들을 초대해서 뒤풀이를 이 소바집에서 한다. 신이치는 논케 캐릭터이지만 그가 히로시와 선대의 동성애 관계를 알고서도 히로시를 응원하고 있다는 사실이 아무렇지도 않게 묘사되는 것도 중요하다.

15 ──── 원래 몸은 남성이지만 성자인性自認(마음의 성별)이 여성인 MTF(Male To Female)의 성동일성 장애라는 사실을 공표하고 있는 예능인은 카루셀 마키カルーセル麻紀, 하루나 아이はるな愛, 나아가 젊은 세대의 츠바키 아야나椿姬彩菜와 사토 카요佐藤かよ 등 그 사실을 숨기고 있으면 '아름다운 여성'으로 통용되는 외모인 사람들뿐이다. 하지만 실제로는 키리노처럼 여성호르몬을 투여한다고 해도 여성으로서 통용될 수 없는 골격의 사람도 적지 않다. 그 사실과, 경제적 부담과 건강 리스크도 고려하여 여성화 치료를 선택하지 않고 나름대로의 타협점을 찾아 살아가는 MTF 당사자도 많다. 내 지인 중에도 다양한 사례가 있다. 수염과 가슴털 같은 것은 레이저 제모를 하지만 '여성적인 남성(소위 '페미남')'으로 직업 등 사회생활을 영위하고, 사생활에선 빈번하게 여장을 하고 여장이 좋은 남성들과 만나는 것으로 정신적 밸런스를 유지하고 있는 사람('여자로 취급되는 시간이 있는 것으로 구원받는다. 특히 섹스에서'), 제모는 하고 있지만 여장은 하지 않고 '체모가 옅은 남성'으로서 살아가며, 인터넷상에 '방탕한 이성애 여성' 인격으로서 매일 발언하고 있는 사람. '옅은 체모에 피부가 깨끗한 젊은 남자'로서 자신은 견딜 수 있지만, 앞으로 나이가 들어 '아저씨화'했을 때 어떻게 될지 자신이 없다, 하지만 그렇게 된다면 여성화 치료를 받으면서까지 절대로 '아저씨'가 아니라 '아줌마'가 되고 싶은지까지는 잘 모르겠다는 불안감을 말하는 사람도 있다(성별적합수술─성기의 형상을 여성에 가깝게 하는 수술─은 착의 상태에서 외양적으로 여성으로 통용하는가 아닌가는 관계없기 때문에 여기서는 고려하지 않았지만 물론 수술의 부담과 리스크는 매우 크다). 또 남성이 여장을 하고 있는 사실을 들켜도 '여장 오빠女裝のお兄さん'가 아니라 '남자 언니男のお姐ちゃん'로 취급되는, 과정으로서가 아닌 '여자 취급'에 대해서는 성사회사 연구자 미하시 준코三橋順子의 자서전적 내용을 포함하는 『여장과 일본인女裝と日本人』이 있다.

16 ──── 유메노는 미시마가 남자임을 알면서도 좋아하지만 꿈속에 나오는 미시마의 나체에는 '자지'도 '젖가슴'도 달려있지 않았기 때문에, 실제로 페니스를 보고 '다르다' 생각하고 말았다고 키리노에게 설명한다. 이야기 세계 속에서 '바보'인 유메노이므로 고심해서 결론에 달하는 데 1년 이상 시간이 걸린 것, 유메노의 모친이 '좋아하게 되는데 성별이 관계있다는 건 아까워'라고 동성인 미시마와 연애 관계가 되길 부추기는 듯한 발언을 하는 등 독자로서는 왠지 납득하게 되지만, 이 유메노의 전개는 이 작품에서 유일한 BL 정형(논케가 게이가 된다)이라고 할 수 있다.

17 ──── 『「동급생」「졸업생」 공식 팬북 ─ 졸업앨범同級生 卒業生 公式ファンブック─卒業アルバム』(나카무라 아스미코, 2011)은 B5판 132페이지 하드커버, 절반 정도가 컬러 페이지이며 세금 불포함 2,286엔의 호화본이다. <나카무라 아스미코의「동급생」시리즈 원화전 '졸업식'>은 2014년 2월 19일부터 26일까지 '331 Arts Chiyoda B104'에서 개최되었다. 토크쇼의 당첨률은 원화전 공식 트위터(@asmk_gengaten) 2014년 1월 29일자로 올라온 응모용지 다발 사진에서 추측.

18 ──── 다만 나카무라는 '소위 소녀만화적 그림체'로 부르기에는 조금 개성적이긴 하지만 매우 눈이 크고 귀여운, 탐미성을 확보한 그림체의 작품도 발표하고 있다. 『멜로디』에 연재된「철도 순정만화鉄道少女漫画」(2011) 등.

19 ──── 물론 유혹하는 시점에서 하라는 상대가 자신이 근무하는 고등학교의 신입생이라고는 꿈에도 생각하고 있지 않다. 소라노가 연령보다 키가 크고 패션에도 흥미가 있어 사복이 패셔너블하다는 설정으로 게이 바 장면에서도 너무 어려서 혼자 붕떠 있지는 않기 때문에, 이야기 세계 속에서 하라가 소라노를 성인이라 생각해서 유혹해도 당연하다는 설명은 되어 있다. …그렇지만 한 발, 작품 세계에서 거리를 두고 현실적으로 생각하면 10대에 니쵸메에 데뷔한 37세의 게이인 하라가 15세 남자의 맨살을 가까이서 보면서도 상대가 20세 이상이라 믿어버리는 것은 있을 법하다고 생각되지 않는다.

20 ──── 2013년 7월 5일 타마미술대학 미술학부 예술학과 영상문화설계 세미나多摩美術大学美術学部芸術学科·映像文化設計ゼミ 주최 특별강의「젠더, 섹슈얼리티와 만화표현 게스트: 만화가 나카무라 아스미코ジェンダー、セクシュアリティと漫画表現 ゲスト：漫画家 中村明日美子」에서의 발언. 이 특별강의를 내가 담당하는「영상과 신체: 젠더문화론映像と身体：ジェンダー文化論」과 합동기획으로서 운영해준 니시지마 노리오西嶋憲生 교수와 예술학과의 모든 분들에게는 별도로 표기하여 감사하고 싶다.

21 ─── 또 BL의 정형을 채용하지 않고 리얼하게 숨을 불어넣은 다양한 게이 캐릭터가 거의 현실에 있을 법한 범위의 행동만을 취하는 BL 소설은 없는 것 같다. 그 이유로서는 내용적으로 동성애자의 인권옹호라는 사회파적인 내용을 묘사하고 있어도, 그림의 매력으로 독자를 끌어들이기 쉬운 만화와 달리 일러스트가 붙어 있어도 소설 쪽이 지나치게 사실적으로 느껴져서 엔터테인먼트 장르에는 적합하지 않기 때문일 것이다. 그런 의미에서 외견으로는 인간과 구분이 되지 않는 '요괴인간妖人'에 대한 인간의 차별에 현실 사회의 동성애자 차별 문제를 투영하고 있다고도 해석할 수 있는 에다 유우리榎田ュゥリ의 라이트노벨『요기암야화 ─ 인간이 아닌 탐정妖気庵夜話-その探偵, 人にあらず』(2009)은 BL 소설가 에다 유우리榎田尤利가 BL이 아닌 라이트노벨 작가 에다 유우리榎田ュゥリ로서 발표한 'BL진화형 작품'이라고 간주해도 그다지 틀리지 않을 것이다.

22 ─── 모리 마리에서 시작된 광의의 BL이 탄생한 지 반세기 이상이 경과했는데 광의의 BL이 일본 사회에 끼친 영향은 어떠한 것일까. 커다란 질문이므로 상세한 검토는 다른 기회에 해야겠지만, 사춘기에 '미소년 만화'를 읽고 여러 명의 레즈비언과 게이가(필자를 포함하여) 세간 일반의 호모포비아에도 불구하고 자신이 동성애자라는 사실을 받아들일 수 있었다고 말하는 것 외에도 활자로 된 두 가지 사례를 들어두겠다. 우선 게이이자 작가 후시미 노리아키는『퀴어 파라다이스』(1996)에 수록된 번역가 카키누마 에이코와의 대담에서 '나에게 취재로 오는 편집자나 작가는 대체로 여성인데 그녀들은 대부분이라고 말해도 좋을 정도로『포의 일족』이라든지『바람과 나무의 시』를 읽고 영향을 받고 있단 말이죠. 그 층의 두터움을 생각하면 대단한 파워지요[후시미(1996) : 264]'. 즉 BL의 선조인 '미소년 만화'에 영향을 받았기 때문에 실제 게이에게도 흥미를 가지고 게이 작가인 후시미를 취재하러 온 여성 작가와 편집자가 상당수 있었다는 사실이다. 바꿔 말해 '미소년 만화'가 없었다면 후시미를 필두로 하는 실제 일본인 게이에 대한 기사가 미디어에서 상당히 줄었을 거라고 간주할 수 있다. 또 다른 사례로, 남성으로서 여성과 결혼한 후에 배우자에게 MTF(남성에서 여성으로) 트렌스젠더라고 커밍아웃한 사쿠라 토모미佐倉智美(1964년생)는 자전적 저작『성동일성 장애는 재미있다 ─ 성별은 바꿀 수 있어性同一性障害はオモシロイ-性別って変えられるんだョ』속에서 아내에 대해 이렇게 서술하고 있다. "우선 기본적으로 진보적인 사고를 할 수 있고 기존의 '남자다움' '여자다움'에 사로잡히지 않는 사람이다. 그렇기 때문에 두 사람의 결혼생활의 콘셉트도 각각 독립된 개인으로서의 인격을 존중하면서 남녀평등한

상호협력에 기반한 공동생활이었다. 부부별성夫婦別姓을 바라고 가사를 반반씩 분담하며 가계 관리도 명쾌한 그곳에는 더 이상 종래의 '남자' '여자'는 원래 없었다고 말할 수 있을지도 모른다. 또 그녀는 원래 기본적인 젠더 문제는 물론 성전환, 트랜스젠더리즘, 또는 그 인접분야, 즉 여장과 동성애 등에도 왠지 흥미와 관심이 높고 조예가 깊었다.(…) 젊었을 때는 미소년의 동성애를 다룬 잡지를 매호 빼놓지 않고 샀던 것 같고, 이 부분은 현재 '수수께끼'로 되어 있는 부분도 많아서 그녀의 역 커밍아웃을 기다리고 싶다[사쿠라(1999) : 86]". 여기에서 '미소년의 동성애를 다룬 잡지'란 연대적으로 말하자면 『JUNE』일 가능성이 높다.

제5장

이 장 논의의 일부는 「미조구치(2010)」가 출처이다.

1 ── 최근의 BL 만화의 가이드북에서는 2012년 발매한 주요 BL코믹스 작가로 184명을 들고 있다[NEXT 편집부편(2010) : 136-141]. BL 소설의 가이드북에서는 151명의 소설가를 들고 있다[잣쇼샤 편집부편雜草社編集部編(2003) : 176-177]. 양쪽 모두 프로 BL 작가를 망라한 리스트는 아니고 다루어지는 작가가 전업 작가뿐이라 한정할 수 없으며, 다른 장르에서도 활동하고 있는 작가도 포함하고 있지만 대략적인 기준으로서 들어둔다.

2 ── 복각판에는 후기가 수록되어 있지 않다.

3 ── 또 1990년대부터 PC로 인터넷을 이용하기 시작했던 우리들과는 다르게, 보다 최근 특히 처음부터 스마트폰으로 트위터나 픽시브pixiv 등을 내부자의 감각으로 사용하는 젊은 세대의 BL 애호가는 이벤트에서 프로 작가를 '만난' 경험이 거의 없더라도 처음부터 인터넷상에서 편히 말을 거는 사례도 보이는 듯하다. 이 장에서 서술하고 있는 커뮤니티 의식은 진화한 BL 작품을 기른 토양을 고찰하는 것으로 앞으로 변화할 가능성이 있다는 사실에 대해 미리 양해를 구한다.

4 ── 이 과도기에서 몇 개 랜덤으로 예를 들자면 스가 쿠니히코須賀邦彥의 1993년 만화 단행본 『자청색 깃발 아래① 紫紺の旗の下に①』의 책날개에는 스가의 생년월일, 혈액형, 그리고 취미가 기재되어 있지만 미니 코멘트는 없다. 페이지 오른쪽 위 8분의 1정도의 작은 공간에 기재된 손글씨 후기는, 우선 그 레이아웃이 오늘날의 동인지에는 보이지만 BL 상업지의 코믹스에서는 보이지 않는 것이다. 또 1인칭으로 본편

의 모티브인 남성 응원단에 대해서 일반적으로 여성은 무섭거나 더럽다고 생각하기 쉬운데, 그런 측면도 부정할 수 없지만 멋지기 때문에 한번 봐주길 바란다고 말을 거는 후기 내용은 최근 BL의 후기와 비슷하나 그 말투는 최근의 것보다 훨씬 정중하다. 코다카 카즈마의 『KIZUNA 키즈나』 1992년 발행의 제1책날개에는 미니 코멘트는 없고 3인칭으로 적혀진 코다카의 바이오그래피가 게재되어 있다. 후기에서 같은 작품의 드라마 CD에 원작자로서뿐만 아니라 어떻게 관계했는가를 쓰는 코다카의 말투도 정중하다. 1994년 발행의 제2권부터 책날개에 코다카의 미니 코멘트가 게재되었고 후기의 말투도 훨씬 친근해졌다. 1998년 제4권부터는 후기가 에세이 코믹 형식을 취하게 되고 제5권부터는 담당 편집자인 I 모토와의 유머러스한 대화 ― 종종 그녀가 어떠한 캐릭터와 관계성에 대한 이야기를 좋아하는가, I 모토의 '기호/지향'에 관한 것 ― 가 전개된다. 이후에 BL 작가로서도 활약한 칸자키 하루코가 '탐미소설' 범주로 출판한 1992-94년 작품은 하드커버로, 미니 코멘트도 후기도 없고 순문학의 하드커버와 같은 형태로 되어 있다. 같은 칸자키의 1995년 BL 단행본에는 미니 코멘트도 후기도 게재되어 있다.

5 ─── 게이 활동가 이토 사토루伊藤悟는 '성적 지향'이 종종 '성적 기호'로 오기되는 이유는 "(…)사회 안에서 동성을 좋아하는가 이성을 좋아하는가는 제멋대로 개인이 선택하는 취미 같은 것으로, 사회 규범에 비추어 그만둘 수 있으면 그만두는 게 좋은 '기분 나쁜 것'이라는 인식이 있기" 때문이라고 지적한다[이토&토라이伊藤&虎井 (2002) : 183]. BL장르에서는 원래 이성애자였던 캐릭터가 동성과 성애 관계를 갖는 것에 대해서 '싫어지면 언제라도 이성애자로 돌아갈 수 있다'는 '자기결정권의 판타지'가 있기 때문에 '지향'이 아니라 '기호'를 사용하고 있을 가능성이 있고, 그런 의미에서는 이토가 지적하는 오해와 편견과 공명하고 있다(단순히 '기호'와 '지향'의 구별을 의식하지 않을 뿐인 BL 애호가도 있다고 생각되지만). 제4장에서 본 것처럼 진화한 BL 작품 안에는 '기호/지향'의 혼동에 주인공이 경종을 울리는 것도 있다. BL장르뿐 아니라 BL 애호가의 성실한 상상력이 모든 장르의 창작자를 자극하여 최종적으로는 사회 전체의 성을 둘러싼 의식을 리드해 나가야 한다고 믿는 『BL진화론』의 입장에서 본다면, 앞으로는 '기호'와 '지향'이 문맥에 따라 바르게 나뉘어 사용되어야 한다고 생각한다.

6 ─── MUD는 멀티유저 도메인으로도 불리지만 1970년대부터 1980년대에 유행한 던전&드래곤즈의 계보에 있으므로 멀티유저 던전으로 부르는 쪽이 적절하다는 것이 터클의 견해이다. MUSE, MOO, MUSH 등 다른 소프트웨어를 사용한 버추얼 스

페이스가 1995년 당시 수백 개 존재했고 수십만 명이 참가하고 있었다. 유저는 각각 핸들네임(닉네임)을 사용했고 일부에서는 아이콘을 사용하는 곳도 있었지만 대부분이 텍스트만으로 자신의 캐릭터 설정을 설명하며 그 캐릭터로 가상공간 내에서 발신하고 행동한다. 특정한 상대에게 속삭이는 것도 가능하다. 따라서 두 사람의 유저 사이 인터넷 섹스란 일종의 공동 집필 소설이기도 하다[터클(1995) : 11&12].

7 ── 이 질문을 솔직히 던져준 호리 히카리를 특별히 기록하여 감사하고 싶다. 또 호리는 2012년에 「여기에는 없는 장소에서 본 복수의 풍경 ─ 요시나가 후미의 『오오쿠』의 여장군들과 일본의 대중문화에서 그녀들의 선구자」라는 제목의 영어 논문을 발표하였고 『그 사람과 여기서만의 수다』에서 요시나가와 미우라 시온의 대담을 인용하고 있다[Hori (2012)].

8 ── 정신분석용어로서의 팔루스 개념에 관련한 최근의 논의 중에서도 페미니스트 사상가이자 퀴어 이론가, 정치 사상가이기도 한 주디스 버틀러의 '레즈비언 팔루스' 개념과 페미니스트 영화 연구자이자 퀴어 이론가인 테레사 드 로레티스의 '페티시' 개념은 BL과 관련하여 중요하다 생각되지만 상세한 검토는 앞으로의 과제로 하고자 한다.

9 ── 내가 BL 애호가들을 레즈비언이라는 개념으로 바라보게 된 계기는 쿠리하라 치요가 1993년이라는 이른 단계의 논문에서 2차 창작의 BL 동인지(쿠리하라의 용어로는 야오이 동인지) 활동에 열중하는 '야오이 소녀들'은 '페미니즘이 주장하는 (시스터후드sisterhood)와 흡사하고' '하고 있는 일은 세퍼레이트 레즈비언separate lesbian(남자와 분리한 여자만의 세계에서 살아가고자 하는 여성 동성애자)과 흡사하며' '혹시 정신적인 레즈비언인지도 모른다'고 한 지적이다. 쿠리하라는 현실에서 남성의 연인과 남편을 갖는 일 없이 '남자들의 연애에 꺄아꺄아 하면서 행복하게 늙어가는 (야오이 소녀들)'을 상정하고 있기 때문에 '세퍼레이트 레즈비언(레즈비언 분리주의자)'과의 유사점에 도달한 것이고, 이 책에서 '버추얼 레즈비언'이란 '레즈비언' 개념의 차원이 다르다. 그러나 쿠리하라의 논의에서 '레즈비언'이라는 용어를 BL평론의 문맥에 사용하는 가능성을 언급한 것이 큰 자극이 되었다[카키누마&쿠리하라(1993) : 338].

10 ── BL 작가가 집필을 쉬는 이유로서 생각되는 것은 이외에도 상업 출판의 마감에 맞춰서 창작을 하기가 어렵고, 보다 소규모인 독자층으로도 만족할 수 있는 사람은 동인지로도 자신의 작품을 발표할 수 있다는 점을 들 수 있다. 또 집필을 쉬고 있는 사람, 집필을 쉰 지 몇 년 만에 복귀하는 사람, 만화는 그만두고 일러스트레이터로

서 일을 계속하는 사람, 스토리 만화는 집필을 멈춘 채지만 4컷 만화를 아주 소량 발표하는 사람 등 다양하다.

11 ─── 최근의 작품 사례로서 『열사와 달의 마쥬눈熱砂と月のマジュヌーン』(코노하라 나리세木原音瀬, 2013)을 들겠다. 주인공이 성노예로서 계속 능욕되고 더욱이 주인공의 성격이 나쁘기 때문에 그에게 동정할 수도 없으며, 라스트에서는 마음속의 '공'과 재회하기는 하지만 달콤한 묘사도 없는 이야기라 나를 포함한 애호가 친구들뿐만 아니라 인터넷상의 익명 코멘트로도 피곤하다, 놀랐다, 구원이 없다 등의 당혹스러워하는 목소리가 올라왔다. 코노하라 자신이 원래 동인지로 발표했던 두 편에 추가로 한 편을 더해서 책 한 권이 된 것으로, 코노하라 작품이라면 모두 읽는다는 고정팬을 일정 숫자 이상 기대할 수 있기 때문에 출판된 예외적인 상업 출판 책일 것이다.

12 ─── 쿠리코히메의 말을 가르쳐 준 것은 베테랑 BL 애호가로 2014년 현재 레즈비언과 바이섹슈얼 여성을 위한 커뮤니티 LOUD 대표와 「특별배우자법 네트워크 파트너법 넷特別配偶者法ネットワークパートナー法ネット」 공동대표를 역임하는 레즈비언 인권 운동가 오에 치즈카大江千束이다. 기록하여 감사드리고 싶다.

인용·참고 문헌

※ 픽션에 대해서는 내용을 구체적으로 다루고 있는 책만 포함한다.

BL
※모리 마리나 '미소년 만화'를 포함한 광의의 BL
※여러 번 판을 바꾸어 간행된 작품은 최초 단행본 발행연도와 발행 출판사를 기재했다.

만화

아키사토 와쿠니秋里和国
　　『TOMOI』 쇼카쿠칸小学館, 1987

이시하라 사토루石原理
　　『넘칠 것 같은 풀あふれそうなプール』 비브로스ビブロス, 1997-2001
　　『개의 왕犬の王―GOD OF DOG』 리브레출판リブレ出版, 2007-

이마 이치코今市子
　　『B급 미식가 클럽②B級グルメ倶楽部②』 프론티어 웍스フロンティアワークス, 2006

에미쿠리えみくり
　　『월광 오르골月光オルゴール』 발행: 에미쿠리(동인지)えみくり(同人誌), 1989

에미코야마えみこ山
　　『아주 보통의 연애ごくふつうの恋』 신쇼칸新書館, 1999-2002

오자키 미나미尾崎南
　　『절애―1989―絶愛―1989―』 슈에이샤集英社, 1990-1991

카타루 시스코語シスコ
　　『어른의 시간おとなの時間』 매거진·매거진マガジン·マガジン, 2006

카노 시우코鹿乃しうこ
　　『영구자석의 법칙永久磁石の法則』 매거진·매거진マガジン·マガジン, 1994
　　(초판 출간 시 명의는 우이다 시우코初田しうこ)
　　『죽이는 키스 끔찍한 키스②できのいいキス 悪いキス②』 오조라출판宙出版, 1998
　　(초판 출간 시 명의는 우이다 시우코初田しうこ)
　　「플레이보이 블루스 P.B.B」 시리즈「P.B.B.(プレイボーイブルース)」シリーズ」 비브로스/리브레출판ビブロス/リブレ出版, 2001-

카와소 마스미河惣益巳

『투어링 익스프레스ツーリング・エクスプレス』하쿠센샤白泉社, 1982-99

칸자키 류토(하루코)神崎竜乙(春子)
「베이 시티 블루스」시리즈「ベイシティ・ブルース」シリーズ」후타미쇼보二見書房, 1992-98

키하라 토시에木原敏江
『마리와 신고摩利と新吾』하쿠센샤白泉社, 1979-84

쿠사마 사카에草間さかえ
『한낮의 사랑真昼の恋』신코샤心交社, 2011

쿠니에다 사이카国枝彩香
『바람의 행방風の行方』비브로스ビブロス, 2004

쿠모타 하루코雲田はるこ
『사랑스러운 고양이 털 오타루편いとしの猫っ毛 小樽篇』리브레출판リブレ出版, 2013

코다카 카즈마こだか和麻
『KIZUNA 키즈나KIZUNA―絆―』비브로스/리브레출판ビブロス/リブレ出版, 1992-2008

코토에리 쿠로小鳥衿くろ
『나는 바다의 아이俺は海の子』오토쇼보桜桃書房, 2001

코토부키 타라코寿たらこ
『섹스 피스톨즈SEX PISTOLS』비브로스/리브레출판ビブロス/リブレ出版, 2004-

고쿠라쿠인 사쿠라코極楽院櫻子
『내가 좋아하는 선생님ぼくの好きな先生』오토쇼보桜桃書房, 1998-2001

사쿠라기 야야桜城やや
『찐한 차 만드는 법コイ茶のお作法』카도카와쇼텐角川書店, 2003-06

시미즈 유키志水ゆき
『제―ZE―是―ZE―』신쇼칸新書館, 2005-11

쇼오와SHOOWA
『이베리코 돼지와 사랑의 노예イベリコ豚と恋と椿。』카이오샤海王社, 2012

스가 쿠니히코須賀邦彦
『자청색 깃발 아래紫紺の旗の下に』오토쇼보桜桃書房, 1993

타카이도 아케미高井戸あけみ
『블랙퍼스트 클럽ブレックファースト・クラブ』호분샤芳文社, 2001

『베드 타임ベッド・タイム』호분샤芳文社, 2003
　　　『필로우 토크ピロー・トーク』호분샤芳文社, 2003
　　　『연애의 신에게 말하라恋愛の神様に言え』호분샤芳文社, 2007
타케미야 케이코竹宮惠子
　　　『바람과 나무의 시風と木の詩』쇼카쿤칸小学館, 1977-1984
타츠키TATSUKI
　　　『8월의 숲八月の杜』도쿄망가샤東京漫画社, 2010
토템폴トウテムポール
　　　『도쿄 러브東京心中』아카네신샤茜新社, 2013-
토리비토 히로미鳥人ヒロミ
　　　「성층권의 빛」시리즈「成層圏の灯」シリーズ, 비브로스ビブロス, 2000-02
나카무라 아스미코中村明日美子
　　　『동급생同級生』아카네신샤茜新社, 2008
　　　『동급생 겨울卒業生 冬』아카네신샤茜新社, 2010
　　　『동급생 봄卒業生 春』아카네신샤茜新社, 2010
　　　『「동급생」「졸업생」공식 가이드북 ― 졸업앨범「同級生」「卒業生」公式ファンブック――卒業アルバム』아카네신샤茜新社, 2011
　　　『철도 순정만화鉄道少女漫画』하쿠센샤白泉社, 2011
　　　『소라와 하라空と原』아카네신샤茜新社, 2012
　　　『O.B.』아카네신샤茜新社, 2014
나카무라 슌기쿠中村春菊
　　　『순정 로맨티카純情ロマンチカ』카도카와쇼텐角川書店, 2003-
나가이 사부로永井三郎
　　　『Smells Like Green Spiritスメルズ ライク グリーン スピリット』퓨전 프로덕트ふゅーじょんぷろだくと, 2012-13
닛타 유카新田祐克
　　　『봄을 안고 있었다春を抱いていた』비브로스/리브레출판ビブロス/リブレ出版, 1999-
하기오 모토萩尾望都
　　　『포의 일족ポーの一族』쇼카쿤칸小学館, 1974-76
　　　『토마의 심장トーマの心臓』쇼카쿤칸小学館, 1975
후카이 유키深井結己

마치야 하토코町屋はとこ
  『네가 있는 장소きみが居る場所』타케쇼보竹書房, 2003
  『내일, 또또 아시다』리브레출판リブレ出版, 2006

마야 미네오魔夜峰央
  『파타리로!パタリロ!』하쿠센샤白泉社, 1979-

미즈시로 세토나水城せとな
  『도마 위의 잉어는 두 번 뛰어오른다俎上の鯉は二度跳ねる』쇼카쿠칸小学館, 2009

메이지 카나코明治カナ子
  『언덕 위의 마법사坂の上の魔法使い』다이요도쇼大洋図書, 2010-13

모토니 모도루本仁戻
  『사랑이 우리를 허락하는 범위恋が僕等を許す範囲』비브로스ビブロス, 1996-98

야마시타 토모코ヤマシタトモコ
  『사랑하는 마음에 검은 날개를恋の心に黒い羽』도쿄망가샤東京漫画社, 2008

야마다 유기山田ユギ
  『태양 아래에서 웃어라太陽の下で笑え。』호분샤芳文社, 1999
  (초판 출간 시 명의는 야마다 유기山田靫)
  『작은 창 너머의 하늘小さなガラスの空』호분샤芳文社, 2000
  『평생 계속할 수 없는 일②─生続けられない仕事②』타케쇼보竹書房, 2011

야마네 아야노やまねあやの
  『파인더의 표적ファインダーの標的』비브로스ビブロス, 2002

요시다 아키미吉田秋生
  『캘리포니아 이야기カリフォルニア物語』쇼카쿠칸小学館, 1978-81

요시나가 후미よしながふみ
  『1교시는 활기찬 민법1限めはやる気の民法』비브로스ビブロス, 1998-2002
  『솔페쥬ソルフェージュ』호분샤芳文社, 1998
  『제라르와 쟈크ジェラールとジャック』비브로스ビブロス, 2000-01

요네다 코우ヨネダコウ
  『부디 내게 닿지 않기를どうしても触れたくない』다이요도쇼大洋図書, 2008

요리타 사에미依田沙江美
  『브릴리언트★블루ブリリアント★BLUE』신쇼칸新書館, 2004-05

라가와 마리모羅川真里茂

『뉴욕 뉴욕ニューヨーク・ニューヨーク』하쿠센샤白泉社, 1998

소설

아이다 사키英田サキ

　　『데드 히트DEADHEAT』토쿠마쇼텐德間書店, 2007

아키츠키 코오秋月こお

　　『한랭전선 지휘자寒冷前線コンダクター』카도카와쇼텐角川書店, 1994

　　『리사이클 광소곡リサイタル狂騒曲』카도카와쇼텐角川書店, 1995

　　『신데렐라 전쟁シンデレラ・ウォーズ』카도카와쇼텐角川書店, 1998

　　『퇴단권고退団勧告』카도카와쇼텐角川書店, 1999

　　『폭풍의 예감嵐の予感』카도카와쇼텐角川書店, 2006

이치호 미치一穂ミチ

　　『비가 내리면 주룩주룩ふったらどしゃぶり―When it rains, it pours』미디어팩토리メディアファクトリー, 2013

우죠 아키라烏城あきら

　　「허가증을 주세요!」시리즈「許可証をください！」シリーズ, 후타미쇼보二見書房, 2003-09

에다 유우리榎田尤利

　　『여름의 소금夏の塩』코후샤출판光風社出版/세이비도출판成美堂出版, 2000

　　『끝없는 하늘リムレスの空』코후샤출판光風社出版/세이비도출판成美堂出版, 2002

　　『더블 트랩 Love&Trust EX.ダブル・トラップ Love&Trust EX.』다이요도쇼大洋図書, 2007

칸자키 류토(하루코)神崎竜乙(春子)

　　「베이 시티 블루스」시리즈「ベイシティ・ブルース」シリーズ, 후타미쇼보二見書房, 1995-2000

코노하라 나리세木原音瀬

　　『폴리네이션POLLINATION』비브로스ビブロス, 2000

　　『WELL』소류샤蒼竜社, 2007

　　『열사와 달의 마쥬눈熱砂と月のマジュヌーン』카이오샤海王社, 2013

코바야시 아오이小林蒼

　　「백화요란百花繚乱」,『소설JUNE小説JUNE』No.106, 1999년 4월호, 매거진·매거진マガジン・マガジン, 1999

『백화요란百花繚乱』매거진·매거진マガジン·マガジン, 2002

고 시이라剛しいら

『라이벌도 개를 안는다ライバルも犬を抱く』코후샤출판/세이비도출판光風社出版/成美堂出版, 2000

『방석座布団』코후샤출판/세이비도출판光風社出版/成美堂出版, 2000

『권투 선수는 개와 걷는다ボクサーは犬と歩む』코후샤출판/세이비도출판光風社出版/成美堂出版, 2002

『화선花扇』코후샤출판/세이비도출판光風社出版/成美堂出版, 2004

『권투 선수는 개에게 이긴다ボクサーは犬に勝つ』코후샤출판/세이비도출판光風社出版/成美堂出版, 2005

시노자키 히토요篠崎一夜

『돈이 없어お金がないっ』오토쇼보桜桃書房, 1999

스와 유키사토須和雪里

『사미아サミア』카도카와쇼텐角川書店, 1993

시노다 마유미篠田真由美

『이 가난한 지상에この貧しき地上に』코단샤講談社, 1999

타케우치 리우토たけうちりうと

『추정연애推定恋愛』다이요도쇼大洋図書, 2003

타니자키 이즈미谷崎泉

『네가 좋은 거야君が好きなのさ』후타미쇼보二見書房, 1999-2002

마츠오카 나츠키松岡なつき

『FLESH & BLOOD』도쿠마쇼텐徳間書店, 2001-

미나미 후우코水壬楓子

『맑음 남자의 우울, 비 남자의 열락晴れ男の憂鬱 雨男の悦楽』, 오토쇼보桜桃書房, 1999

모리 마리森茉莉

『연인들의 숲恋人たちの森』신쵸샤新潮社, 1975

BL 이외

※ '미소년 만화' 등 광의의 BL도 BL리스트를 참조할 것

〈일본어 문헌〉

소설 ─────────────────────────────────

E.M. 포스터/카타오카 시노부 역片岡しのぶ訳

『모리스モーリス』후쇼샤扶桑社, 1988 (원문 영어)

에다 유우리榎田ユウリ

『요기암야화妖琦庵夜話─인간이 아닌 탐정その探偵, 人にあらず』카도카와쇼텐角川書店, 2009

고토다 유카後藤田ゆ花

『사랑으로만 만듭니다愛でしか作ってません』코단샤講談社, 2007

피터 카메론/이와모토 마사에岩本正恵訳

『최종목적지最終目的地』신쵸샤新潮社, 2009 (원문 영어)

만화 ─────────────────────────────────

요시나가 후미よしながふみ

『오오쿠大奥』하쿠센샤白泉社, 2005-

『어제 뭐 먹었어?きのう何食べた?』코단샤講談社, 2002-

이론서, 에세이, 대담집 등의 서적(저널, 무크지 포함) ────────────

아스믹 에이스 편アスミックエース編

『메종 드 히미코メゾン・ド・ヒミコ』(영화 팜플렛) 아스믹 에이스 엔터테인먼트アスミック・エースエンタテインメント, 2005

아즈마 소노코東薗子

「망상의 공동체─『야오이』커뮤니티에서 연애코드의 기능妄想の共同体─『やおい』コミュニティにおける恋愛コードの機能」, 아즈마 히로키東浩紀, 키타다 아키히로北田暁大編『사상지도 vol.5思想地図 vol.5』NHK출판NHK出版, 2010, 249-274

이시다 히토시石田仁 (2007a)

「게이에 공감하는 여성들ゲイに共感する女性たち」, 『유리이카 2007년 12월 임시증

간호 총특집=후조시 만화 대계ユリイカ2007年6月臨時増刊号 総特集＝腐女子マンガ大系』 39(7)2007, 세이도샤青土社, 47-55 (2007b)

「'가만히 놔둬 주세요'라는 표명을 둘러싸고 ― 야오이/BL의 자율성과 표상의 약탈「『ほっといてください』という表明をめぐって－やおい/ＢＬの自律性と表象の横奪」,『유리이카 2007년 1월 임시 증간호 총특집=BL스터디즈ユリイカ 2007年12月臨時増刊号 総特集＝BLスタディーズ』39(16)2007, 세이도샤青土社, 114-123

「숫자로 보는 JUNE와 사부数字で見るJUNEとさぶ」,『유리이카 2012년 12월호 특집=BL 온 더 런!ユリイカ2012年12月号 特集＝ＢＬオン・ザ・ラン！』44(15)2012, 세이도샤青土社, 159-171

이시다 미키石田美紀

『은밀한 교육 ― <야오이·보이즈 러브 전사>密やかな教育―〈やおい・ボーイズラブ〉前史』라쿠호쿠출판洛北出版, 2008

이시하라 이쿠코石原郁子

『바이올렛색의 영화제 ― 더 트랜스섹슈얼 영화들菫色の映画祭――ザ・トランス・セクシュアル・ムーヴィーズ』필름아트사フィルムアート社, 1996

이토 사토루伊藤悟, 토라이 마사에虎井まさ衛 편저

『다양한 '성'을 이해하는 책 ― 성동일성 장애·게이·레즈비언多様な「性」がわかる本――性同一性障害・ゲイ・レズビアン』코분켄高文研, 2002

우지이에 미키토氏家幹人

『무사도와 에로스武士道とエロス』코단샤講談社, 1995

빈센트ヴィンセント, 키스キース

「철저토론 퀴어 이론은 어디까지 열릴 수 있을까徹底討論クィア・セオリーはどこまで開けるか」,『유리이카 1996년 11월호 특집=퀴어 리딩ユリイカ 1996年11月号 特集＝ウィア・リーディング』28(13)1996, 세이도샤青土社, (코타니 마리小谷真里와의 대담)

「사랑하는 남자들, 살인을 하는 남자들 ― 오시마 나기사의 '고하토'에 대해恋する男たち, 人殺しをする男たち――大島渚の『御法度』について」,『유리이카 2000년 1월호 특집 ― 오시마 나기사 2000ユリイカ 2000年1月号特集＝大島渚2000』32(1)2000, 세이도샤青土社, 114-125

빈센트ヴィンセント, 키스キース, 카자마 다카시風間孝, 카와구치 카즈야河口和也

『게이 스터디즈ゲイ・スタディーズ』세이도샤青土社, 1997

오츠카 타카시大塚隆史

『니쵸메에서 비늘─신주쿠 게이스트리트 잡기장二丁目からウロコ─新宿ゲイストリート雑記帳』쇼에이샤翔泳社, 1995

오다 료小田亮

『성 ─ 한 단어의 사전性──語の辞典』산세이도三省堂, 1995

사이토 아야코斉藤綾子

「호모소셜 재고ホモソーシャル再考」, 요보타 이누히코四方田犬彦&사이토 아야코斉藤綾子 편『남자들의 유대, 아시아 영화 ─ 호모소셜한 욕망男たちの絆, アジア映画──ホモソーシャルな欲望』헤이본샤平凡社, 2004, 279-309

섹슈얼 마이너리티 교직원 네트워크 편저セクシュアルマイノリティ教職員ネットワーク編著

『섹슈얼 마이너리티 ─ 동성애, 성동일성 장애, 인터섹스의 당사자가 말하는 인간의 다양한 성セクシュアルマイノリティ──同性愛, 性同一性障害, インターセックスの当事者が語る人間の多様な性』아카시쇼텐明石書店, 2003

사카키바라 시호미榊原姿保美

『야오이 환상론 ─「야오이」에서 보이는 것やおい幻論─「やおい」から見えたもの』나츠메쇼보夏目書房, 1998

사쿠라 토모미佐倉智美

『성동일성 장애는 재미있다 ─ 성별은 바꿀 수 있어性同一性障害はオモシロイ──性別って変えられるんだョ』겐다이쇼칸現代書館, 1999

사토 마사키佐藤雅樹

「소녀만화와 호모포비아少女マンガとホモフォビア」,『퀴어 스터디즈'96クィア・スタディーズ'96』나나츠모리쇼칸七つ森書館 , 1996, 161-169

시이나 유카리椎名ゆかり

「미국의 BL 만화 인기アメリカでのＢＬマンガ人気」,『유리이카 2007년 12월 임시증간호 총특집=BL스터디즈ユリイカ 2007年12月臨時増刊号総特集＝ＢＬスタディーズ』39(16)2007, 세이도샤青土社, 180-189

나카지마 아즈사中島梓

『미소년학입문美少年学入門』신쇼칸新書館, 1984

『커뮤니케이션 부전증후군コミュニケーション不全症候群』치쿠마쇼보筑摩書房, 1991

『신판 소설도장①~④新版 小説道場①~④』코후샤출판/세이비도출판光風社出版/成美堂出版, 1992-97

『타나토스의 아이들 ─ 과잉적응의 생태학タナトスの子供たち──過剰適応の生態学』치쿠마

쇼보筑摩書房, 1998

나카노 후유미中野冬美

「야오이 표현과 차별—여자를 위한 포르노그래피를 해석하다やおい表現と差別—女のためのポルノグラフィーをときほぐす」, 『여성 라이프사이클 연구女性ライフサイクル研究』 제4호 1994, 130-138

니시무라 마리西村マリ

『애니메이션 패러디와 야오이アニパロとヤオイ』 오타출판太田出版, 2001

하기오 모토萩尾望都

「유연하게, 강인하게しなやかに, したたかに」, 『추억을 잘라낼 때思い出を切りぬくとき』 안즈도ぁんず堂, 1998, 17-26 (원출처: 1981)

허슬러 아키라ハスラー・アキラ

『매춘남 일기売男日記』 와타리움/잇시프레스ワタリウム/イッシプレス, 2000

하츠 아키코波津彬子

「야오이의 근원은 '샤레'였습니다やおいのモトは"シャレ"でした」, 『JUNE』 1993年11月, 136

히가시 코유키&마스하라 유코東小雪&増原裕子

『두 사람의 엄마로부터 너희들에게ふたりのママから, きみたちへ』 이스트 프레스イースト・プレス, 2014

후시미 노리아키伏見憲明

「다시 태어난다면 게이가 되고 싶다こんど生まれかわったらゲイになりたい」, 『탐미소설・게이문학 북가이드耽美小説・ゲイ文学ブックガイド』 하쿠야쇼보白夜書房, 1993, 229-231

『퀴어 파라다이스—'성'의 미궁에 어서오세요—후시미 노리아키 대담집クィア・パラダイス——「性」の迷宮へようこそ——伏見憲明対談集』 쇼에이샤翔泳社, 1996

후지모토 유카리藤本由香里

『내 거처는 어디에 있나요?—소녀만화가 비추는 마음의 형태わたしの居場所はどこにあるの?—少女マンガが映す心のかたち』 가쿠요쇼보学陽書房, 1998

『소녀만화혼—현재를 비추는 소녀만화 완전 가이드&인터뷰집少女まんが魂—現在を映す少女まんが完全ガイド&インタビュー集』 하쿠센샤白泉社, 2000

후조시의 품격 제작위원회腐女子の品格制作委員会

『후조시의 품격腐女子の品格』 리브레출판リブレ出版, 2008

마리マリィ, 클레어クレア

『"오네에 말투"론』『「おネエことば」論』세이도샤青土社, 2013

미우라 시온三浦しをん

『취미가 아니야シュミじゃないんだ』신쇼칸新書館, 2006

「ART LIFE interview」,『SPIRAL PAPER』No.115, 스파이럴/와코루 아트센터スパイラル/ワコールアートセンター, 2007, 2-3

미우라 시온三浦しをん & 카네다 준코金田淳子

「『공X수』의 아찔한 세계 — 남성 신체의 매력을 찾아『攻め×受け』のめくるめく世界—男性身体の魅力を求めて」,『유리이카 2007년 6월 임시증간호 총특집=후조시 만화 대계ユリイカ 2007年6月臨時増刊号 総特集=腐女子マンガ大系』39(7)2007, 세이도샤青土社, 8-29

미조구치 아키코溝口彰子

「호모포빅한 호모, 사랑으로 인한 강간, 그리고 퀴어한 레즈비언 — 최근의 야오이 텍스트를 분석한다ホモフォビックなホモ, 愛ゆえのレイプ, そしてクィアなレズビアン—最近のやおいテキストを分析する」, 후시미 노리아키 편伏見憲明編『퀴어 재팬 Vol.2 변태하는 샐러리맨クィア・ジャパンVol.2変態するサラリーマン』케이소쇼보勁草書房, 2000, 192-211

「그것은 누구의 어떤『리얼』? — 야오이의 담론 공간을 정리하려는 시도それは, 誰のどんな,『リアル』?—ヤオイの言説空間を整理するこころみ」,『이미지&젠더イメージ&ジェンダー』VOL.4, 이미지&젠더연구회イメージ&ジェンダー研究会, 2003, 27-55

「망상력의 포텐셜 — 레즈비언 페미니스트 장르로서의 야오이妄想力のポテンシャル—レズビアン・フェミニスト・ジャンルとしてのヤオイ」,『유리이카 2007년 6월 임시증간호 총특집=후조시 만화 대계ユリイカ2007年6月臨時増刊号 総特集=腐女子マンガ大系』39(7)2007, 세이도샤青土社, 56-62 (2010a)

「반영/투영론에서 생산적 포럼으로서의 장르로 — 야오이 고찰로부터의 제언反映/投影論から生産的フォーラムとしてのジャンルへ—ヤオイ考察からの提言」재클린 베른트 편ジャクリーヌ・ベルント編

『세계의 코믹스와 코믹스의 세계 — 글로벌한 만화 연구의 가능성을 열기 위해世界のコミックスとコミックスの世界—グローバルなマンガ研究の可能性を開くために』교토세이카대학 국제만화연구센터京都精華大学国際マンガ研究センター, 2010, 141-163

미하시 준코三橋順子

『여장과 일본인女装と日本人』코단샤講談社, 2008

야마다 토모코ヤマダトモコ

「보이즈 러브와 화해 — 강인하게 살아가다ボーイズラブとのなかなおり—したたかに生き

る」,『유리이카 2007년 12월 임시증간호 총특집=BL스터디즈ユリイカ2007年12月臨時増刊号総特集＝ＢＬスタディーズ』39(16)2007, 세이도샤青土社, 82-88

요시나가 후미よしながふみ

『요시나가 후미 대담집 — 그 사람과 여기서만의 수다よしながふみ対談集―あのひととここだけのおしゃべり』오타출판太田出版, 2007

랭킹북, 가이드북

카키누마 에이코柿沼瑛子, 쿠리하라 치요栗原知代編著

『탐미소설·게이 문학 북가이드耽美小説·ゲイ文学ブックガイド』하쿠야쇼보白夜書房, 1993

쿠리하라 치요栗原知代

「야오이やおい」,『에로이카 — 기분 좋은 북가이드エロティカ―気持ちいいブックガイド』미디 어워크스/슈후노토모샤メディアワークス/主婦の友社, 1998, 198-199

잣소샤 편집부편雑草社編集部編

『BL 소설(보이즈라이트노벨) 완벽 가이드 별책 활자구락부BL小説(ボーイズライトノベル) パーフェクト・ガイド 別冊活字倶楽部』잣소샤雑草社, 2003

닛케이캐릭터즈! 편日経キャラクターズ！編

「비브로스 인터뷰ビブロス インタビュー」,『라이트노벨 완전독본 Vol.3ライトノベル完全読本Vol.3』닛케이BP샤日経BP社, 2005, 172-174

NEXT 편집부편ＮＥＸＴ編集部編

『이 BL이 대단해!このBLがやばい!』2008년 후조시판-2014년도판2008年腐女子版-2014年度版, 오조라출판宙出版, 2007-2013

야마모토 후미코&BL서포터즈 편山本文子&BLサポーターズ著

『역시 보이즈 러브가 좋아 — 완전 BL코믹 가이드やっぱりボーイズラブが好き―完全BLコミックガイド』오타출판太田出版, 2005

신문, 잡지

「당신이 싱크로 하는 것은 세리쨩 or 가토상, 어느 쪽?あなたがシンクロするのは芹ちゃんor加藤さん、どっち?」,『소설JUNE小説JUNE』No.108, 1999년 6월호, 매거진·매거진マガジン·マガジン, 187

키타하라 미노리北原みのり

「바이브레이터로 보는 현대여자 에로사정バイブに見る現代女子エロ事情」,『야성시대野性

時代』 2008년 6월호, 카도카와쇼텐角川書店, 56-57

『CREA 특집 게이 르네상스'91 CREA 特集 ゲイ・ルネッサンス '91』 1991년 2월호, 분게이슌슈文藝春秋

「Q46 서클과 연구회에 참가하고 싶습니다만, Q46サークルや勉強会に参加したいのですが,」 『번역의 세계翻訳の世界』 1996년 7월호, 바벨バベル, 26

「『스무 살의 미열』 하시구치 료스케 감독 인터뷰『二十才の微熱』橋口亮輔監督インタビュー」, 『JUNE』 No.73 1993년 11월호, 매거진·매거진マガジン・マガジン, 43-48

시몬 후카유키シモーヌ深雪

「시몬 후카유키가 말하는『야오이』의 매력과 역사シモーヌ深雪が語る『やおい』の魅力と歴史」, 『다빈치ダ・ヴィンチ』 2000년 5월호, 미디어팩토리メディアファクトリー, 26-27

모리 마리森茉莉

「'성'을 쓰려고는 생각하지 않는다『性』を書こうとは思わない」, 『요미우리신문読売新聞』 1964년 4월 1일 석간, 「성과 문학性と文学」란에 「나의 입장私の立場」으로서 발표

개인 출판 (미니 코믹스, 동인지 등. 픽션 동인지는 BL리스트에) ─────

이로카와 나호 편色川奈緒編

『별책 CHOISIR─야오이 논쟁 I─IV別冊CHOISIR─やおい論争I-IV』 1994-1995

카키누마 에이코柿沼瑛子

『JUNE 서양서 가이드 VOL.3JUNE洋書ガイドVOL.3』 EK, 1999

세 명의 숙녀三人淑女

『YAOI의 법칙YAOIの法則』 2001

후시미 노리아키伏見憲明

『나의 게이 무브먼트 91─94ぼくのゲイ・ブームメント 91-94』 GX, 1994

웹 ──────────────────────────────

중의원의원 하라다 요시아키 블로그(2008년 2월 19일 자)衆議院議員原田義昭ブログ(2008年2月19日付)

http://www.election.ne.jp/10375/39851.html (최종접속일 2014년 8월 16일)

Hollywood News Wire (2010年5月1日/真田広之コメント動画)

http://www.youtube.com/watch?v=mfcb7lXYXcM (최종접속일 2013년 8월 4일)

「미이케 다카시의 시네코라마三池崇史のシネコラマ 제30회 『46억년의 사랑46億年の恋』」, 『아사히 마리온 콤朝日マリオン・コム(2005/11/17)』 (최종접속일 2013년 4월 1일)

TV ───
「"성"을 둘러싼 대탐험"性"をめぐる大冒険」,『탐험 바쿠몬探検バクモン』NHK종합, 2013년 6월 5일
&6월 12일

〈영어 문헌〉
소설 ─────────────────────────────────────
Cameron, Peter.
　　The City of Your Final Destination (London and New York: Fourth
　　estate, 2003) (paperback edition/하드커버 판은 2002)
Forster, E.M.
　　Maurice (London: Penguin, 1971)

소설 이외 ─────────────────────────────────
Bersani, Leo. "Is the Rectum a Grave?" *AIDS: Cultural Analysis/ Cultural
　　Activism*, ed. Douglas Crimp (Cambridge: The MIT Press, 1988)
　　197-222, p.197 / 레오 베르사니レオ・ベルサーニ(사카이 다카시酒井隆史訳 역)
　　「직장은 무덤인가?直腸は墓場か?」,『비평 공간批評空間』오타출판太田出版, 1996,
　　II-8, 115-143 (또한 이 책에서 인용 부분의 번역은 미조구치)
Crimp, Douglas. "De-Moralizing Representations of AIDS," (1994); "Sex and
　　Sensibility, or Sense and Sexuality" (1998), *Melancholia and
　　Moralism: Essays on AIDS and Queer Politics*(Cambridge: The MIT
　　Press, 2002) 253-271; 281-301
De Lauretis, Teresa. "Queer Theory: Lesbian and Gay Sexualities, An
　　Introduction", *differences: A Journal of Feminist Cultural Studies*,
　　3.2 (1991): iii-xviii
　　The Practice of Love: Lesbian Sexuality and Perverse Desire
　　(Bloomington: Indiana University Press, 1994)
Dyer, Richard. *Pastiche* (New York: Routledge, 2007)
Hori, Hikari. "Views from Elsewhere: Female Shoguns in Yoshinaga Fumi's

Ôoku and Their Precursors in Japanese Popular Culture", *Japanese Studies*, 32:1, 2012: , 77-95

Lance Black, Dustin. *Milk : The Shooting Scrpt* (New York: Newmarket Press, 2008)

Laplanche, J. & Pontalis, J.-B. trans. Donald Nicholson-Smith, *The Language of Psycho-Analyis* (New York & London: W.W. Norton & Company, 1974/ 원본 프랑스어판: 1967)

Lunsing, Wim. "Yaoi Ronsô: Discussing Depictions of Male Homosexuality in Japanese Girls, Comics, Gay Comics and Gay Pornography," *Intersections: Gender, History and Culture in the Asian Context*, Issue 12, January 2006 (http://intersections.anu.edu.au/issue12/lunsing.html)

Mizoguchi, Akiko. "Male-Male Romance by and for Women in Japan: A History and The Subgenres of Yaoi Fictions," *US-Japan Women's Journal*, No.25, 2003: 49-75

"Theorizing comics / Manga Genre as a Productive Forum: Yaoi and Beyond," *Comics Worlds and the World of Comics: Towards Scholarship on a Global Scale*, Kyoto Seika University International Manga Research Center, 2010: 143-168

Penley, Constance. *NASA/TREK: Popular Science and Sex in America* (London: Verso, 1997)

Pflugfelder, Gregory M. *Cartographies of Desire: Male-Male Sexuality in Japanese Discourse*, 1600-1950 (Berkeley: University of California Press, 1999)

Russ, Joanna. *Magic Mommas, Trembling Sisters, Puritans & Perverts* (Freedom, CA: The Crossing Press, 1985) / 조애나 러스 (야구치 사토루矢口悟訳 역) 「여성에 의한, 여성을 위한, 사랑이 있는 포르노그래피 女性による、女性のための、愛のあるポルノグラフィ」, 『SF매거진SFマガジン』 하야카와쇼보早川書房, 2003 (9), 48-62에서 부분적 번역 (또한 이 책에서 인용 부분의 번역은 미조구치)

Russo, Vito. *The Celluloid Closet* (New York: Harper & Row, 1987) (Revised edition)

Turkle, Sherry. *Life on the Screen: Identity in the Age of the Internet* (New

York: Simon & Sohuster, 1995)

Van Sant, Gus. *Even Cowgirls Get the Blues & My Own Private Idaho* (London: Faber & Faber, 1993)

Vincent, Keith. "A Japanese Electra and Her Queer Progeny", *Mechademia*, Volume 2, 2007: 64-79

저자 약력 ················ **미조구치 아키코** 溝口彰子

시각&문화연구 박사(PhD). 현재 가쿠슈인学習院대학 대학원, 교리츠共立여자대학, 타마多摩미술대학, 호세이法政대학, 메이지가쿠인明治学院대학, 와세다루稲田대학 시간강사.

후타바가쿠인雙葉学園 고등학교, 소피아上智대학 졸업 후, 칸세이컴퍼니寛斎カンパニー에서 패션, 스파이럴/와코루スパイラル/ワコール 아트센터에서 아트직에 종사한 후, 미국 뉴욕주 로체스터대학 대학원에 유학. 1990년대에는 레즈비언과 바이섹슈얼 여성을 위한 커뮤니티 <LOUD>(도쿄 나카노中野) 창설&운영, 도쿄국제 레즈비언&게이 영화제 스크리닝 커뮤니티 등, LGBT 커뮤니티 활동에 종사. 대단한 BL팬. BL론 이외 최근 논문으로서 "Gender and the Art of Benshi: In Dialogue with Sawato Midori," *Camera Obscura* 78 vol.26, no.3 (2011), 「'백합'과 '레즈' 사이에서: 레즈비언이 본 일본 영화'百合'と'レズ'のはざまで: レズビアンから見た日本映画」『영화와 신체/성映画と身体/性』(일본 영화사총서日本映画叢書6) (2006), 미술관 카탈로그 해설로서 「펠릭스 곤잘레스-토레스フェリックス・ゴンザレス＝トレス」『러브즈 바디: 생과 성을 둘러싼 표현ラヴズ・ボディ:生と性を巡る表現』전(2010), 기획·구성·편집기사로서 "In Flux: Eight Japanese Artists in the Aftermath of 311 Quake," WSQ *(Women's Studies Quarterly)* (2011) 〔일본어판은 「인 플럭스イン・フラックス(흐름 속에서流れの中で): 3/11 이후, 8명의 일본아티스트는 무엇을 생각하고 표현하는가(3/11以後、8人の日本のアーティストは何を思い、表現するのか)」로 『web공간 포코포코(web空間 ぽこぽこ)』에서 2011년 11월 26일부터 열람 가능〕, 번역으로서 코코 푸스코「반대 측에서 말하는 이문화간 퍼포먼스사反対側から語る異文化間パフォーマンス史」『시각문화에서 젠더와 인종: 타자의 눈으로 묻다視覚文化におけるジェンダーと人種:他者の目から問う』(2000), 공저로서 「퀴어 영역에서 조사연구에 관한 윤리와 절차를 생각한다: 필드워크 경험에 기반한 가이드라인 시안クィア領域における調査研究にまつわる倫理や手続きを考える:フィールドワークを経験にもとづくガイドライン試案」『젠더&섹슈얼리티ジェンダー＆セクシュアリティ』제9호 (2014) 등.

옮긴이의 말

돌이켜 보면, 보이즈 러브(이하 BL)는 언제나 문제적이었다. BL이 탄생할 당시 일본에서뿐만 아니라 국경을 넘어 온 이곳 한국에서도 그러하다. 그리고 BL이 세계적으로 인기를 끌고 있는 지금에도 여전히 BL은 많은 이들에게 문제적이다.

비록 남성의 몸과 남성 간의 동성애라는 모습을 빌려 표현되지만 여성들의 욕망과 섹슈얼리티가 과감하게 표현되었기에 검열의 대상이 되기도 하고, 여성들의 도덕적 타락을 상징하는 증거로서 사회적인 우려의 대상이 되기도 했다. 심지어 BL 애호가 자신도 BL에 대한 자신의 애정이 혹시 어떤 결핍의 결과가 아닌지 한번쯤은 스스로를 의심해 보곤 했다. 반세기 이상의 역사에 바탕하여 여성들의 하위문화로 확고하게 자리 잡았으며 이미 폭넓은 작가층과 독자층이 탄탄한 시장을 형성한 장르인 BL은 여전히 우리에게 많은 것을 생각하고 자문하게 한다.

나는 왜 BL이 좋을까?
BL은 나에게 무엇이며, BL을 통해 나는 무엇을 얻고자 하는가?
우리가 알고 있는 BL은 어떻게 만들어졌고, 나아가 진화하고 있는 BL을 통해 BL 애호가들은 함께 무엇을 보고 이야기할 수 있을까?

미조구치 아키코의 『BL진화론』은 BL 애호가들이 다양한 형태로 자신에게, 서로에게 물어 왔던 이런 질문에 대해 현 단계에서 가장 앞선 해답을 제공하는 책이다. 오늘날 우리가 알고 있는 BL의 기원과 계보, 작품군과 그 역사를 이해하는 데 중요한 논쟁과 사건을 체계적으로 서술하는 한편, 지금까지 축적된 다양한 BL 연구와 관련 이론을 망라하고 있다. BL이라는 장르에 도전하는 초보자를 위한 입문서로서도 적격인 동시에, BL이라는 장르가 포괄하고 있는 다양성과 최근의 진화에 이르게 된 과정을 학술적 깊이를 담아 분석하여 관련 연구에도 크게 기여하고 있다.

동시에 이 책은 대중서로도 많은 미덕을 지니고 있는데, 우리가 사랑하는 BL의 명저를 소개하고 그에 대한 꼼꼼한 독해를 통해 독자가 실제 BL을 읽을 때 느끼는 즐거움과 쾌락이 어디서 오는지를 알려 준다. 이는 아마도 저자가 연구자로서 취한 객관적인 입장뿐만 아니라, 그 누구보다 BL을 사랑하는 BL 애호가의 입장을 유기적으로 결합하는 데 성공하였기 때문이 아닐까 생각된다. BL에 대한 가장 첨단의 이론을 제공하는 한편, 일반 독자들이 BL에서 느끼는 즐거움의 정체를 알기 쉽게 설명해 주는 저자의 학문적 깊이와 BL에 대한 애정에 경의를 표하고 싶다.

최근 한국에서도 BL, 야오이, 동인 문화 및 팬픽 문화 등에 대한 관심이 높아지고 있다. 그러나 폭넓은 연령대에 걸친 여성들의 삶에서 중요한 부분을 차지한 BL에 대한 본격적인 연구는 아직 부족한 게 현실이다. 그런 관점에서 이 책의 모든 부분이 귀중하지만 개인적으로 이 책의 의의는 크게 4가지로 정리할 수 있다고 생각한다.

첫째, 2장과 4장에서 과거 BL의 정형을 분석하고 진화형 BL을 대비시킴으로써 과거 BL이 지녔던 문제점을 비판적으로 검토하면서도 최근의 변화를 통해 BL에 대한 사람들의 선입견을 허물고, 즐거움을 추구하는 활동을 통해 사회의 진화를 이끌어 낼 수 있다는 가능성을 제시하고 있다.

둘째, 3장에서 다루는 1990년대 <야오이 논쟁>의 구체적인 내용과 그를 둘러싼 다양한 입장을 구체적인 사회문화적 맥락 속에서 분석하고, BL의 표상과 현실에서 일치하는 집단인 게이의 비판에서 도피하지 않고 풍부한 상상력을 통해 BL 작가와 애호가 모두가 어떻게 '사회적 주체'로서 기존의 나쁜 사회적 통념과 싸워 왔는가를 추적함으로써 BL과 당사자성 문제에 대한 하나의 해답을 제시하고 있다.

셋째, 5장의 BL 애호가의 커뮤니티 의식과 '버추얼 레즈비언' 개념을 통해 BL장르의 진화가 결코 작가 및 애호가와 분리되어 일어난 것이 아니며, 이들이 지닌 문화적 잠재력이 BL의 진화를 이끌어 냈다는 점, 나아가 BL 커뮤니티에 내재된 '사랑을 주고받는 쾌락'이 지닌 생산적인 액티비즘의 가능성을 살피고 있다.

마지막으로 본문의 BL 분석이 바탕한 이론적 배경을 소개하고 이를 확장하여 영화 등 관련 콘텐츠를 분석하는 보론은 최근 한국에서도 다양하게 이슈가 되고 있는 표상과 현실의 관계, 소수자와 당사자성의 문제에 대해 페미니즘적 입장에서 어떻게 접근해야 하는가에 대해 많은 시사점을 준다. 특히 BL 분석을 보다 일반적인 시각&문화연구의 이론과 접목시킴으로써 BL이 특이한 사람들의 특수한 장르가 아니라 보다 일반적인 이론화가 가능한 대중문화의 중요한 한 부분이라는 점을 부각시키고 있다.

한편, 이런 BL의 생산과 소비를 생각할 때 우리가 항상 염두에 두어야 할 사실이 있다. BL은 "소비자(독자)의 대부분이 여성이고 그녀들의 구매 활동이 수백 명의 여성 작가와 편집자들의 경제적 자립을 지탱하고 있다"는 것이 장르의 특징으로, "BL 작가와 BL 편집자라는 직업인으로서 사회라는 광장에 참가하고 있다는 점을 이 책은 페미니스트적 문제의식에서 중요시"(이 책 16쪽)한다는 점이다.

저자가 계속 강조하고 있듯이, BL은 진공 상태에서 생산되는 것이 아니다. BL의 가치는 텍스트뿐만 아니라 그것의 경제적 효과에도 있다. 자칫 잊기 쉽지만, 작가와 독자, 업계 관계자라는 경계선을 넘어 BL 커뮤니티가 BL 작품을 생산하고 이를 정당한 수단을 통해 소비함으로써 서로를 사회문화적으로, 또한 경제적으로 지탱하고 있다는 사실을 우리는 다시 한 번 되새길 필요가 있다.

번역을 마치며 우선 이 책의 번역자로서 본인을 추천해 준 친구이자 동료 연구자인 미조구치 아키코 씨에게 감사드린다. 예상보다 훨씬 긴 기간이 소요된 번역 작업을 물심양면으로 지원해 준 편집자 정다움 씨와, 추천사를 써 주신 선정우 씨께도 감사를 표한다. 한국어판에서 의미가 불명확하거나 미진한 부분은 그 누구도 아닌 옮긴이의 부족함 때문이라는 점을 밝힌다.

  무엇보다 이 책의 한국어판 출간을 계기로 여성 장르로서 BL의 가치와 의미에 대한 보다 확장된 논의가 이루어지기를 간절히 소망한다.

2018년 4월, 옮긴이

지은이 미조구치 아키코

대학 졸업 후, 패션, 아트 관련 업종에 종사하는 한편 레즈비언으로서 커뮤니티 활동도 펼쳤다. 1998년 미국 뉴욕주 로체스터대학 대학원에 유학, 시각&문화연구(visual&cultural studies)프로그램에서 접한 퀴어 이론을 통해 자신의 뿌리가 BL(의 조상인 <24년조>의 <미소년 만화>)이라는 사실을 깨닫고 BL과 여성의 섹슈얼리티를 테마로 박사 학위 취득. BL론뿐만 아니라 영화, 아트, 퀴어 영역 연구윤리 등에 대해 논문과 기사를 집필. 가쿠슈인대학 대학원 등에 강사를 역임하고 있다. 이 책이 최초의 단행본이다.

옮긴이 김효진

서울대학교 일본연구소 조교수. 서울대학교 인류학과에서 학사 및 석사를, 하버드대학교 인류학과에서 박사 학위를 받았다. 오타쿠 문화를 중심으로 한 현대 일본 사회의 대중문화 및 젠더 정치학, 한일 문화교류와 세계화 속의 문화민족주의, 인터넷 커뮤니케이션 등을 주로 연구하고 있다. 공저로 《퀴어돌로지 - 전복과 교란, 욕망의 놀이》《원본 없는 판타지 - 페미니스트 시각으로 읽는 한국 현대문화사》 등이 있고, 한국과 일본의 동인 문화에 대한 단행본을 준비 중이다.(근간 예정)

BL진화론
초판 2쇄 발행   2023년 2월 15일

지은이 미조구치 아키코
옮긴이 김효진
펴낸이 원종우
표지 조은아
마케팅 이수빈

펴낸곳 블루픽
주소 (13814) 경기도 과천시 뒷골로 26, 2층
영업부 02) 3667-2653   **편집부** 02) 3667-2654   **팩스** 02) 3667-2655
메일 edit@bluepic.kr   **웹** bluepic.kr

ISBN 978-89-6052-044-8 06650

이 책은 저작권법에 의하여 한국 내에서 보호받는 저작물이므로 무단전재와 무단복제를 금합니다.